刑法总论实用教程

顾永景 ● 编著

苏州大学出版社
Soochow University Press

图书在版编目(CIP)数据

刑法总论实用教程/顾永景编著. —苏州：苏州大学出版社，2016.12
ISBN 978-7-5672-1998-4

Ⅰ.①刑… Ⅱ.①顾… Ⅲ.①刑法－法的理论－中国－高等学校－教材 Ⅳ.①D924.01

中国版本图书馆 CIP 数据核字(2016)第 314318 号

刑法总论实用教程
顾永景　编著
责任编辑　刘一霖

苏州大学出版社出版发行
(地址：苏州市十梓街 1 号　邮编：215006)
虎彩印艺股份有限公司印装
(地址：东莞市虎门镇北栅陈村工业区　邮编：523898)

开本 700 mm×1 000 mm　1/16　印张 24　字数 431 千
2016 年 12 月第 1 版　2016 年 12 月第 1 次印刷
ISBN 978-7-5672-1998-4　定价：55.00 元

苏州大学版图书若有印装错误，本社负责调换
苏州大学出版社营销部　电话：0512-65225020
苏州大学出版社网址　http：//www.sudapress.com

目录 Contents

第一章 刑法概说 /1
    第一节 刑法的概念和渊源 /1
    第二节 刑法的性质、机能和目的 /6
    第三节 刑法典的创制与完善 /10
    第四节 刑法规范、刑法体系和刑法解释 /15
    第五节 刑法学的研究对象、体系和方法 /25

第二章 刑法基本原则 /30
    第一节 刑法基本原则的概念、范围和意义 /30
    第二节 罪刑法定原则 /32
    第三节 适用刑法人人平等原则 /37
    第四节 罪责刑相适应原则 /40

第三章 刑法的效力 /45
    第一节 刑法的空间效力 /45
    第二节 刑法的时间效力 /56

第四章 犯罪和刑事责任 /65
    第一节 犯罪 /65
    第二节 犯罪构成 /75
    第三节 刑事责任 /80

第五章 犯罪客体 /90
    第一节 犯罪客体的概念和意义 /90
    第二节 犯罪客体的分类 /92

第三节 犯罪对象 /96

第六章 犯罪客观要素 /101

第一节 犯罪客观要素概述 /101
第二节 危害行为 /104
第三节 危害结果 /113
第四节 刑法上的因果关系 /116
第五节 犯罪客观要素的其他内容 /120

第七章 犯罪主体 /124

第一节 犯罪主体概述 /124
第二节 自然人犯罪主体 /129
第三节 单位犯罪主体 /145

第八章 犯罪主观要素 /154

第一节 犯罪主观要素概述 /154
第二节 犯罪故意 /158
第三节 犯罪过失 /163
第四节 犯罪目的和犯罪动机 /169
第五节 刑法上的认识错误 /172
第六节 违法性认识可能性与期待可能性 /175

第九章 犯罪停止形态 /184

第一节 犯罪停止形态概述 /184
第二节 犯罪既遂 /188
第三节 犯罪预备 /191
第四节 犯罪未遂 /195
第五节 犯罪中止 /199

第十章 共同犯罪 /205

第一节 共同犯罪总论 /205
第二节 共同犯罪分论 /215

第十一章 罪数 /230

第一节 罪数概述 /230

第二节　实质的一罪 /236
　　第三节　法定的一罪 /243
　　第四节　处断的一罪 /248

第十二章　正当行为 /259

　　第一节　正当行为概述 /259
　　第二节　正当防卫 /263
　　第三节　紧急避险 /269

第十三章　刑罚体系 /275

　　第一节　刑罚概述 /275
　　第二节　主刑 /285
　　第三节　附加刑 /298
　　第四节　非刑罚处理方法 /304

第十四章　刑罚裁量 /307

　　第一节　刑罚裁量概述 /307
　　第二节　累犯 /322
　　第三节　自首和立功 /326
　　第四节　数罪并罚 /332
　　第五节　缓刑 /337

第十五章　刑罚执行和刑罚消灭 /344

　　第一节　刑罚执行 /344
　　第二节　刑罚消灭 /371

第一章 刑法概说

> **目的要求**
>
> 1. 了解刑法的不同定义,理解刑法的概念,熟悉我国刑法的主要渊源。
> 2. 理解刑法的阶级性质和法律特征,了解刑法的机能和目的。
> 3. 了解我国刑法典的创制与完善发展概况。
> 4. 了解刑法规范的含义、特点和种类。
> 5. 了解我国刑法的体系,掌握条、款、项的特点与引用规则。
> 6. 了解刑法解释的理论、原则、对象和种类,掌握并运用刑法解释的基本方法。

第一节 刑法的概念和渊源

本节主要讲述理论界关于刑法概念的几种基本观点、刑法的定义和刑法的渊源。

一、刑法的概念

(一) 关于刑法概念的基本观点

刑法,特别是现行刑法,是刑法学研究的核心内容和学习重点。因此,学习刑法学首先必须明确刑法的概念。刑法的概念存在本质概念与形式概念的区别。前者是从刑法的阶级本质上探讨刑法的概念,多为马克思主义学者和社会主义国家所主张,后者是从刑法的法律特征上界定刑法的概念,多为资产阶级学者和西方国家所坚持。本书认为,在研究我国刑法时,在实定法的条件下,从司法实践的需要出发,基于解释论的立场,应当侧重从形式上把握刑法的概念。

对于刑法的形式概念,主要有三种基本观点:

第一种观点认为,刑法是规定犯罪与刑罚的法律,"犯罪与刑罚构成刑法的基本内容"①。为方便起见,称之为"罪刑说"。

第二种观点认为,刑法是"规定犯罪及其刑事责任的法律规范的总和"②。或者"刑法是规定犯罪及其法律后果(主要是刑罚)的法律规范"③。可称之为"罪责说"。

第三种观点认为,"刑法是规定犯罪、刑事责任和刑罚的法律"④。可称之为"罪责刑说"。

上述关于刑法的三种不同观点反映了人们对于刑法基本内容的认识深化过程,以及对于犯罪、刑事责任和刑罚三者关系的不同理解。总体而言:一方面,尽管我国刑法对于刑事责任早有规定⑤,但长期被研究人员忽视;另一方面,人们对于刑法基本内容的认识经历了从"犯罪与刑罚"到"犯罪、刑事责任与刑罚"的转变。由于对刑事责任研究起步较晚,至今,学者们对于罪、责、刑三者关系仍然看法不一,主要有两种主张。一种主张认为:"刑事责任是指行为人因其犯罪行为所应承受的、代表国家的司法机关根据刑事法律对该行为所作的否定评价和对行为人进行谴责的责任。"其实现方式有定罪科刑、定罪免刑、非刑罚处理三种,在这里,刑罚只是实现刑事责任的一种基本方式,即犯罪与刑事责任并列,而刑罚则从属于刑事责任。⑥ 另一种主张认为:"刑事责任是介于犯罪和刑罚之间的桥梁和纽带。"⑦过去,基于传统观念产生"罪刑说",现在,基于前一种理解产生"罪责说",基于后一种认识产生"罪责刑说"。

目前,一般认为,"罪—责—刑"是刑法的基本内容和刑法理论的基本框架,因此,绝大多数教材均采用"罪责刑说"。但是,本书更倾向于"罪责说",因为它完整地揭示了罪、责、刑三者之间的关系,表明了刑法的基本内容和范围,因而较为科学。而"罪刑说"忽视了刑事责任,比较陈旧,"罪责刑说"则紊乱了刑事责任与刑罚的关系。总体来说,"罪刑说"和"罪责刑说"这两种观点都有所欠缺。

---

① 高铭暄.中国刑法学.北京:中国人民大学出版社,1989:1.
② 苏惠渔.刑法学.3 版.北京:中国政法大学出版社,2007:6.
③ 张明楷.刑法学:上册.5 版.北京:法律出版社,2016:15.
④ 高铭暄,马克昌.刑法学.7 版.北京:北京大学出版社,高等教育出版社,2016:7.
⑤ 1979 年刑法典总则第二章第一节标题为"犯罪和刑事责任",整个法典共有 10 条 15 次使用刑事责任一词,具体条文序号为 7、8、9、11、12、14(2 次)、15(3 次)、17(2 次)、18(2 次)、20;1997 年刑法典总则第二章第一节标题仍沿用"犯罪和刑事责任",整个法典共有 16 条 24 次使用刑事责任一词,具体条文序号为 5、10、11、12、14、15、17(2 次)、18(4 次)、20(3 次)、21(2 次)、25、30、241、247、402、452(2 次)。
⑥ 苏惠渔.刑法学.3 版.北京:中国政法大学出版社,2007:181—182.
⑦ 高铭暄.新编中国刑法学:上册.北京:中国人民大学出版社,1998:72.

刑法的本质概念,即刑法是"掌握政权的阶级,即统治阶级,为了维护本阶级政治上的统治和经济上的利益,根据自己的意志,规定哪些行为是犯罪和应负刑事责任,并给予犯罪人以何种刑罚的法律"①。"我国刑法是指为了维护国家与人民利益,根据工人阶级和广大人民群众的意志,以国家名义颁布的,规定犯罪、刑事责任及刑罚的法律规范的总和。"②

(二) 刑法的定义

本书主张,在罪刑法定原则下,作为学法者和用法者,应当侧重于从形式上把握刑法的定义,具体坚持"罪责说",即刑法是规定犯罪及其刑事责任的法律规范的总和。

就刑法的外延而言,刑法有广义与狭义之分。狭义的刑法,又称形式意义的刑法,即刑法典,一般包括刑法的修正案在内。广义的刑法,又称实质意义的刑法,是指一切规定犯罪、刑事责任或者刑罚的法律规范的总和,包括刑法典及其修正案、单行刑法、附属刑法以及刑法解释等所有刑法规范。二者的关系为:狭义刑法是广义刑法的主体和基础,广义刑法中的其他刑法规范是刑法典的修正和补充。

二、刑法的渊源

广义的刑法,换一个角度来看,又是刑法的渊源问题。法律渊源一般有两层含义:法的内容(效力)来源和法的表现形式。③就我国当前而言,刑法的内容来源和表现形式有以下几种:

1. 最高立法机关——全国人民代表大会制定的刑法典

现行刑法典是指 1979 年 7 月 1 日第五届全国人民代表大会第二次会议通过,1997 年 3 月 14 日第八届全国人民代表大会第五次会议修订的《中华人民共和国刑法》④,自 1997 年 10 月 1 日起施行。

2. 最高立法机关的常设机构——全国人民代表大会常务委员会⑤制定的刑法修正案

我国的刑法修正案目前共有 9 个:《中华人民共和国刑法修正案》(1999 年 12 月 25 日第九届全国人大常委会第十三次会议通过并公布施行),《中华

---

① 高铭暄,马克昌.刑法学.7 版.北京:北京大学出版社,高等教育出版社,2016:7.
② 王作富.刑法.6 版.北京:中国人民大学出版社,2016:4.
③ 也许因为不同的立法机关所创制的法律有着不同的形式,所以后来人们只注意法律渊源的形式意义。参见彭中礼《法律渊源词义考》,载《法学研究》2012 年第 6 期。
④ 以下对现行刑法典一般简称刑法典,但与第一部刑法典区别使用时简称 1997 年刑法典,相应地将第一部刑法典简称为 1979 年刑法典。
⑤ 以下对全国人民代表大会常务委员会的表述,在表述会议届期时简称全国人大常委会,在法律文件标题中使用时使用全称,在引用规范文件时尊重原文。

人民共和国刑法修正案(二)》(2001年8月31日第九届全国人大常委会第二十三次会议通过并公布施行),《中华人民共和国刑法修正案(三)》(2001年12月29日第九届全国人大常委会第二十五次会议通过并公布施行),《中华人民共和国刑法修正案(四)》(2002年12月28日第九届全国人大常委会第三十一次会议通过并公布施行),《中华人民共和国刑法修正案(五)》(2005年2月28日第十届全国人大常委会第十四次会议通过并公布施行),《中华人民共和国刑法修正案(六)》(2006年6月29日第十届全国人大常委会第二十二次会议通过并公布施行),《中华人民共和国刑法修正案(七)》(2009年2月28日第十一届全国人大常委会第七次会议通过并公布施行),《中华人民共和国刑法修正案(八)》(2011年2月25日第十一届全国人大常委会第十九次会议通过,自2011年5月1日起施行),《中华人民共和国刑法修正案(九)》(2015年8月29日第十二届全国人大常委会第十六次会议通过,自2015年11月1日起施行)。①

此外,《全国人民代表大会常务委员会关于修改部分法律的决定》(2009年8月27日第十一届全国人大常委会第九次会议通过并公布施行)将刑法典第三百八十一条、第四百一十条及相关立法解释中的"征用"修改为"征收、征用"。

3. 最高立法机关的常设机构——全国人大常委会制定的单行刑法

单行刑法是指全国人大常委会就个别或者一定范围的犯罪、刑事责任或刑罚问题所做的补充规定或者特别规定,有时又称为特别刑法或者刑事特别法。从现行刑法典的两个附件可知,单行刑法曾经至少有23个,其中的刑法规范均于1997年10月1日废止。② 现行有效的单行刑法主要是《全国人民代表大会常务委员会关于惩治骗购外汇、逃汇和非法买卖外汇犯罪的决定》(1998年12月29日第九届全国人大常委会第六次会议通过)。此外,《全国人民代表大会常务委员会关于取缔邪教组织、防范和惩治邪教活动的决定》(1999年10月30日第九届全国人大常委会第十二次会议通过)、《全国人民代表大会常务委员会关于维护互联网安全的决定》(2000年12月28日第九

---

① 下文再次出现刑法修正案时,分别简称刑法修正案、刑法修正案(二)……刑法修正案(九)。

② 其实,当时的单行刑法应当是24个。1987年6月23日第六届全国人大常委会第二十一次会议通过的《全国人民代表大会常务委员会关于对中华人民共和国缔结或者参加的国际条约所规定的罪行行使刑事管辖权的决定》也应当属于单行刑法,1997年刑法典第九条关于"普遍管辖权"或者"世界原则"的规定正是吸纳了上述决定的精神。在此应当注意的是,普遍管辖权是刑法的效力问题,根本不同于刑事诉讼法中的职能管辖与级别管辖。前者是刑法实体问题,后者是刑事诉讼程序问题。

届全国人大常委会第十九次会议通过)也可以视为单行刑法。

在此,顺便说明的是,出于对刑法典稳定性的充分考虑和立法技术的进步,在修改刑法的方法上,我国立法者已经逐渐放弃了制定单行刑法的方法,而选择制定刑法修正案的做法。

4. 有权机关对刑法的解释

有权机关对刑法的解释简称刑法解释,包括全国人大常委会的立法解释和最高人民法院与最高人民检察院的司法解释。立法解释目前已有13个,司法解释则数量众多,将在本章第四节"刑法解释"中予以简要介绍。

5. 最高立法机关及其常设机构通过的附属刑法

附属刑法是指非刑事法律中规定犯罪、刑事责任或者刑罚的规范。例如,《中华人民共和国海关法》①第八十二条规定:"违反本法及有关法律、行政法规,逃避海关监管,偷逃应纳税款、逃避国家有关进出境的禁止性或者限制性管理,有下列情形之一的,是走私行为:(一)运输、携带、邮寄国家禁止或者限制进出境货物、物品或者依法应当缴纳税款的货物、物品进出境的;(二)未经海关许可并且未缴纳应纳税款、交验有关许可证件,擅自将保税货物、特定减免税货物以及其他海关监管货物、物品、进境的境外运输工具,在境内销售的;(三)有逃避海关监管,构成走私的其他行为的。有前款所列的行为之一,尚不构成犯罪的,由海关没收走私货物、物品及违法所得,可以并处罚款;专门或者多次用于掩护走私的货物、物品,专门或者多次用于走私的运输工具,予以没收,藏匿走私货物、物品的特制设备,责令拆毁或者没收。有第一款所列行为之一,构成犯罪的,依法追究刑事责任。"又如,《中华人民共和国安全生产法》②第八十九条规定:"承担安全评价、认证、检测、检验工作的机构,出具虚假证明……构成犯罪的,依照刑法有关规定追究刑事责任。"但是,由于附属刑法规范本身一般没有具体罪名、罪行和法定刑的规定,即使过去个别条文曾有具体罪刑规定(如1987年海关法、1990年铁路法),也已被吸收到刑法典中,因此,它一般只对刑事立法和把握罪与非罪的界限有一定的意义,对刑事司法的作用不大。它作为刑法的渊源,一般只有在"刑法的内容(效力)来源"这一层含义上才有意义。

---

① 1987年1月22日第六届全国人大常委会第十九次会议通过,2016年11月7日第十二届全国人大常委会第二十四次会议第四次修正。
② 2002年6月29日第九届全国人大常委会第二十八次会议通过,2014年8月31日第十二届全国人大常委会第十次会议修正。

第二节　刑法的性质、机能和目的

本节主要讲述刑法的阶级性质和法律特征，刑法的机能、目的和任务等内容。

一、刑法的阶级性质和法律特征

一般认为，刑法的性质有两层含义：一是刑法的阶级性质，二是刑法的法律性质。有时，刑法的阶级性质仅指刑法的阶级本质，而刑法的法律性质则称为刑法的法律特征。为了同法理学中关于法的本质与基本特征的介绍相一致，在这里将二者区别开来予以介绍。

（一）刑法的阶级性质

刑法并非自古就有，也不会永恒存在，它仅仅是同一定历史范畴相联系的阶级社会的产物。刑法是由掌握政权的统治阶级根据自身意志和利益制定的，是统治阶级整体意志的反映。刑法规范的基本内容是犯罪、刑事责任和刑罚，维护的是统治阶级的整体利益。

刑法的阶级性质由国家的阶级本质决定。什么性质的国家就会有什么阶级性质的刑法。一切剥削阶级国家，包括奴隶制国家、封建制国家和资本主义国家，因国家类型不同，其刑法内容和形式各有差异。然而，一切剥削阶级国家的刑法存在共同阶级本质，即都是以生产资料私有制为基础，反映剥削阶级意志并为剥削阶级利益服务的镇压人民的专政工具。

我国是社会主义类型国家，我国刑法建立在以生产资料公有制为主体的经济基础上，反映工人阶级和广大人民群众的意志，维护社会主义国家和广大人民群众的根本利益，因而与剥削阶级刑法存在本质区别。

（二）刑法的法律特征

从比较法的角度来看，刑法作为法律体系的重要组成部分，有两个方面的法律特征。

1. 法律地位的独立性、部门性

从纵向上看，刑法在国家的法律体系中，地位仅次于宪法，是与民法、行政法、商法、诉讼法一样的基本法和部门法。

2. 调控范围的广泛性、综合性，调整手段的强制性、严厉性和刑法适用的事后性、消极性或者被动性

这是从横向上看，与其他部门法相比，刑法所具有的显著特点。

（1）调控范围的广泛性、综合性。其他部门法都只是调整和保护某一方面的社会关系。比如，民法调整和保护一定范围的财产关系与人身关系；婚姻家庭法调整和保护婚姻家庭关系及相关的财产关系；经济法作为公共权力

干预经济的法,调整和保护的是特定的经济关系,主要是纵向的经济关系;行政法调整和保护行政关系,并且侧重于调整行政程序法律关系。刑法则不同,它调整的范围是所有受到犯罪行为严重侵害的社会关系,这些社会关系涉及社会生活的方方面面,如政治、经济、婚姻家庭、人身、财产、社会秩序等各个领域。需要明确的是,其他部门法调整和保护的社会关系都需要刑法作为后盾进行调整和保护。

(2) 调整手段的强制性、严厉性。强制性是法律的基本特征之一。任何侵犯法律所保护的社会关系的行为人,都必须承担相应的法律后果,受到国家法律的制裁。比如,赔偿损失、恢复原状、赔礼道歉、警告、罚款、吊销证照、行政拘留,等等。这些强制手段显然并不严厉,而且在许多情况下当事人可以自行和解。刑法则不同,它的强制手段主要是刑罚,刑罚是国家最为严厉的强制方法。而且,在绝大多数情况下,犯罪人与被害人之间不得自行协商"私了"刑事案件。

(3) 刑法适用的事后性、消极性或者被动性。民法、商法、行政法等部门法通常可以由守法者主动运用而发生作用。刑法则不然,由于它以禁止性规范为主,因而只有当犯罪行为发生时,才涉及刑法的适用问题,而且适用的主体只能是司法机关;若没有犯罪行为,刑法则"置而不用",司法机关则"消极无为"。

二、刑法的机能和目的

(一) 刑法的机能

刑法的机能实际上就是刑法的作用,包括刑法现实的作用与可能发挥的作用,具体是指刑法在客观上可能发挥的作用和人们主观上希望和追求刑法发挥的作用。一般认为,刑法具有行为规制、法益保护和人权保障三种机能。

1. 行为规制机能

国民得以自由活动的前提条件是确立公正且透明的行为规范,使其成为人们的行为规范。在此规范的范围内,国民的自由活动将被保障,同时,当违反规范侵害公共利益及他人利益时,将被追究责任。实际上所有的法律都具有这一机能。而刑法的行为规制作用特殊性在于,为国民的自由设定边界和禁区,若其行为超越边界,进入禁区,则要入罪追究刑事责任。

2. 法益保护机能

法益保护机能是指刑法具有保护法益不受犯罪侵害与威胁的机能。立法者将重要法益(包括公法益和私法益)纳入刑法保护范围。如果在立法者看来法益本身不够重要,则不会以刑法加以保护。例如,一般认为男子的性权利不值得刑法保护。当同一行为侵害的法益发生变化时,罪名也随之发生变化(转化犯)。例如,聚众斗殴过程中故意致死他人的,应当定为故意杀人罪。再则,应当根据法益保护的要求来认识刑法中的犯罪。例如,诬告陷害罪被刑法规定在侵犯人身权利、民主权利罪一章中,其所保护的法益是个人的权利。因此,被害人同意的诬告行为(如自愿接受虚假控告而为他人顶罪的情形)不应当构成诬告陷害罪,但严重妨害司法秩序时,可能触犯包庇罪。

3. 人权保障机能

人权保障机能是指刑法通过罪刑法定原则限定国家权力来实现的、保障个人自由不受国家刑罚权的不当侵害的机能。广而言之,包括犯罪人在内的任何人的自由和权利都是重要法益,因此,从根本上说,人权保障机能已被包含在法益保护机能之中。不过,一般将人权保障机能作为法益保护机能的对称:前者主要是对犯罪人的权益保障,后者侧重于对其他人权益和公共利益的保护。

就上述三种机能的关系而言,张明楷教授认为,刑法的机能是法益保护与人权保障,行为规制机能基本上只是法益保护机能的反射效果。① 此外,本书强调,法益保护与人权保障之间往往存在冲突,特别是在现代社会公共利益日益增多的情况下,公法益保护与人权(私法益)保障之间冲突更为显著,刑法必须在二者之间进行调和。

(二) 刑法的目的

如果说刑法的机能是指刑法的客观效果,那么刑法的目的则是刑法的主观追求。刑法的目的是指刑法承担的追究谁、保护谁的使命,即刑法的制定和实施试图达到的目的——保护法益,它与刑法的任务是一致的。刑法目的(任务)的实现有赖于各项刑法机能的充分发挥。

研究刑法的目的意义重大:引导司法行为的合目的性,对刑法规范进行目的论解释,合理控制刑罚处罚范围(即出罪功能)。

刑法的目的有整体目的、部分目的及具体目的三个层次。三者之间是整体与部分的关系。低层次的目的受高层次目的的制约,高层次的目的依赖低层次目的的体现和实现。

刑法的整体目的即刑法典的总任务。刑法典第二条规定:"中华人民共和国刑法的任务,是用刑罚同一切犯罪行为作斗争,以保卫国家安全,保卫人民民主专政的政权和社会主义制度,保护国有财产和劳动群众集体所有的财产,保护公民私人所有的财产,保护公民的人身权利、民主权利和其他权利,维护社会秩序、经济秩序,保障社会主义建设事业的顺利进行。"可见,我国刑

---

① 张明楷.刑法学:上册.5版.北京:法律出版社,2016:22.

法的任务包括两个方面:一是惩罚犯罪,二是保护人民。二者密切联系,有机统一。惩罚犯罪是手段,保护人民是目的,即刑法的目的是保护法益。有人认为,刑法的任务是两个方面的统一:惩罚犯罪与保护人民的统一,保障机能与保护机能的统一。

刑法典第二条规定的保护方面的任务,概括而言,包括保护国家和人民的利益、保护社会主义社会关系、保护社会主义现代化建设事业的顺利进行。具体可以从以下四个方面予以把握。

1. 保卫国家安全、人民民主专政的政权和社会主义制度

国家安全、人民民主专政的政权和社会主义制度,是国家和人民利益的根本保证。国家安全是国家生存和发展的根本前提,人民民主专政的政权和社会主义制度是我国人民根本利益的集中体现。为了保卫人民民主专政的政权和社会主义制度,我国刑法将危害国家安全罪列为各类犯罪之首,置于分则第一章,对其规定了特别严厉的刑罚。

2. 保护社会主义的经济基础

社会主义的经济基础是进行社会主义市场经济建设、提高人民群众物质文化生活水平的物质保障。经济基础决定上层建筑,上层建筑必须为经济基础服务,这是历史唯物主义的基本原理。我国刑法是社会主义的上层建筑的一个重要组成部分。它必然负有保护社会主义的经济基础的任务。经济基础的内涵包括生产资料所有制形式以及与其相联系的生产、分配、流通的形式。现阶段,我国实行的是以生产资料公有制为主体、多种所有制并存的所有制形式,在此基础上,进行社会主义市场经济建设。因此,我国刑法对经济基础的保护即对以公有制为主体的所有制形式和社会主义市场经济的保护。

3. 保护公民的各项权利

保护公民的人身权利、民主权利不受非法侵犯,是人民民主专政国家的根本任务之一,高度体现社会主义制度的民主性、优越性。《中华人民共和国宪法》①第二条规定:"中华人民共和国的一切权力属于人民。""人民依照法律规定,通过各种途径和形式,管理国家事务,管理经济和文化事务,管理社会事务。"我国以现行宪法为指导,坚决保护公民所享有的各项权利,运用刑罚武器严厉制裁各种侵犯人身权利、民主权利的犯罪。

4. 维护良好的社会秩序与安定的政治局面

良好的社会秩序与安定的政治局面表现为社会关系的稳定性、有序性和连续性。当前,我国以经济建设为中心,一方面坚持四项基本原则,一方面坚

---

① 1982年12月2日第五届全国人民代表大会第五次会议通过,经1988年4月12日、1993年3月29日、1999年3月15日和2004年3月14日四次修正。以下简称现行宪法。

持改革开放。改革、发展和稳定的关系的正确处理是各项工作的大局。稳定的政治环境和良好的社会秩序是社会主义现代化建设事业顺利进行的前提。因此,运用刑罚武器维护社会秩序、稳定社会环境是改革开放和现代化建设各项事业的重要保障。

有必要指出,刑法典第二条是从1979年刑法典第二条修改而来的,虽然为适应反革命罪的修改和市场经济建设需要调整了刑法的保护范围,但是受传统政治法律观念的影响仍然较深,比如,过于突出对犯罪的打击,并且将打击犯罪作为手段,未能体现出对犯罪的预防和对犯罪人的矫治。严格来说,这与我国当下奉行的"宽严相济"刑事政策、基于教育刑理论的轻刑化改革以及社区化行刑(社区矫正)立法和司法实践已经不相符合。我国刑法的目的或任务已经在实践中获得完善,需要未来的立法跟进和更新。

第三节 刑法典的创制与完善

本节主要讲述1979年刑法典创制的概况,1997年刑法典完善的根据、原则、进程、主要内容以及近年来进一步补充、修改的情况。

一、1979年刑法典的创制

第一部刑法典即1979年刑法典。对于第一部刑法典的创制,著名刑法学家高铭暄教授先后两次编写专著[①]进行详尽地评介。总体说来,1979年刑法典的创制,历时近30载,共38次易稿,可谓来之不易。

从1950年7月25日中央人民政府法制委员会主持拟定《中华人民共和国刑法大纲草案》开始,至1957年6月28日,我国共完成刑法典草案22稿。此后,因反"右"斗争停止4年多。从1961年10月到1963年10月9日,又在22稿的基础上,拟出刑法典草案33稿。后来,又因"四清"运动及"文化大革命"中断13年。1978年10月后,我国恢复刑法典起草工作,以第33稿为基础,先后完成5个稿本。1979年7月1日,第五届全国人民代表大会第二次会议一致通过了《中华人民共和国刑法》,即1979年刑法典,于1979年7月6日公布,1980年1月1日起实施。1979年刑法规定了8类犯罪,共110个罪名。[②]

[①] 高铭暄.中华人民共和国刑法的孕育和诞生.北京:法律出版社,1981;高铭暄.中华人民共和国刑法的孕育诞生和发展完善.北京:北京大学出版社,2012.

[②] 中国人民大学法律系刑法教研室.刑法各论.北京:中国人民大学出版社,1982.由于1979年刑法典采用的是暗含式罪名的立法方式,且当时无司法罪名,因此,罪名数量的统计难以有一个精确的数字。

二、1997 刑法典的完善

对于1997年刑法典的创制,赵秉志教授借鉴其导师——著名刑法学家高铭暄教授《中华人民共和国刑法的孕育和诞生》一书的体例,编著了《新刑法典的创制》①一书,对刑法典予以详尽地评介。总体说来,有以下几个方面。

（一）修订刑法典的根据

1. 修订刑法典的必要性

修订刑法典的必要性有三点表现：一是改革开放后的社会变迁；二是1979年刑法典本身存在先天不足,包括预见性不足而不能网罗犯罪和立法技术粗疏不便操作两个方面；三是刑事司法对刑事立法的要求。

2. 修订刑法典的可行性

修订刑法典的可行性有三点表现：一是立法实践经验的积累,从1982年3月8日到1995年10月3日,全国人大常委会共制定了24个单行刑法,至1996年底,在一些民事、经济、行政法律中规定了"依照""比照"刑法的有关规定追究刑事责任的附属刑法规范130条；二是司法实践经验的积累,包括刑事司法对1979年刑法典的检验和大量司法解释对刑法规范的"堵漏"；三是刑法理论研究成果的积累,包括从立法到实践、从宏观到微观,学者们为修改、完善刑法提出了许多有益的建议。

（二）修订刑法典的原则

据第八届全国人大常委会副委员长王汉斌的说明,修改刑法主要考虑三点②：

1. 为制定一部统一的、比较完备的刑法典

将大量的单行刑法和附属刑法规范进行整合后纳入刑法典,并根据需要修改原有规定,增加新内容和增设新的犯罪。

2. 注意保持刑法的连续性和稳定性

对于原有规定原则上没有问题的,尽量不做修改。

3. 注意立法内容的科学性和可操作性

对于一些原来比较笼统的规定,尽量作出具体明确的规定。

此外,还注意强调立足国情与借鉴国外、境外经验相结合,合理兼顾刑法的保护社会机能与保障人权功能、刑法理论与司法实务相结合。修改刑法的组织工作由立法机关主持,立法机关、司法机关和专家学者相结合。修法过程贯彻公开性和民主性,主动征询和听取各方面的意见。

---

① 赵秉志.新刑法典的创制.北京：法律出版社,1997.

② 王汉斌.关于《中华人民共和国刑法（修订草案）》的说明——1997年3月6日在第八届全国人民代表大会第五次会议上.全国人民代表大会常务委员会公报：合订本,1997：220.

（三）修订刑法典的进程

从1982年初决定研究修改刑法到1997年刑法典通过,修订刑法典历时15年,经历了酝酿准备(1982—1987)、初步修改(1988—1989)、反革命罪修改受阻(1991)①、全面系统修改(1993—1996)和立法机关审议通过(1996—1997)五个阶段。

（四）修订刑法典的内容

1997年刑法典共452条,净增260条,罪名由110个增加至410多个。刑法典的修订内容有很多,择其要者,概括为以下八个方面。

1. 刑法基本原则立法化

确立罪刑法定原则（第三条）、适用刑法人人平等原则（第四条）、罪责刑相适应原则（第五条）,取消有罪类推适用制度。

2. 刑事管辖权的修改

强化属人管辖权（第七条）,增设普遍管辖权（第九条）。

3. 未成年人犯罪及刑事责任的修改

规定已满14周岁不满16周岁的人应负刑事责任的范围仅限于"故意杀人、故意伤害致人重伤或者死亡、强奸、抢劫、贩卖毒品、放火、爆炸、投毒"8种犯罪行为（第十七条）,确立对未成年人不适用死刑的制度（第四十九条）。

4. 正当防卫条件的修改

放宽正当防卫的条件,增设"无限防卫权"（第二十条）。

5. 确立单位犯罪,明确处罚原则

在总则中以专节规定单位犯罪的概念和应负刑事责任的范围（第三十条）,以及"双罚制"原则（第三十一条）;在分则中,直接规定单位犯罪的条文约60条,涉及100多个罪名,集中于分则第三章、第六章之中,第二章、第七章、第八章中也有一些规定。

6. 限制法院在法定刑以下酌定减刑的权力

犯罪人虽然不具有本法规定的减轻处罚情节,但是根据案件的特殊情况,经最高人民法院核准,也可以对其在法定刑以下判处刑罚（第六十三条第二款）。

---

① 1991年,立法机关打算对反革命罪修改时受到意想不到的非难。北京两个刊物先后发表著名刑法学教授抨击反革命罪更改名称的两篇文章,将刑法理论界、实务界和国家立法机关普遍主张的更改反革命罪为危害国家安全罪的观点曲解为"取消"反革命罪。文中引用了一些主张更改反革命罪的论著,进而将之作为政治错误乃至反动思潮加以猛烈地批判。这种见解通过一定途径上达中共中央,一度引起了刑法学界以至法学界的恐慌。后来,虽然遭到了一些学者大胆地驳斥,中共中央也下达指示"反革命罪一定要修改",但由于"六四"事件中的反革命暴乱案件尚未处理完毕,再加上国际形势巨变,党和国家的工作重点改变了,反革命罪的修改暂时被搁置起来。

7. 完善自首和立功制度

明确自首的构成有典型自首和"以自首论"两种情况,并规定更为宽大的处罚原则(第六十七条);将立功从原来的自首中分离出来,独立加以规定,并区分两种情况进行处罚(第六十八条)。

8. 对刑法分则体例的调整

将原来的八章体制改为十章体制,在第三章和第六章这两个大章下面增设若干小节,形成"章节制",同时,完善和分解已有犯罪,增设大量新型犯罪。刑法典分则的变化可以概括为"二改一并三分三增"。

(1)二改。一是将类罪名反革命罪改为危害国家安全罪(分则第一章),在具体犯罪构成中取消"反革命目的"的要件;将其中的普通刑事犯罪移入其他相应的章节。修改理由主要有五个:① 顺应时代发展要求,在改革开放的新形势下,不宜再用政治上的敌我矛盾解决犯罪问题;② 反革命是政治目的,而该目的不易把握和区分,影响司法操作;③ 反革命犯罪是当然的政治犯,而政治犯不引渡是国际法的普遍实践,这就不方便在追究该类犯罪方面的国际合作;④ 反革命的提法与"一国两制"政策相悖,从而影响区际刑事司法合作;⑤ 反革命罪作为类罪名有损以同类客体进行犯罪分类的科学统一标准。二是适应中共十四大确立的建立社会主义市场经济体制的经济体制改革的目标,将破坏社会主义经济秩序罪改为破坏社会主义市场经济秩序罪(分则第三章)。

(2)一并。即将妨害婚姻家庭罪共6个罪名并入侵犯公民人身权利、民主权利罪(分则第四章)。

(3)三分。这是指对3个"口袋罪"即投机倒把罪、流氓罪、渎职罪的取消与分解。

(4)三增。这是指增加危害国防利益罪(分则第七章)、贪污贿赂罪(分则第八章)和军人违反职责罪(分则第十章)。其中,贪污贿赂罪主要来源于1979年刑法典的侵犯财产罪和渎职罪,现从中将之提取出来独立成章主要理由有四:对同类客体的新认识,立法、司法经验的积累,与司法机关机构设置相一致,方便与国际社会在反贪污贿赂领域的国际合作。

三、与时俱进的单行刑法、刑法修正案和立法解释

刑法典自1997年10月1日起施行以来,全国人大常委会根据实际情况,与时俱进,适时地对刑法典进行补充、修正和解释,至今已有单行刑法文件3个、刑法修正案9个、刑法的立法解释13个,包括《全国人民代表大会常务委员会关于修改部分法律的决定》(2009年8月27日第十一届全国人大常委会第九次会议通过),共26个立法文件。对于刑法修正案和单行刑法前

文已经列出,下面将立法解释按时间顺序列举如下:

(1)《全国人民代表大会常务委员会关于〈中华人民共和国刑法〉第九十三条第二款的解释》(2000年4月29日第九届全国人大常委会第十五次会议通过);

(2)《全国人民代表大会常务委员会关于〈中华人民共和国刑法〉第二百二十八条、第三百四十二条、第四百一十条的解释》(2001年8月31日第九届全国人大常委会第二十三次会议通过);

(3)《全国人民代表大会常务委员会关于〈中华人民共和国刑法〉第二百九十四条第一款的解释》(2002年4月28日第九届全国人大常委会第二十七次会议通过);

(4)《全国人民代表大会常务委员会关于〈中华人民共和国刑法〉第三百八十四条第一款的解释》(2002年4月28日第九届全国人大常委会第二十七次会议通过);

(5)《全国人民代表大会常务委员会关于〈中华人民共和国刑法〉第三百一十三条的解释》(2002年8月29日第九届全国人大常委会第二十九次会议通过);

(6)《全国人民代表大会常务委员会关于〈中华人民共和国刑法〉第九章渎职罪主体适用问题的解释》(2002年12月28日第九届全国人大常委会第三十一次会议通过);

(7)《全国人民代表大会常务委员会关于〈中华人民共和国刑法〉有关信用卡规定的解释》(2004年12月29日第十届全国人大常务委员会第十三次会议通过);

(8)《全国人民代表大会常务委员会关于〈中华人民共和国刑法〉有关出口退税、抵扣税款的其他发票规定的解释》(2005年12月29日第十届全国人大常委会第十九次会议通过);

(9)《全国人民代表大会常务委员会关于〈中华人民共和国刑法〉有关文物的规定适用于具有科学价值的古脊椎动物化石、古人类化石的解释》(2005年12月29日第十届全国人大常委会第十九次会议通过);

(10)《全国人民代表大会常务委员会关于〈中华人民共和国刑法〉第三十条的解释》(2014年4月24日第十二届全国人大常委会第八次会议通过);

(11)《全国人民代表大会常务委员会关于〈中华人民共和国刑法〉第一百五十八条、第一百五十九条的解释》(2014年4月24日第十二届全国人大常委会第八次会议通过);

(12)《全国人民代表大会常务委员会关于〈中华人民共和国刑法〉第二

百六十六条的解释》(2014年4月24日第十二届全国人大常委会第八次会议通过);

(13)《全国人民代表大会常务委员会关于〈中华人民共和国刑法〉第三百四十一条、第三百一十二条的解释》(2014年4月24日第十二届全国人大常委会第八次会议通过)。

其中,第(3)项《全国人民代表大会常务委员会关于〈中华人民共和国刑法〉第二百九十四条第一款的解释》的内容已被刑法修正案(八)吸收和取代。

第四节 刑法规范、刑法体系和刑法解释

本节主要讲述刑法规范的含义、特点和种类,刑法体系的含义,刑法典总则与分则的关系,条、款、项的特点及其引用规则,以及段与"但书"的意义,刑法解释的概念、意义、理论与原则、分类、效力与具体方法。

一、刑法规范

刑法的实体内容是刑法规范。刑法规范包括刑法总则规范(主要是刑法原则规范、刑法制度规范)和刑法分则规范(主要是罪刑规范),前者是法律(刑法)原则,后者是法律(刑法)规则。有人主张,刑法规范是罪刑规范,并认为刑法总则中的许多一般性、原则性规定不属于刑法规范。这种理解是不全面的,也与法理学中将法律规范理解为法律原则与法律规则两个层次的观点相悖。

刑法规范与刑法条文关系密切,但有区别:刑法规范是刑法条文的内容与实质;刑法条文表达刑法规范,是刑法规范的形式和载体。有时刑法规范与刑法条文相一致,有时二者又不一致:一个刑法条文表达多个刑法规范或者由多个刑法条文表达一个刑法规范。

刑法规范是裁判规范与行为规范的统一,其实质是法益保护规范。

下面选择几种具体刑法规范(刑法规则)进行介绍。

(一) 罪刑规范

刑法分则罪刑规范,是指规定犯罪和/或刑罚的规范,这是最主要、最核心的刑法分则规范。其在结构上由罪名、罪状、法定刑组成。就罪刑关系而言,有两种情况:一是将犯罪与刑罚规定在同一条款中,这是最普遍的情况;二是将犯罪与刑罚规定在不同条款中,例如刑法典第三百八十二条与第三百八十三条、第三百八十五条与第三百八十六条、第三百八十九条与第三百九十条等少数情况。在罪刑规范中,有完备刑法与空白刑法之分。

（二）解释或者定义规范

解释或者定义规范，是指对刑法概念、术语的含义加以解释或者定义的规范。例如，第九十一条至第九十九条对"公共财产""私人财产""国家工作人员""司法工作人员""重伤""违反国家规定""首要分子""告诉才处理""以上、以下、以内"的解释，第一百九十六条第二款对"恶意透支"的定义，第二百零五条第四款对"虚开"的解释，第二百一十九条第二款、第三款对"商业秘密"和"权利人"的定义，第三百五十七条第一款对"毒品"的定义，第三百六十七条对"淫秽物品"的定义，第四百二十条对"军人违反职责罪"的定义，第四百五十条对"军人"的定义，以及第四百五十一条对"战时"的定义，等等。

（三）注意（性）规范

注意（性）规范又称注意（性）规定，是指在刑法已有规定的前提下，再作提示、强调，以免人们忽略或者误解的规范。例如，刑法典第一百六十三条第三款、第一百八十四条第二款、第一百八十五条第二款、第一百九十六条第三款、第二百五十九条第二款、第二百六十五条、第二百七十一条第二款、第二百七十二条第二款、第二百八十七条等，在上述各条前款和相关规范的基础上，不增减或改变原规范的内容，只是将已有内容加以重申、强调，目的是引人注意，以便明确有关规范或者罪名之间的界限。

（四）特别规范

特别规范是指在相关规范的基础上作出特别规定，或增加新的内容，或减少原有内容。因此，它与注意规范存在根本不同。此类规范数量众多，主要有五种。

1. 增加罪状

例如，刑法典第三百八十八条将"国家工作人员利用本人职权或者地位形成的便利条件，通过其他国家工作人员职务上的行为，为请托人谋取不正当利益，索取请托人财物或者收受请托人财物的"增加为受贿罪的罪状之一。

2. 增减刑罚

例如，刑法典第一百一十三条增加死刑和附加刑没收财产，第一百六十四条第四款减轻或免除刑罚。

3. 规定单位犯罪的处罚原则

例如，刑法典第一百二十条之一第二款、第一百二十五条第三款、第一百五十条、第二百条等。

4. 规定数罪并罚

例如，刑法典第一百五十七条第二款、第一百九十八条第二款、第二百四十四条之一第二款、第二百九十四条第四款等。

5. 法律拟制

法律拟制是将原本不符合某种规定的行为按照该规定处理。例如,刑法典第二百三十六条第二款、第二百五十三条第二款和第二百六十九条,等等。前者将不符合强奸罪的奸淫不满十四周岁的幼女的行为以强奸论;中者将符合贪污的行为作为盗窃来处理;盗窃罪、诈骗罪、抢夺罪的事后行为原本不符合抢劫罪的特征,后者却将它们作为抢劫罪处理。一般认为,法律拟制是与注意规范相对应的法律概念。但是,对于刑法中的一些规定,例如,刑法典第二百九十二条第二款,究竟属于法律拟制还是注意规范,往往存在争议。例如,张明楷教授主张其为法律拟制①,而在江苏省的司法实践中,目前是将其作为注意规范处理的②。因此,对这一问题需要进一步研究。

6. 其他特别规定

例如,刑法典第一百四十九条第二款规定了规范竞合的法律适用原则,第三百五十六条规定了毒品再犯(累犯),第四百四十九条规定了战时缓刑,等等。

规范识别对于刑法的解释和司法适用具有重要意义。例如:若将刑法典第二百九十二条第二款作为法律拟制,则仅凭重伤、死亡的后果,无论行为人对其是否有故意,均可认定为故意伤害罪、故意杀人罪;若按注意规定处理,则必须查明行为人对重伤、死亡的后果有故意,否则不能认定为故意伤害罪、故意杀人罪。从中可以看出,法律拟制与注意规定是相互排斥的。但是,注意规范和包括法律拟制在内的特别规范,却可能与解释或者定义规范发生交叉。例如,刑法典第二百零五条第四款属于解释或者定义规范,对此没有争议,但对此有法律拟制与注意规定的不同主张。

二、刑法体系

(一) 刑法体系的含义

广义的刑法体系是指刑法的各种渊源和相互关系,结合上文对广义刑法及其渊源的知识,它具体由刑法典、刑法修正案、单行刑法、附属刑法和刑法解释五个部分组成,是一个以刑法典为核心的庞大的规范体系。由于单行刑法和附属刑法的内容基本上是对刑法典的补充或修改,而且除个别情况外,这些补充修改主要属于分则的范围,因此,它们的适用仍然要以刑法典总则为指导,这样,就形成了如图1-1所示的体系。

---

① 张明楷.刑法分则的解释原理:下册.2版.北京:中国人民大学出版社,2011:658.

② 严格地说,江苏省公检法机关将刑法第二百九十二条第二款作为注意规范处理经历了一个逐步明确的过程。

通常,对刑法体系做狭义理解。狭义的刑法体系是指刑法典的组成与结构。刑法典由总则和分则组成。刑法典总则和分则各设为一编,编下设章、节、条、款、项5个层次。

第一编为总则,共5章,分别为刑法的任务、基本原则和适用范围,犯罪,刑罚,刑罚的具体运用,其他规定。第二编为分则,共10章,分别规定了10类

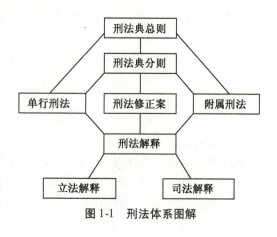

图1-1　刑法体系图解

犯罪,依次为:危害国家安全罪,危害公共安全罪,破坏社会主义市场经济秩序罪,侵犯公民人身权利、民主权利罪,侵犯财产罪,妨害社会管理秩序罪,危害国防利益罪,贪污贿赂罪,渎职罪,军人违反职责罪。至于刑法典附则,仅一个条文,即刑法典第四百五十二条。该条的意义在于:一是规定刑法典的施行日期,二是规定刑法典与以往单行刑法的关系。

章下设节,但只是在总则的第二、三、四章及分则的第三、六章之下设立节,总则第一章、第五章及分则其他章下未设节。

（二）总则与分则的关系

概括地说,刑法典总则是关于犯罪、刑事责任和刑罚的一般原理、原则的规范体系,这些规范是认定犯罪、确定责任和适用刑罚所必须遵守的共同的规则。刑法典分则是关于具体犯罪和具体法定刑的规范体系,这些规范是解决具体定罪量刑问题的标准。总则与分则的关系是一般与特殊、抽象与具体的关系。总则指导分则,分则是总则所确定的原理、原则的具体体现,二者相辅相成。只有把总则和分则紧密地结合起来研究,才能正确地认定犯罪,确定刑事责任和所应适用的刑罚。

（三）条、款、项及其引用

1. 条

节或者没有节的章下设条。条是组成刑法典的基本单位,是表达刑法规范的基本元素。刑法典全部条文以统一的汉字序号编排,如第一条、第二条……第四百五十二条,引用条时不受编、章、节划分的影响。

2. 款

部分条下设款。款无编号,其标记是另起一行,首行缩进两个字符,形成一个新的自然段。有些条文设有多款,有些条文不分款(仅一个自然段)。

3. 项

部分款或者部分款的条下设项。项是条或者款下设立的单位,其标记是另起一段以括号内的汉字数码编排。例如,刑法典第七十五条有四项,标记为(一)(二)(三)(四)。

4. 条、款、项的引用

刑法条文采用条、款、项的结构是非常严谨的,不能随意更改,引用法条时必须绝对准确。需要说明的是:引用刑法条文时,不引编、章、节,只引条、款、项;条下有款有项的,称"第×条第×款第(×)项";条下仅一个自然段的,只称"第×条",不能称"第×条第一款"。同样,条下仅一个自然段且分项的,只称"第×条第(×)项",不能称"第×条第一款第(×)项"。例如:对于交通肇事罪,应当引用刑法典第一百三十三条,不能称第一百三十三条第一款;对于入户抢劫的,应当引用刑法典第二百六十三条第(一)项,不能称第二百六十三条第一款第(一)项。此外,要注意三点:一是引用条或者款时,不加括号,引用项时要加括号(有的司法文件引用项时不加括号,严格说来是不符合规范要求的)。二是引用刑法修正案增加的法条如第一百二十条之一、第二百八十七条之二时,不能丢掉其中的"之一""之二"。三是司法文书引用刑法条文时,应当先引刑法典分则条文,后引总则条文;先引刑法典,后引单行刑法,再引立法解释和司法解释。

(四) 段与但书

1. 段

刑法条文可以在同一条或者同一款里表达两个层次以上的意思。如刑法典第二十九条第一款规定:"教唆他人犯罪的,应当按照他在共同犯罪中所起的作用处罚。教唆不满十八周岁的人犯罪的,应当从重处罚。"该条款表达两层意思,以句号分隔。句号前称为"前段",句号后称为"后段"。又如,刑法典第六十七条第一款规定:"犯罪以后自动投案,如实供述自己的罪行的,是自首。对于自首的犯罪分子,可以从轻或者减轻处罚。其中,犯罪较轻的,可以免除处罚。"该条款表达三层意思,以句号隔开,分别称为前段、中段、后段,或者第一段、第二段、第三段。

当然,段与段之间也可能是用分号、逗号隔开。用分号分隔的如刑法典第一百三十三条:"违反交通运输管理法规,因而发生重大事故,致人重伤、死亡或者使公私财产遭受重大损失的,处三年以下有期徒刑或者拘役;交通运输肇事后逃逸或者有其他特别恶劣情节的,处三年以上七年以下有期徒刑;因逃逸致人死亡的,处七年以上有期徒刑。"用逗号分隔的如刑法典第八条:"外国人在中华人民共和国领域外对中华人民共和国国家或者公民犯罪,而按本法规定的最低刑为三年以上有期徒刑的,可以适用本法,但是按照犯罪地的法律不受处罚的除外。"

2. 但书

在具有多段结构的法条中,如有用"但是"表示转折关系的,在学理上将"但是"以后的内容称为"但书"。它对刑法典条款的设置和刑事立法意图的准确表达起着重要作用,理解与适用刑法时不应忽视。刑法典条款中的但书多与前段内容构成例外、相反、限制或者补充说明关系。

(1) 与前段构成例外或者相反关系。例如,前面引到的刑法典第八条。

(2) 与前段构成限制关系。例如,刑法典第七十三条第一款、第二款规定:"拘役的缓刑考验期限为原判刑期以上一年以下,但是不能少于二个月。""有期徒刑的缓刑考验期限为原判刑期以上五年以下,但是不能少于一年。"

(3) 与前段构成补充说明关系。例如,刑法典第三十七条规定:"对于犯罪情节轻微不需要判处刑罚的,可以免予刑事处罚,但是可以根据案件的不同情况,予以训诫或者责令具结悔过、赔礼道歉、赔偿损失,或者由主管部门予以行政处罚或者行政处分。"

需要补充说明的是,有的条文中虽然未用"但是"一词,但是它后面的内容与前面的内容构成例外、相反、限制或者补充说明关系,也可视为"但书"。例如,刑法典第三十一条规定:"单位犯罪的,对单位判处罚金,并对其直接负责的主管人员和其他直接责任人员判处刑罚。本法分则和其他法律另有规定的,依照规定。"第二百三十三条、第二百三十四条第二款、第二百三十五条、第二百六十六条、第三百九十七条第一款、第二款均规定:"……本法另有规定的,依照规定。"以上诸条中最后一句话均与前面的内容构成例外或相反的关系。

三、刑法解释

(一) 刑法解释概述

1. 刑法解释的概念与意义

刑法解释是指对刑法规范含义的阐明。刑法解释的对象是刑法规范(一说刑法条文,本书不采用此观点)。刑法规范是以文字表述的,因而刑法解释不能超出刑法用语的本来含义。

刑法规范之所以需要解释,是因为刑法语言的概括性、抽象性,刑法规范的稳定性、滞后性,以及犯罪现象的多样性、易变性。

刑法解释的意义有:规范、指导刑事司法,弥补刑法立法欠缺,促进刑法立法完善,实施刑法宣传教育,繁荣刑法理论。

2. 刑法解释的理论与原则

刑法解释的理论是指关于刑法解释目标的主张。主要有主观说、客观说和折中说三种学说。主观说，又称立法者意思说或主观解释论，主张刑法解释的目标是阐明刑法的立法原意。客观说，又称客观意思说或客观解释论，主张刑法解释的目标是阐明解释时刑法规范所表现出来的意思。折中说，又称综合解释论，其特点兼采主观说、客观说，或以主观说为主、以客观说为辅，或以客观说为主、以主观说为辅。目前，学者多持以主观说为主、以客观说为辅的主张。但是，张明楷教授极力推行客观解释论①。

刑法解释应当遵循合法性、合理性、整体性和明确性的原则，并以刑事政策为指导。

本书认为，法律解释的主体很多，而对不同的解释主体而言，其适用的理论、原则及方法应当有所不同。学者的学理解释最为自由，只要不违反学术规范，就可自由而为。而立法解释和司法解释均应遵守《中华人民共和国立法法》②的规定。其中，第四十五条只规定了立法解释的两大事项，没有对立法解释的原则和方法作出规定，这是与立法解释的性质相适应的。但第一百零四条对司法解释的要求则明显不同，要求最高人民法院和最高人民检察院对法律进行司法解释时必须"符合立法的目的、原则和原意"。由此可见，我国的司法解释应当坚持主观解释的立场。

（二）刑法解释的种类

刑法解释，一般从刑法解释的主体、效力以及刑法解释的方法两个角度进行分类。

1. 刑法解释的主体、效力分类——有权解释和无权解释

并非所有的刑法解释都具有法律效力。正式的刑法解释是被授权的国家机关在其职权范围内作出的解释，具有法律效力，又称有权解释，主要是指立法解释与司法解释。

非正式的刑法解释，又称无权解释，是由未经国家授权的机关、团体、社会组织、学术机构乃至公民个人对刑法规范所做的解释。主要是学理解释。此类解释不具有法律效力，但对刑事立法和刑事司法活动具有重要的参考价值。

（1）立法解释。

立法解释是指立法机关对刑法规范含义所做的解释。一般认为，在我

---

① 张明楷. 刑法学：上册. 5版. 北京：法律出版社，2016：29.
② 2000年3月15日第九届全国人民代表大会第三次会议通过，2015年3月15日第十二届全国人民代表大会第三次会议修正。

国,立法解释是指国家最高立法机关即全国人大及其常委会对刑法规范含义所做的解释。包括三种情况:① 在刑法典中直接对有关刑法术语所做的解释。例如,刑法典第九十四条规定:"本法所称司法工作人员,是指有侦查、检察、审判、监管职责的工作人员。"② 在法律的起草说明或者修订说明中所做的解释。③ 刑法施行过程中,立法机关对刑法规范含义所做的解释。

对于前两种解释是否属于立法解释,理论界存在争议。我国现行宪法第六十七条第(四)项规定,解释法律是全国人大常委会的职权。《中华人民共和国立法法》第四十五条第一款规定:"法律解释权属于全国人民代表大会常务委员会。"第四十五条第二款规定:"法律有以下情况之一的,由全国人民代表大会常务委员会解释:(一)法律的规定需要进一步明确具体含义的;(二)法律制定后出现新的情况,需要明确适用法律依据的。"可见,从宪法和立法法的规定来看,只有第三种解释才是标准的立法解释。

(2) 司法解释。

司法解释指国家最高司法机关对刑法规范的含义所做的阐明。1981年6月10日第五届全国人大常委会第十九次会议通过的《全国人民代表大会常务委员会关于加强法律解释工作的决议》规定:"凡属于法院审判工作中具体应用法律、法令的问题,由最高人民法院进行解释。凡属于检察院检察工作中具体应用法律、法令的问题,由最高人民检察院进行解释。最高人民法院和最高人民检察院的解释如果有原则性的分歧,报请全国人民代表大会常务委员会解释或者决定。"可见,在我国具有普遍效力的司法解释,只能是最高人民法院和最高人民检察院就审判和检察工作中如何具体应用法律的问题所做的解释,前者称为审判解释,后者称为检察解释。有时,最高人民法院和最高人民检察院为了协调意见,对刑法具体应用中的问题共同进行解释,实践中称为"联合解释",例如,《最高人民法院、最高人民检院关于执行〈中华人民共和国刑法〉确定罪名的补充规定》(法释〔2002〕7号)。

据统计,截至目前,最高人民法院针对现行刑法典单独或者与最高人民检察院联合作出的司法解释和司法解释类规范性文件有100多个。

此外,必须说明两点:一是公安部和省级公检法等参与刑事司法的机关有时也对刑法规范的含义作出解释,且都在本部门、本地区发挥实际的效力,但是由于其没有法律依据,并不能称之为正式解释或者有权解释。二是全国人大常委会法律工作委员会(简称"法工委")作为全国人大常委会的内部工作机构,有时也独立或者与最高人民法院和最高人民检察院等中央司法机关联合对刑法规范的含义作出解释,虽然也发挥实际的效力,但同样也是没有法律依据的。

(3) 学理解释。

在非正式的刑法解释中,学理解释极具研究价值。学理解释是指国家宣传机构、社会组织、科研单位或者专家学者从学理上对刑法含义所做的解释。例如,通过刑法典释义、刑法教科书及刑法学论文、专著、学术讲座等对刑法所做的解释均属学理解释。学理解释无法律效力,但合理的学理解释有助于理解与把握刑法规范的含义,对刑事立法和司法具有重要的参考价值。

2. 刑法解释的方法分类——文理解释和论理解释

依解释的方法而论,刑法解释可分为文理解释与论理解释。

(1) 文理解释。

文理解释是指从刑法规范语义出发阐释刑法规范含义的解释方法。其主要根据是语词的含义、语法、标点及标题。文理解释是一种基本的但并非简单的解释方法。

《全国人民代表大会常务委员会关于〈中华人民共和国刑法〉第三百一十三条的解释》将刑法典第三百一十三条中的"人民法院的判决、裁定"解释为"人民法院依法作出的具有执行内容并已发生法律效力的判决、裁定"和"人民法院为依法执行支付令、生效的调解书、仲裁裁决、公证债权文书等所作的裁定",即采用了文理解释方法。

(2) 论理解释。

论理解释是指按照立法精神,联系刑法产生的缘由、沿革及其他相关事项,对刑法规范做逻辑分析,从而阐明刑法规范真实含义的解释方法。论理解释又分为扩张解释、限制解释、当然解释、历史解释与目的解释等。

① 扩张解释。扩张解释又称扩大解释,是指刑法规范的字面含义比刑法真实含义窄,于是扩张字面含义,使其符合刑法规范真实含义的解释方法。例如,对刑法典第一百一十六条中"汽车"的含义,多解释为包括作为交通工具使用的大型拖拉机,这是一种扩张解释。又如,对刑法典第四十九条中"审判的时候",通常也扩张解释为包括从刑事案件立案到刑事裁判执行的全部刑事诉讼程序。

一般认为,扩张解释不能超出刑法用语可能具有的含义,否则,便是类推解释,有违罪刑法定原则。因此,对于扩张解释有许多问题需要进一步研究。

② 限制解释。限制解释又称缩小解释,是指刑法规范的字面含义比刑法真实含义广,于是对字面含义加以限制,使之符合刑法规范真实含义的解释方法。例如,将刑法典第二十条第三款中的"行凶"限定为"严重的行凶,

即可能造成重伤、死亡的行凶"①,将刑法典第一百五十八条、第一百五十九条限定为只适用于依法实行注册资本实缴登记制的公司,都属于限制解释。

③ 当然解释。即刑法规范虽未明示某一事项,但依规范目的、事物属性的逻辑推理将该事项当然地解释为包括在该规定适用范围之内的解释方法。当然解释有正意与反意之分。正意的当然解释如刑法典第一百零九条第二款规定"掌握国家秘密的国家工作人员"犯叛逃罪的,应当从重处罚,由此可知,"掌握国家秘密的国家机关工作人员"犯本罪的,更应当从重处罚。反意的当然解释如刑法典第十一条规定:"享有外交特权和豁免权的外国人的刑事责任,通过外交途径解决。"从中可以得出,不享有外交特权和豁免权的外国人的刑事责任,不得通过外交途径解决。

④ 历史解释。历史解释是指根据刑法制定或者修订的历史背景以及刑法发展的沿革,阐明刑法规范真实含义的解释方法。历史解释并不意味着仅仅是立法原意的探求,更多体现在根据立法文献史料得出合理的结论。例如,《中华人民共和国婚姻法》②原则上只承认和保护依法登记的婚姻,即依法成立的婚姻法律才予以保护。但是,对于刑法典第二百五十八条中的"重婚""结婚"仍然理解为包括事实婚姻在内,就是考虑到历史情况。

⑤ 目的解释。目的解释是指根据刑法规范的目的,阐明其真实含义的解释方法。即从考虑刑法规范的设立目的在于惩罚什么行为、保护什么法益的角度出发对刑法规范作出解释。例如,刑法典第二百五十二条的规范目的在于保护通信自由和通信秘密及隐私,因此其中的"信件"不仅指书信,也可包括电子邮件、手机短信等。

此外,还有体系解释、反对解释、补正解释、比较解释等方法。③

在对刑法规范进行解释时,既可能采用某一种解释方法,也可能同时采用多种解释方法,但所做解释都必须符合罪刑法定原则,解释结论必须符合刑法的原则和精神。本书提倡:解释刑法规范时应当优先使用文理解释,只有当文理解释的结论明显不合理时再考虑论理解释;评价解释结论是否合理,应当遵照以解释结论是否符合立法的目的、原则和原意为主,以是否符合当前的刑事政策及客观需要为辅的标准。

---

① 高铭暄,马克昌.刑法学.北京:中国法制出版社,1999:242.
② 1980 年 9 月 10 日第五届全国人民代表大会第三次会议通过,2001 年 4 月 28 日第九届全国人大常委会第二十一次会议修正。
③ 张明楷.刑法学:上册.5 版.北京:法律出版社,2016:36—42.

第五节 刑法学的研究对象、体系和方法

本节主要讲述刑法学的概念、研究对象、体系和研究方法。

一、刑法学的概念和研究对象

任何一门科学都有其特定的概念界定与研究对象,刑法学也不例外。刑法学的概念是什么,刑法学的研究对象包括哪些内容,理论界存在争议。目前,通说是"刑法学即研究刑法及其所规定的犯罪、刑事责任和刑罚的科学"①。可见,刑法学的研究对象是刑法及其所规定的犯罪、刑事责任和刑罚,即现行刑法典是刑法学研究的重点内容,同时,刑法学还研究刑法的概念、本质、特征、任务、基本原则和效力范围,研究犯罪的概念和犯罪构成及其诸方面,研究排除犯罪性的行为,研究故意犯罪的停止形态,研究共同犯罪、罪数形态及刑事责任理论,研究刑罚的概念、目的、功能、种类及其适用等问题,研究各具体犯罪及其处罚,研究中外刑事立法、司法的理论与实践,等等。

刑法学的概念及对象外延将刑法学与其他法学学科,尤其是犯罪学、刑事诉讼法学、刑事证据学、犯罪心理学、监狱法学、刑事侦查学等相近刑事法学学科区别开来。相近刑事法学学科虽涉及犯罪、刑事责任与刑罚,但并非从刑事实体法角度出发专门研究刑法规范及其所规定的犯罪、刑事责任和刑罚。犯罪学是研究犯罪现象、犯罪原因及犯罪对策的科学;刑事诉讼法学是从程序法角度研究如何侦查、起诉、审理、判决犯罪的刑事诉讼程序运作的科学;刑事证据学是研究刑事证据的基本理论、立法与司法实践的科学;犯罪心理学是研究犯罪人心理活动及其规律的科学;监狱法学是研究监狱立法及如何对罪犯实行教育、改造的科学;刑事侦查学是研究犯罪侦查的策略、方法措施及技术手段的科学。因此,相近刑事法学学科与刑法学研究对象存在明显不同,界限分明,不可混淆。

对刑法学可以从不同角度进行分类。首先,按研究范围可以分为广义刑法学和狭义刑法学。广义刑法学包括狭义刑法学、监狱学、犯罪学等涉及犯罪和刑罚的多门学科,狭义刑法学则仅指研究刑法及其所规定的犯罪、刑事责任及刑罚的科学。其次,按研究方法可以分为沿革刑法学、比较刑法学和注释刑法学。沿革刑法学也称历史刑法学,是从历史角度研究历代刑法的本质、特点及其发展变化规律的科学;比较刑法学是对各国的国内刑法进行微观、宏观比较的科学;注释刑法学是运用注释方法,揭示法条内容并予以理论

---

① 高铭暄,马克昌.刑法学.北京:中国法制出版社,1999:2.

概括的科学。再次,按地域范围可以分为国内刑法学、外国刑法学和国际刑法学。国内刑法学是研究本国刑法的科学,外国刑法学是研究本国以外其他各国刑法的科学,国际刑法学是研究国际公约中关于国际犯罪的刑事规范的科学。

二、刑法学的体系

刑法学的体系包括刑法学的逻辑体系和价值体系。① 这里仅指刑法学的逻辑体系,是指依据一定原理构筑的刑法理论有机统一体。与刑法典由总则与分则两部分组成的结构相一致,刑法学的体系也包括总论和分论,前者主要研究刑法总则性规范,后者主要研究刑法分则性规范。不过,从刑法学体系产生的历史来看,并不是刑法典的体系决定刑法学的体系,而是后者决定前者。② 刑法学分论又称罪刑各论,通常与刑法典分则的体系一致。

刑法学总论的体系与刑法典总则的框架尽管存在紧密联系,但二者并不一致。因而,刑法学体系之争实质上聚焦于总论体系的构建上。

关于刑法学总论的体系,理论界存在以下几种观点:① 犯罪论—刑罚论;② 犯罪论—刑事责任论;③ 犯罪论—刑事责任论—刑罚论;④ 刑事责任论—犯罪论—刑罚论;⑤ 刑法(概)论—犯罪论—刑事责任与/或者刑罚论。不同的理论体系蕴含着对犯罪、刑事责任、刑罚在刑法总论体系中地位及其相互关系的不同认识。在目前的刑法学教材中,主要采用理论界通行的犯罪论—刑事责任论—刑罚论的体系。一般认为,这一体系显示了刑法学总论内容的内在联系与结构,基本能适应现行刑事立法和司法实践的需要。不过,本书认为,上述第五种观点首先以"刑法(概)论"概括了刑法概念、本质、特征、基本原则、适用范围等基本内容,能更准确地反映刑法学教学的实际内容,因而更为可取。

刑法学体系可用图 1-2 表示:

---

① 何秉松.刑法教科书:上卷.北京:中国法制出版社,2000:4.

② 目前各国刑法典普遍采用的总则、分则结构形式是根据刑法学教科书的体系形成的。在18世纪之前,所有的刑法都不分总则和分则。德国法学家费尔巴哈大约在1856年出版的《刑法讲义》中首次使用了总则、分则这一划分形式,而后在巴伐利亚大公国刑法中首次采用这样的结构体系。费尔巴哈所提出的总则、分则独立划分的体系,第一次使刑事立法的简明化成为现实,它为以最少的条文来确立内涵准确、外延明晰的刑法规范提供了科学的模式。这一在法学逻辑方面的突出成就,首先被取得政权的德国、法国资产阶级接受,成为德国、法国刑法典的体系模式,而后传遍世界。这一体系在清朝末年,由日本介绍进入中国。当时日本法学家岗田朝太郎等不遗余力地向清朝的立法机构介绍这一体系,从而影响了中国的刑事立法。新中国的两部刑法典仍然采用该逻辑体系。这一事实有力地证明,将刑法学作为一个独立的学科来进行研究是非常必要的,它不仅有利于揭示刑法的原理、原则及立法精神,还有利于推动刑法立法技术的改革,推动刑法结构不断向更合理的方向演进。

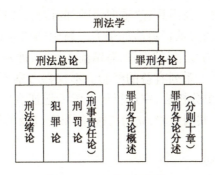

图1-2 刑法学体系图解

三、刑法学的研究方法

研究刑法学应当以历史唯物主义和辩证唯物主义为基础,从研究对象出发,由此及彼,由表及里地全面深入分析,把握辩证发展的观点,既回顾立法沿革、展望理论前景,又立足于现行的立法规定,坚持理论与实践相统一,将理论探讨与当前的司法实践相结合,使理论不脱离实际。总之,刑法学的研究方法包括政策分析法、历史分析法、比较分析法、案例分析法等。

(一) 政策分析法

政策分析法是指从马克思的阶级学说的基本理论出发,抓住刑法的阶级本质与规律,深刻理解刑法中的重大问题,通过政策分析,明确刑法的立法宗旨、政治方向和根本目的。刑法的一系列基本问题,如刑法的任务、犯罪与刑罚的本质、刑罚的目的都需运用政策分析法才能彻底解决。运用政策分析法必须联系我国的社会制度。我国是社会主义国家,刑法学应当为建设社会主义物质文明、精神文明和生态文明服务。把握这一宗旨,才能端正刑法学研究的方向。

为保证用好、用活政策分析法,必须密切联系当时当地的刑事政策。我国的刑事政策同新中国的发展历程密切相连,经历了一个较为复杂的演变过程。总体来说,新中国成立初期实行"坦白从宽、抗拒从严"的刑事政策,改革开放后相当长一段时间实行"严打"的刑事政策,目前实行"宽严相济"的刑事政策。"宽严相济"是从惩办与宽大相结合的刑法原则演化而来的,是指导刑事立法和刑事司法的基本刑事政策。此外,社会治安综合治理,教育、感化、挽救青少年,保留死刑、严格限制死刑适用等,也是我国当前刑事政策的内容。其中,社会治安综合治理是控制犯罪的总方略,其他则为具体的刑事政策,它们共同构成了我国现行刑事政策这一有机统一的整体。

(二) 历史分析法

历史分析法是指将现行刑法的规定与立法沿革及发展前景结合起来进行研究。唯有如此,才能深刻领会刑事立法宗旨、把握刑法的发展规律,才能促进刑法的不断完善。我国具有"重刑轻民"的传统,法律文化中刑事立法思想极为丰富,刑事立法文献资料浩如烟海。新中国成立以来,我国的刑事立法工作始终坚持"古为今用"的方针,总结前人经验,评判其是非得失,取其精华,去其糟粕,获得了一系列有益的经验。不仅在考察不同时期刑事立法思想、制度时应运用历史分析法,在进行刑法学专题研究时,如研究责任能力、正当防卫、犯罪未遂、共同犯罪、立功与假释、罪数以及具体犯罪时,也应持历史考察的眼光。

(三)比较分析法

比较分析法是指通过比较来认识事物的一种研究方法。有比较,才有鉴别,才能有所发展。正如著名比较法学家勒内·达维德指出:"对不同地区的法制进行比较研究,其历史同法学本身同样古老。"① 不同法系、国家或者地区的刑法,虽然性质与内容不尽相同,但在许多规定上具有共性。运用比较分析法,要求对不同的刑法理论、刑事立法规定、刑事司法实践进行比对,剖析理论优劣,评判立法得失,借鉴优秀法律文化成果。这对于提高我国刑法理论研究水平,推动刑法科学的完善,改进刑事立法和司法的现状,都具有重要的意义。需要指出的是,运用比较分析法存在两个前提:一是正确理解其他国家刑法理论并坚持客观评价的态度;二是尽可能做仔细的调查研究并占有、消化资料,否则仅凭一鳞半爪难以得出令人信服的科学结论。

(四)案例分析法

刑法学是一门实践性很强的应用学科,刑法理论只有在具体司法实践运用中才能得以印证、丰富和不断提高。案例分析法是理论联系实际方法在刑法学研究中的具体运用。运用典型案例研究刑法学,既可以牢固地掌握刑法理论,同时还可以通过疑难案例发现新的问题,发展刑法理论,完善刑法规范。

本章小结

1. 关于刑法的概念,我国理论界存在三种基本观点。根据"罪—责—刑"总论框架,我国刑法是指为了维护国家与人民利益,根据工人阶级和广大人民群众的意志,以国家名义颁布的,规定犯罪、刑事责任及刑罚的法律规范的总和。刑法有广义刑法与狭义刑法之分。广义刑法涵盖了全部刑法渊源。

2. 刑法的性质包括两种含义,一种为刑法的阶级性质,另一种为刑法的法律性质。刑法是由掌握政权的统治阶级根据自身意志和利益制定的,是统治阶级意志的反映。刑法的阶级本质由国家的阶级本质决定。刑法的法律

---

① [法]勒内·达维德.当代主要法律体系.漆竹生,译.上海:上海译文出版社,1984:7.

性质一般称为刑法的法律特征,表现在两个方面:一是刑法地位的独立性和部门性,二是调控范围的广泛性或综合性、强制手段的严厉性及刑法适用的消极性、补充性或事后性。

3. 刑法的目的是惩治犯罪、保护人民。惩罚的对象限于实施了犯罪行为的人。保护的任务包括保卫国家安全、人民民主专政政权的社会主义制度,保护社会主义的经济基础,保护公民的各项权利,维护良好的社会秩序与安定局面。

4. 刑法的体系有广义和狭义之分。广义上是指刑法的各种渊源和相互关系,狭义上是指刑法典的组成与结构。

5. 刑法解释即对刑法规范含义的阐明。正式的刑法解释具有法律效力,主要包括立法解释和司法解释;非正式的刑法解释不具有法律效力,主要是指学理解释。依解释方法,刑法解释可分为文理解释与论理解释。

关键词语

刑法,刑法渊源,刑法体系,刑法修正案,刑法解释,文理解释,论理解释,扩大解释,缩小解释,刑事政策。

问题思考

1. 如何理解刑法的概念?结合我国当前实际,阐述提倡刑法形式概念的重要意义。
2. 如何理解刑法的法律特征?
3. 如何理解刑法的机能和刑法的目的以及二者关系?
4. 刑法修正案(八)(九)对刑法典的修正体现了我国怎样的刑事政策?
5. 如何理解刑法体系和刑法学体系的关系?
6. 如何理解刑法解释的理论与原则?
7. 如何理解各种刑法解释方法之间的关系?
8. 如何理解我国当前的"宽严相济"的刑事政策?

第二章
刑法基本原则

> **目的要求**
>
> 1. 了解刑法基本原则的概念、特征,理解刑法基本原则对刑事立法和刑事司法的意义。
> 2. 理解罪刑法定原则的含义、内容、要求以及立法体现和司法适用。
> 3. 理解适用刑法人人平等原则的含义、内容、要求以及立法体现和司法适用。
> 4. 理解罪责刑相适应原则的含义、内容、要求以及立法体现和司法适用。

第一节 刑法基本原则的概念、范围和意义

本节主要讲述刑法基本原则的概念与特征、界定标准与范围,以及刑法基本原则的意义等。

一、刑法基本原则的概念和特征

刑法基本原则问题是刑事立法和刑事司法中一个具有全局性、根本性的问题。

刑法基本原则是指贯穿全部刑法规范、体现国家刑事立法与司法的基本精神、指导和制约全部刑事立法和刑事司法过程的基本准则。我国刑法基本原则与社会主义法治原则、各个部门法共同准则之间存在有机联系:刑法基本原则是社会主义法治原则在刑法中的具体体现,是各个部门法共同准则在刑法中的特殊表现。然而,刑法基本原则又具有不同于上述法治原则、共同准则的独特特征。

(一)刑法基本原则必须贯穿全部刑法规范始终,具有全局性和根本性

刑事立法中,为解决定罪量刑问题,需要制定出不同的法律原则,刑事司法中也必须遵循。刑法中存在许多原则,但并非任何原则都是刑法基本原则。比如,刑法典规定的自首与立功从宽处罚、累犯从重处罚、数罪并罚的原则等,虽然都是刑法中不可或缺的原则,但不具有全局性、根本性意义,因而并不是刑法基本原则。只有贯穿全部刑法规范始终,指导和制约刑事立法和刑事司法,具有全局性、根本性意义的刑法原则才能成为刑法基本原则。

(二)刑法基本原则必须是刑法制定、解释与适用都必须遵循的准则

作为基本原则,必须得到普遍遵循。解释与适用刑法必须遵循刑法基本原则,这是不言而喻的,但不要因为刑法基本原则由刑法本身规定,而认为它不制约刑法的规定。立法者在制定刑法时也必须遵循刑法基本原则。

(三)刑法基本原则必须体现刑事法治的基本性质和基本精神

刑法基本原则应当体现的刑事法治的内涵是:坚持法治,摒弃人治;坚持司法公正,反对徇私舞弊;坚持平等,反对特权。

一般认为,上述三个特征也是界定刑法基本原则的主要标准或界限。

二、刑法基本原则的界定标准和范围

对于刑法基本原则究竟包括多大范围,因界定标准不同而有所不同。例如,有"二原则说""三原则说""四原则说""五原则说"和"六原则说"等不同观点,其中,"三原则说"和"六原则说"是最主要的两种观点,以下就此二者进行介绍。

(一)"六原则说"及其界定标准

根据上述三个刑法基本原则的特征,1997年刑法典明确规定的罪刑法定原则、适用刑法人人平等原则和罪责刑相适应原则,无疑属于刑法基本原则。同时,罪责自负原则、主客观相统一原则、惩罚与教育相结合原则,尽管刑法典未予明文规定,但符合刑法基本原则的标准,因而也属于刑法基本原则。

(二)"三原则说"及其界定标准

有人认为,上述三个刑法基本原则的特征只是界定刑法基本原则的主要标准,而不是全部标准。除此之外,还应包括其他的界定标准。例如,曾经有人认为,刑法基本原则"必须是刑法所特有的,而不是各个部门法所共有的"[①]。据此标准,适用刑法人人平等原则应当从"六原则"中去除,此谓"五原则说"。后来,由于适用刑法人人平等原则被规定在1997年刑法典中,这种观点便发生了一些变化。譬如,有人提出,刑法基本原则是"为刑法所特有

[①] 高铭暄.刑法学.北京:法律出版社,1982:38.

的或为刑法对法制原则的重申"①。这种观点实际上隐含了另一个观点,即刑法基本原则是由刑法明文规定的。② 增加这一标准后,刑法基本原则只有三个,即1997年刑法典明确规定的罪刑法定原则(第三条)、适用刑法人人平等原则(第四条)和罪责刑相适应原则(第五条)③,此谓"三原则说"。

三、刑法基本原则的意义

总体而言,刑法基本原则的意义在于,指导刑法立法、刑法解释和刑法实施,保证刑法任务的实现。具体体现在以下两个方面:

(一)刑法基本原则对刑事立法的意义

刑事立法中,必须遵照1997年刑法典确立和体现的刑法基本原则,不得违背。在宏观上,制定刑法典、刑法修正案、单行刑法和其他刑法规范以及刑法解释等,都必须以刑法基本原则为理论支点;在微观上,具体刑法规范或者条文的设置,都要遵守并体现刑法的基本原则。

(二)刑法基本原则对刑事司法的意义

刑事司法中,理解、适用刑法规范和对刑法的司法解释等诸方面都需要贯彻基本原则,强化法治意识和司法公正观念,反对特权思想和徇私舞弊。

总之,刑法基本原则既有利于惩罚犯罪,又有利于保护人民;既有利于维护法律的公正形象,又有利于推进刑事法治进程;既有利于实现刑法预防犯罪的目的,又有利于达到刑罚的最佳效果。它能完善刑事立法、规范刑事司法,从而更好地为有中国特色的社会主义事业保驾护航。

第二节 罪刑法定原则

本节主要讲述罪刑法定原则的含义和思想基础、基本要求、类型和内容、立法体现、司法适用等内容。

一、罪刑法定原则的含义和思想基础

罪刑法定原则又称罪刑法定主义。对于该原则的基本含义,习惯从反面表述,即"法无明文规定不为罪,法无明文规定不处罚"。从正面来看,包括犯罪法定化和刑罚法定化。

---

① 苏惠渔.刑法学.3版.北京:中国政法大学出版社,2007:36.

② 对于刑法基本原则是否必须由刑法典作出规定,这涉及刑法基本原则的立法体例问题。日本、挪威、瑞典等国将刑法基本原则规定于宪法中,刑法典不再重复规定;德国、荷兰、智利等国正好相反,将刑法基本原则专门规定在刑法典中,中国也属于这种情况;法国、意大利等国则在宪法和刑法典中同时规定刑法基本原则。

③ 本章仅对刑法典规定的三个刑法基本原则进行讲授,其他原则由学生自学。

刑法典第三条规定："法律明文规定为犯罪行为的,依照法律定罪处刑;法律没有明文规定为犯罪行为的,不得定罪处刑。"该规定正反结合,具有历史进步意义和显著特点。

罪刑法定的思想渊源可以追溯到1215年《英国大宪章》第39条的规定:"凡是自由民除经贵族依法判决或遵照国内法律之规定外,不得加以扣留、监禁、没收其财产,剥夺其法律保护权,或加以放逐、伤害、搜索或逮捕。"这一规定奠定了"罪刑法定"的思想基础。17、18世纪,资产阶级启蒙思想家进一步提出了罪刑法定的主张,将罪刑法定的思想系统化,使之成为学说。最早阐明罪刑法定含义的是被誉为近代刑法之父的德国古典刑法学派的费尔巴哈(1775—1833),他在1801年出版的刑法教科书中明确提出:"法无明文规定不为罪,法无明文规定不处罚。"资产阶级革命胜利后,罪刑法定学说在资产阶级宪法和刑法中得以确认。1789年法国《人权宣言》第8条规定:"法律只应规定确实需要和显然不可少的刑罚,而且除非根据在犯罪前已制定和公布的且系依法施行的法律,不得处罚任何人。"该宣言后来成为1791法国第一部宪法的序言。在此指导下,1810年法国刑法典第4条首次明确规定罪刑法定原则。这是世界上最早在刑法典中规定罪刑法定原则的立法例。此后,大陆法系国家纷纷在宪法和刑法中确立罪刑法定原则,并被《世界人权宣言》等国际条约广泛确认。目前,这一原则已深深植根于现代各国的法治意识之中,成为不同社会制度的各国宪法或者刑法中最基本的、最重要的一项准则。当然,由于法律文化传统等的差异,不同的国家特别是两大法系的国家在采纳这一原则时立法模式有所不同。既有采用宪法化、法典化或者宪法化并且法典化的不同,也有两大法系的区别。① 罪刑法定原则的确立具有重大意义。它不仅有利于维护正常的社会秩序,而且有利于保障人权。

在法律沿革意义上,罪刑法定原则的思想渊源是三权分立思想和心理强制说。现在一般主张,罪刑法定原则的思想基础主要是民主主义和尊重人权主义,或者说民主与自由。一般预防与责任主义也能为此提供思想基础。

二、罪刑法定原则的基本要求、种类和内容

(一)罪刑法定原则的基本要求

1. 罪刑法定化

罪刑法定化即犯罪和刑罚必须由法律事先加以明文规定,不允许法官自由擅断。

---

① 何秉松.刑法教科书:上卷.北京:中国法制出版社,2000:53—54.

2. 罪刑实定化

罪刑实定化即对构成犯罪的行为和犯罪的具体法律后果,刑法应当作出实体性的规定。

3. 罪刑明确化

罪刑明确化即刑法条文必须文字表达确切、意思清楚,不得含糊其辞、模棱两可。

对于罪刑法定原则的基本要求,也可以简单地概括为犯罪法定化和刑罚法定化两个方面。当然,对于二者的规定均应强调具体、明确和可操作性。

罪刑法定原则经历了从绝对的罪刑法定到相对的罪刑法定的转变。中国采用相对的罪刑法定原则,且有自己的特点。

(二) 罪刑法定原则的种类和基本内容

1. 绝对的罪刑法定

在罪刑法定产生的早期,无论是在理论上还是在立法和实践中,都主张绝对的罪刑法定。绝对的罪刑法定原则有四项基本内容或者称派生原则:刑法渊源上绝对排斥习惯法,刑法效力上绝对否定溯及力,刑法适用上绝对不准有罪类推和扩大解释,刑罚种类上绝对禁止不定期刑。

2. 相对的罪刑法定

从世界各国的刑事立法和司法实践现状来看,早期的绝对罪刑法定原则后来受到了严峻的挑战,代之而起的是相对罪刑法定原则。它也有四项基本内容或者称派生原则:渊源上有条件地容许习惯法作为制定法的补充;刑法效力上否定重法的溯及力,承认轻法的溯及力;刑法适用上有条件地允许类推适用和扩大解释;刑罚种类上采用相对的不定期刑(即相对确定的法定刑)。

但是,就特定的国家而言,在多大程度上采用相对的罪刑法定原则,又是不一样的,它受到各国法制传统、文化背景和政治、经济条件等诸多因素的影响。例如,大陆法国家往往不承认习惯法渊源,而普通法国家则予以承认;注重人权的国家往往更主张轻法的溯及力,以体现"对被告人有利"的原则和精神。

我国采用的基本上是相对的罪刑法定原则,但其"相对性"也有自己的特点:在刑法渊源上只承认制定法,不承认判例法和习惯法;刑法效力上否定重法的溯及力,承认轻法的溯及力;刑法适用上禁止类推适用,允许扩大解释;刑罚种类上采用相对确定的法定刑。

三、罪刑法定原则的立法体现

1979 年刑法典没有明文规定罪刑法定原则,并在第七十九条规定了有罪类推制度。对于当时我国刑法典是否采用罪刑法定原则,理论上存在争议。

事实上，尽管对罪刑法定原则的认识、重视和贯彻程度存在诸多不足之处，但是1979年刑法典修订之前基本上实行的是罪刑法定原则。1997年刑法典第三条则明文规定了罪刑法定原则，废除了1979年刑法典第七十九条规定的有罪类推制度，为罪刑法定原则得以彻底贯彻实施扫除了法律障碍。这一原则的价值内涵和基本要求在1997年刑法典中得到了全面系统的体现。

(一) 犯罪法定化

1. 犯罪法定化在刑法典总则中的体现

犯罪法定化在刑法典总则中的体现：明确规定了犯罪的概念（第十三条）；明确规定了犯罪构成的共同要件（第十四条犯罪故意、第十五条犯罪过失、第十七条至第十九条刑事责任能力、第二十五条至第二十九条共同犯罪、第三十条单位犯罪）；明确规定了排除犯罪性的行为（第十六条意外事件、第二十条正当防卫和第二十一条紧急避险）；重申了从旧兼从轻原则（第十二条）。

2. 犯罪法定化在刑法典分则中的体现

刑法典对于罪名的规定相当详备，分则条文在1979年刑法典共103条的基础上增加了247条（增加到350条），罪名数由1979年刑法典的110个增加至413个，加上1个单行刑法和9个刑法修正案的规定，目前，共有罪名468个；明确规定了各种具体犯罪的罪状和具体构成要件，在犯罪构成要件、罪状的表述上，尽量使用叙明罪状或者"混合罪状"，增强了定罪的可操作性。

(二) 刑罚法定化

1. 刑罚法定化在刑法典总则中的体现

刑罚法定化在刑法典总则中的体现：明确规定了刑罚的种类包括主刑和附加刑（第三十二条至第三十五条）；明确规定了以犯罪事实为根据、以刑法为准绳的量刑原则（第六十一条）；明确规定了从重、从轻、减轻或者免除处罚的量刑情节以及累犯、自首、立功、数罪并罚和缓刑量刑等制度；明确规定了刑罚执行制度（减刑和假释）和刑罚消灭制度（时效与赦免）；明确规定了非刑罚处理方法（第三十六条、第三十七条、第三十七条之一、第六十四条）。

2. 刑罚法定化在刑法典分则中的体现

刑罚法定化在刑法典分则中的体现：对于各具体犯罪都明确规定了所应适用法定刑种类与幅度①；在法定刑设置上，除了少数轻罪之外，一般都设置了多个法定刑档次，注重量刑情节的具体化及其与法定刑相对应的关系，增强了量刑的可操作性。

---

① 1997年刑法典第一百五十五条第（三）项规定的"走私固体废物罪"是唯一没有法定刑的罪名，但刑法修正案（四）第二条、第三条对此予以修正，将本罪改为刑法典第一百五十二条第二款，罪名修改为"走私废物罪"，并规定了相应的法定刑，从而消除了唯一的"有罪无刑"的立法例。

值得注意的是,继刑法修正案(八)将生产、销售假药罪,生产、销售有毒、有害食品罪,走私普通货物、物品罪和逃税罪等原刑法典规定的具体量化的犯罪数额和罚金进行模糊化修改后,刑法修正案(九)继续对伪造货币罪、贪污罪和受贿罪等原刑法典规定的具体量化的犯罪数额和罚金进行模糊化修改。此举固然可以满足打击现行犯罪的迫切需要,但是对于罪刑法定原则的影响肯定不是好事,值得警惕。特别是在定罪数额上,刑法模糊化后,再由司法解释规定定罪数额,实际上是将入罪的标准交由司法机关规定,由此可见,这是涉及立法保留的问题。①

四、罪刑法定原则的司法适用

刑事立法中罪刑法定原则的实现,有赖于司法机关通过司法活动落实。从司法实践来看,贯彻执行罪刑法定原则,应当注意如下几个问题。

(一) 正确适用刑法规范定罪和量刑

对刑法明文规定的各种犯罪,司法机关必须以事实为根据,以法律为准绳,认真把握个罪的本质特征和具体构成要件,严格区分罪与非罪、此罪与彼罪的界限,做到定性准确,不枉不纵。对具体犯罪的量刑,必须严格依照个罪法定刑及法定情节,参考酌定情节准确裁量。

(二) 对刑法规范正确进行解释

为弥补刑事立法之不足,统一规范和指导司法实务,最高立法和司法机关应适时颁布法律解释,对刑法规定中不够具体、不够明确的规范进行解释,以指导具体的定罪量刑活动。下面仅对司法解释说明两点。

1. 对司法解释的权限和范围的规范

《全国人民代表大会常务委员会关于加强法律解释工作的决议》(1981年6月10日第五届全国人大常委会第十九次会议通过)规定:"凡属于法院审判工作中具体应用法律、法令的问题,由最高人民法院进行解释。凡属于检察院检察工作中具体应用法律、法令的问题,由最高人民检察院进行解释。最高人民法院和最高人民检察院的解释如果有原则性的分歧,报请全国人民代表大会常务委员会解释或者决定"。司法解释不能超越其应有的权限和范围。

2. 对司法解释的原则和方法的规范

《中华人民共和国立法法》第一百零四条规定:"最高人民法院、最高人民检察院作出的属于审判、检察工作中具体应用法律的解释,应当主要针对

---

① 《中华人民共和国立法法》第八条规定:"下列事项只能制定法律:……(四)犯罪和刑罚;……"

具体的法律条文,并符合立法的目的、原则和原意。遇有本法第四十五条第二款规定情况的①,应当向全国人民代表大会常务委员会提出法律解释的要求或者提出制定、修改有关法律的议案。最高人民法院、最高人民检察院作出的属于审判、检察工作中具体应用法律的解释,应当自公布之日起三十日内报全国人民代表大会常务委员会备案。最高人民法院、最高人民检察院以外的审判机关和检察机关,不得作出具体应用法律的解释。"好的司法解释应当从刑法规范的语境出发,尽量探求立法原意,结合立法目的,并关注民意进行解释(即目的解释)。不论是文理解释,还是论理解释,都不能有违于刑事立法意图,违背民意,更不能以扩大解释和类推解释来替代刑事立法,否则就会背离罪刑法定原则。

目前,最高人民法院、最高人民检察院都以司法规范文件的形式,各自对司法解释工作进行规范。例如,《最高人民检察院司法解释工作规定》(高检发研字〔2015〕13号),《最高人民法院关于司法解释工作的规定》(法发〔2007〕12号),《最高人民法院、最高人民检察院关于地方人民法院、人民检察院不得制定司法解释性质文件的通知》(法发〔2012〕2号)。

第三节 适用刑法人人平等原则

本节主要讲述适用刑法人人平等原则的含义和要求、立法体现、司法适用等三个方面的内容。

一、适用刑法人人平等原则的含义和要求

(一)适用刑法人人平等的基本含义

适用刑法人人平等原则是法律面前人人平等的宪法原则(法制原则)在刑法领域的贯彻实施。刑法典第四条明文规定:"对任何人犯罪,在适用法律上一律平等。不允许任何人有超越法律的特权。"这就是适用刑法人人平等原则,简称平等原则。

平等原则的基本含义是:① 任何人犯罪,都应当受到刑法的追究;② 任何人不得享有超越刑法的特权;③ 对于一切犯罪行为,应一律平等适用刑法,定罪量刑时不得因犯罪人的地位、出身、职业状况、财产状况、政治面貌、才能业绩等的差异而有所区别;④ 任何人受到犯罪侵害,都应受到刑法的保护;⑤ 不同被害人的同等权益,应受到刑法的同样保护。

---

① 《中华人民共和国立法法》第四十五条第二款规定:"法律有以下情况之一的,由全国人民代表大会常务委员会解释:(一)法律的规定需要进一步明确具体含义的;(二)法律制定后出现新的情况,需要明确适用法律依据的。"

强调平等原则,是基于司法实践中刑法适用不平等的现象在现阶段还较为严重。当然,平等原则并不否定犯罪人或被害人的特定个人情况对定罪量刑的合理影响。在刑事立法和司法上,犯罪人的主体情况以及被害人的个人情况,如果对犯罪的客观社会危害及犯罪人的主观恶性大小有影响,则要求在适用刑法上有所区别和体现。例如,对累犯基于其主观恶性及人身危险性而从重处罚,对未成年人犯罪基于主体的个人情况而减免刑事责任。由此可见,平等原则并非孤立、机械、单一化的刑事法准则,它必须与罪责刑相适应等刑法基本原则结合,共同指导刑法适用。

（二）适用刑法人人平等的基本要求

概括地说,适用刑法人人平等体现在两个方面:一是立法上的平等,二是司法上的平等。两个方面相辅相成,缺一不可。没有立法上的平等,司法平等就根本没有存在的前提;已有立法上的平等而没有司法的切实贯彻执行,立法的平等也只能是形同虚设。而且,无论是立法上的平等还是司法上的平等,都具有以下三个方面的基本要求。

1. 在定罪上一律平等

任何人犯罪,无论其身份、地位等如何,一律平等对待,适用相同的定罪标准。不能因为被告人地位高、功劳大而使其逍遥法外、不予定罪;也不能因为被告人是普通公民就妄加追究、任意定罪。

2. 在量刑上一律平等

相同的犯罪并有相同量刑档次的犯罪情节的,应当做到同罪同罚。虽然触犯相同的罪名,但犯罪情节不同,比如,有的具有法定从重处罚的情节,有的具有法定从轻、减轻或者免除处罚的情节,从而同罪不同罚,这是合理、正常的,并不违背量刑平等原则。因为对任何人犯罪来说,都有具体情况具体分析、针对不同情况实行区别对待的问题。但如果考虑某人权势大、地位高或财大气粗而导致同罪异罚的,则是违背量刑平等原则的,因为这等于承认某人享有超越法律的特权。

3. 在行刑上一律平等

在执行刑罚时,对于所有的受刑人平等对待,凡罪行相同、主观恶性相同的,刑罚待遇也应相同,不能考虑权势地位、富裕程度使一部分人搞特殊化,对另一部分人则加以歧视。掌握法律规定的减刑、假释的条件标准也应体现平等,谁符合条件,谁不够条件,都要严格以法律为准绳,不搞亲疏贵贱。当然,因罪行轻重不同、主观恶性不同、改造表现不同而给予差别待遇,这是行刑平等题中应有之义。比如,教育改造工作中的评分制、累进制,体现了相同情况相同对待、不同情况区别对待的司法公正精神,这不仅不违反行刑平等的原则,而且恰恰是行刑平等的实质体现。

二、适用刑法人人平等原则的立法体现

适用刑法人人平等原则在刑法典总则与分则中均有体现。

(一) 适用刑法人人平等原则在刑法典总则中的体现

刑法典总则除第四条明文规定平等原则外,这一原则的精神主要还体现在以下两个方面。

1. 刑法适用范围的普遍性

刑法典第六条、第七条的规定表明,凡在中国领域内实施犯罪的,除法律的特别规定外,都应适用中国刑法,而不论犯罪人是什么人;凡中国公民犯罪的,除法律的特别规定外,都应适用中国刑法,而不问犯罪地在国内还是国外。

2. 刑法适用主体的平等性

刑法对刑事责任能力的规定只考虑年龄和智力状况,不考虑其他因素;刑法对单位犯罪的规定,只要是由单位实施的被法律规定的犯罪行为,都应追究刑事责任,而不论单位是公司、企业、事业单位还是机关、团体。

(二) 适用刑法人人平等原则在刑法典分则中的体现

1. 从类罪分析

刑法典分则将平等原则具体化到各类各种犯罪中,规定了危害国家安全罪、危害公共安全罪、破坏社会主义市场经济秩序罪、侵犯财产罪、妨害社会管理秩序罪、危害国家利益罪、贪污贿赂罪、渎职罪和军人违反职责罪。

2. 从个罪分析

刑法典分则新增设的罪名也体现了平等原则的基本精神。例如,刑法典第二百七十六条规定的破坏生产经营罪是对1979年刑法典第一百二十六条破坏集体生产罪修改而成。该罪名的创设,体现了刑法平等地保护社会主义市场经济体制下各种经济成分的合法权益的精神。

三、适用刑法人人平等原则的司法适用

在刑事司法实践中,贯彻平等原则,应当着重解决以下两个关键问题。

(一) 反对特权,拒绝司法腐败

反对特权,拒绝司法腐败,这是贯彻平等原则的重要方面。在我国,受封建等级观念影响滋生的特权思想在一部分人头脑中,特别是少数领导干部头脑中,较有市场。此外,现实生活中多方面因素,如知识水平、法治意识和司法人员素质,对司法公正不可避免地产生干扰。应当承认,我国司法实践中有违司法公正的特权现象仍然存在,甚至在某些时间、某些地方、某些案件中表现较为突出。因此,坚持平等原则,就必须反对形形色色的特权思想和行

为,拒绝司法腐败。

（二）反对歧视,维护司法公正

特权往往也意味着歧视,因此,反对特权的同时必须反对歧视,否则不足以维护司法公正。而且,反对特权和歧视,都是手段,其目的是保证和促进司法公正。刑事司法公正是平等原则的必然要求,是刑事法治基本精神的体现。刑事司法公正包括定罪公正、量刑公正和行刑公正三个方面的要求。

第四节　罪责刑相适应原则

本节主要讲述罪责刑相适应原则的基本含义和要求、立法体现和司法适用等三个方面的内容。

一、罪责刑相适应原则的含义和要求

（一）罪责刑相适应原则的基本含义

刑法典第五条规定:"刑罚的轻重,应当与犯罪分子[①]所犯罪行和承担的刑事责任相适应。"这就是罪责刑相适应原则,也称之为罪刑相适应原则、罪刑相当原则、罪刑均衡原则。基本含义是:犯多大的罪,便应承担多大的刑事责任,法院也应判处其轻重相当的刑罚;做到重罪重罚,轻罪轻罚,罪刑相称,罚当其罪。分析罪轻罪重和刑事责任大小,应综合考虑犯罪的社会危害性和行为人的人身危险性,从而确定其刑事责任程度,适用相应轻重的刑罚。

罪责刑相适应原则的早期表现形式是罪刑相适应原则。罪刑相适应原则最早渊源于原始社会的同态复仇和奴隶社会的等量报复。"以眼还眼,以牙还牙,以血还血"是罪刑相适应原则的最古老、最朴素的表现形式。17、18世纪的资产阶级启蒙思想家将这些原始的罪刑相适应观念发展为罪刑相适应的刑法基本原则。随着19世纪末刑事人类学派和刑事社会学派的崛起,行为人中心论和人身危险性论对传统罪刑相适应原则提出有力挑战,将之修正为现代的罪责刑相适应原则:既注重刑罚与犯罪行为相适应,又注重刑罚与犯罪人个人情况(主观恶性与人身危险性)相适应。

（二）罪责刑相适应原则的基本要求

1. 对刑事立法的要求

刑事立法对具体犯罪处罚的原则性规定,对刑罚裁量、执行制度及个罪法定刑的设置,不仅要考虑犯罪的社会危害性,而且要考虑行为人的人身危

[①] 作为刑法规范用语,"犯罪分子"一词过于流俗,有贬义或欠中性,不够规范与严谨,故宜用"犯罪人"或者"(犯罪)行为人"取代之。

险性。

2. 对刑事司法的要求

在司法实践中,刑罚裁量不仅要考虑犯罪行为及其危害结果,而且应综合分析整个犯罪事实和犯罪人各方面因素,力求刑罚个别化。

二、罪责刑相适应原则的立法体现

刑法典除明文规定罪责刑相适应原则外,其他刑法规范也始终贯彻这一原则。

（一）罪责刑相适应原则在刑法典总则中的体现

1. 规定了严密科学的刑罚体系

刑法典确立了一个科学的刑罚体系。该刑罚体系依刑罚方法轻重次序加以排列,主刑包括管制、拘役、有期徒刑、无期徒刑、死刑,附加刑包括罚金、剥夺政治权利、没收财产和适用于外国人的驱逐出境。各种刑罚方法既相互区别,又相互衔接,能够根据犯罪的不同情况灵活运用。这便为司法实践中罪责刑相适应原则奠定了坚实基础。

2. 规定了区别对待的处罚原则

刑法典根据犯罪行为的社会危害性和人身危害性大小,规定了轻重有别的处罚原则。如对于防卫过当、避险过当构成犯罪的,应当减轻或者免除处罚。在共同犯罪中规定,对组织、领导犯罪集团的首犯（首要分子）应当按照集团所犯的全部罪行处罚,对其他主犯应当按照其所参与的或者组织、指挥的全部犯罪处罚,对从犯应当从轻、减轻处罚或者免除处罚,对胁从犯应当按照他的犯罪情节减轻处罚或者免除处罚,对教唆犯应当按照他在共同犯罪中所起的作用处罚,但教唆未成年人犯罪的,从重处罚。诸如此类的规定,都体现了罪责刑相适应原则。此外,刑法典总则还侧重于刑罚个别化的要求,规定了一系列刑罚裁量和执行制度,如自首制度、立功制度、缓刑制度、假释制度,等等。

（二）罪责刑相适应原则在刑法典分则中的体现

刑法典分则对各具体犯罪都规定了轻重不同的量刑幅度,即不仅根据犯罪的性质和危害程度建立了一个严密的罪名体系,还为具体个罪设置了幅度大、有弹性、可分解的法定刑。例如,刑法典第二百七十条规定,对侵占罪,构成基本犯的,处二年以下有期徒刑、拘役或者罚金;构成加重犯的,处二年以上五年以下有期徒刑,并处罚金。

三、罪责刑相适应原则的司法适用

贯彻罪责刑相适应原则,必须从该原则的基本含义和要求出发,结合我国刑事司法实践,着重解决下列问题。

（一）纠正重定罪、轻量刑的偏向，把定罪与量刑置于同等重要的地位

长期以来，我国刑事审判机关一贯存在重定罪、轻量刑的错误倾向。许多法官对量刑的地位与作用存在错误认识，认为刑事案件定性准确是检验刑事审判工作质量的重要标准，至于刑罚多判几年或少判几年则无关紧要。本书认为，造成此种状况的最主要原因是法官对刑事自由裁量权之有无及如何规范行使存在不正确的认识。[①] 基于此种错误认识，在处理上诉、申诉案件时，往往对确属定性错误或量刑畸轻畸重（量刑严重失衡）的才予以改判。而对量刑偏轻偏重（量刑轻度失衡）的，则维持原判。把准确定性与合理量刑作为检验刑事审判工作质量好坏的统一标准，才能切实贯彻罪责刑相适应原则。

（二）消除重刑主义影响，强化量刑公正的观念

中国经历了长达两千多年的封建社会，深受封建刑法观念的影响。重刑主义传统作为封建刑法思想的重要表现，对我国的刑事立法与司法实践还产生着方方面面的影响。譬如，在司法实践中，对于故意杀人的犯罪人（就既遂犯而言），一般都判处死刑或者无期徒刑，很难看到适用有期徒刑的。其实，故意杀人的犯罪情节是多种多样的，其社会危害性和行为人的人身危险性也会有很大的不同。应当指出，重刑主义是一种野蛮落后的刑法思想，既与罪责刑相适应的刑法基本原则背道而驰，又和现代人权观念不相容。重刑主义的盛行必然影响到罪责刑相适应原则的切实贯彻，并践踏人权。因此，我们必须排除重刑主义的干扰，强化量刑公正的司法观念，切实做到罚当其罪，不枉不纵。

（三）适当限制法官的自由裁量权，强调刑事裁判的平衡与统一

罪责刑相适应原则在具体案件上的表现应当是：对于类似案件的处理在轻重上应基本相当，不可悬殊过大。但在司法实践中，不同审级、不同地区的法院或者不同的法官对类似案件的处理确实存在着轻重悬殊的现象，并且相当普遍。究其原因，既有立法的粗疏，又有司法解释的不明确，同时，还有法官个人素质和司法水平等多方面的因素。为解决这一问题，应当以适当限制法官的自由裁量权为中心，采取如下对策。

1. 完善刑事立法，对各个具体犯罪规定更为严密的法定刑

现行刑法典对犯罪区分较细，但对法定刑规定相对粗疏。例如，第一百四十条规定了四档法定刑，但第二百六十三条、第二百一十二条仅规定两档法定刑。相对而言，后者作为包括死刑的重罪，其刑罚配置明显过于粗疏了。

---

① 在相对罪刑法定原则的条件下，必须赋予法官刑事自由裁量权。但与此同时，为了防止法官恣意，必须对刑事法官的自由裁量行为进行严格地规制。

目前,我国的刑法修改和立法解释还没有转移到刑罚配置上来,希望立法者今后能有这方面的考虑。

2. 进一步加强司法解释工作,为正确适用刑罚提供明确具体的标准

针对定罪量刑上的具体规则和标准,我国主要是通过司法解释来完成的。目前,所有常用的犯罪基本上都有了司法解释,其中,对于特别高发的犯罪还有了更加细化的量刑规范或量刑细则。但其中有的陈旧了,有的可能调研不充分,相互之间不平衡,需要修改和完善。

3. 系统编纂刑事案例,发挥刑事案例对审判工作的指导作用,以实现相似个案之间的平衡

近年以来,最高人民法院和最高人民检察院都建立了案例指导制度,通过不定期地发布刑事典型案例指导全国的刑事审判工作。[1] 最高人民法院和最高人民检察院还分别通过《最高人民法院公报》《人民法院报》《最高人民检察院公报》《检察日报》和网站刊载典型案例。最高人民法院刑事审判庭共同编撰《刑事审判参考》辑刊,引导全国的刑事审判工作。加上中国裁判文书网,目前,若要参考相关案例,可以随手拈来。但是,面对海量的案例,急需体系化编撰方能发挥指导作用。

4. 改进量刑方法,扩大公诉人、辩护人对量刑的参与权、建议权,发动控辩双方就量刑展开充分辩论,以制约法官对量刑的自由裁量权,实现量刑的规范化、科学化和现代化

对于公诉人或者检察机关的量刑建议权已经有不少的讨论,《中华人民共和国刑事诉讼法》[2]第一百九十三条规定为量刑辩论提供了法律支持。但是,对于辩护人是否应当拥有对量刑的建议权甚至量刑辩论权,目前,鲜见有专门的论述。有关辩诉交易、辩护人的程序动议权等讨论只是间接地涉及辩护人对量刑的参与和影响。

本章小结

1. 刑法基本原则是指贯穿全部刑法规定、体现我国刑事立法与司法基本精神、指导和制约全部刑事立法和刑事司法过程的基本准则。刑法基本原则具有不同于社会主义制度原则和部门法共同准则的独特特征。刑法基本

---

[1] 参见《最高人民法院关于案例指导工作的规定》(法发〔2010〕51号)、《〈最高人民法院关于案例指导工作的规定〉实施细则》(法〔2015〕130号)和《最高人民检察院关于案例指导工作的规定》(高检发研字〔2015〕12号修订发布)。

[2] 1979年7月1日第五届全国人民代表大会第二次会议通过,2012年3月14日第十一届全国人民代表大会第五次会议第二次修正,自2013年1月1日起施行。

原则主要包括罪刑法定原则、平等原则和罪责刑相适应原则。刑法基本原则对刑事立法和刑事司法具有巨大指导意义。

2. 罪刑法定原则的基本含义是：法无明文规定不为罪，法无明文规定不处罚。其基本要求为：罪刑法定化、罪刑实定化、罪刑明确化。罪刑法定原则在刑法典中得到了全面系统的体现。贯彻执行罪刑法定原则应当正确定罪量刑和进行司法解释。

3. 平等原则的基本含义是：任何人犯罪，都应受到刑法的平等追究；不同被害人的同等权益应受到刑法的同等保护。平等原则在我国刑法总则和分则中均有体现。司法适用上，必须强调反特权、反歧视，拒绝司法腐败，维护司法公正。

4. 罪责刑相适应原则的基本含义是：重罪重罚，轻罪轻罚，罪刑相称，罚当其罪；罪刑轻重由犯罪的社会危害性和行为的人身危害性决定。其基本要求为：刑事立法上综合考虑社会危害性和人身危险性；刑事司法上力求刑罚个别化。其立法体现为：严密科学的刑罚体系，区别对待的处罚原则，轻重不同的量刑幅度。司法适用上，其强调定罪与量刑的同等重要地位，强调量刑公正的司法观念，强调刑事司法中的平衡与统一。

刑法基本原则，罪刑法定原则，平等原则，罪责刑相适应原则，量刑辩论。

问题思考

1. 如何理解刑法基本原则的概念和界定标准？
2. 如何理解罪刑法定原则？在司法实践中如何贯彻该原则？
3. 如何理解适用刑法人人平等原则？在司法实践中如何贯彻该原则？
4. 如何理解罪责刑相适应原则？在司法实践中如何贯彻该原则？

第三章 刑法的效力

> **目的要求**
>
> 1. 了解刑法的效力、刑法的空间效力、刑法的时间效力、刑法的溯及力等概念,理解刑法空间效力和刑法溯及力的原则。
> 2. 掌握我国刑法关于属地管辖权、属人管辖权、保护管辖权、普遍管辖权和溯及力的具体规定。
> 3. 能运用刑法效力的原理和规定,分析和解决具体案件中的刑法效力问题。

刑法的效力范围或刑法的适用范围简称刑法的效力,是指刑法在什么空间对什么人以及在什么时间具有效力。它从空间与时间的结合上对刑法的适用范围和适用对象进行界定。只有正确地解决了刑法的效力范围,才可能准确、有效地适用刑法打击犯罪,保护国家和人民的利益。刑法的效力包括刑法的空间效力和时间效力。刑法典第六条至第十二条等条款对此做了明确的规定。

第一节 刑法的空间效力

本节主要讲述刑法空间效力的概念和原则,刑法典关于属地管辖权、属人管辖权、保护管辖权和普遍管辖权的具体规定。

一、刑法空间效力的概念和一般原则

刑法的空间效力,是指刑法对地和对人的效力。它解决国家刑事管辖的范围问题。刑事管辖权是国家主权的组成部分。刑法对地的效力和对人的效力不是截然分开的,二者既相互联系,又存在差异,构成刑法空间效力两个不同方面的内容。

任何主权国家,都在刑法中对刑法的空间效力即刑事管辖权的范围

作出具体规定。各国基于社会政治情况和历史传统习惯的差异，在解决刑事管辖权范围问题上主张的原则不尽相同。概括而言，一般采用以下原则。

（一）属地原则

属地原则，又称领土原则，即单纯以犯罪地为标准，确定刑事管辖权。凡是发生在本国领域内的犯罪都适用本国刑法，无论犯罪人是本国人还是外国人（含无国籍人，下同）；反之，发生在本国领域外的犯罪，均不适用本国刑法。从历史上看，这一原则多为英美法系国家所采用。

属地原则的内容主要包括领域的范围、犯罪地的确定以及例外情形三个方面。其中，犯罪地的确定有多种不同的主张，可分为行为地主义、结果地主义和行为结果择一主义。行为地主义主张以犯罪行为发生地为依据确定管辖权，结果地主义主张以犯罪结果发生地为依据确定管辖权，行为结果择一主义主张以犯罪行为或者犯罪结果发生地为依据确定管辖权。

属地原则只能解决刑法在本国境内适用的问题，但在该原则下，刑法对于本国人在境外犯罪、外国人在境外指向本国安全和公民利益的犯罪以及危害国际社会共同利益的犯罪无法适用。

（二）属人原则

属人原则，又称国籍原则，即单纯以主体的国籍为标准确定刑事管辖权。要求凡是本国人犯罪，无论是发生在本国领域内还是本国领域外，都适用本国刑法；反之，外国人犯罪，即使发生在本国领域内，亦不适用本国刑法。从历史上看，该原则多为大陆法系国家所采用。

属人原则可以弥补属地原则下刑法对于本国人在境外犯罪无法适用的缺陷，但是，根据该原则，刑法对于外国人在境外指向本国安全和公民利益的犯罪以及危害国际社会共同利益的犯罪仍然无法适用。

（三）保护原则

保护原则，也称安全原则，即从保护本国安全和公民利益出发，要求凡侵害本国国家或者公民利益的犯罪，不论犯罪人是本国人还是外国人，也不论犯罪地是在本国领域内还是本国领域外，都适用本国刑法。显然，该原则进一步弥补了属地原则和属人原则下刑法不能适用于外国人在境外指向本国安全和公民利益犯罪的缺陷，但依然不能解决本国刑法对于外国人在境外危害国际社会共同利益犯罪的适用问题。

（四）普遍原则

该原则也称世界原则。即从保护国际社会共同利益出发，凡侵害由国际公约、条约保护的国际社会共同利益，无论犯罪人是本国人还是外国人，也无论犯罪地在本国领域内还是本国领域外,都适用本国刑法。

(五) 永久居所或者营业地原则

永久居所或者营业地原则是在 20 世纪 60 年代以后由民事管辖权的一个原则发展而来的。《东京公约》①《海牙公约》②和《蒙特利尔公约》③把它引入刑事管辖权。例如《东京公约》第四条第(二)项规定,若犯罪人或者受害人在一个缔约国有永久居所,那么该缔约国对该公约规定的危害航空安全的犯罪有刑事管辖权。又如《海牙公约》第四条第一款(丙)项和《蒙特利尔公约》第五条第一款(丁)项规定,如果犯罪是针对租来时不带机组的航空器或者是在该航空器内发生的,承租人的主要营业地或者其永久居所地所在的缔约国,对相关犯罪具有管辖权。

(六) 多项管辖原则的综合运用

前述五项原则表明,刑事管辖范围呈现逐步扩大的趋势,而且孤立地看,它们各自具有优势但又均有局限性。单纯实行属地原则,能直接维护国家领土主权,但一旦遇到本国人在本国领域外犯罪或外国人在本国领域外侵害本国国家或公民利益的,则无法适用本国刑法。单纯实行属人原则,就对本国公民实行管辖而言,无可非议,但一旦遇到外国人在本国领域内犯罪,则无法适用本国刑法,有违国家主权原则。保护原则能最大限度地保护本国利益,但是如果犯罪人在国外,犯罪地也在国外,刑法的适用便会受到他国主权的限制,涉及国家之间的平等管辖以及由此导致的刑事管辖权冲突问题。普遍原则和永久居所或者营业地原则的法律基础并非本国刑法,而是国际条约,针对的对象限于劫持航空器、侵害外交人员、灭绝种族、恐怖活动犯罪、毒品犯罪等国际犯罪,其适用范围本身是狭窄的。同时,各国的阶级利益与政治观点都可能导致国际犯罪界定范围的差异。

有鉴于此,现代世界大多数国家在刑事立法中对上述原则予以综合采

---

① 《东京公约》即《关于在航空器内的犯罪和犯有其他某些罪行的公约》,1963 年 9 月 14 日订于东京,1969 年 12 月 14 日开始生效。1978 年 11 月 14 日中华人民共和国向国际民航组织秘书长交存加入书,同时声明:台湾以中国名义对该公约的签字、批准是非法的、无效的;对公约第二十四条第一款提出保留。该公约于 1979 年 2 月 12 日对中国生效。

② 《海牙公约》即《关于制止非法劫持航空器的公约》,1970 年 12 月 16 日订于海牙,1971 年 10 月 14 日开始生效。1980 年 9 月 10 日中华人民共和国向保存国美国政府交存加入书,同时声明:台湾以中国名义对该公约的签字、批准是非法的、无效的;对公约第十条第一款提出保留。该公约于 1980 年 10 月 10 日对中国生效。

③ 《蒙特利尔公约》即《关于制止危害民用航空安全的非法行为的公约》,1971 年 9 月 23 日订于蒙特利尔,1973 年 1 月 26 日开始生效。1980 年 9 月 10 日中华人民共和国向保存国美国政府交存加入书,同时声明:台湾以中国名义对该公约的签字、批准是非法的、无效的;对公约第十条第一款提出保留。该公约于 1980 年 10 月 10 日对中国生效。

纳。目前,多数国家的做法是以属地原则为基础,以其他原则为补充。这种综合型的刑事管辖权体制的基本要求是:凡是在本国领域内犯罪的,不论本国人或外国人,都适用本国刑法;本国人或外国人在本国领域外犯罪的,在一定条件下,也适用本国刑法。

不同国家都综合采用上述原则时,难免发生刑事管辖冲突。对此冲突一般根据属地管辖优先的原则解决。但是,当两个以上国家都具有属地优先权时,则容易产生争端。国际司法实践中,一般通过司法合作或外交途径解决。例如,2011年"10·5"湄公河惨案中,以缅甸籍糯康为首要分子的犯罪集团,为报复中国船只被缅甸军队征用清剿该集团,勾结泰国不法军人,预谋、策划劫持中国船只、杀害中国船员,并在船上放置毒品栽赃陷害。2011年10月5日,根据糯康安排,该集团成员(有泰国人、缅甸人和老挝人,另有部分犯罪人国籍不明)在湄公河"梭崩"与"散布岛"之间的"弄要"附近水域(该湄公河水域在"金三角"地区泰国境内),将中国的"玉兴8号"和"华平号"船只劫持至泰国清盛县境内,在船上向中国船员开枪射击后驾乘快艇逃离。根据事先通谋在岸边等候的泰国不法军人随即向两艘中国船只开枪射击,继而登船将被枪杀的13名中国船员的12具尸体抛入湄公河中。① 根据上述刑事管辖原则和国际公约,所涉四国对于本案均享有刑事管辖权,且泰国明显优先,而我国并不具有管辖优先权,但是我国通过司法合作和外交努力,最终成功取得了本案的管辖权,值得我们永远称赞和铭记。若不能通过司法合作或外交途径解决争端,一般凭事实上的优先权处之。例如,某人的犯罪行为地在我国而结果发生在印度,对于本案,我国与印度基于行为与结果择一主义都有属地优先权。印度主张处理该某人的犯罪案件,我国不答应并且以某人被我国司法机关先行抓获为由处理本案,完全符合国际法准则。

刑法典有关刑法空间效力的规定,也就是以属地原则为基础,以其他原则为补充的刑事管辖权体制。以下按照主次顺序逐一介绍属地管辖权、属人管辖权、保护管辖权和普遍管辖权。②

二、属地管辖权

刑法典第六条第一款规定:"凡在中华人民共和国领域内犯罪的,除法律有特别规定的以外,都适用本法。"这是我国刑法关于空间效力的基本原则,适用于国内犯。我国采用有限制或者有例外的属地管辖原则。它主要涉

---

① 详细案情可参考云南省昆明市中级人民法院(2012)昆刑一初字第162号刑事附带民事判决书和云南省高级人民法院(2012)云高刑终字第1765号刑事附带民事裁定书。

② 也可以对刑法典规定的属地管辖、属人管辖、保护管辖和普遍管辖进行重新整合,按照刑法对地的效力和对人的效力予以介绍。

及下述三个方面内容。

(一)"领域"的含义

"在中华人民共和国领域内"是指我国国境以内的全部空间区域,具体包括以下五个部分。

1. 领陆

领陆即国境线以内的陆地及其地下层,这是国家领土的最基本和最重要的部分。

2. 领水

领水即内水、领海及其地下层。内水包括内河、内湖、内海(海岸基线以内的海域)以及同外国之间界水(包括界河、界湖、海峡)的内侧部分(通常以河流中心线为界,如果是可通航的河道,则以主航道中心线为界)。领海是指海岸基线以外一定范围的海域。根据《中华人民共和国政府关于领海的声明》,我国领海宽度为12海里①。《中华人民共和国领海及毗连区法》②第三条重申:"中华人民共和国的领海宽度从海岸基线量起为十二海里。"

3. 领空

领空即领陆、领水的上空。实践中,人们通常将国家领空的范围分为空气空间和外层空间,空气空间受国家主权管辖,外层空间不受国家主权管辖。因而,领空应指领陆和领水上部的空气空间。

同时,根据国际条约和惯例,以下两部分也属于我国领土的延伸,适用我国刑法。

4. 中国的船舶、飞机或其他航空器

刑法典第六条第二款规定:"凡在中华人民共和国船舶或航空器内犯罪的,也适用本法。"这里所说的船舶或者航空器,既可以是民用的,也可以是军用的;既可以处于停泊状态,也可以是正处于航行途中;既可以是航行或停泊于我国领域内,也可以是航行或停泊于我国领域外。总之,凡在我国船舶或者航空器内犯罪的,不论该船舶或者航空器航行或停泊在任何地点,均适用我国刑法。

---

① 1958年9月4日第一届全国人大常委会第一百次会议通过《中华人民共和国全国人民代表大会常务委员会关于批准〈中华人民共和国政府关于领海的声明〉的决议》。该声明第一条宣布:"中华人民共和国的领海宽度为12海里。这项规定适用于中华人民共和国的一切领土,包括中国大陆及其沿海岛屿,和同大陆及其沿海岛屿隔有公海的台湾及其周围各岛、澎湖列岛、东沙群岛、西沙群岛、中沙群岛、南沙群岛以及其他属于中国的岛屿。"

② 1992年2月25日第七届全国人大常委会第二十四次会议通过,同日公布施行。

5. 中国的驻外使、领馆

根据我国参加的《维也纳外交关系公约》①和《维也纳领事关系公约》②的规定,各国驻外大使馆、领事馆及其外交人员不受驻在国的司法管辖而受本国的司法管辖。因此,凡在我国驻外大使馆、领事馆内犯罪的,均适用我国刑法。不过,对于驻外大使馆、领事馆是否属于国家的领域,尚有不同的看法。

（二）犯罪地的确定

前面提到,对于犯罪地的主张可分为行为地主义、结果地主义和行为结果择一主义。行为地主义和结果地主义虽然不容易产生管辖权冲突,但不利于维护本国主权,也不便于解决隔地犯③的刑事管辖权问题;行为结果择一主义虽然有利于维护本国主权,也便于解决隔地犯的刑事管辖权问题,但容易产生管辖权冲突（平行管辖）。

刑法典第六条第三款规定:"犯罪的行为或者结果有一项发生在中华人民共和国领域内的,就认为是在中华人民共和国领域内犯罪。"这就明确了我国对隔地犯适用属地管辖的具体标准,即行为结果择一主义。犯罪行为和犯罪结果与我国领域的关系包括三种情况:

第一种,在我国境内实施犯罪行为,但犯罪结果发生在我国境外。如在国境线内开枪,伤害境外人员。

第二种,在我国境外实施犯罪行为,但结果发生在我国境内。如从境外向我国境内投掷炸药,投掷炸药行为发生在境外,而炸死受害者的犯罪结果则发生在我国境内。

第三种,犯罪行为与犯罪结果均发生在我国境内。

根据行为结果择一原则,上述情况都属于在我国领域内犯罪,应适用我国刑法。但是,在前两种情况下,都可能存在刑事管辖权的冲突问题。

（三）"法律有特别规定"的含义

刑法典第六条确立属地管辖的同时,提出了法律特别规定的例外情况。即发生在我国领域内的犯罪一旦存在法定的特殊情况,则排除我国刑法的适用。此处的我国刑法,当指广义上的刑法,包括刑法典、刑法修正案、单行刑

---

① 《维也纳外交关系公约》1961年4月18日订于维也纳,1964年4月24日开始生效,1975年12月25日对中国生效。中华人民共和国于1975年11月25日交存加入书时声明:台湾以中国名义对该公约的签字、批准是非法的、无效的;对公约第十四条、第十六条和第三十七条第二、三、四款提出保留。但于1980年9月15日中国撤回了对公约条三十七条第二、三、四款的保留。

② 《维也纳领事关系公约》1963年4月24日订于维也纳,1967年3月19日开始生效。中华人民共和国于1979年7月13日加入,1979年8月1日对中国生效。

③ 隔地犯是指犯罪行为与犯罪结果彼此脱离分处不同国家或者地域的犯罪状态。这里仅指犯罪行为与犯罪结果彼此脱离分处不同国家或者法域（法区）的情形。

法、附属刑法规范及法律解释。

在刑事司法实践中,这些例外情况主要有如下四种①:

1. 外交人员例外

刑法典第十一条规定:"享有外交特权和豁免权的外国人的刑事责任,通过外交途径解决。"根据国际公约,在国家之间互惠的基础上,为保证正常执行职务,驻在本国的外交机构及其工作人员享有外交特权和豁免权。

(1)外交特权和豁免权的法律基础是《维也纳外交关系公约》和《中华人民共和国外交特权与豁免条例》②。此外,《维也纳领事关系公约》和《中华人民共和国领事特权与豁免条例》③以及国家之间的互惠协定或者协议,也可以作为外交特权和豁免权的法律依据。

(2)"享有外交特权和豁免权的外国人"主要是指外国派驻本国的外交代表,也包括外交代表的配偶和未成年子女,有时,还应当做广义理解或者扩大解释:可以包括执行职务的领事人员。《中华人民共和国领事特权和豁免条例》第十四条第一款规定:"领事官员和领馆行政技术人员执行职务的行为享有司法和行政管辖豁免。领事官员执行职务以外的行为的管辖豁免,按照我国与外国签订的双边条约、协定或者根据对等原则办理。"

(3)外交代表和非我国公民的与外交代表共同生活的配偶及未成年子女享有的豁免权,可以由派遣国政府明确表示放弃。如果这样,则可以适用我国刑法。

(4)享有外交特权和豁免权的有关人员应当承担尊重我国法律法规的义务,并不能任意违法犯罪。一旦违法犯罪,便应通过外交途径予以解决,如要求派遣国召回、宣布其为不受欢迎的人、限期离境等。

2. 民族自治地方例外

刑法典第九十条规定:"民族自治地方不能全部适用本法规定的,可以由自治区或者省的人民代表大会根据当地民族的政治、经济、文化的特点和本法规定的基本原则,制定变通或者补充的规定,报请全国人民代表大会常务委员会批准施行。"

实施这一例外规定时应当注意:

(1)少数民族自治地方对刑法效力的限制不同于外交特权和豁免权,它仅仅是排除与少数民族特殊风俗习惯、宗教文化传统相关的部分刑法规范的

---

① 对此问题,也有不同看法。例如,何秉松教授只承认外交特权和豁免权例外,而否定其他几种情形。何秉松.刑法教科书:上卷.北京:中国法制出版社,2000:123—124.
② 1986年9月5日第六届全国人大常委会第十七次会议通过,同日公布施行。
③ 1990年10月30日第七届全国人大常委会第十六次会议通过,同日公布施行。

适用。

(2) 免于适用刑法的部分必须由自治区或者省的国家权力机关制定变通或补充规定,并报请全国人民代表大会常务委员会批准。

(3) 变通或者补充的规定不能与刑法的基本原则相冲突。

另需要说明一点,刑法典第九十条源自 1979 年刑法典第八十条,但自 1979 年刑法典实施至今,尚没有任何一个民族自治地方对刑法典做过变通或补充规定。"宪法和法律赋予民族自治地方的刑法变通权成了被搁置与虚设的权力。"①

3. 特别法例外

这里的特别法是指立法机关根据实际情况和需要在刑法典之外制定的单行刑法和附属刑法规范。如《全国人民代表大会常务委员会关于惩治骗购外汇、逃汇、非法买卖外汇犯罪的决定》施行后,惩治破坏外汇管理犯罪应适用特别法优于普遍法的原则,根据该决定定罪量刑。但是,对于刑法修正案是否属于刑事特别法,本书持否定态度。

4. 特别行政区例外

特别行政区例外的情形既包括法律对香港和澳门特别行政区所作的例外规定,也包括大陆刑法无法施行于台湾地区的事实状况。我国大陆的刑法效力无法施及于港、澳、台地区,这是对刑法属地管辖权的立法限制和事实限制②。根据"一国两制"的构想,《中华人民共和国香港特别行政区基本法》③第二条、第十九条和《中华人民共和国澳门特别行政区基本法》④第二条、第十九条的规定,全国人民代表大会授权香港特别行政区、澳门特别行政区依照本法的规定实行高度自治,享有行政管理权、立法权、独立的司法权和终审权。因此,全国性的刑法对港、澳地区没有适用效力。

三、属人管辖权

(一) 属人管辖权的概念和种类

属人管辖权又叫属人管辖或者属人原则,是指以行为人的国籍为标准,确定刑事管辖权,适用于国外犯。因此,它不同于刑法对人的效力。我国采用有限制的属人管辖原则。刑法典第七条规定了属人管辖权的两种情况:

---

① 张殿军.我国民族自治地方刑法变通的反思与重构.民族研究,2009(1):11—20.
② 立法限制是指刑事立法上对属地原则适用范围的限制。与立法限制对应的是事实限制,即因"事实上的优先权"导致一国刑事管辖在事实上已经不可能。
③ 1990 年 4 月 4 日第七届全国人民代表大会第三次会议通过,自 1997 年 7 月 1 日起施行。
④ 1993 年 3 月 31 日第八届全国人民代表大会第一次会议通过,自 1999 年 12 月 20 日起施行。

1. 一般属人管辖原则

刑法典第七条第一款规定:"中华人民共和国公民在中华人民共和国领域外犯本法规定之罪的,适用本法,但是按本法规定的最高刑为三年以下有期徒刑的,可以不予追究。"这是对一般犯罪主体的管辖权规定,故称一般属人管辖原则。要点有三个:

(1) 我国公民在我国领域外犯罪的,原则上都适用我国刑法。

(2) 但是按刑法典规定,其所犯之罪法定最高刑为三年以下有期徒刑的,可以不予追究。

(3) 至于"可以不予追究",并非绝对不追究,而是保留追究的可能性。

2. 特殊属人管辖原则

刑法典第七条第二款规定:"中华人民共和国国家工作人员和军人在中华人民共和国领域外犯本法规定之罪的,适用本法。"这是对特殊犯罪主体的属人管辖权的规定,体现了刑法对国家工作人员和军人的从严要求。故称特殊属人管辖原则。要点有三个:

(1) 特殊属人管辖原则适用于特殊的犯罪主体,即我国国家工作人员和军人。

(2) 国家工作人员和军人在我国领域外的行为构成我国刑法规定的犯罪的,不论其所犯之罪是否为职务性犯罪,一律依我国刑法追究刑事责任。当然,这是通常的观点,而本书主张至少应当区分犯罪行为与国家工作人员和军人身份是否有联系:若虽为国家工作人员和军人,但所犯之罪不但不是职务性犯罪,而且是以一个普通人的名义实施的,则应当适用一般属人管辖即刑法典第七条第一款的规定。

(3) 国家工作人员和军人在我国领域外的行为构成我国刑法规定的犯罪的,不论其所犯之罪的法定最高刑是否为三年以下或者以上有期徒刑,一律依我国刑法追究刑事责任。

(二) 属人管辖权中的相关问题

1. 外国法院审判的效力

在属人管辖原则之下,难免会出现刑事管辖权的冲突。如果我国公民在外国犯罪,已经受到外国法院的刑事审判或者刑罚处罚,我国是否承认其效力?如果不承认其效力,应否适用我国刑法重新追究和处罚?如果适用我国刑法重新追究和处罚,如何体现对犯罪人的人权保护?

这实际上涉及"双重审判"问题。双重审判是指因平行管辖权的重复行使,导致犯罪人因同一罪行可能受到两次审判和处罚。实施双重审判违反"禁止重复评价"即"一事不再理"原则,可能导致罪刑关系的失衡。放弃刑事管辖则忽视刑事法律适用的专属性,有损国家主权。

解决双重审判问题存在三种做法:① 根据"一事不再理"原则,承认外国法院既判力,认为外国法院刑事判决可以作为阻却重新起诉的"充分理由";② 不承认外国法院既判力,认为不论外国法院是否审判,不影响本国刑事管辖权的实现;③ 坚持本国主权,法律上不承认外国法院的既判力,事实上将外国法院的判决和处罚作为减轻和免除处罚的重要因素。刑法典采用了第三种做法,体现了原则性与灵活性相结合的刑事政策①。依张明楷教授的意见,第三种主张也是一种承认——消极承认②。

刑法典第十条规定:"我国公民在领域外犯罪,依照本法应当负刑事责任,虽然经过外国审判,仍然可以依照本法予以追究,但是在外国已经受过刑罚处罚的,可以免除或者减轻处罚。"这条规定体现了原则性与灵活性的统一,较为合情合理。其要点有三个:

(1) 我国原则上不承认外国法院的刑事审判或者刑罚处罚的效力。

(2) 对于我国公民已经被外国法院刑事审判或者刑罚处罚的,仍然可以依照我国刑法予以追究;但至于是否"追究",可以考虑实际情况,根据国际合作需要,区别对待,灵活处理。

(3) 对于必须依照我国刑法予以追究刑事责任的,可以考虑犯罪人在外国已经受过刑罚处罚的事实,给予免除或者减轻处罚,避免犯罪人受过重的双重处罚。

2. 港、澳、台地区居民在我国领域外犯罪的管辖权

港、澳、台地区的居民,在我国领域外犯罪,既包括对我国国家和公民的犯罪,也包括其他的刑事犯罪,我国内地应否行使刑事管辖权?对此,宜区别对待:

首先,港、澳特别行政区居民(包括该两地公务人员)和台湾地区居民在我国领域外犯罪,原则上不适用刑法典第七条的规定,而分别由港、澳特别行政区和台湾地区行使刑事管辖权。但这一规则为我国近几年来打击跨国电信诈骗犯罪的司法实践所突破。例如,2016 年公安机关从肯尼亚、老挝、马来西亚、柬埔寨、西班牙等国抓捕电信诈骗犯罪人 561 人,其中来自我国台湾地区的犯罪人有 219 人,均由人民法院依据刑法追究刑事责任。

其次,作为例外,如果港、澳、台地区居民在我国领域外实施分裂国家、煽动叛乱、颠覆中央政府和窃取国家机密的行为,危害到整个国家利益的,我国

---

① 高铭暄.刑法学原理:第 1 卷.北京:中国人民大学出版社,1993:294.
② 张明楷.刑法学.5 版.北京:法律出版社,2016:75.

内地司法机关可以依据属人原则行使刑事管辖权。① 当然,惩治港、澳特别行政区居民在我国域外实施的危害国家利益的犯罪,是港、澳特别行政区的重要职责。《中华人民共和国香港特别行政区基本法》第二十三条和《中华人民共和国澳门特别行政区基本法》第二十三条规定,港、澳特别行政区均应自行立法禁止任何分裂国家、煽动叛乱、颠覆中央政府和窃取国家机密的行为。"禁止"自然应当包括对这类行为的刑罚惩治,否则基本法的规定必为虚设。因此,对港、澳特别行政区来说,惩治港、澳特别行政区居民在我国领域外实施的危害国家利益的犯罪,不仅是国家主权的表现,更是一种职责义务。基于特别行政区具有独立司法权和终审权的特殊地位以及这些犯罪的特殊性质,对于这些犯罪,港、澳特别行政区和我国内地具有平行刑事管辖权,可以按照实际控制和优先受理的原则解决区际刑事管辖权的冲突。

四、保护管辖权

刑法典第八条规定:"外国人在中华人民共和国领域外对中华人民共和国国家或者公民犯罪,而按本法规定的最低刑为三年以上有期徒刑的,可以适用本法,但是按照犯罪地的法律不受处罚的除外。"根据该条规定,适用保护管辖权必须符合下列五个条件:

(一) 罪质条件

犯罪性质必须是对我国国家或者公民的犯罪。因为,若不是对我国国家或者公民的犯罪,则与我国主权、国家和公民利益无关。我国没有行使管辖权的必要性。

(二) 地域条件

犯罪地在我国领域外。如果犯罪地在我国,适用属地原则即可解决刑法适用问题。

(三) 主体条件

犯罪人必须是外国人。若犯罪主体是我国人,适用属人原则即可解决刑法适用问题。

(四) 刑度条件

按我国刑法规定,所犯之罪最低法定刑须为三年以上有期徒刑。

(五) 补充条件

补充条件或者称附属条件,是指按照犯罪地的法律应受刑罚处罚。有两点含义:按犯罪地的法律不但要求构成犯罪,而且要求应受刑罚处罚。

---

① 需要注意的是,这种情形不是我国刑法保护管辖原则的运用,保护管辖是针对外国人在我国领域外对我国国家或公民的犯罪而言的。

五、普遍管辖权

刑法典第九条规定:"对于中华人民共和国缔结或者参加的国际条约所规定的罪行,中华人民共和国在所承担条约义务的范围内行使刑事管辖权的,适用本法。"尽管对于该条规定的性质和内容尚存在不同的理解①,但多数学者认为,这条规定对国际犯罪确立了普遍管辖原则。适用普遍管辖权,应当注意把握我国缔结或加入的国际条约的相关内容,准确了解我国承担的义务。只要我国缔结或者加入了某一规定有国际犯罪及其惩处的公约,我国便承担了对该国际犯罪进行刑事管辖的义务。当然,普遍管辖权的行使在实践中会受到一定限制。只有当犯有国际罪行的犯罪人在实施犯罪后处于我国境内,我国刑法才可能对其适用。具体而言,适用普遍管辖权的条件有四个:

(一)罪质条件

犯罪性质必须是我国缔结或者参加的国际条约所规定的罪行。其中有三个要点:

(1)犯罪性质必须是国际条约所规定的国际犯罪。

(2)国际犯罪必须是我国缔结或者参加的国际条约所规定的。

(3)我国参加该国际条约时没有对该国际犯罪提出保留。

(二)地域条件

犯罪地在我国领域以外。若犯罪地在我国,适用属地原则即可解决刑法适用问题。

(三)主体条件

犯罪人必须是外国人。若犯罪主体是中国人,适用属人原则即可解决刑法适用问题。

(四)现实条件

犯罪人在犯罪后处于我国领域内。因为,若犯罪人仍然在外国,则我国不承担条约义务,且对该犯罪人无法实施有效控制。

第二节 刑法的时间效力

本节讲述刑法的时间效力。刑法的时间效力又称刑法的时间范围,包括刑法的生效、失效和溯及力。

---

① 何秉松.刑法教科书:上卷.北京:中国法制出版社,2000:121—122.

一、刑法的生效
（一）刑法生效的时间
相对于刑法通过的时间而言,刑法生效的时间有两种情况:
1. 公布生效
公布生效即刑法从公布之日起施行。这种方式常为规模较小的法律所采用,比如,单行刑法、刑法修正案(八)和(九)以外的其他刑法修正案。
2. 定期生效
定期生效是指刑法公布之后经过一段时间再生效施行。此方式一般适用于规模较大的法律,因为人们对新法的掌握需要一段时间的宣传、教育、学习。例如,1979年刑法典于1979年7月1日通过,其第九条规定:"本法自1980年1月1日起生效。"1997年刑法典于1997年3月14日通过,其第四百五十二条第一款规定:"本法自1997年10月1日起施行。"
（二）刑法生效的立法技术
从立法技术上说,刑法生效的时间存在两种处理方式:
1. 刑法直接规定
例如,1979年刑法典第九条和1997年刑法典第四百五十二条第一款规定。
2. 刑法不作规定
例如,已废止的《全国人民代表大会常务委员会关于惩治捕杀国家重点保护的珍贵、濒危野生动物犯罪的补充规定》(1988年11月8日第七届全国人大常委会第四次会议通过)、《全国人民代表大会常务委员会关于惩治侮辱中华人民共和国国旗国徽罪的决定》(1990年6月28日第七届全国人大常委会第十四次会议通过)等单行刑法都没有规定生效的时间。目前,13个立法解释也是如此。对此,一般认为公布之日即为施行之日。

二、刑法的失效
关于刑法失效的时间,存在三种情况:
（一）明令废止
即由立法机关明确宣布某些法律失效。例如,刑法典第四百五十二条第二款规定,列于附件一的《全国人民代表大会常务委员会关于惩治走私罪的补充规定》等15部单行刑法,自1997年10月1日起予以废止;列于附件二的《全国人民代表大会常务委员会关于禁毒的决定》等8部单行刑法,有关行政处罚和行政措施的规定继续有效,有关刑事责任的规定已纳入本法,自本法施行之日起,适用本法规定。

(二)自然失效

新法施行后代替了同类内容的旧法,或由于原来的特殊立法条件已然消失,旧法自行废止。例如,1997年刑法典取代1979年刑法典。又如,《全国人民代表大会常务委员会关于惩治骗购外汇、逃汇、非法买卖外汇犯罪的决定》取代1997年刑法典第一百九十条的相关内容。

(三)限时失效

限时失效又称限时法,是指刑法规范在颁布时即明文规定终止施行时间的情形。法学上把明确了一部法律或法规中的某些条款失效时间的条款称作"落日条款",寓意为法律有一定的制度周期,会像太阳一样"落山"。设定"落日条款"的重要意义在于它较好地处理了法律、法规的稳定性与灵活性的关系,通过一种自动失效的方式促请有关部门及时更新有关法律规范,目的是为了在社会急剧变化的时代里及时淘汰一些不合时宜或不必要的规范。当然,即使未规定"落日条款"但随特定事项的处理而自动失效的,亦属于限时失效的情形。例如,《全国人民代表大会常务委员会关于特赦部分服刑罪犯的决定》(2015年8月29日第十二届全国人大常委会第十六次会议通过)在对法定的四种罪犯依据该决定特赦释放之后,即自然失去效力。

三、刑法的溯及力

(一)刑法溯及力的概念和原则

1. 刑法溯及力的概念

刑法溯及力是指刑法生效后,对于其生效以前未经审判或者判决尚未确定的行为是否适用的问题。如果适用,就是有溯及力;如果不适用,就是没有溯及力。

2. 刑法溯及力的原则

对此,现代世界各国刑事立法里有不同的规定。概括而言大致包括以下四个原则:

(1)从旧原则。按照行为时的旧法处理,新法对其生效前的行为一律没有溯及力。从旧原则虽然符合罪刑法定原则,但在法律改轻时不便于人权保护。

(2)从新原则。对于生效前未经审判或判决尚未确定的行为,新法一律具有溯及力。从新原则要求人"遵守行为时尚不存在的法律",等于要求人们遵守事后法或审判时法,具有惩罚无辜、"陷自由入罪"之虞,因而既不符合罪刑法定原则,也不便于人权保护。

(3)从新兼从轻原则。新法原则上具有溯及力,但旧法(行为时法)不认为是犯罪或者处刑较轻的,应按旧法处理。即新法中的重法无溯及力,轻法有溯及力;轻重一致的依新法处理。

（4）从旧兼从轻原则。新法原则上不具有溯及力,但新法不认为是犯罪或者处刑较轻的,应按新法处理。即新法中的重法无溯及力,轻法有溯及力;轻重一致的依旧法处理。

而从表面上看,从新兼从轻原则与从旧兼从轻原则在个案上的适用结果一致,并不影响人权保护。但是,由于前者的实质是"从新",因而同样不能体现人权保护的宗旨,更有违罪刑法定原则。而从旧兼从轻原则既贯彻了罪刑法定原则,又体现了人权保护的精神,故为绝大多数国家的刑事立法所采用。我国也采用该原则。

（二）我国刑法的溯及力

1. 刑法溯及力的立法概况

新中国成立之初的单行刑法采用了从新原则。例如,1951年2月20日中央人民政府委员会第十一次会议批准、次日中央人民政府公布的《中华人民共和国惩治反革命条例》直接规定了从新原则。① 1952年4月18日中央人民政府委员会第十四次会议批准、同年4月21日中央人民政府公布的《中华人民共和国惩治贪污条例》则间接规定了从新原则。② 1979年刑法典第九条对刑法溯及力首次采用从旧兼从轻原则。③ 但是,《全国人民代表大会常务委员会关于严惩严重破坏经济的罪犯的决定》(1982年3月8日第五届全国人大常委会第二十二次会议通过)却采取了有条件从新的原则。④《全国人民代表大会常务委员会关于严惩严重危害社会治安的犯罪分子的决定》(1983年9月2日第六届全国人大常委会第二次会议通过)走得更远,对部分严重危害社会治安的犯罪,采取一律从新的原则。⑤ 这在刑法理论和司法

---

① 该条例第十八条规定:"本条例施行以前的反革命罪犯,亦适用本条例之规定。"
② 该条例第十七条规定:"在本条例公布后,仍犯或再犯本条例之罪者,应从重或加重惩治。"实际上隐含了从新原则,而且实践中也是采用从新原则的。
③ 该法第九条规定:"本法自1980年1月1日起生效。中华人民共和国成立以后本法施行以前的行为,如果当时的法律、法令、政策不认为是犯罪的,适用当时的法律、法令、政策。如果当时的法律、法令、政策认为是犯罪的,依照本法总则第四章第八节的规定应当追诉的,按照当时的法律、法令、政策追究刑事责任。但是,如果本法不认为是犯罪或者处刑较轻的,适用本法。"
④ 该决定第二条第二款规定:"凡在1982年5月1日以前对所犯的罪行继续隐瞒拒不投案自首,或者拒不坦白承认本人的全部罪行,亦不检举其他犯罪人员的犯罪事实,作为继续犯罪,一律按本决定处理。"
⑤ 该决定第三条规定:"本决定公布后审判上述犯罪案件,适用本决定。"其中"上述犯罪案件"是指流氓、故意伤害致人重伤或者死亡、拐卖人口、非法制造、买卖、运输或者盗窃、抢夺枪支、弹药、爆炸物,组织反动会道门利用封建迷信进行反革命活动犯罪,以及引诱、容留、强迫妇女卖淫犯罪和传授犯罪方法犯罪。

实践中对刑法溯及力的理解和适用都产生了混乱。

1997年刑法典第十二条重申了从旧兼从轻的原则,该条第一款规定:"中华人民共和国成立以后本法施行以前的行为,如果当时的法律不认为是犯罪的,适用当时的法律;如果当时的法律认为是犯罪的,依照本法总则第四章第八节的规定应当追诉的,按照当时的法律追究刑事责任,但是如果本法不认为是犯罪或者处刑较轻的,适用本法。"第二款规定:"本法施行以前,依照当时的法律已经作出的生效判决,继续有效。"前款是关于从旧兼从轻原则的规定,后款是关于既判力优于溯及力的规定。

2. 从旧兼从轻原则的调整范围

刑法典第十二条第一款关于从旧兼从轻原则的规定,从表面上看,是针对1949年10月1日中华人民共和国成立以后至1997年9月30日新刑法施行这段时间内发生的行为如何适用1997年刑法典的规定。实际上,该条所确立的从旧兼从轻原则,适用于解决所有新旧刑法规范之间的效力关系问题。主要包括:① 1997年刑法典与1979年刑法典之间的效力关系;② 两部刑法典与其间24个单行刑法之间以及各个单行刑法之间的效力关系;③ 1997年刑法典与后来产生的单行刑法、刑法修正案和立法解释之间,以及它们相互之间的效力关系;④ 新旧司法解释之间的效力关系。

3. 从旧兼从轻原则的司法适用

从旧兼从轻原则并不是一般地调整新旧刑法规范之间的效力关系。只有遇到对新刑法规范生效前的行为予以处理时,才适用从旧兼从轻原则。因此,其适用条件有两个:一是旧法时的行为在新法生效以前未经审判或判决未生效,二是没有超过追诉时效期限。

在刑事司法实践中,当遇到对新法生效前的行为进行处理时,无非存在三种情况,并应按表3-1所列不同情况分别处理。

(1) 旧法出罪,新法入罪,从旧,新法无溯及力。即行为时的旧法不认为是犯罪,处理时的新法认为是犯罪的,适用行为时的旧法。对于这种情况,不能因为现行刑法规定为犯罪而追究行为人的刑事责任。

(2) 旧法入罪,新法出罪,从轻或者从新,新法有溯及力。即行为时的旧法认为是犯罪,处理时的新法不认为是犯罪的,如果未经审判或者判决尚未确定(即未生效)①,就应当适用处理时的新法,不作为犯罪处理。在这里,新法与轻法是一致的。

---

① "判决尚未确定"包括以下三种情况:首先,一般而言,一审判决作出后,因上诉期限未届满、上诉或者抗诉而未生效的;其次,对于死刑判决(含"死缓")而言,尚未经过死刑复核程序核准的;再次,对于在法定刑以下判处刑罚,即特殊减轻处罚的判决,尚未经过最高人民法院核准的。

表 3-1 从旧兼从轻原则适用图解

序	旧法	新法	比较	适用何法	溯及力	适用条件
1	出罪	入罪	旧法 < 新法	旧法	无	1. 旧法时的行为在新法生效以前未经审判或判决未生效； 2. 没有超过追诉时效期限
2	入罪	出罪	旧法 > 新法	新法	有	
3	入罪	入罪	旧法 = 新法	旧法	无	
			旧法 > 新法	新法	有	
			旧法 < 新法	旧法	无	

（3）旧法和新法均入罪，且没有超过追诉时效期限的，应当区分三种情况处理：

① 旧法与新法一致的，从旧，新法无溯及力。即行为时的旧法和处理时的新法对本罪刑罚规定轻重一致的，适用行为时的旧法，处理时的新法没有溯及力。

② 旧法轻，新法重的，从旧，新法无溯及力。即行为时的旧法轻于处理时的新法对本罪刑罚规定的，适用行为时的旧法，处理时的新法没有溯及力。

③ 旧法重，新法轻的，从轻或者从新，新法有溯及力。即行为时的旧法重于处理时的新法对本罪刑罚规定的，适用处理时的新法，新法有溯及力。这里，新法与轻法是一致的。

4. 从旧兼从轻原则适用中的技术问题

（1）"处刑较轻"的认定。《最高人民法院关于适用刑法第十二条几个问题的解释》（法释〔1997〕12号）做了如下解释："刑法第十二条规定的'处刑较轻'，是指刑法对某种犯罪规定的刑罚即法定刑比修订前刑法轻。法定刑较轻是指法定最高刑较轻；如果法定最高刑相同，则指法定最低刑较轻。""如果刑法规定的某一犯罪只有一个法定刑幅度，法定最高刑或者最低刑是指该法定刑幅度的最高刑或者最低刑；如果刑法规定的某一犯罪有两个以上的法定刑幅度，法定最高刑或者最低刑是指具体犯罪行为应当适用的法定刑幅度的最高刑或者最低刑。""1997年10月1日以后审理1997年9月30日以前发生的刑事案件，如果刑法规定的定罪处刑标准、法定刑与修订前刑法相同的，应当适用修订前的刑法。"一般来说，根据该司法解释能够区分新旧刑法之轻重。不过在刑法修正案（七）和刑法修正案（九）之后，这个司法解释可能不管用了。

（2）刑法双向修改的适用。刑法修正案（七）和刑法修正案（九）对个别犯罪的修改同时出现了对行为人有利和不利的情况。例如，刑法修正案（九）第四十四条对刑法典第三百八十三条分别从"宽"与"严"两个方向做了修改：在入罪和量刑数额上将固定数额变为模糊概念,为最高人民法院和最高人民检察院通过司法解释①提高入罪门槛和量刑标准预留了空间,体现了"宽";原来没有罚金,现增加了罚金,则体现了"严"。若某人的贪污或受贿行为发生在刑法修正案(九)生效之前,案件审理于刑法修正案(九)生效之后,根据"从旧兼从轻"原则,仅仅在受贿数额上适用刑法修正案(九)修正后的刑法和新司法解释,但是,罚金对于本案而言,则是典型的事后法和重法,依法不具有溯及既往的效力。否则,很难想象:该某人在刑法修正案(九)生效前被追究了,肯定是不会被并处罚金的,但案件被拖延到刑法修正案(九)生效后才判决,却要蒙受罚金,这显然不合理。更加值得关注的是,刑法修正案(九)第四十四条第四款针对重特大贪污受贿犯罪设立的终身监禁的刑罚执行措施,以及 2016 年 10 月 9 日河南省安阳市中级人民法院根据该新规对白恩培案作出的刑事判决。本案被称为我国"终身监禁第一案"。白恩培的受贿行为均发生在刑法修正案(九)生效前的 2000 年至 2013 年之间,法院对其作出终身监禁的判决,只有建立在该新规比此前的刑法"处刑较轻"的前提之下,才是合法的。②

(3) 溯及力与既判力。刑法典第十二条第二款规定:"本法施行以前,依照当时的法律已经作出的生效判决,继续有效。"据此,刑事判决的既判力优于刑法溯及力。"所谓刑事既判力,是指刑事既决事由所创设的稳定诉讼状态,包含既决事项的实质确定力和程序结果的自缚力。"刑事既判力旨在解决刑事判决生效后既决事由的效力范围及程序安定性等问题。刑事终审判决作出后,即产生内外双重效力:于本案件而言,无论判决是否有误,当事人均应受判决的拘束,控辩双方的诉权随即耗尽,不得就相同犯罪事实再行起诉;于其他案件而言,刑事既决事由亦可能成为法官裁判的依据。③ 如果依照行为时的法律已经对行为作出了生效判决,该判决继续有效。即使按 1997 年刑法典的规定,其行为不构成犯罪或者处刑较行为时的法律轻,亦应如此。这主要是考虑到维护人民法院生效判决的严肃性和稳定性的缘故。但是,如果刑事案件在处理过程中或者刑事判决尚未生效,遇到新法取代旧法的,仍应适用从旧兼从轻原则处理。例如,赵某为一集体企业聘用的业务员,因侵占单位货款被指控犯有贪污罪,1995 年 2 月 25 日某县法院作出有罪判决后,赵某向中级人民法院提出上诉。中级人民法院应当适用 1995 年 2 月 28 日

---

① 参见《最高人民法院、最高人民检察院关于办理贪污贿赂刑事案件适用法律若干问题的解释》(法释〔2016〕9 号)。
② 赵秉志.终身监禁第一案之观察.人民法院报,2016—10—10.
③ 施鹏鹏.刑事既判力理论及其中国化.法学研究,2014(1):150—170.

生效的《全国人民代表大会常务委员会关于惩治违反公司法的犯罪的决定》重新处理本案,根据其第十四条、第十条的规定,对赵某以职务侵占罪定罪处罚。

(4) 跨法犯的刑法适用。跨法犯是指处于新旧刑法交替之时,犯罪行为始于新刑法生效之前,终于新刑法生效之后的情形。对于跨法犯如何适用刑法,我国刑法理论通说认为,以新法生效后的行为对待,适用新刑法处理。①《最高人民检察院关于对跨越修订刑法施行日期的继续犯罪、连续犯罪以及其他同种数罪应当如何具体适用刑法问题的批复》(高检发释字〔1998〕6号)也采用此观点,并考虑可能出现对犯罪人不利的情况,提出遇有此种情形时应当对犯罪人酌情从轻处理的意见。但是,通说和上述解释也可能构成对从旧兼从轻原则的违反。

此外,与刑法溯及力相关的司法解释除本节前面已提到的两个外还有:《最高人民法院关于刑法时间效力规定若干问题的解释》(法释〔1997〕5号)、《最高人民检察院关于检察工作中具体适用修订刑法第十二条若干问题的通知》(高检发释字〔1997〕4号)、《最高人民法院、最高人民检察院关于适用刑事司法解释时间效力问题的规定》(高检发释字〔2001〕5号)、《最高人民法院关于〈中华人民共和国刑法修正案(八)〉时间效力问题的解释》(法释〔2011〕9号)以及《最高人民法院关于〈中华人民共和国刑法修正案(九)〉时间效力问题的解释》(法释〔2011〕9号)。而这些司法解释中,有些内容被学者质疑违反了从旧兼从轻的原则。

本章小结

1. 刑法的空间效力是指刑法对地和对人的效力。刑事管辖原则包括属地原则、属人原则、保护原则、普遍原则等。我国刑法采取的是综合型的刑事管辖权体制,以属地原则为基础,兼采其他原则。我国刑法在确立属地管辖权的同时,提出法律有特别规定的四种例外情况不适用我国刑法。

2. 刑法的时间效力包括刑法的生效、失效和溯及力。刑法溯及力原则有从旧、从新、从新兼从轻、从旧兼从轻四种。我国刑法在溯及力问题上采取的是从旧兼从轻原则。该原则适用于解决所有新旧刑法规范之间的效力关系问题。

---

① 高铭暄.刑法学原理:第1卷.北京:中国人民大学出版社,1993:350.

关键词语

刑法的效力,刑法空间效力,属地管辖权(原则),属人管辖权(原则),保护管辖权(原则),普遍管辖权(原则),刑事管辖冲突,刑法的时间效力,刑法的溯及力,从旧兼从轻原则。

问题思考

1. 如何理解我国刑法的效力范围?
2. 如何理解我国刑法典规定的属地管辖权?
3. 如何理解我国刑法典规定的属人管辖权?
4. 如何解决不同国家的刑事管辖权冲突?
5. 如何理解和适用从旧兼从轻原则?
6. 论证河南省安阳市中级人民法院对白恩培终身监禁的判决符合从旧兼从轻原则。

第四章
犯罪和刑事责任

> **目的要求**
>
> 1. 掌握犯罪的概念和特征及其在犯罪论乃至刑法学体系中的基础性地位。
> 2. 掌握犯罪构成的概念、特征、意义,理解犯罪构成要件的种类与犯罪构成共同要件的内容。
> 3. 理解刑事责任的概念及其与犯罪、刑罚的关系,刑事责任的特征、根据、过程(包括刑事责任的时间、承担方式、终结和消灭等)。

第一节 犯罪

本节主要讲述犯罪概念的类型、我国的犯罪概念和基本特征、犯罪概念的意义和犯罪分类等。

一、犯罪概念的类型

犯罪概念是对犯罪内在特征与外在特征的抽象概括。综观现代世界各国刑法关于犯罪概念,归纳起来主要存在三种类型。

(一) 犯罪的形式概念

犯罪的形式概念是指对犯罪仅从法律特征上定义,不涉及犯罪的本质特征。在西方国家刑法理论及刑事立法中,犯罪的形式概念较为普遍。总体说来,其典型表述为:犯罪是违反刑法并应受到刑罚处罚的行为。具体主要有四种表述:犯罪是违反刑法的行为,犯罪是依法应受刑罚处罚的行为,犯罪是具备构成要件的、违法的、有责的行为,犯罪是能够引起刑事诉讼程序的违法行为。

犯罪的形式概念是罪刑法定原则的重要体现,对于贯彻罪刑法定原则具有重要意义。其缺陷在于没有回答犯罪的社会政治本质即为什么这种行为被规定为犯罪、为什么这种行为应受刑罚、规定犯罪的法律代表谁的利益。

（二）犯罪的实质概念

犯罪的实质概念是指仅揭示犯罪的本质特征而不涉及其法律特征。旨在试图说明犯罪行为之所以被刑法规定为犯罪的理由和原因。例如，1922年苏俄刑法典第六条规定："威胁苏维埃制度的基础及工农政权向共产主义制度过渡时期所建立的法律秩序的一切危害社会的作为或者不作为，都认为是犯罪。"其典型表述为：犯罪是危害（严重危害）社会的行为。

在西方国家的刑事立法中，从未有过犯罪实质概念的规定，但某些刑法学者曾试图提出关于犯罪实质概念的主张。例如，刑事古典学派创始人贝卡利亚说："衡量犯罪的真正标尺，即犯罪对社会的危害。"[1]刑事人类学派代表人物、意大利著名刑法学家加罗伐洛认为："犯罪是违反社会的怜悯和诚实道德情感的行为。"[2]刑事社会学派代表人物、德国著名刑法学家李斯特认为："犯罪的本质在于对社会共同法益的侵害。"[3]

从这些定义看来，一方面，它们并未揭示犯罪的阶级实质，而是把资产阶级的利益说成是全社会的利益；另一方面，这些定义多从道德角度出发界定犯罪，而不与刑法相联系，带有很大的任意性。这样就回避或否定了犯罪的政治属性，为司法擅断和非法专横开了方便之门，为资产阶级镇压劳动人民提供了理论根据。

（三）犯罪的混合概念

犯罪的混合概念即实质与形式相统一的概念，是指从犯罪的本质特征和法律特征两个方面对犯罪进行界定。其典型表述为：犯罪是指违反刑法、应受刑罚惩罚的严重危害社会的行为。这种概念至少在方法论上克服了单一角度（实质或者形式）界定的片面性，有利于深刻揭示犯罪的本质，完整概括犯罪的特征。当然，能否科学定义犯罪还取决于立法者代表的阶级属性及立法者的立法水平。

二、我国的犯罪概念和特征

刑法典第十三条规定："一切危害国家主权、领土完整和安全，分裂国家、颠覆人民民主专政的政权和推翻社会主义制度，破坏社会秩序和经济秩序，侵犯国有财产或者劳动群众集体所有的财产，侵犯公民私有的财产，侵犯公民的人身权利、民主权利和其他权利，以及其他危害社会的行为，依照法律应受刑罚处罚的，都是犯罪，但是情节显著轻微危害不大的，不认为是犯罪。"这一定义是从实质和形式两个角度对情况各异的犯罪的科学概括，与上述犯

---

[1] ［意］贝卡利亚.论犯罪与刑罚.黄风，译.北京：中国大百科全书出版社，1993：67.
[2] ［意］加罗伐洛.犯罪学.耿伟、王新，译.北京：中国大百科全书出版社，1996：44.
[3] ［德］李斯特.德国刑法教科书.徐久生，译.何秉松，校.北京：法律出版社，2000：167.

罪的混合概念是一致的,是认定犯罪、划分罪与非罪界限的基本依据或者总标准。根据该条规定,犯罪具有以下三个基本特征:

(一)严重社会危害性,即犯罪是严重危害社会的行为

1. 严重社会危害性的含义

社会危害性是犯罪最本质、最基本的特征。所谓严重社会危害性,是指行为对刑法所保护的社会关系造成损害的特性。我国实行社会主义制度,人民当家做主,国家和人民的根本利益完全一致。因而,犯罪的严重社会危害性实质上是指对国家和人民利益的危害性。如果某种行为根本不可能给社会带来危害,法律便无必要将其规定为犯罪。某种行为虽然具有社会危害性,但情节显著轻微、危害不大的,也不认为是犯罪。可见,只有具备相当程度的社会危害性的行为才可能构成犯罪。

2. 严重社会危害性的表现

犯罪的严重社会危害性可以通过刑法典第十三条所列举的犯罪客体和刑法分则的具体规定表现。概括而言,主要表现在如下十个方面:① 对于国家安全的危害;② 对于社会公共安全的危害;③ 对于社会主义市场经济秩序的危害;④ 对于公民人身权利、民主权利的危害;⑤ 对于各种财产权利的危害;⑥ 对于社会管理秩序的危害;⑦ 对于国防利益的危害;⑧ 对于国家机关、国有单位秩序和公务活动廉洁性的危害;⑨ 对于国家机关及其工作人员公共权力的危害;⑩ 对于国家军事利益的危害。上述十个方面概括反映了刑法典中犯罪的社会危害性的基本内容。危害其中任何一个方面,都是对我国社会主义社会关系的侵犯,都会不同程度地妨碍我国沿着社会主义道路顺利向前发展。

3. 决定社会危害性大小的因素

决定犯罪的社会危害性大小的因素主要有三点:

(1)行为侵犯的客体,即行为侵犯了什么样的社会关系。例如,放火罪、投放危险物质罪侵害的是公共安全(即不特定多数人生命财产的安全),其社会危害性较盗窃罪、抢夺罪等侵犯财产的犯罪要大些。危害国家安全罪侵犯的是以人民民主专政政权和社会主义制度为核心的国家安全,因此,危害国家安全罪的社会危害性比其他犯罪要大些。故意杀人罪危害人的生命,故意伤害罪危害人的健康,前者社会危害性明显比后者大。

(2)行为的手段、后果以及时间、地点。犯罪的手段是否残酷、是否具有暴力性,在很大程度上决定着犯罪的社会危害性。犯罪造成的后果状况、犯罪的时间和地点也同样能影响到犯罪的社会危害性大小。

(3)行为人的情况及其主观因素。例如,是否未成年人,罪过形式为何,

犯罪动机、目的的卑劣程度,等等。这些情况,在社会心理上的影响是不同的,因而对社会危害性大小的制约作用亦不可忽视。

4. 对社会危害性的考量

司法实践中如何考察社会危害性呢？一般认为,应当注意以下三个问题：

(1) 运用历史、发展的观点。社会危害性是一个历史范畴,随着社会经济条件的变化,某一行为是否具有社会危害性的评判结果亦会发生变化。过去具有社会危害性的行为现在已不具有社会危害性,甚至还可能对国家和人民的利益有利,反之亦然。

(2) 运用全面的观点。考察对象切忌片面化。社会危害性由多种因素决定。社会危害性大小的衡量,需全面综合各种主客观情况。不仅要看到有形的、物质性的危害结果,还要看到非物质性的危害结果,如对社会政治、人们社会心理造成的影响等。

(3) 透过现象抓住本质。本质决定现象,现象反映本质。认识事物是一个由现象到本质的过程,仅局限于现象的认识不能揭示事物的本来面貌。例如,考察致人死亡案件的社会危害性,便需注意是故意杀人还是过失致人死亡,抑或是防卫过当,准确判明其社会危害性有无及大小。

(二) 刑事违法性,即犯罪是触犯刑法的行为

违法行为有多种,例如,民事违法行为、行政违法行为、刑事违法行为。犯罪是一种违法行为,但不是一般意义上的违法行为,而是刑事违法行为即触犯刑法的行为。违法行为并不都是犯罪,只有违反刑法的才构成犯罪。例如,盗窃、诈骗、敲诈勒索少量财物,属于违反治安管理处罚法的行为;只有盗窃、诈骗、敲诈勒索他人财物数额较大或情节严重的,才能构成刑法规定的盗窃罪、诈骗罪、敲诈勒索罪。

(三) 应受刑罚处罚性,即犯罪是应受刑罚处罚的行为

任何人违反法律,都应承担相应法律后果。民事违法行为要承担民事法律责任,如赔偿损失、返还财产、赔礼道歉、支付违约金等。行政违法行为要受行政处罚或者行政处分,如罚款、行政拘留、警告、记过、开除等。对犯罪行为而言,则应承担刑罚处罚的法律后果。犯罪是刑罚的前提,刑罚是犯罪的法律后果。因此,应受刑罚处罚性也是犯罪的基本特征。

这个特征表明,如果某一行为不应当受刑罚处罚,就意味着它不能被作为犯罪处理。但是,应当注意的是,不应当受刑罚处罚并不等于不需要刑罚处罚。不应当受刑罚处罚是指行为人的行为根本不构成犯罪或不能按犯罪处理,自然不存在应当受刑罚的问题;而不需要刑罚处罚是指行为已经构成

犯罪，但考虑行为人的主体情况、犯罪情节等诸多因素，从而免予刑罚处罚。免予刑罚处罚说明，行为是犯罪的，只是不给予刑罚处罚，它与不应当受刑罚不能等同。①

以上三个基本特征是相互联系、紧密结合的。严重社会危害性是刑事违法性和应受刑罚处罚性的基础，它是犯罪的最基本属性；刑事违法性是严重社会危害性在刑法上的表现，它与应受刑罚处罚性一起构成严重社会危害性的刑法特征。行为的社会危害性未达到违反刑法、应受刑罚处罚的程度，则不构成犯罪。

三、犯罪概念的意义

犯罪的概念是区分罪与非罪的总标准。一个行为究竟是犯罪还是一般违法行为或者正当行为，从根本上说，就看这个行为是不是具有一定的社会危害性，并且是否达到触犯刑法、应受刑罚处罚的程度。在司法实务中，为了解决罪与非罪的界限，需要将犯罪概念这个总标准具体化。为了初步具体地掌握这个标准，下面引用一些刑法典分则条文作为例证。

从刑法典分则条文看，除了杀人、放火、抢劫、强奸、爆炸等严重危害社会的行为，其本身的社会危害性程度足以构成犯罪外，多数危害社会的行为必须是其社会危害性达到一定程度才能构成犯罪。因此，对这些行为来说，就有一个社会危害性程度大小，从而决定罪与非罪的界限问题。刑法典分则大体上是通过以下几种规定方式来体现社会危害性程度，从而解决罪与非罪的界限问题。

（一）以情节是否严重、恶劣作为划分罪与非罪的界限

例如，刑法典第一百八十条第一款内幕交易、泄露内幕信息罪，第二百四十三条诬告陷害罪，以"情节严重"作为构成犯罪的条件；第二百六十条虐待罪和第二百六十一条遗弃罪，则以"情节恶劣"作为入罪的起点。

（二）以后果是否严重作为划分罪与非罪的界限

例如，刑法典第一百二十九条丢失枪支不报罪，第一百三十一条重大飞行事故罪，第一百三十二条铁路运营安全事故罪，第一百三十三条交通肇事罪，第一百三十四条第一款重大责任事故罪，第一百三十五条重大劳动安全

---

① 本书对于犯罪的第三个特征是依照通常的观点进行介绍的。其实，基于以下事实，该项犯罪的基本特征可能要考虑重新表述：一是我国的犯罪概念与西方多数国家相比，范围要狭窄得多。例如，法国刑法典中的"违警罪"在中国就没作为犯罪对待，而是作为违反治安管理的行为并对此实行治安行政处罚。二是随着保安处分等非刑罚处理方法的重视和研究，可能对部分犯罪行为予以非刑罚化的处理。三是在刑事责任性质及其与刑罚关系的认识中，有一种观点认为，刑事责任才是犯罪的法律后果，而刑罚只是犯罪的法律后果中的一种，即实现刑事责任的主要方式。综合考虑上述情况，对于犯罪第三个法律特征相应的表述应当为：犯罪是应当承担刑事责任的行为。

事故罪,第一百三十六条危险物品肇事罪,第一百四十二条生产、销售劣药罪,均以造成某种严重后果为要件。

(三)以是否引起某种结果的严重危险作为划分罪与非罪的界限

例如,刑法典第三百三十条妨害传染病防治罪,以"引起甲类传染病传播或者有传播严重危险"作为构成犯罪的界限;第三百三十二条妨害国境卫生检疫罪,以"引起检疫传染病传播或者有传播严重危险"作为入罪条件。

(四)以数额是否较大、巨大或者数量是否大、较大作为划分罪与非罪的界限

例如,刑法典第二百六十四条盗窃罪、第二百六十六条诈骗罪、第二百六十七条抢夺罪,均以"数额较大"为要件;第一百五十八条虚报注册资本罪,以"虚报注册资本数额巨大、后果严重或者有其他严重情节"为要件;第三百四十八条非法持有毒品罪,以"毒品数量大"作为成立犯罪与否的界限;第三百五十二条非法买卖、运输、携带、持有毒品原植物种子、幼苗罪,以"数量较大"为要件。

(五)以是否具有法律特别规定的犯罪对象作为划分罪与非罪的界限

例如,刑法典第三百二十九条盗窃、抢夺国有档案罪与擅自出卖、转让国有档案罪,只能以国家所有的档案为犯罪对象;第三百六十四条第二款组织播放淫秽音像制品罪,只能以淫秽的电影、录像等音像制品为犯罪对象。

(六)以是否使用法律规定的犯罪方法作为罪与非罪的界限

例如,刑法典第二百六十三条抢劫罪,以是否使用暴力、胁迫或者其他方法作为是否构成犯罪的界限;第二百五十七条暴力干涉婚姻自由罪,以是否使用暴力方法作为是否构成犯罪的界限。

(七)以行为是否在特定的时间、地点实施作为划分罪与非罪的界限

例如,刑法典第一百一十二条资敌罪,以"战时"作为构成犯罪的要件;刑法典第一百二十三条暴力危及飞行安全罪以在"飞行中的航空器上"为要件。

(八)以是否明知、故意作为划分罪与非罪的界限

例如,刑法典第一百七十一条第一款运输假币罪,以"明知是伪造的货币"为要件,若不知道是伪造的货币而运输的则不构成犯罪。第二百二十九条第一款提供虚假证明文件罪,以"故意"作为构成犯罪的要件,否则不构成此罪。

(九)以是否具有特定目的作为划分罪与非罪的界限

例如,刑法典第二百四十条拐卖妇女、儿童罪,以"以出卖为目的"作为其构成要件;第三百六十三条制作、复制、出版、贩卖、传播淫秽物品牟利罪,以"以牟利为目的"作为其构成要件。

（十）以是否为首要分子、直接责任人员、领导人等特定身份作为划分罪与非罪的界限

例如，刑法典第二百九十一条聚众扰乱公共场所秩序、交通秩序罪，其入罪范围仅限于"首要分子"；第二百五十五条打击报复会计、统计人员罪，其主体仅限于"公司、企业、事业单位、机关、团体的领导人"，非此类人员不构成此罪。

以上这些规定方式都是体现社会危害性程度的，不具备这些规定的条件就说明行为的社会危害性没有达到触犯刑法、应受刑罚处罚的程度，因而也就不构成犯罪。

四、犯罪分类

犯罪分类是指根据犯罪所具有的某些特殊属性，将犯罪划分为若干类别。犯罪的复杂性决定了犯罪类别的多样化。可以采取不同的标准对犯罪进行多种类的划分。首先，必须从总体上说明的是，下列犯罪分类中，有的仅仅是犯罪的类型，有的既是犯罪的类型，同时也是犯罪人的类型，还有的既是犯罪的类型，同时也是犯罪既遂的形态。

（一）犯罪的理论分类

刑法理论根据不同的标准对犯罪作出了各种不同的分类。

1. 自然犯与法定犯

自然犯与法定犯既是犯罪的类型，同时也是犯罪人的类型。

（1）自然犯，又称刑事犯，是指违反公共善良风俗和人类伦理，由刑法所规定的传统型犯罪。譬如，故意杀人、抢劫、强奸、放火、爆炸、盗窃等犯罪，其行为本身就自然蕴含着犯罪性，人们根据一般的伦理观念即可对其作出有罪评价。

（2）法定犯，又称行政犯，是指严重违反行政法中的禁止性或者命令性规范，并需要由刑罚处罚的犯罪。譬如，刑法典第二百二十五规定的非法经营罪，以及其他以违反特定经济行政法规为前提的经济犯罪等均属于此类。

一般认为，从犯罪人的主观恶性程度上看，自然犯比法定犯要严重得多。而且，在违法性问题上，由于行政法规会因为国家管理目标的改变而时常发生变化，因此，法定犯又经常处于变动之中，缺乏像自然犯那样的稳定性。例如，我国与计划经济相适应的投机倒把罪，由于不适用市场经济要求，被1997年刑法典取消了，但代之而立的是大量破坏市场经济秩序的犯罪。正因为两类犯罪各有其特殊性，所以在认定、处罚及预防等方面，均应采取各不相同的对策。

2. 身份犯与非身份犯

身份犯与非身份犯既是犯罪的类型,同时也是犯罪人的类型。

(1)身份犯,是指以国家机关工作人员、国家工作人员、公司企业管理人员、科学技术人员、家庭成员等一定身份作为犯罪构成主体条件的犯罪。诸如贪污罪、受贿罪、玩忽职守罪、滥用职权罪、虐待罪,等等。在身份犯中,有一部分以处于社会较高阶层的人为主体条件的犯罪,又被称为"白领犯罪"。

(2)非身份犯,是指身份犯以外的、刑法对其犯罪主体条件未做特别限定的犯罪。如故意杀人罪、故意伤害罪、聚众斗殴罪、盗窃罪、诈骗罪、抢劫罪,等等。在非身份犯中,与"白领犯罪"相对应的一部分则被称为"蓝领犯罪"。

由于身份犯与非身份犯的划分以刑法规定的职务、职业或者业务等特殊条件为标准,因此,依法认定行为人是否具备某些特殊的身份条件便成为认定行为能否构成某种犯罪的关键。在法律有特别规定的情况下,有时还会直接影响到对犯罪人处罚的轻重程度。

3. 行为犯与结果犯

行为犯与结果犯主要是犯罪的类型,有时也是犯罪既遂的形态。

(1)行为犯,是指以侵害行为之实施为构成要件的犯罪,或者是以侵害行为实施完毕而成立犯罪既遂状态的犯罪。前者如强奸罪、煽动分裂国家罪、煽动颠覆国家政权罪等,后者如诬告陷害罪、伪证罪、偷越国(边)境罪等。

(2)结果犯,是指以侵害行为产生相应的法定结果为构成要件的犯罪,或者以侵害结果的出现而成立犯罪既遂状态的犯罪。前者如玩忽职守罪、交通肇事罪、过失致人死亡罪等绝大部分过失犯罪,后者如故意杀人罪、盗窃罪、贪污罪、敲诈勒索罪等。结果犯之结果可以表现为对犯罪对象的特定损害、特定的犯罪数额或者犯罪情节,可相应地分别称之为狭义的实害犯、数额犯和情节犯。此外,有学者将危险犯纳入结果犯,本书不采用此观点。

行为犯与结果犯的区分,对于准确认定某一犯罪的客观构成要件,进而区分罪与非罪的界限,具有重要的意义。同时,行为犯与结果犯的区分,也有助于准确认定犯罪完成形态(既遂)与未完成形态的原则界限。

4. 实害犯与危险犯

实害犯与危险犯主要是犯罪的类型,有时也是犯罪既遂的形态。

(1)实害犯,是指以发生法定的危害结果为构成要件或既遂形态的犯罪。前者如刑法典第一百一十五条第二款放火罪必须以发生火灾事故为要件,后者如第二百三十四条故意伤害罪必须以发生轻伤以上后果为既遂要件。在犯罪构成意义上,广义的实害犯与结果犯具有基本相同的含义,但使用的场合有所不同：作为危险犯的对称时叫实害犯，作为行为犯的对称时叫结果犯。有时二者也混合使用。不过，严格地讲，二者具有从属关系，实害犯的外延应当大于结果犯的外延，即实害犯除了可以表示"以发生法定的危害结果为构成要件或既遂形态的犯罪"（即结果犯）的含义外，还可以用于表示在行为犯、危险犯的场合出现实际损害结果，从而成为行为犯、危险犯的结果加重犯的情形。

（2）危险犯，是指以实施危害行为并出现某种法定危险状态为构成要件或既遂形态的犯罪。由于成立的条件不同，危险犯有具体危险犯和抽象危险犯之分。前者如刑法典第一百一十六条破坏交通工具罪，后者如第一百二十五条非法制造、买卖、运输、邮寄、储存枪支、弹药、爆炸物罪和非法制造、买卖、运输、储存危险物质罪。[①] 危险犯一般由故意构成，但由于刑法典第三百三十条妨害传染病防治罪、第三百三十二条妨害国境卫生检疫罪的规定，出现了"过失危险犯"。

实害犯与危险犯的区分，不仅有助于犯罪构成要件的具体把握，而且对正确量刑常常具有积极的意义。一般来讲，刑法对实害犯规定了重于危险犯的法定刑。

除了上述分类以外，刑法学理论还对犯罪进行了其他一些分类。比如，以犯罪次数或者其他法定条件为标准，可以分为初犯、累犯、再犯；以犯罪终了后不法行为或者不法状态当时具体情形为标准，可以分为即成犯与继续犯、持续犯、徐行犯与状态犯；以犯罪时空条件为标准，可以分为同时犯与隔时犯，同地犯与隔地犯；以犯罪人的犯罪特性为标准，可以分为常业犯、习惯犯或者常习犯，普通犯或者偶然犯，未成年犯（少年犯）、成年犯和老年（龄）犯。

此外，在刑法学理论中，有一些概念虽然运用了"××犯"的称谓，但并不表示犯罪类型，比如，思想犯和迷信犯[②]由于其根本不成立犯罪，因而不是犯罪类型。又如，既遂犯、预备犯、未遂犯、中止犯表示犯罪的停止形态及其中的犯罪人，而主犯、从犯、胁从犯、教唆犯则表示共同犯罪中的犯罪人类型[③]，

---

① 在司法实务中，具体危险犯之危险需要以证据加以证明，而抽象危险犯之危险一般不需要证明。因此，本书认为，抽象危险犯可以归入行为犯，没有独立存在的必要。

② 迷信犯是指行为人由于极端迷信、愚昧无知，而采取没有任何客观根据，在任何情况下都不可能产生实际危害的手段和方法来企图实现其犯罪意图的情况。高铭暄.中国刑法词典.上海：学林出版社，1989：282.

③ 严格地说，教唆犯与主犯、从犯、胁从犯有所不同，它有时并不是共同犯罪中的犯罪人类型，而是单独犯罪或者单独犯罪人。比如，被教唆的人未实施所教唆的犯罪因而成立"教唆未遂"之人，或者教唆无刑事责任能力人实施犯罪因而成立间接正犯之情形。

也不是犯罪的类型。

（二）犯罪的立法分类

对犯罪进行立法上的分类，是建立科学的刑法典分则体系的需要，也是指导刑事司法，突出惩治重点，便于学习、掌握刑法的需要。

1. 国事犯与普通犯

国事犯与普通犯既是犯罪的类型，同时也是犯罪人的类型。

（1）国事犯，又称政治犯①，是指危害国家政权、社会制度及国家安全的犯罪。对国事犯，各国立法的表述各不相同，有的称为"国事罪""危害国家安全罪"。1979年刑法典称之为"反革命罪"，1997年刑法典将之更名为"危害国家安全罪"。

（2）普通犯，是指除国事犯以外的其他各类普通刑事犯罪。刑法典分则第二章至第十章规定的各类犯罪，相对于"危害国家安全罪"而言，都是普通犯罪。

国事犯与普通犯的区分，除了有助于确立刑法打击的重点外，更重要的是国事犯往往受一国主流意识形态的影响，从而影响一国的内政与外交。国事犯不引渡已经成为国际法的通例。

2. 故意犯与过失犯

故意犯与过失犯既是犯罪的类型，同时也是犯罪人的类型。

（1）故意犯，是指明知自己的行为会发生危害社会的结果，并且希望或者放任这种结果发生，从而构成的犯罪。刑法典第十四条对故意犯罪做了规定。

（2）过失犯，是指应当预见自己的行为可能发生危害社会的结果，因为疏忽大意没有预见，或者已经预见而轻信能够避免以致发生这种结果的犯罪。刑法典第十五条对过失犯罪做了规定。

各国刑法通常都以处罚故意犯罪为原则，以处罚过失犯罪为例外。在我国现有的468个罪名中，过失犯罪也是非常有限的。刑法典分则第一章、第五章、第八章都没有过失犯罪。一般认为，其他章共有45个过失犯罪：第二章20个、第三章3个、第四章2个、第六章4个、第七章2个、第九章10个、第十章4个。

3. 亲告罪与非亲告罪

亲告罪与非亲告罪仅是犯罪的类型。

（1）亲告罪，是指被害人告诉才处理的犯罪。它们不属于公诉案件，必

---

① 由于政治犯与思想犯易于混淆，因此，我国政府曾明确宣称不承认"政治犯"的概念。

须由被害人或其近亲属自己到人民法院提起诉讼时,法院才予以受理。在我国,这类犯罪包括侮辱罪、诽谤罪、暴力干涉婚姻自由罪、虐待罪、侵占罪。它们大多与被害人的人格、名誉权利和婚姻家庭关系密切相关,也有一些与侵吞他人财产等道德问题有关。

(2) 除亲告罪以外的其他犯罪,都是非亲告罪,需要由公安、检察机关立案侦查,并由检察机关代表国家提起公诉。不过,从全面保护被害人利益出发,刑法典第九十八条规定:"如果被害人因受强制、威吓无法告诉的,人民检察院和被害人的近亲属也可以告诉。"对于侮辱罪和诽谤罪而言,严重危害社会秩序和国家利益的,不适用亲告;而行为人通过信息网络实施的,被害人向人民法院告诉,但提供证据确有困难的,人民法院可以要求公安机关提供协助。对于暴力干涉婚姻自由罪而言,致使被害人死亡的,不适用亲告;对于虐待罪而言,被害人没有能力告诉,或者因受到强制、威吓无法告诉的,或者致使被害人重伤、死亡的,不适用亲告。

亲告罪与非亲告罪的区分涉及国家司法资源的配置与起诉制度问题。

第二节 犯罪构成

本节主要讲述犯罪构成的概念、特征和意义,犯罪构成要件的种类和犯罪构成共同要件的内容与顺序。

一、犯罪构成的概念、特征和意义

(一) 犯罪构成的概念

通说认为,犯罪构成是刑法规定的,决定某一具体行为的社会危害性及其程度而为该行为构成犯罪所必须具备的一切客观要件和主观要件的有机统一的整体。[1] 犯罪构成就是犯罪成立条件。[2]

犯罪构成与犯罪概念是两个既有联系又有区别的范畴。

犯罪构成与犯罪概念的联系在于:犯罪概念是犯罪构成的基础,犯罪构成是犯罪概念的具体化。作为犯罪概念基本特征的行为的社会危害性与刑事违法性,也是犯罪构成的基本特征。犯罪构成又是犯罪概念及其基本特征的具体化,它通过一系列主客观要件具体而明确地体现犯罪的社会危害性,同时使犯罪概念的法律特征得以具体化,反映出犯罪行为的刑事违法性和应受刑罚惩罚性。

---

[1] 高铭暄,马克昌.刑法学:上编.北京:中国法制出版社,1999:86.
[2] 张明楷.刑法学.5版.北京:法律出版社,2016:98.

犯罪构成与犯罪概念的最主要区别在于它们的功能相异：犯罪概念的功能是从整体上回答什么是犯罪，犯罪有哪些基本特征，揭示犯罪行为的社会、政治本质，以便从原则上区分罪与非罪；而犯罪构成的功能是解决构成犯罪的具体规格和标准问题，进一步明确回答犯罪是怎样成立的，构成犯罪需要具备哪些要件。

（二）犯罪构成的特征

1. 犯罪构成是一系列主客观要件的有机统一

犯罪构成要件是指成立或者构成犯罪所必须具备的基本条件。任何一个犯罪构成都包括许多要件，有的属于犯罪客观要素，有的属于犯罪主观要素，它们有机统一形成某种罪的犯罪构成。例如，刑法典第三百零三条第一款赌博罪的构成要件是：① 犯罪客体是公共秩序；② 客观上必须实施聚众赌博或者以赌博为业的行为；③ 犯罪主体为一般主体，即达到刑事责任年龄并具备刑事责任能力的自然人；④ 主观上出于直接故意，且具有营利的目的。刑法典规定的468个具体犯罪，每个犯罪都有其独特的犯罪构成，每一具体犯罪的犯罪构成都是一系列主客观要件的有机统一。

2. 犯罪构成是犯罪行为社会危害性的法律标志

犯罪构成要件是指从同类案件形形色色的事实中经过抽象、概括出来的带有共性的，对于犯罪性质和危害性具有决定意义的事实。任何一种犯罪都可以用很多事实特征来说明，但并非每一个事实特征都是犯罪构成的要件。只有对行为的社会危害性及其程度具有决定意义而为该行为成立犯罪所必需的那些事实特征才是犯罪构成的要件。因此，必须将构成要件的事实同其他事实相区别。例如，刑法典第二百六十三条抢劫罪，在具体案件中存在各种事实，但构成要件的事实仅包括：① 客体是他人的人身权利与财产权利；② 客观上实施了以暴力、威胁或者其他使受害人不能或者不敢反抗的手段，强行夺取他人财物的行为；③ 犯罪主体为一般主体，即年满14周岁且具备刑事责任能力的自然人；④ 主观上具有抢劫的故意，且以非法占有他人财物为目的。至于其他事实，如抢劫的时间、地点等，均不属于抢劫罪的构成要件，并不影响抢劫罪的成立。

3. 犯罪构成具有法定性

换言之，行为成立犯罪所需的构成要件，必须由刑法规范加以规定或者包含。只有经过法律选择的案件事实特征才能成为犯罪构成要件。在立法者看来，某一行为成立犯罪的前提是构成要件缺一不可。犯罪构成要件的法定性与行为的刑事违法性是完全一致的。只有具备某一犯罪的全部构成要件，行为才具有刑事违法性。需要指出的是，刑法典对犯罪构成的规定，分别由总则和分则共同实现。因此,认定具体犯罪时,应以刑法典总则规定为指导,根据刑法典分则对案件事实逐一认定,以便得出正确的结论。

(三) 犯罪构成的意义

犯罪构成对于准确、合法、及时地惩罚犯罪,切实有效地保障公民的人身、民主及财产权利,保证无辜者不受非法追究,具有重要意义。具体而言,表现在如下两个方面:

1. 有助于正确定罪

(1) 犯罪构成为罪与非罪的区分提供了明确而具体的法律标准。这些标准是由总则和分则共同加以规定的。司法实践中,只要根据刑法有关规定查明犯罪构成要件,就可以正确地将罪与非罪的界限加以区分。

(2) 犯罪构成还为划分此罪与彼罪的界限提供了法律标准。因为一切犯罪虽然都必须具备共同的犯罪构成要件,但不同的犯罪存在相异的犯罪构成。因此,只要掌握了每个犯罪的犯罪构成要件,就可以正确区分此罪与彼罪。

2. 有助于正确量刑

定罪是量刑的前提和基础,只有定性准确,才能量刑适当。尤其在加重构成与减轻构成的情况下,正确适用犯罪构成更具有直接意义。

二、犯罪构成的要件

(一) 犯罪构成要件的种类

1. 共同要件、选择要件与具体要件

从认识层次看,可以将犯罪构成要件区分为犯罪构成的共同要件、选择要件和具体要件。

犯罪构成的共同要件是针对犯罪总体而言的,也称犯罪的共同构成要件,是指一切犯罪的成立都必须具备的要件。犯罪构成的选择要件是针对部分犯罪而言的,是指部分犯罪所必须具备的要件。犯罪构成的具体要件是针对个别犯罪而言的,又称为犯罪的具体构成要件或者具体犯罪构成要件,是指具体犯罪的成立必须具备的要件。每一个犯罪都有其具体犯罪构成要件。

犯罪构成的共同要件与选择要件、具体要件是一般与特殊、抽象与具体的关系。具体犯罪是形形色色的,因而不同的犯罪构成的选择要件、具体要件也是各有差异的。在理论上可以从各种犯罪的选择要件、具体要件中科学地概括出各种不同犯罪构成的共同组成要素,这就是犯罪构成的共同要件。

犯罪的具体构成要件是具体犯罪的社会危害性的法律标志,是认定行为是否具有刑事违法性的具体根据。此罪与彼罪的界限只有通过犯罪的具体构成要件才能解决,犯罪构成的共同要件虽然不可能成为认定具体犯罪的法律依据,但对具体犯罪的认定起着重要的指导作用。在理论上将共同要件与具体要件联系起来研究,有助于犯罪构成理论的深化。

2. 主观要件和客观要件

从是否以人的意志为转移的角度,犯罪构成要件还可以分为主观要件和客观要件。危害行为、危害对象、危害结果及其所反映的社会关系(客体)以及犯罪的时间、地点、方法、工具等都是犯罪客观方面的内容。行为人的年龄、心智因素和对待犯罪的心理态度,包括故意、过失、动机目的等,属于犯罪构成的主观要件。

这种划分的意义主要在于防止"主观归罪"与"客观归罪"的极端偏向。

(二) 犯罪构成的共同要件

1. 犯罪构成共同要件的内容

刑法典中468个具体犯罪,它们的具体犯罪构成都不一样,但亦不无共性。归纳各种犯罪的构成,每种犯罪都具有四个共同的构成要件:犯罪客体、犯罪客观要素、犯罪主体、犯罪主观要素。

犯罪客体是指我国刑法所保护而为犯罪所侵犯的社会主义社会关系。

犯罪客观要素是指犯罪活动的客观外在表现,包括危害行为、危害结果以及危害行为与危害结果之间的因果关系等。

犯罪主体是指实施危害社会的行为并且承担刑事责任的自然人或者单位,有的犯罪构成还要求特殊主体,即具备特定职务或者身份的自然人或者性质有所限定的单位。

犯罪主观要素是指犯罪主体对其实施的行为及其结果所持的心理态度,某些犯罪的犯罪构成还要求有特定的犯罪目的。

2. 犯罪构成共同要件的顺序

上述依犯罪客体—犯罪客观要素—犯罪主体—犯罪主观要素的排序方式为传统犯罪构成理论所采用。有学者对该排序方式提出质疑,认为应当按照犯罪主体—犯罪主观方面—犯罪客观方面—犯罪客体的逻辑顺序进行排列。[①] 其基本理由是:犯罪主体是其他犯罪构成的共同要件的逻辑前提;犯罪主观方面是犯罪主体的一定罪过内容;犯罪行为是犯罪主体罪过心理的外化;犯罪行为必然侵犯一定的客体。因而形成一个犯罪实施的动态过程:符合犯罪主体条件的行为人,在其犯罪心理态度的支配下,实施一定的犯罪行为,危害一定的社会关系。何秉松教授则以犯罪主体—犯罪客体—犯罪主观要素—犯罪客观要素的顺序来构建犯罪构成的体系。[②]

上述质疑具有一定的逻辑根据,但并不符合人们认定犯罪的思维规律。

---

① 高铭暄.新中国刑法科学简史.北京:中国人民公安大学出版社,1993:85.
② 何秉松.刑法教科书:上卷.北京:中国法制出版社,2000:214—219.

犯罪构成要件要解决的是行为是否构成犯罪的问题,因而,以认定犯罪的顺序来安排犯罪构成要件的顺序更为合理。作为认定犯罪的一般过程,首先进入人们认识视野的是犯罪客体,其次才是犯罪行为,再次便需要查明实施侵害的行为人是否符合犯罪主体要件,最后还必须确定行为人是否具有罪过心理。从上述认定犯罪的一般过程可以看出,依照犯罪客体—犯罪客观要素—犯罪主体—犯罪主观要素的逻辑顺序符合人们认定犯罪的规律。

关于犯罪构成要件内容具有不同观点。除了作为通说的"四要件说"外,关于犯罪构成还有"二要件说""三要件说""五要件说"等。其中,"二要件说"和"三要件说"都有不同的主张。但是,这几种观点有的是对传统"四要件说"的合并,有的是对"四要件说"的分解,也有的是对"四要件说"中犯罪客体的否定或者取消。① 因此,虽然论者不乏真知灼见,但是并不能取代或者否定四要件说。也有学者通过分析批判我国犯罪构成研究的视角缺陷和局限性后,将犯罪构成分成定罪犯罪构成和设罪犯罪构成,认为"犯罪客体是设罪犯罪构成的要件,而不是定罪犯罪构成的要件","犯罪客观方面、犯罪主体和犯罪主观方面既是设罪犯罪构成的要件,也是定罪犯罪构成的要件"。②

本书虽仍按四要件叙述犯罪构成,但同时考虑三要件和二要件日兴的现状,在此以图4-1 和图4-2 简约显示三者关系。

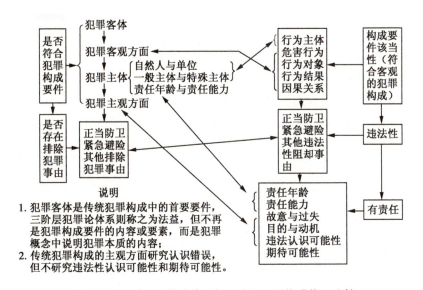

图4-1　四要件犯罪构成体系与三阶层犯罪构成体系比较

---

① 夏勇.定罪犯罪构成与设罪犯罪构成.中国刑事法杂志,2002(5):21—32.
② 刘生荣.犯罪构成原理.北京:法律出版社,1997:119.

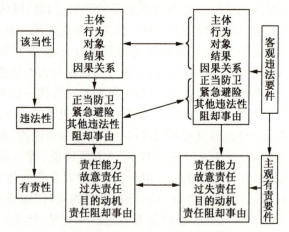

图 4-2　三阶层犯罪构成体系与二层次犯罪构成体系比较

第三节　刑事责任

本节主要讲述刑事责任的概念、特征、根据和过程,包括刑事责任的时间、承担方式、终结和消灭等。

一、刑事责任的概念和特征

(一) 刑事责任的地位

在大陆法刑法理论中,刑事责任是犯罪成立的条件之一。但是,在我国,一般认为,刑事责任是犯罪成立后才涉及的问题。之所以将刑事责任放在本章讨论,主要是因为刑法典将犯罪和刑事责任一并规定,同时,考虑刑事责任虽然在理论上是与犯罪、刑罚等同属于刑法的基本范畴,但因为对它的研究较晚,成果较少,"刑事责任论"的体系尚未形成,尚不足以与犯罪论和刑罚论相匹敌。目前,虽然有许多教材将刑事责任置于犯罪论之后独立成章,但始终未能改变其相对萎缩的状态。而且,不同学者、不同教材对于刑事责任的分析和研究,观点纷呈,说明此问题很不成熟。因此,本书将相关内容在本章做简要介绍。

刑事责任是我国刑法明文规定的一个术语,刑法典总则和分则中有关刑事责任的规定,都是解决行为是否构成犯罪、行为人是否负刑事责任及如何追究行为人的刑事责任等带有根本性的问题。由此可见,刑事责任与犯罪、刑罚等术语一样,都是刑法中的基本范畴,处于举足轻重的地位。

1. 刑事责任与犯罪、刑罚的联系

一般认为,犯罪、刑事责任和刑罚三位一体,互相依存。

(1) 从犯罪与刑事责任的关系上看,犯罪与刑事责任可谓孪生兄弟,它们同时产生,同时成立,没有孰先孰后之分,一个行为成立犯罪之时,也是刑事责任确定之日。如果认为先有犯罪后才有刑事责任,或者先有刑事责任后才有犯罪,这都是不正确的。没有不负刑事责任的犯罪,如果有,这样的犯罪没有任何意义。也没有缺乏犯罪的刑事责任,如果对不是犯罪的行为追究刑事责任,这是司法专横。因此,犯罪与刑事责任之间不是一种因果关系,而是共生并存的关系,它们是一个事物的两个方面。

(2) 从犯罪与刑罚的关系上看,刑罚是犯罪的法律后果,犯罪是刑罚适用的原因,二者之间表现为一种因果关系。

(3) 从刑事责任与刑罚的关系看,刑罚是刑事责任的一种外在表现形式或者说主要的实现方式,刑事责任是刑罚适用的内在根据。之所以对犯罪人判处刑罚,不仅因为他实施了犯罪,而且因为他应当且能够承担刑事责任。虽然不能说有刑事责任必然会有刑罚,但有刑罚必须有刑事责任,这是确定不移的。

2. 刑事责任与犯罪、刑罚的区别

犯罪、刑事责任和刑罚又是互相独立的。

(1) 犯罪的独立性。犯罪是违反刑法规范的行为,是主观见之于客观的活动,它的独立性是不言而喻的。

(2) 刑事责任的独立性。刑事责任的独立性表现在它以刑法规范设定的义务为根据。例如,刑法典第二百三十二条规定:"故意杀人的,处死刑……"这里实际上省略了一个前提,即"任何人不得非法剥夺他人的生命"这一义务,而故意杀人行为违反了这项义务,行为人就必须承担这一行为所产生的法律责任,即接受国家惩罚的义务。因此,行为人不是因为犯罪才承担刑事责任,而是犯罪和刑事责任都来自于刑事义务。

(3) 刑罚的独立性。刑罚的独立性表现在刑罚是国家制定的处理犯罪、解决刑事责任的方法或者措施,国家在惩罚犯罪、追究刑事责任时具有高度的主动性和灵活性。对不同的犯罪可以适用同一种刑罚和对一种犯罪适用不同的刑罚,就是这种主动性和灵活性的典型表现。

总之,在刑法学中,犯罪、刑事责任和刑罚是三个独立范畴。它们各有自己的价值蕴含和理性体系,三者既相互依存,又相互独立,不存在谁以谁为中心的关系。它们共同构成一个完整的罪、责、刑体系,这个体系不仅是刑法规范的体系,也是刑法理论的体系。

但是,学者们对于罪、责、刑三者关系至今仍然看法不一,主要有两种主张:一种主张认为,"刑事责任是指行为人因其犯罪行为所应承受的、代表国家的司法机关根据刑事法律对该行为所作的否定评价和对行为人进行谴责的责任"。其实现方式有定罪科刑、定罪免刑、非刑罚处理三种,在这里,刑罚只是实现刑事责任的一种基本方式,即犯罪与刑事责任并列,而刑罚则从属于刑事责任。① 另一种主张认为,"刑事责任是介于犯罪和刑罚之间的桥梁和纽带"②。由此,形成不同的刑法定义:基于前一种理解,产生"罪责说";基于后一种认识,产生"罪责刑说"。本书虽然倾向于"罪责说",但考虑上文所述理由,为方便教学,仍将刑事责任前置于本章之中。

(二) 刑事责任的定义

在现代汉语中,责任一词极具包容性,褒、贬、中义兼收并蓄。但将责任纳入政治、经济、法律、道德等专门领域时,往往只取其贬义。就法律责任而言,是指违反法律规范后,由此产生的接受法律制裁的义务。

刑事责任是刑事法律责任的简称,属于法律责任的一种。在我国刑法学界,关于刑事责任的概念和本质存在多种说法。① 法律后果说。此说一度相当流行,认为刑事责任是行为人实施犯罪所应当承担的法律后果。② 法律责任说,认为刑事责任是行为人因实施犯罪行为而应当承担的法律责任。③ 刑事义务说,认为刑事责任是行为人因犯罪而承担的接受处罚的特殊义务。④ 法律关系说,认为刑事责任是因犯罪行为而产生的国家与犯罪人之间的一种谴责和被谴责的刑事法律关系。⑤ 否定评价说,又称斥责说、责难说,认为刑事责任是国家对犯罪人及其犯罪行为的一种否定的评价或者谴责。

刑事责任的本质是刑事义务问题。责任和义务从来密不可分,责任总是来自对义务的违反。就刑法而言,刑法所保护的是最重要的社会关系和最基本的社会规则,刑法所设定的义务也是最重要的义务,每一社会主体都有接受刑法约束的义务。而行为人以作为或者不作为的形式实施了刑法规定的犯罪行为,就违反了这一义务,刑事责任由违反刑事义务而产生。具有刑事责任能力的行为人,在本来可以不违反刑法义务的情况下,出于故意、过失,实施犯罪行为,行为人的主观上就具有可谴责性,在道义上就具有可否定性。这就产生了接受法律的否定评价、谴责及处罚的义务。可见,刑事责任的义务是个双重构造,守法义务是其前提义务,有的学者称之为第一性义务,受到法律的谴责和处罚是违反第一性义务后应当承担的义务,属于第二性的义务。从这个意义上说,刑事责任是一种承担或者负担。

综上所述,可将刑事责任的概念界定如下:刑事责任是指因行为人违反

---

① 苏惠渔.刑法学.修订版.北京:中国政法大学出版社,1999:264—276.
② 高铭暄.新编中国刑法学:上册.北京:中国人民大学出版社,1998:72.

刑事义务而产生的接受刑法否定评价、谴责或刑罚处罚的义务。

(三) 刑事责任的特征

刑事责任既具有一般法律责任的共性特征,又具有刑事责任的个性特征。这些特征如下:

1. 刑事责任的必然性

刑事责任同犯罪一样,由行为人违反刑事义务而产生,它与犯罪同时确定和成立。一个行为只要成立犯罪,行为人就应当承担刑事责任。因此,刑事责任与犯罪的关系,不是一种或然的关系,而是必然的关系。

2. 刑事责任的代价性

刑事责任作为一种法律责任,对刑事责任的承担主体来说,表现为一种不利的后果和代价。这种不利的后果和代价一旦成为现实,行为人必然因此而遭受一定的痛苦和损失。

3. 刑事责任的严重性

对刑事责任的承受主体来说,刑事责任是后果最严重的一种法律责任。刑事责任的严重性派生刑罚的严厉性,具体犯罪的法定刑就是根据刑事责任的性质和大小配置的。

4. 刑事责任的专属性

刑事责任的专属性是指刑事责任只能由违反刑事义务的人即犯罪人承担,不得转移给没有实施犯罪的人承担。罪责自负是现代刑法的基本原则之一,没有犯罪的人不承担刑事责任,犯了罪的人不得由他人代为承担刑事责任。我国司法实践中,将亲属代为缴纳罚金作为被告人的从轻量刑情节和罪犯的减刑条件,突破了刑事责任的专属性,值得反思。

5. 刑事责任的时效性

刑事责任的时效性是指行为人犯了罪后,国家追究其刑事责任的期限不是无限期的,而是明确规定了法定的追诉期限,期限届满,刑事责任即告消灭;被追究刑事责任者,亦会因主体对刑事责任的承担而终结。

二、刑事责任的根据

刑事责任的根据是指国家设定刑事责任的根据和行为人承担刑事责任的根据。在刑事责任理论的发展史上,先后存在神意责任论、道义责任论、社会责任论和综合责任论等不同的刑事责任理论。这些责任理论的实质无非是关于国家设定刑事责任的根据和行为人负刑事责任的根据问题。

(一) 刑事责任的理性根据

刑事责任从何而来,以何为据,从理性的角度看,取决于人们对刑事义务、犯罪及刑事责任的正确认识,取决于对个人的主观能动性、个人的心理和行为发生机制等现象的科学认识。由于一定时期的理性认识,除了受制于当时的历史条件外,还深受宗教、阶级和集团利益等偏见的影响,因此,在刑事责任的发展、演变过程中,曾经出现过广泛株连、因人而异、主观擅断等现象,并有过对无责任能力人、儿童、尸体,乃至动植物追究刑事责任的非理性做法。

根据理性确定刑事责任,至少应当考虑以下三点:

第一,什么行为应负刑事责任?应当以该行为违反了刑事法律设定的约束义务、破坏了社会的共同行为规则、危害了刑事法律所保护的利益和社会关系为根据。

第二,什么人能够承担刑事责任?应当以行为人的生理和心理成熟到一定程度,具有独立判断是非的能力和相对独立地选择行为的能力为根据。

第三,什么样的心理状态应受刑法的谴责?应当以行为人在可能实施合法、正当行为的情况下,没有实施合法、正当行为而实施了违法、有害行为为根据。目前,世界各国刑法都将刑事责任控制在行为人有罪过的范围之内。

因此,建立普遍遵守的法治秩序和共同行为规则,促进国家和社会的全面发展和进步,充分地保障和扩大公民的权利和自由,弘扬民主、正义和平等等价值目标,不仅是国家设定刑事责任之所以立足的根据,同时也是刑事责任取得正当性的根据。

(二)刑事责任的法律根据

刑事责任作为一种法律责任,它的有无、大小和评判必须由刑事法律规定。刑事责任只能是法律范围内的刑事责任,超出法定范围的政策、道德、宗教等规范,都无权设定刑事责任。刑法的基本原则特别是罪刑法定原则,同时也是关于刑事责任的基本原则。罪刑法定原则对于刑事责任的意义在于,什么人能够承担刑事责任、不能够承担刑事责任或者有限制地承担刑事责任,必须由法律规定;什么行为应承担刑事责任,一个行为中有什么样的情节应当承担加重的或者减轻的刑事责任,也必须由法律规定;行为人在什么样的心理状态下实施的行为负刑事责任,什么样的心理状态下实施的行为不负刑事责任,也必须由法律规定。

可以说,刑事法律规定的刑事责任内容是刑事责任的存在方式和判断标准,也是司法机关行使追究刑事责任权力的准绳和依据。法律是刑事责任存在的根据之一,这与依法治国、建设社会主义法治国家的治国方略是一致的。

(三)刑事责任的现实根据

刑法规定的刑事责任只是为刑事责任的追究提供了可能性,这种可能性对所有的社会主体都是平等地、客观地存在的。但是,对一些单位或者自然人来说,这种可能性能够成为现实性,而对另一些单位或者自然人来说,这种可能性则仅仅表现为一种可能性。刑事责任由法律的假定到具体的现实,其根据就在于行为人是否实施了符合犯罪构成的具有社会危害性的行为。一个自然人或者单位没有实施任何行为,只是有破坏法律和社会的思想活动,这种思想活动不能成为追究刑事责任的现实根据。一个单位或者自然人实施的危害社会的行为,不论具有多大的社会危害性,在刑法典和单行刑法中没有规定为犯罪,即不具备刑法规定的犯罪构成的,根据罪刑法定原则,都不能成为追究其刑事责任的现实根据。例如,在金融领域,期货交易中的违法违规行为对经济和财产所造成的危害,远远超过了某些证券犯罪、信用证、信用卡犯罪和贷款犯罪,但是,由于我国缺乏规范期货交易的法律法规,期货犯罪的表现形式和构成特征难以具体界定,所以,在1997年修改刑法时,并没有明确地规定期货犯罪。在对刑法修改之前,对实践中发生的危害十分严重的期货违法行为,也不能按照犯罪进行处罚。另外,一个单位或者自然人实施的危害社会行为,可能由于情节轻微、数额较小或者危害不大而不具有刑法规定的犯罪的法律特征,不能成为追究刑事责任的现实根据。因此,国家追究刑事责任和行为人承担刑事责任的现实根据,都必须是符合犯罪构成的具有社会危害性的行为。

三、刑事责任的过程

刑事责任的过程是指代表国家的司法机关通过诉讼活动追究刑事责任和迫使行为人履行刑事义务的过程。同时,它也是行为人从应当负刑事责任、实际负刑事责任到终止负刑事责任的过程。这个过程既可能是漫长的,也可能是短暂的,既确定无疑,又充满各种变数。过程结束后,有的人能够复归社会、重新做人,有的人则随着刑事责任的终结而不复存在。[①]

(一)刑事责任的时间

刑事责任的时间分为应当负刑事责任(应然的刑事责任)的时间、可能负刑事责任(或然的刑事责任)的时间和确定负刑事责任(实然的刑事责任)的时间。

1. 应当负刑事责任的时间

应当负刑事责任的时间是指从行为人犯罪成立之日起到追诉时效届满之日这段时间。这个时间开始于犯罪成立之日,终结于追诉时效届满之日。当一个行为没有成立犯罪时,行为人不可能对不构成犯罪的行为负刑事责

---

① 从理论上说,犯罪主体随着刑事责任的终结而消失,可能有两种情形:一是自然人罪犯被判处死刑;二是单位犯罪被判处撤销、责令解散或者其他类似资格刑。不过,我国刑法典对单位犯罪未规定资格刑。

任。一旦犯罪成立,不论是否被司法机关发现,行为人都应当承担刑事责任。同时,行为人应当负刑事责任的时间也不是无限期的,任何犯罪都有追诉时效期限,当法律规定的追诉时效期限届满后,行为人应当负刑事责任的义务即行终结。

2. 可能负刑事责任的时间

可能负刑事责任的时间是指司法机关开始追究犯罪到判决确定或者生效的时间。在这个时间段中,行为人应当负担的刑事责任转化为实际负担的现实可能性。代表国家的司法机关通过立案、侦查、起诉和审判活动,查清犯罪事实和情节,确定行为人是否应当承担刑事责任以及应负刑事责任的大小,为确定判决做好准备。一般讲,这段时间不是行为人实际承担刑事责任的时间,因为根据无罪推定原则,在追诉过程中行为人被视为无罪的人,即使司法机关对有些人采取了强制措施,但强制措施只是为保证刑事诉讼进行的临时措施,不是刑罚方法。这个过程结束后,存在两种结果:一是行为人被判有罪,实际承担刑事责任;一是行为人被判无罪,不承担刑事责任。所以,诉讼阶段的时间一般不是行为人实际承担刑事责任的时间。但是,当行为人被判有罪,并被判处刑罚后,行为人在诉讼阶段被羁押的时间即可折算成执行刑罚的时间,从这个意义上讲,行为人从被采取强制措施之日起,实际上已经开始承担刑事责任。

3. 确定负刑事责任的时间

确定负刑事责任的时间是指确定的有罪判决生效到刑罚执行完毕或者被赦免的时间。犯罪人被确定承担刑事责任,即从应当承担刑事责任的可能性转变为实际承担的现实性。对行为人定罪的过程也是确定行为人负刑事责任的过程。一旦行为人被确定有罪,即确定了行为人的刑事责任。从确定的有罪判决生效到刑罚执行完毕或者被赦免,是犯罪人实际承担刑事责任的过程。

应当指出的是,犯罪人被确定承担的刑事责任只是实然的刑事责任,与犯罪人应当承担的刑事责任(应然的刑事责任)可能不一致。一个应当追究刑事责任的犯罪人,可能会被免除刑事责任;一个应当轻判的人,可能会被重判;一个人应负甲罪的刑事责任,可能会被判乙罪;一个犯了数罪的人,根据刑法的规定或者由于司法活动的偏差,有可能只承担一罪的刑事责任;等等。

(二) 刑事责任的承担方式

由于犯罪轻重、刑事政策和犯罪人身份方面的原因,行为人承担刑事责任的方式有所不同。根据我国法律的规定,行为人承担刑事责任的方式有以下几种:

1. 定罪判刑方式

刑罚是刑事责任最重要的实现方式,也是刑事责任与其他法律责任性质不同的要点所在。因此,应当负刑事责任的犯罪人被人民法院判处有罪后同时被处以某种刑罚是行为人承担刑事责任的主要方式。

2. 定罪免刑方式

人民法院对行为人单纯作出有罪判决,同时宣告免除处罚,这是行为人承担刑事责任的又一种方式。以这种方式承担刑事责任,必须有法律明文规定的理由。根据我国法律的规定,犯罪情节轻微不需要判处刑罚的,或者犯罪人具有法律明文规定的免除处罚情节的,可以免除刑罚处罚。免除处罚只是免除刑罚,而不是免除行为人的刑事责任。行为人被确定有罪,其行为就受到了法律的否定评价和谴责,这本身就是承担刑事责任的一种方式。

3. 非刑罚处理方式

刑法典第三十七条规定:"对于犯罪情节轻微不需要判处刑罚的,可以免予刑事处罚,但是可以根据案件的不同情况,予以训诫或者责令具结悔过、赔礼道歉、赔偿损失,或者由主管部门予以行政处罚或者行政处分。"

4. 特殊处理方式

刑法典第十一条规定:"享有外交特权或者豁免权的外国人的刑事责任,通过外交途径解决。"这种解决方式是基于国际法规定的外交惯例,出于国与国之间的互相尊重、对等原则而确立的。对这类犯罪人不是不追究刑事责任,而是采用特殊的方式追究。

(三) 刑事责任的终结

从司法实践看,应当负刑事责任的人,有的实际履行了刑事义务,承担了刑事责任,有的由于种种原因没有履行义务承担刑事责任,这两种情况都涉及刑事责任的终结问题。

1. 实际承担的刑事责任的终结

被司法机关依法追究刑事责任的人,其刑事责任的终结,表现为以下四种情况:

(1) 被宣告有罪但免除刑罚处罚的人,其刑事责任从判决宣告后即终结。

(2) 宣告有罪同时被判处刑罚的人,其刑事责任通常因刑罚执行完毕而终结。其中,有三种特殊情况:罪犯被判处缓刑的,没有违反缓刑的考察条件,缓刑考验期届满,刑事责任即告终结;罪犯被依法假释的,在假释的考验期内没有违反假释的考察条件,假释考验期届满,刑事责任即告终结;实际执行刑罚的罪犯,可因赦免而终结刑事责任。

(3) 被判处刑罚在刑罚执行过程中死亡的,其刑事责任即告终结。

(4) 犯罪后被判处驱逐出境的外国人,被我国司法机关驱逐出境后,其所负的刑事责任随之终结。

2. 没有实际承担的刑事责任的终结

(1) 所有犯罪行为超过了追诉时效期限,追诉时效届满后刑事责任即告终结。

(2) 属于自诉范围的犯罪案件,被害人或者自诉人实施处分行为,如与行为人和解、接受调解协议或者起诉后又撤回起诉的,刑事责任即告终结。

(3) 行为人在追诉前、追诉中死亡或者失去承担刑事责任能力的,刑事责任即告终结。

(四) 刑事责任的消灭

行为人刑事责任的消灭也就是所犯罪行及其法律后果的消灭。这与刑事责任的终结有所不同,刑事责任的终结,只是犯罪人所应承担的刑事责任不复存在,但其所犯罪行还是客观存在的,可能还会对行为人的生活继续产生负面的影响。例如,犯过罪的人不能担任某种职务或者不能从事某种职业等①。而刑事责任的消灭,从法律的角度看,则可以不认为行为人犯过罪,对其生活不会再发生任何负面影响。刑法典中刑事责任消灭的法定理由只有一种,即第四百四十九条规定的军人戴罪立功,指在战时,因犯罪被判处3年以下有期徒刑没有现实危险的军人,允许其戴罪立功,确有立功表现的,可以撤销刑罚,不以犯罪论处。这就连罪带刑一并消灭。另外,有些国家规定的大赦制度和辩诉交易制度,当行为人被大赦后或者与司法机关做成了免罪的交易后,其承担的刑事责任也告消灭。

本章小结

1. 犯罪概念是犯罪内在特征与外在特征的高度抽象与概括。犯罪概念具有三种类型,即实质概念、形式概念、实质与形式相统一的混合概念。我国刑法中的犯罪概念是实质与形式相统一的概念,是指违反我国刑法、应受刑罚处罚的严重危害社会的行为。具有严重社会危害性、刑事违法性、应受刑罚处罚性三个基本特征。

2. 犯罪构成是依照刑法的规定,决定某一具体行为的社会危害性及其

---

① 即前科可能构成对人的行为能力的限制。例如,《中华人民共和国法官法》(2001年6月30日修正)第十条、《中华人民共和国检察官法》(同上)第十一条规定:曾因犯罪受过刑事处罚的,不得担任法官和检察官。

程度而为该行为构成犯罪所必需的一切主客观要件的有机统一。它与犯罪概念、犯罪构成理论、犯罪构成要件既有联系又有区别。研究犯罪构成,有助于区分罪与非罪、此罪与彼罪,有助于正确量刑。通常认为,犯罪构成要件的逻辑顺序为犯罪客体、犯罪客观要素、犯罪主体、犯罪主观要素。

3. 刑事责任是指单位或者个人违反了法律义务后,应承担的接受法律处罚的刑事义务。刑事责任与犯罪同时产生、同时成立。刑事责任与犯罪、刑罚是刑法学的基本范畴,是刑法学罪、责、刑体系的重要组成部分。刑事责任具有必然性、严重性、代价性、专属性和时效性等特征。刑事责任的根据包括理性根据、法律根据和现实根据。从刑事责任产生或者承担的角度看,刑事责任分为应当承担刑事责任、可能承担刑事责任和确定承担刑事责任三种情况。刑事责任的承担方式包括定罪判刑方式、定罪免刑方式和特殊处理方式。刑事责任的终结和刑事责任的消灭有本质区别,终结是指行为人承担的刑事责任结束,而刑事责任的消灭则不仅指刑事责任不存在,连所犯罪行也随之消灭。

犯罪,犯罪构成,犯罪构成的要件,刑事责任。

问题思考

1. 如何理解我国刑法中的犯罪概念?
2. 如何理解犯罪概念与犯罪构成的联系和区别?
3. 如何理解犯罪构成的特征和意义?
4. 如何理解犯罪构成的共同要件的内容?
5. 如何理解刑事责任的概念和特征?

第五章
犯罪客体

> **目的要求**
>
> 1. 理解犯罪客体(法益)的概念和意义。
> 2. 掌握犯罪客体(法益)不同层次的分类及其意义。
> 3. 犯罪对象的概念、范围、意义及其与犯罪客体(法益)的关系。

第一节 犯罪客体的概念和意义

本节主要讲述犯罪客体的概念、地位、立法表现和意义。

一、犯罪客体的概念

(一) 犯罪客体的含义和地位

传统观点认为,犯罪客体是刑法所保护的、为犯罪行为所侵害的社会关系。具体来说,犯罪客体是指为犯罪行为所侵害的、由刑法所保护的法益。犯罪客体必定是一种法益。所谓法益,是指由法律所确认和保护的利益和价值。① 任何一种行为,如果不侵害刑法所保护的法益,就不可能构成犯罪。行为之所以构成犯罪,首先就在于它侵害了一定的法益。侵害的法益越重要,社会关系的社会政治意义越大,行为对社会的危害性就越大。可见,犯罪客体或法益是决定犯罪社会危害性及其程度的首要条件。

对于犯罪客体的含义可以从三个方面理解:

1. 犯罪客体是社会关系

社会关系是人们在社会生产、生活中形成的人与人之间的关系,包括物质关系和思想关系。物质关系即生产关系,是社会的经济基础。政治、法律、道德、艺术、宗教等各种非物质关系(思想关系),是由生产关系决定的社会上

---

① 犯罪客体与法益的核心内涵虽然基本相同,但从严格意义上说,二者也存在一定区别。本书为了表述方便将二者混用。

层建筑。物质关系与思想关系构成社会关系的整体。社会关系决定了社会的政治、经济、思想、文化的基本形态和人们之间的基本关系或法益。犯罪行为通过危害社会的基本形态和人们之间的基本关系,使法益受到危害。

2. 犯罪客体是刑法所保护的社会关系

社会关系涉及社会生活的各个领域。为犯罪所侵害的、受国家刑法保护的社会关系或法益仅仅是其中最重要的一部分。概括而言,这部分社会关系包括国家安全、公共安全、经济基础和经济关系、公民的人身权利和民主权利、社会管理秩序、国防利益、军事利益等。而其他一些社会关系如上下级关系、同志关系以及一般的民事、经济、行政关系,则由其他法律、道德和一般社会规范调整。

3. 犯罪客体是被犯罪行为侵害的法益

刑法所保护的法益,无论是物质关系还是思想关系都是客观存在的。然而,纯粹客观存在的社会关系并不是犯罪客体。刑法所保护的社会关系,只有受到危害行为侵犯时,才能成为犯罪客体。这说明,犯罪客体和危害行为有密切的联系。没有危害行为就没有犯罪客体,二者是共生关系。

(二) 刑法典对犯罪客体的规定

刑法典对犯罪客体的规定采取了多种多样的方式:

1. 有的条文明确揭示了犯罪客体

例如,刑法典第一百零二条直接规定背叛国家罪的客体是中华人民共和国的主权、领土完整和安全;第二百二十一条明确指出损害商业信誉、商品声誉罪侵犯的客体是他人的商业信誉、商品声誉。

2. 有的条文指出犯罪客体的物质表现,透过物质表现表明犯罪客体

例如,刑法典第二百零六条规定了伪造、出售伪造的增值税专用发票罪,条文指出的增值税专用发票是犯罪客体的物质表现,透过这种物质表现表明本罪的客体是国家对增值税专用发票的管理制度。

3. 有的条文指出被侵犯的社会关系的主体,并由该主体表现表明犯罪客体

例如,刑法典第二百三十六条强奸罪,妇女是被侵犯的社会关系的主体,妇女的性不可侵犯的权利则是本罪的客体。

4. 有的条文指出对某种法规的违反,某种法规本身并不是犯罪客体,而法规所调整和保护的一定社会关系则是该罪的客体

例如,刑法典第三百三十条规定,违反传染病防治法的规定,引起甲类传染病传播或者有传播严重危险的,构成妨害传染病防治罪。传染病防治法本身不是妨害传染病防治罪的客体,但该法所调整和保护的传染病防治制度和

公共卫生安全,是此罪的客体。

5. 有的条文通过对行为具体表现形式的描述表明某一犯罪客体

例如,刑法典第三百零一条聚众淫乱罪,其行为具体表现形式为聚众进行淫乱活动,这一行为具体表现形式表明此罪侵犯的客体是社会公共秩序和社会公德(社会风化)。

二、犯罪客体的意义

(一)有助于认识犯罪的本质

深入研究犯罪客体,可以揭示犯罪的危害本质,增强人们的社会责任感,自觉同犯罪行为做斗争,维护社会的稳定和安全。

(二)有助于对犯罪进行分类,构建科学、严密的刑法典分则体系

犯罪侵犯的客体相同,可以归结为同一类。立法者通过对犯罪客体进行概括和分类,将纷繁复杂的犯罪分为若干大类作为刑法典分则的章,大章之下又分为若干小类作为节,从而建立起内容科学、结构严密的刑法典分则体系。刑法典分则将四百六十八个罪名分为十大类共十章,将第三章分为八节、第六章分为九节,主要依据就是犯罪客体的不同。

(三)有助于准确认定犯罪

首先,任何犯罪都必须是侵犯刑法所保护的社会关系,否则就不是犯罪。例如,甲将正在绑架丙的乙打成重伤,由于乙是正在实施犯罪的人,其犯罪时的人身权不受刑法保护,因此,甲的行为是正当防卫,不负刑事责任。

其次,犯罪侵犯的客体不同,决定了犯罪的性质不同,从而使此罪与彼罪得以区分。司法实践中区分相近易混罪名也往往借助犯罪客体。例如,以破坏方法盗窃交通工具的行为,既可能构成刑法典第一百一十六条破坏交通工具罪,也可能构成第二百六十四条盗窃罪,还有可能构成第二百七十五条故意毁坏财物罪。三者存在想象竞合关系。究竟应当如何定性,主要取决于客体的性质。

(四)有助于正确量刑

犯罪性质相同,但社会危害程度不可能完全一样。根据罪责刑相适应原则,犯罪的社会危害性和犯罪人的人身危险性大小不同,行为人应承担的刑事责任大小和应受刑罚的轻重亦有异。分析、评估具体犯罪社会危害程度的一个重要方面就是研究、考察具体社会关系的受危害情况。

第二节 犯罪客体的分类

本节主要讲述犯罪客体的分类标准以及不同层次的分类。

一、犯罪客体的范围分类

犯罪客体可以采用不同的标准予以分类。按照犯罪行为侵害的社会关系的范围,刑法理论将犯罪客体划分为三类或者三个层次:一般客体、同类客体和直接客体。三者为一般与特殊、共性与个性、抽象与具体、整体与部分的关系。

(一) 一般客体

犯罪的一般客体是指刑法所保护的社会主义社会关系的整体。刑法典第二条、第十三条概括了犯罪一般客体的主要内容。

犯罪的一般客体反映了一切犯罪客体的共性,它是刑法所保护客体的最高层次。因此,研究其他层次的犯罪客体应首先研究犯罪的一般客体。研究犯罪的一般客体,就是对刑法保护的所有生产关系做整体性研究,揭示一切犯罪的共同属性,认识犯罪的社会危害性及其阶级本质,了解同犯罪做斗争的社会政治意义。

(二) 同类客体

犯罪的同类客体是指某一类犯罪行为所共同侵害的刑法所保护的社会关系的某一部分或者某一方面。划分犯罪的同类客体,是根据犯罪行为侵害的刑法所保护的社会关系的不同进行科学分类。作为同一类客体或者社会关系,往往具有相同或者相近的性质。例如,生命权、健康权、人身自由以及名誉权等都属于人身权利的范围。只要这些权利受到犯罪危害,人身权利就成了这些犯罪的同类客体。只有依据同类客体,才能对犯罪做科学的分类,建立严密、科学的刑法典分则体系。刑法典分则正是根据同类客体将犯罪分为十大类。

同类客体可以有不同的层次。刑法典分则第三章破坏社会主义市场经济秩序罪和第六章妨害社会管理秩序罪章下分别设有 8 节和 9 节犯罪。因此,这两章的每一节犯罪,在同类客体之外还有一个"次层次"的同类客体。例如,刑法典分则第六章妨害社会管理秩序罪的同类客体为"社会管理秩序",而该章第四节"妨害文物管理罪"的"次层次"的同类客体为"文物管理秩序"。

(三) 直接客体

犯罪的直接客体是指某一犯罪行为所直接侵害的刑法所保护的社会关系,即刑法规范所保护的某种具体的社会关系。例如,刑法典第二百三十四条故意伤害罪直接侵害的是他人的健康权利,刑法典第二百三十六条强奸罪侵害的是妇女的性自由权利。受故意伤害罪、强奸罪直接侵害的社会关系即这两种犯罪所侵害的直接客体。

犯罪的直接客体揭示了具体犯罪所侵害社会关系的性质,以及该犯罪的社会危害性的程度。犯罪的直接客体是研究犯罪客体的重点,也是司法实践中借以区分罪与非罪、此罪与彼罪界限的关键。

为研究和应用的方便,理论上可以对犯罪的直接客体做进一步分类。

二、直接客体的数量分类

根据具体犯罪行为危害具体社会关系数量的多少,可以将直接客体划分为简单客体和复杂客体。

(一)简单客体

简单客体又称单一客体,是指某一种犯罪只直接侵害一种具体社会关系。例如,刑法典第二百六十四条盗窃罪只侵犯财物所有权,刑法典第二百三十四条故意伤害罪只侵害他人健康权。

(二)复杂客体

复杂客体又称双重客体或者多重客体,是指犯罪行为所直接侵害的客体包括两种或者两种以上的具体社会关系。例如,刑法典第二百六十三条抢劫罪既直接侵害公私财产权,又直接侵害他人人身权。第三百八十二条贪污罪既直接侵害国家工作人员职务行为的廉洁性,又直接侵害公共财产所有权。

三、复杂客体的地位分类

在复杂客体中,各客体有主有次,不能等量齐观。根据直接客体在犯罪中的受危害程度、机遇及受刑法保护的状况,可对复杂客体进行再分类,包括主要客体和次要客体。

(一)主要客体

主要客体是指某一具体犯罪所侵害的复杂客体中程度较严重的、刑法予以重点保护的社会关系。主要客体决定该具体犯罪的性质,从而也决定该犯罪在刑法典分则中的归属。例如,1979年刑法典将贪污罪规定在侵犯财产罪之中,1997年刑法典则将该罪规定为贪污贿赂罪,反映了立法者对于本罪客体性质及保护重点的认识的深化。又如,一般认为,刑法典第二百六十三条抢劫罪的主要客体是公私财产所有权,因而归入侵犯财产罪一章,但是,可以想象,随着人权观念的加强,抢劫罪也可能归入侵犯人身权利的犯罪中。①在司法实践中,认定侵害多种客体的犯罪时,应从犯罪的主要客体入手。一旦确定了犯罪的主要客体,犯罪性质也就明确了。

---

① 在复杂客体中,由于经济、政治、伦理、价值观念等因素的变化,主要客体与次要客体的地位不是一成不变的。

(二) 次要客体

次要客体也称辅助客体,是指某一具体犯罪所侵害的复杂客体中程度较轻的、刑法予以一般保护的社会关系。次要客体虽不决定犯罪的性质,但也对某些犯罪的性质和主要特征产生重要影响。在同类犯罪中区分此罪与彼罪,次要客体往往起决定性的作用。例如,刑法典第二百六十三条抢劫罪与第二百六十七条抢夺罪的区别在于:抢劫罪既侵害他人财产权利,又侵害被害人人身权利;而抢夺罪只侵害他人财产权利,不侵害他人人身权利。

必须注意,次要客体不同于随机客体。随机客体也称随意客体、选择客体,是指在某一具体犯罪侵害的复杂客体中可能由于某种机遇而出现的客体。一般情况下,随机客体往往是从严处罚的原因和依据。例如,刑法典第二百三十八条非法拘禁罪,侵害的主要客体是他人的人身自由权利,如果非法拘禁致人重伤、死亡时,就危害到他人的健康权利、生命权利;如果国家机关工作人员利用职权实施本罪时,则又亵渎了国家机关权力以及国家机关工作人员职权的正当性。

一般认为,随机客体也属于复杂客体的一种,但与主要客体、次要客体不同的是:主要客体、次要客体是某些犯罪成立的必备要件;随机客体仅仅是量刑要件,可能出现也可能不出现,一旦出现,只影响量刑,不影响定罪。

四、犯罪客体的其他分类

(一) 个人法益、国家法益和社会法益

以犯罪客体所蕴含的利益归属不同,可将犯罪客体分为个人法益和公共法益两种,或者分为个人法益、国家法益和社会法益三种。也有根据法益主体不同,将犯罪客体分为个人法益和超个人法益两种。所谓个人法益就是刑法规范所保护的个人利益。所谓超个人法益,就是刑法规范所保护的国家利益和社会利益。根据个人法益的内容不同,可以将个人法益分为生命法益、身体健康法益、自由法益、财产法益、名誉法益等。个人法益又可分为专属法益与一般法益。凡为特定人所固有、与其人格不能分离的法益就是专属法益,如人的生命、自由、身体、名誉、信用、贞操等。凡一般人都可享有而与其人格可以分离的法益则为一般法益,如财产方面的法益。超个人法益包括国家法益和社会法益。由于国家有着以统治组织为前提的国家法益,这与没有这个前提的社会法益具有本质上的差别,因此,三分法更加妥当。

(二) 实害法益和危险法益

根据法益受侵害的状态不同,可以将犯罪客体分为实害法益和危险法益。所谓实害法益,是指遭受实际侵害的利益才运用刑法予以保护,即刑法规范所保护的免受实际侵害的利益,如人身权益、财产权益等。所谓危险法益,是指刑法规范所保护的免受危险威胁的利益,如国家安全、公共安全等。

(三) 有形法益和无形法益

根据法益的形态,可将犯罪客体分为有形法益和无形法益。凡具有有形的物质形态,可以为人的感官直接感知、触及的法益即为有形法益,如以人的身体、财物等有形物为载体的法益;凡不具备有形物质形态,不能为人的感官直接感知、不可触及的法益即为无形法益,如名誉、自由、贞操等。

第三节 犯罪对象

本节主要讲述犯罪对象的含义、范围、意义、种类及其与犯罪客体的联系与区别。

一、犯罪对象的概念

(一) 犯罪对象的含义

犯罪对象又称行为对象,是指刑法典分则条文规定的犯罪行为所作用(或者危害)的客观存在的具体的人或者物。每一种具体的犯罪行为都直接或者间接地作用于一定的具体人或者具体物,从而使刑法所保护的社会关系受到损害,进而阻碍、影响社会的正常运行,对社会造成危害。其基本含义是:

1. 犯罪对象是具体的人或者物

传统刑法理论认为,犯罪对象是具体的人或者物。理论界有人提出了质疑。部分学者认为,犯罪对象是一定的人及其行为,一定的物及其位置、状态;部分学者认为除人、物之外,犯罪对象还包括信息等。本书认为,认定犯罪对象应以刑法条文规定为依据,以利于司法实践中认定犯罪为宗旨。因此,传统观点较为妥当可行。例如,刑法典第二百三十二条故意杀人罪,犯罪对象即人;第二百六十四条盗窃罪,犯罪对象即他人财物。这样认定简单明了,没有必要解释为"财物的位置""信息"等,把简单问题复杂化。

2. 犯罪对象是刑法规定的人或者物

刑法典分则条文大多数并不明确规定犯罪客体,而往往通过规定犯罪对象的方式来表明犯罪客体的存在。因此,刑法条文规定作为犯罪对象的人,或者规定作为犯罪对象的物,用以表明犯罪客体。前者如故意杀人罪、强奸罪等,后者如盗窃罪、抢夺罪等。

3. 犯罪对象是犯罪行为直接作用的人或者物

作为犯罪对象的具体的人或者物,具有客观实在性。在人或者物未受犯罪行为侵害时,仅是可能的犯罪对象。只有犯罪行为直接作用于某人或者某物时,具体的人或者物才成为现实的犯罪对象。因此,犯罪对象只能是犯罪行为直接作用的人或者物,否则便不是犯罪对象。

(二) 犯罪对象的范围

对于犯罪对象的范围这一问题,鲜见专门讨论。在此拟从两个方面进行探讨。

1. 是不是所有犯罪都有犯罪对象

对于这一问题,未见有说服力的回答。几乎成为通说的观点认为:① 不是所有的犯罪都有犯罪对象。"实际上,对于某些行为来说,就是不存在其作用的对象,根本没有必要硬给按一个对象。"①例如,刑法典第三百二十二条偷越国(边)境罪,第三百一十六条脱逃罪,第二百九十六条非法集会、游行、示威罪以及第三百三十二条妨害国境卫生检疫罪等没有犯罪对象。② ② 或者人为地为犯罪对象设置合法性条件。③ 对此,本书不予赞同,并且认为,由于犯罪行为必然作用于客观存在的具体的人或者物,因而犯罪对象应当普遍存在于一切犯罪之中。就非法集会、游行、示威罪而言,由于只处罚集会、游行、示威的负责人和直接责任人员,因而被聚集的集会、游行、示威者就成为犯罪对象;在妨害国境卫生检疫罪中,有关检疫传染病的病原体、病毒以及受其危害的人就是犯罪对象;而脱逃者实施脱逃时所破坏的围墙、所伤害的人员以及其所离开的监管场所也影响定罪和量刑,因而也就成为脱逃罪的犯罪对象。

2. 是不是犯罪行为所作用的一切人或者所有事物都属于犯罪对象

在实践中,有人认为,犯罪对象就是犯罪行为的危害对象,犯罪行为对于犯罪对象的直接作用就是指直接危害,甚至称犯罪对象为危害对象,因此应当将犯罪对象与犯罪所得之物、犯罪所用之物、犯罪所生之物区分开来④,认为后者都不是犯罪对象。本书认为,不能人为地缩小犯罪对象存在的范围。犯罪对象并不是指犯罪行为所作用的一切人或者所有事物,只有其中的对定罪量刑有意义且尚不需要作为专门问题评价的那些内容才是犯罪对象。为此必须明确三点:

(1) 犯罪对象的范围大于危害对象的范围,犯罪对象与危害对象是从属关系,两个概念不能混用。危害行为对于行为对象的直接作用,并不完全使

---

① 陈兴良. 刑法哲学. 北京:中国政法大学出版社,1992:70.
② 高铭暄. 新编中国刑法学:上册. 北京:中国人民大学出版社,1998:103.
③ 马克昌. 犯罪通论. 武汉:武汉大学出版社,1991:127.
④ 犯罪所得之物,指犯罪人通过犯罪所获得的财产或者物品,即赃款或者赃物。犯罪所用之物,指犯罪人进行犯罪活动所使用的工具或者物品,即犯罪手段和工具。犯罪所生之物,指犯罪人通过犯罪活动所制造出来的东西,如伪造的货币、发票或者非法制造的枪支、毒品等。

其受到危害,作为犯罪对象的人或物只是部分受到危害行为的直接危害。同时应当注意,危害对象不同于被害人或受害人,被害人是指合法权益遭受犯罪行为直接侵害的自然人或者单位。在故意毁坏张三所有的房屋的案件中,被毁坏的房屋是犯罪对象,也是危害对象,而被害人是被毁坏房屋的所有权人张三。

(2) 一般情况下,犯罪对象应当包括犯罪所得之物、犯罪所生之物,但不包括犯罪所用之物。例如,在持刀杀人抢劫案件中,被抢被杀者(被害人)和所劫财物都是犯罪对象,而刀作为杀人凶器已作为犯罪工具被专门加以研究,因而不是犯罪对象。而且,犯罪行为对于行为对象的危害,可以理解为实际损害和抽象危害两种情形。例如,刑法典第一百九十四条票据诈骗罪中,票据不属于犯罪对象,利用票据诈骗所得财物、金钱才是犯罪对象。其中,对于财物、金钱的损害并不是直接的、具体的损害,而是间接的、抽象的损害。

(3) 在个别情况下,犯罪所得之物也不属于犯罪对象。譬如,在介绍卖淫案件中,接受行为人介绍的男女是犯罪对象,而行为人从中获得的"介绍费"一般并不影响定罪和量刑,因而不是犯罪对象。

总之,危害对象和犯罪所生之物是犯罪对象,犯罪所得之物一般情况下也是犯罪对象,但犯罪所用之物是一个必须独立评价的问题——犯罪工具,因而不是犯罪对象。

(三) 犯罪对象的意义

1. 犯罪对象决定着某些犯罪的成立

犯罪对象是某些犯罪的客观要件之一。例如,刑法典第二百六十二条拐骗儿童罪,其构成以犯罪对象为不满十四周岁的未成年人为要件。

2. 犯罪对象决定某些犯罪此罪与彼罪的界限

例如,枪支、弹药、爆炸物是特殊的财物,但盗窃枪支、弹药、爆炸物并不构成盗窃罪,而成立刑法典第一百二十七条盗窃枪支、弹药、爆炸物罪。再如,利用保险合同诈骗保险金(保险理赔费用)并不构成诈骗罪或者合同诈骗罪,而构成第一百九十八条保险诈骗罪。

3. 犯罪对象影响犯罪的量刑

例如,根据刑法典第二百三十六条第二款,奸淫幼女的以强奸罪从重处罚。

二、犯罪对象的种类

(一) 犯罪对象的属性分类

从物质属性或者表现形式上看,犯罪对象包括物体和人体两种。物体指货币、物品等一切具有价值、归属关系的东西,按其归属关系可分为国家所有物、集体所有物、混合所有物、个人所有物,按其作用可分为生产资料、生活资料,按其存在形态可分为动产、不动产。人体指人的身体,受犯罪行为作用主要表现在人的生命、健康、名誉受到损害或者胁迫。

(二)犯罪对象的范围分类

从犯罪对象有无特殊限制来看,存在普遍犯罪对象与特定犯罪对象之分。前者泛指人或者物,而不加任何限制,例如,刑法典第二百三十二条故意杀人罪里的"人"。后者则指某种人或者物,明确限制其范围,例如,刑法典第二百六十二条拐骗儿童罪,犯罪对象为未满十四周岁的未成年人;又如,第一百二十七条盗窃、抢夺枪支、弹药、爆炸物、危险物质罪,犯罪对象只能是枪支、弹药、爆炸物、危险物质。

三、犯罪对象与犯罪客体的联系与区别

(一)犯罪对象与犯罪客体的联系

犯罪对象属于犯罪客观要素之一,但由于它与犯罪客体关系密切,因而被置于犯罪客体中进行分析研究。犯罪对象与犯罪客体的联系在于:作为犯罪对象的具体人是具体社会关系的主体或者承担者,作为犯罪对象的具体物是具体社会关系的物质表现;犯罪行为作用于犯罪对象就是通过犯罪对象即具体物或者人来侵害一定的社会关系。

(二)犯罪对象与犯罪客体的区别

1. 犯罪客体决定犯罪性质,犯罪对象一般不能

仅从犯罪对象分析某一案件,往往不能辨明犯罪性质。只有通过犯罪对象体现的社会关系即犯罪客体,才能确定某种行为性质。例如,同样是盗窃汽车零部件,某甲盗窃的是修配厂里处于修理状态的汽车零部件,某乙盗窃的是使用中的汽车零部件,前者可能构成盗窃罪,而后者可能构成破坏交通工具罪。二者的区别就在于犯罪对象体现的社会关系不同:某甲侵害公私财产所有权,某乙侵害公共安全。

2. 犯罪客体是任何犯罪的必要构成要件,而犯罪对象仅仅是某些犯罪的构成要件

前面提到的刑法典第二百九十六条非法集会、游行、示威罪,第三百一十六条脱逃罪,第三百二十二条偷越国(边)境罪,第三百三十二条妨害国境卫生检疫罪等,对这些犯罪是否有犯罪对象虽然有不同的观点,但是,并不影响对这些犯罪的认定。例如,刑法典第三百二十八条第一款的盗掘古文化遗址、古墓葬罪,其犯罪对象只能是古文化遗址、古墓葬,否则,便不可能构成此罪。

3. 任何犯罪都会使犯罪客体受到危害,而犯罪对象不一定受到损害

例如,诈骗犯将他人的计算机骗走,侵犯了主人的财产权利,但作为犯罪对象的计算机本身则未必受到损害。一般情况下,犯罪人往往把诈骗所得之物好好保存,以便自用或者销赃。

4. 犯罪客体是犯罪分类的基础,犯罪对象一般不是

犯罪客体是犯罪的必要构成要件,其性质和范围是确定的,故它可以成为犯罪分类的基础。刑法典分则的十类犯罪主要是以犯罪同类客体为标准划分的。若按犯罪对象则无法分类。犯罪对象并非犯罪的必要构成要件,它在不同的犯罪中可以是相同的,在同一犯罪中也可以是不同的。正因为犯罪对象在某些犯罪中具有不确定性,故它不能成为犯罪分类的基础。

本章小结

1. 犯罪客体是刑法所保护的、为犯罪行为所侵害的社会关系。社会关系包括物质关系和思想关系。研究犯罪客体,有助于认识犯罪的本质特征;有助于对犯罪进行分类,构建科学、严密的刑法典分则体系;有助于准确定罪,分清此罪与彼罪的界限;有助于正确量刑。

2. 犯罪客体依范围可分为一般客体、同类客体和直接客体。依不同标准,直接客体可分为简单客体和复杂客体,主要客体、次要客体和随机客体,物质性客体和非物质性客体。

3. 犯罪对象是指刑法典分则条文规定的犯罪行为所作用的客观存在的具体人或者具体物。犯罪对象与犯罪客体既有联系又有区别。

犯罪客体,法益,一般客体,同类客体,直接客体,复杂客体,犯罪对象。

问题思考

1. 如何理解犯罪客体与法益的关系?
2. 对犯罪客体如何进行分类?
3. 如何理解犯罪对象与犯罪客体的联系与区别?

第六章
犯罪客观要素

目的要求

1. 掌握犯罪客观要素的内容、地位、特征。
2. 危害行为的概念、特征、认定和基本形态,作为的含义、特征和形式,不作为的构成条件、法律义务的来源和不作为犯的类型。
3. 危害结果的地位、特征及刑法典对危害结果的规定等。
4. 掌握刑法因果关系的概念、特征与多样性表现,以及因果关系认定中的复杂问题。
5. 了解犯罪客观要素其他内容的含义及时间、地点、方法等对定罪与量刑的意义。

第一节 犯罪客观要素概述

本节主要讲述犯罪客观要素的概念、内容、地位、特征和意义。

一、犯罪客观要素的概念、内容和地位

犯罪客观要素又称犯罪客观内容、犯罪客观方面,是指刑法规定的、说明行为对刑法所保护的社会关系(法益)造成侵害的客观外在事实特征。简言之,它是刑法规定的构成犯罪的客观外在表现。

犯罪客观要素具体表现为危害行为、犯罪对象和危害结果,危害行为与危害结果之间的因果关系,犯罪的特定时间、地点、方法、工具、手段等。以是否构成犯罪必备为标准,这些内容可分为必备要件和选择要件。必备要件是指一切犯罪构成在客观方面都必须具备的要件,即危害行为。选择要件是指并非每一犯罪在客观方面都必须具备的内容,而只是某些犯罪的必备内容,例如,犯罪对象、危害结果及犯罪的特定时间、地点、方法(工具、手段)等。

在犯罪构成中,犯罪客观要素处于核心地位,它既是连接犯罪主体与犯罪客体的纽带,也是认定犯罪主观方面的最重要的客观依据。犯罪活动可以

分为主观和客观两个方面：前者是有意识、有意志的思维活动，亦可称之为形成犯罪心理的活动；后者是将主观犯罪心理活动外化，即将犯罪付诸实施，这就要求表现为某种特定的危害行为。二者紧密联系，为任何犯罪构成所不可或缺。

二、犯罪客观要素的特征

归纳起来，犯罪客观要素具有如下特征：

（一）客观性

犯罪客观要素的客观性指犯罪活动是人的犯罪活动的外在表现形式，能被人们直接感知。行为人的主观罪过只有外化为危害行为，才可能认定其为犯罪。现代各国刑法都禁止"主观归罪"、禁止惩罚思想犯。只有在主观罪过外化成不依人们意志而存在的客观行为时，才能对其定罪量刑。

（二）具体性

刑法规定的犯罪客观要素内容是具体的而不是抽象的。犯罪客观要素的内容包括危害行为、犯罪对象、危害结果等，每一方面的内容都是具体的。例如，危害行为是行为人的具体的身体动静，犯罪对象是危害行为所作用的具体的人和具体的物，犯罪的特定时间、地点、方法（手段、工具）等就特定的犯罪而言，也总是具体的。

（三）多样性

犯罪客观要素的内容复杂、多样。犯罪客观要素包括危害行为、犯罪对象、危害结果等多方面的内容，且每一方面的内容又是多种多样的。刑法典分则所规定罪状的多样性集中表现了犯罪客观要素的多样性。刑法典分则规定的种种具体犯罪，在犯罪客观要素方面各有其特殊性；没有任何两罪的外在表现形式完全一样。

有时，危害行为的方式及其危害结果表面上相同，但实质上仍有不同。前者如"暴力"在刑法典第二百三十六条强奸罪、第二百六十三条抢劫罪和第二百七十七条妨害公务罪中各有其不同含义，后者如"致人死亡"在刑法典第二百三十二条故意杀人罪、第二百三十三条过失致人死亡罪、第二百三十四条故意伤害罪和第二百三十九条绑架罪中各有其不同特征。

（四）法定性

构成犯罪的各种客观内容必须是刑法规范明确规定的。犯罪通过各种各样的客观外在的事实予以表现，但并非犯罪表现出来的任何客观、外在的事实都是构成犯罪的客观要素。只有那些刑法规范明确规定的、能够充分表现危害行为的社会危害性质及其程度的客观事实才是构成犯罪必须具备的客观要素。在刑法典分则规范中，犯罪客观要素作为罪状的主要内容表现出来。犯罪客观要素的法定性是罪刑法定原则在犯罪构成中的重要体现。

三、犯罪客观要素的意义

犯罪客观要素,对定罪量刑具有极其重要的意义。

(一) 有助于区分罪与非罪

如果不具备犯罪构成的客观要素,尤其是不具备危害行为这一最基本的要件,就失去了构成犯罪和承担刑事责任的客观基础。例如,故意杀人罪必须具有非法剥夺他人生命的行为(包括预备行为和实行行为);非法捕捞水产品罪必须具备在禁渔区、禁渔期或者使用禁用的工具、方法捕捞水产品的行为。

(二) 有助于区分此罪与彼罪

刑法典中此罪与彼罪的区分,有的主要以犯罪客体或者犯罪主体、犯罪主观方面不同为标准,有的则主要以犯罪客观要素不同为标准。许多犯罪在客体要件和主体要件上是相同的,在主观方面也是相同或者基本相同的,因此,区分它们应主要基于犯罪客观要素的不同。例如,刑法典分则第二章中的放火罪、决水罪、爆炸罪、投放危险物质罪、以危险方法危害公共安全罪以及第五章规定的抢劫罪、盗窃罪、诈骗罪的区分,就是如此。

(三) 有助于正确分析和认定犯罪主观要素

考察犯罪客观要素可以为正确地判定犯罪主观罪过、动机、目的等内容提供可靠的客观基础。犯罪主观罪过具有内在性、隐蔽性,犯罪客观要素则具有外在性、直观性。犯罪主观要素支配犯罪客观要素,犯罪客观要素是犯罪主观要素的外化,犯罪意图只有通过危害行为才能实现。因此,通过对行为人客观外在活动的考察,可以确定行为人的主观状态。尤其在案发后,行为人为逃避或者减轻罪责不愿真实供述自己的犯罪意图时,更应全面深入地考察犯罪客观要素以认定行为人的犯罪意图。

(四) 有助于正确量刑

就不同的犯罪而言,法定刑轻重不同的重要依据之一,是由于犯罪客观要素不同进而影响到它们的社会危害程度不同。例如,刑法典第二百六十三条抢劫罪与第二百六十七条抢夺罪,第二百三十二条故意杀人罪与第二百三十四条故意伤害罪,第二百三十六条强奸罪与第二百三十七条强制猥亵罪、侮辱妇女罪等即是如此。

就同一种犯罪而言,从立法上看,刑法往往把是否具备某种危害结果作为加重刑罚的根据。例如,故意伤害致人死亡的,刑法规定了较一般伤害结果更重的刑罚。

从司法实践中看,同一种犯罪可能因实施的方式、手段以及时间、地点、条件的不同而量刑有所不同。

第二节 危害行为

本节主要讲述危害行为的概念、特征、认定和基本形态,作为的含义、特征和形式,不作为的含义、特征、构成条件、法律义务的来源和不作为犯的类型等。

一、危害行为的概念和特征

(一) 行为与危害行为

刑法所惩处的犯罪,首先是人的一种危害社会的行为。特定的危害社会的行为,是犯罪客观要素中的首要因素,是一切犯罪构成在客观方面的必备要件,在犯罪构成中居于核心地位,是"核心中的核心",是"重中之重"。但是,对于如何理解刑法中的行为、行为究其本质是什么等重要问题,在迄今为止的刑法理论中,尚未有哪种观点能被普遍接受。

我国刑法学界关于刑法中行为概念的表述,主要有以下几种:

第一种观点认为,刑法中的行为仅指危害行为,即在人的意识支配下实施的危害社会的身体动静。① 这是我国刑法学界的通说。

第二种观点认为,刑法中的行为指的是一种应当受到刑罚处罚的犯罪行为。②

第三种观点认为,刑法学中行为概念的研究对象应当是广义的行为概念,即刑法中所使用的一切行为概念的共同上位概念。具体言之,即从行为概念中抛弃意思要素,而直接用具有社会危害性的身体动静来概括行为概念。③ 即暂时排斥行为主体与行为意识之后所呈现的纯客观的身体外部动作。④

第四种观点认为,行为是指基于人的意思或意思支配可能性的身体的动作或"态度"⑤。

不同观点反映了刑法中行为概念的多义性。有教材将刑法典中"行为"的含义归纳为三个层次⑥:① 最广义的行为,即人的活动。这是在一般意义

---

① 高铭暄,马克昌.刑法学.7版.北京:北京大学出版社,高等教育出版社,2016:64.
② 陈兴良.刑法哲学.北京:中国政法大学出版社,1997:67.
③ 鲍遂献.刑法学研究新视野.北京:中国人民公安大学出版社,1995:160.
④ 苏惠渔.刑法学.3版.北京:中国政法大学出版社,2007:72.
⑤ 马克昌.刑法中行为论比较研究.武汉大学学报:哲学社会科学版,2001(2):133—147.
⑥ 赵秉志.刑法新教程.北京:中国人民大学出版社,2001:147—148.在赵秉志教授看来,犯罪行为的含义广于危害行为的含义。本书认为,这是一种误解,其实二者关系应当正好相反:危害行为是客观方面的行为,并不一定满足犯罪构成的其他要件,但犯罪行为是符合犯罪构成全部要件的行为。

上使用的,泛指人的一切行为。例如,刑法典第十二条中的"行为"概念泛指人的任何活动。② 广义的行为,即犯罪行为,是指符合犯罪构成全部要件的行为。例如,刑法典第十三条中的"行为"概念是指包括主观要件和客观要件在内,构成犯罪的行为,即满足全部犯罪构成要件的行为。③ 狭义的行为,即危害行为。是专指犯罪客观要素中的行为。例如,刑法典第十四条、第十五条中的"行为"即属此类行为。

刑法中的危害行为是指犯罪客观要素中的行为,即由行为人的意识、意志支配的违反刑法规定的危害社会的身体动静。因此,它不同于一般违法行为,也不同于犯罪行为,更不同于合法行为。在这里,将危害行为与犯罪行为予以区分,是基于对刑法典中"行为"概念的三种含义特别是后两种含义的不同理解。

(二) 危害行为的特征

危害行为具有如下基本特征:

1. 实行性

从客观上看,危害行为是自然人或者单位实施的行为,表现为人的身体动静。一方面,它只能由自然人或者单位实施。在单位犯罪的情况下,危害行为仍然表现为单位直接负责的主管人员和其他直接责任人员的身体动静。这就排除了动物、植物、物品或者自然现象作为犯罪主体的可能性。另一方面,也排除了思想犯罪。但若思想外化,变成行动,则可构成犯罪,例如严重危害社会的煽动性行为、教唆他人犯罪和传授犯罪方法等。当然,一般的言论即使对社会有一定的危害性,也不作为犯罪处理。

2. 有意性

从主观上看,危害行为是表现人的意识或者意志的行为。换言之,刑法中危害社会的行为必须是受人的意识和意志支配的。人的意识和意志与人的身体动静存在因果关系。前者为因,后者为果。只有这种因果关系客观存在时,才能作为危害行为来加以研究。同时,也只有这样的身体外部动静即危害行为,才可能由刑法来调整并达到刑法调整所预期的目的。否则,只存在某种意识或者意志,而未通过身体动静外化呈现出来,或者只存在某种单纯的身体动静,而非处于行为人的意志、意识支配或者控制之下,都不属于犯罪客观要素的行为。

3. 有害性

从后果上看,危害行为是对社会有危害的行为。人的行为对社会的影响形形色色,各不相同,从性质上区分包括有害于社会的行为和无害于社会的行为两大类。刑法惩罚的行为,不是任何性质的行为,而只是危害社会的行为。因此,行为人的某种行为是否属于犯罪客观要素所研究的行为,关键在于其是否对社会有危害。行为的有害性不仅指客观上的社会危害,还同时包含行为人对这种社会危害的主观认识。不过,对此刑法理论中存在争议。

4. 刑事违法性

从规范上看,危害行为是违反刑法规范的行为。这是危害行为的法律特征。由行为人的意识、意志支配的危害社会的身体动静,只有在违反刑法规范时,才能作为犯罪客观要素的危害行为。所谓刑法规范,既包括禁止性规范,如禁止伤害、禁止抢劫等,也包括命令(义务)性规范,如应当赡养父母、依法纳税等。违反命令性规范的属于不作为的危害行为,违反禁止性规范的属于作为的危害行为。

(三) 危害行为的认定

根据危害行为的基本特征,下列行为不属于犯罪客观要素的危害行为:

1. 欠缺实行性的行为

欠缺实行性的行为主要有两种情形:一是思想犯,单纯的思想活动,即使包含犯罪意图,或者将犯罪意图以言辞方式外化,只要没有教唆或者煽动他人犯罪的意图,也只是犯意表示;二是迷信犯,即行为人出于愚昧无知的迷信思想,采用实际上根本不可能发生任何危害结果的方法意图"加害"他人的行为。此外,一般的言论,只要不是传授犯罪方法、教唆他人犯罪、煽动他人犯罪或者诽谤他人等,也不具有实行性。

2. 欠缺有意性的行为

欠缺有意性的行为共有四种:

(1) 反射动作,指人在受到外界刺激时,瞬间作出的身体本能反应。例如,正在驾车行驶的汽车司机,意外突遇强光刺激而合上双眼,致使发生交通事故。这种情况下,尽管汽车司机有身体动作且造成了危害结果,但由于缺乏意识、意志因素,仍然不属于刑法中的危害行为,一般可按意外事件处理。

(2) 睡梦中或者精神错乱状态下的举动。人在睡眠中,生理上出现意识丧失状态。意识丧失程度随睡眠程度深浅而异。但是,睡眠者仍可能具备知觉和运动能力,如说梦话、梦游。梦游,司法精神病学上称之为"解离型歇斯底里精神官能症",为睡眠障碍之一。梦游者可能在睡眠时起身并实施多种行为,甚至严重危害社会的行为。精神病有多种,如外因性精神病(器质性精神病、中毒性精神病、癫痫)、内因性精神病(精神分裂症、躁郁症)等。处于精神错乱状态下的行为人缺乏意识或者意志能力,不能辨认或者控制自己的行为。处于睡梦中或者精神错乱状态下的举动,并非人的意志或者意识的表现,因而即使在客观上对社会造成了一定的损害,也不能认定为刑法中的危害行为。

（3）身体受暴力强制情况下的行为。客观上，行为人对身体受强制状态无法排除；主观上，行为违背行为者的主观愿望。因此，这种情况下的行为不能视为刑法意义上的危害行为。例如，在下列情况下，行为人因缺少意识和意志因素，其行为均不属于危害行为：某金库保卫人员被抢劫人捆住手脚、塞住嘴巴，无法保护现金，致使大量现金被劫走；某人被行为人推挤以致压坏贵重财物；某驾驶员被持枪歹徒劫持，被迫为其运送毒品；某飞行员因劫机者强迫而改变航向或者目的地等。

不过应注意，虽然受暴力强制者的行为不是危害行为，但施暴者、强制者的暴力行为、强制行为是危害行为，且应当对受其暴力强制者的行为承担全部责任，这在理论上叫间接正犯。

另一个问题是，如果行为人仅仅是精神上受到强制（如威胁、威吓等）而实施或者不实施某种行为，是不是刑法意义上的危害行为，则需具体情况具体分析。第一，符合紧急避险条件的，应按紧急避险处理。例如，行为人以炸毁汽车相威胁，迫使驾驶员改变行驶路线，驾驶员为了众多乘客的人身安全，按照行为人的要求改变行驶路线并撞毁他人房屋。这时，驾驶员的行为是紧急避险，若对他人房屋损坏在合理的限度之内，则属于合法行为。第二，对其他不符合紧急避险条件而达到触犯刑法程度的行为，都应当认为是刑法意义上的危害行为，因为这时行为人的行为是受其意识和意志支配的。例如，某甲对某乙以杀害相威胁，命令乙随同其一道去劫持银行运钞车，乙由于贪生怕死，便帮助甲一同实施抢劫行为。这种情况符合刑法典第二十八条关于共同犯罪胁从犯的规定，某乙应当承担刑事责任，但"应当按照他的犯罪情节减轻处罚或者免除处罚"。

（4）由不可抗力引起的行为，即不是出于行为人的意识和意志，而是由于不能抗拒的外力作用而实施的某种行为。这种情况下，行为人的身体动静并未表现人的意志，甚至往往是违背其意志的。因而这种举动即使对社会造成一定的损害，也不能视为刑法意义上的危害行为。如消防队员在执行救火任务中，因唯一通道上的桥梁被毁，未能及时赶赴现场灭火，造成严重损失。这里，消防队员未履行救火义务的举动是由不可抗力（桥梁被毁、无法通行）造成的，违背其本欲救火的意愿，因而不能视为刑法意义上的危害行为。对不可抗力引起的行为，刑法典第十六条明确将其排除在危害行为之外。

3. 欠缺有害性的行为

刑法典中规定的正当防卫行为和紧急避险行为即属于欠缺有害性的行为。此外，还有正当业务行为、执行命令行为、自力救济行为、经被害人承诺及推定被害人承诺的行为等。上述行为,因不具有社会危害性,故不属于犯罪客观要素的危害行为。

4. 欠缺刑事违法性的行为

行为人的行为虽然具有社会危害性,但由于客观方面未达到应受刑罚处罚的程度,或者由于其他方面构成要件欠缺,因而不认为是刑法上的危害行为,更不是犯罪行为,刑法也不会将其规定为犯罪。如刑法典第十三条"但书"规定的"情节显著轻微危害不大的"行为。

二、危害行为的基本形态

刑法规定的危害行为,其表现形式多种多样。理论界依不同标准,对危害行为做不同的分类。例如,依与危害结果的关系分为狭义行为与广义行为、实行行为与危险行为,①依行为人多寡分为单独行为与共同行为,依支配行为的罪过形式分为故意行为与过失行为,依身体动静和所违反的规范性质分为作为与不作为,等等。如果从区分罪与非罪、此罪与彼罪的界限的角度出发,危害行为的基本形态应区分为作为与不作为两种,这是现代刑法理论的通说。

(一)作为

1. 作为的概念和特征

作为是危害行为的一种基本形态,是指行为人用积极的行为实施的刑法禁止的危害社会行为,即"不当为而为"。作为形式在犯罪中较多见,并且有许多犯罪只能表现为作为形式。例如,抢劫罪、抢夺罪、盗窃罪、强奸罪、脱逃罪、滥用职权罪等。

作为除具备危害行为的基本特征以外,其特殊性在于:

(1) 积极性,即作为的外在表现是人的身体的积极动作。例如,持枪瞄准他人射击,按倒一名妇女实施强奸,撬门入室窃取财物等。

(2) 系列性,即作为往往不是仅指单个的举动,而是一系列积极举动的组合。在作为的危害行为中,行为人要实现其意图,完成危害行为,需要通过一系列积极动作。例如,抢劫行为由接近被害人、实施暴力或者威胁手段、夺走财物、抗拒抓捕并离开现场等一系列动作组成。

(3) 违禁性,即作为的刑事违法性表现为行为人违反刑法禁止性规范。大多数刑法规范是禁止性规范。行为人违反刑法禁止性规范,即违反不当为的义务,其所实施的某种行为,就成为危害行为中的作为。例如,"故意杀人的,处……"便包含了禁止实施故意杀人行为的意思。

---

① 这两种分类涉及犯罪客观要素的其他问题。例如,狭义行为仅指危害行为本身,广义行为则包括危害行为和危害结果两项内容;实行行为与危险行为的分类则进一步考虑到危害结果是实际损害还是危险状态的不同性质。

2. 作为的实施方式

作为的实施方式主要包括两类：

（1）利用自身条件的作为。这包括三种情况：一是利用自然条件实施的作为，例如，利用人的手、脚、肢体、嘴、头等直接实施的行为。二是利用自然身份实施的作为，例如，男性利用其性别特征实施强奸，父母利用其监护人的身份虐待家庭成员。三是利用法定身份实施的作为，例如，用人单位利用其地位优势，以限制人身自由的方法强迫职工劳动，国家工作人员利用职务之便实施贪污。

（2）利用外力条件的作为。这包括四种情况：一是利用他人的作为，即行为人利用无责任能力人（包括精神病人、未成年人）和无罪过的人实施的行为。例如，甲欲毒死前妻的儿子，让保姆在不知情的条件下喂其夹有毒药的饭菜。这种情形下，行为人应负完全刑事责任，刑法理论上通称为间接正犯。二是利用动物的作为，即将动物作为犯罪工具，以达到犯罪目的。例如，唆使训练有素的猎犬咬伤或者咬死被害人。三是利用物质工具的作为。这在司法实践中最为常见。例如，利用枪支、弹药、爆炸物、危险物质、棍棒等杀人、伤人，利用书信、证件等实施招摇撞骗等。随着科技的发展，犯罪手段呈现智能化倾向，技术含量越来越高。智能型犯罪已引起世界各国的高度关注。四是利用自然力的作为。例如，故意将不知情的被害人置于山洪即将暴发的地带，致其被洪水淹死。

（二）不作为

1. 不作为的概念和特征

不作为是危害行为的一种例外或者补充形态，是指行为人有义务实施且可能实施某种积极的行为而未实施的行为，即"当为且能为而不为"。

除具备危害行为的基本特征以外，与作为相比，不作为的特殊性在于消极性或者静止性，条件性或者反义务性。

不作为行为人一般采取"坐视"的方式即可为之。例如，依法配备公务用枪的人员，丢失枪支不及时报告；母亲不给婴儿保暖和喂奶，使婴儿经受冻饿而死等。当然，这并不是说行为人完全静止不动，有时，行为人可能采取一些积极的身体动作，但是，这些行为的特点是"所为是为了更好的不为"。例如，交通肇事致人重伤后的逃逸行为，为了偷逃税款而实施的涂改账目、销毁账册等行为。因此，不能简单地从人的身体动静来分析和认定不作为，而要从不作为的反义务性特征来分析和认定不作为：不作为关键在于其违反了命令性或者义务性规范，而作为的关键在于其违反了禁止性规范。行为违反的规范形式不同，这是不作为与作为的根本区别。

此外,在认识不作为的概念和特点时,应当注意不作为的实行性。对此,一般是从价值分析入手,认为不作为与作为一样,同属于侵害一定社会关系的行为,因而应当给予同样的否定评价。

2. 不作为的构成条件

构成刑法中的不作为,客观方面必须具备三个条件:

(1) 前提条件,即行为人负有实施某种积极行为的特定义务。特定义务是法律上的义务,而不是普通的道德上的义务。如果不存在这种特定义务,则根本不可能构成刑法的不作为。例如,某甲看见一个人在海滨浴场挣扎呼喊救命,站在一旁观望,不下水救人。在这种情况下,因为某甲不是浴场救生员,他没有必须救人的特定义务,所以他不救人的行为,不构成刑法上的不作为。关于特定义务的来源有多方面,将作为一个专门问题予以论述。

(2) 可能条件,即行为人有履行特定义务的实际可能性,包括主观可能与客观可能两个方面的条件。行为人虽然具有实施某种积极行为的义务,但由于某种主客观原因而不具备履行该项义务的实际可能性,则不构成刑法上的不作为。例如,某人由于患重病而丧失劳动能力,无法赡养年迈的父母,就不属于刑法上的不作为,即不构成遗弃行为。再如,仓库保管员被犯罪人捆绑,以致公共财产被抢走,不能认为该保管员构成不作为犯罪。这一条件表明了刑法中不作为犯罪构成上的合理性。

(3) 事实条件。即行为人未履行特定义务,并且导致了某种法定的危害后果的发生。忽视危害结果,这是不对的。刑法典规定的所有不作为犯罪,均以特定危害结果的发生作为其定罪要件。此外,在不作为犯罪中,虽然行为人有时也实施某些积极的动作,但其基本特点是未履行特定的义务。这是区别作为与不作为的外在根本标志。例如,行为人负有救治他人的义务但未予救治,而是从事其他活动。这种情况下,并非行为人无所"作为",而是未为当为之事。

3. 不作为的特定义务来源

不作为的特定义务一般有四个来源:

(1) 法律明文规定的义务。例如,税法规定的公民和法人向国家依法纳税的义务;婚姻法规定父母子女之间以及夫妻之间有相互扶养的义务;保密法规定的保守国家秘密的义务。

认定该项义务应当注意两点:一是这里的"法律"应当作狭义理解,主要是指宪法、基本法律和一般法律中的命令性规范,不包括非命令性规范和行政法规、地方法规、规章和其他规范性文件。有学者主张对"法律"做广义理解[1],难

---

[1] 赵秉志.刑法总论.北京:中国人民大学出版社,2007:237.

免扩大不作为犯罪的打击范围,且与立法法精神相悖,本书不予赞同。二是并非法律规定的任何义务都可以作为刑法中的不作为的根据。只有其他法律、法规所规定的义务为刑法所承认,才是不作为的法律义务的根据。

(2)职务上或者业务上要求的义务。这一特定义务以行为人具有某种职务身份或者从事某种业务并且正在执行为前提,否则,不产生履行该类义务的问题。例如,银行出纳员有保护现金的义务,医生负有救治病人的义务等。

该项义务往往也有明确的规范作为依据,但与法律明确规定的义务不同,即以行为人具有某种职务身份或者从事某种业务并且正在执行为前提。因此,认定该项义务应当注意三点:一要注意义务的主体,二要注意义务的时限,三要注意义务的范围。

(3)法律行为引起的义务。法律行为是指在法律上能够产生一定权利义务的行为。若一定的法律行为产生某种特定的积极义务,行为人不履行该义务,以致使刑法所保护的社会关系受到侵害或者威胁,就可以成立不作为形式的危害行为。例如,受雇为他人照顾小孩的保姆,负有看护小孩使其免受意外伤害的义务。如果保姆不负责任,见危不救,致使小孩身受重伤,就应当承担相应的责任。在司法实践中,法律行为引起的义务,大多数情况下是指合同行为引起的义务。

在认定法律行为产生的特定法律义务时,有几个问题值得研究:一是法律行为是否以书面协议为限;二是法律行为成立后,行为人事实上未承担义务开始工作的,是否产生作为义务;三是违反民事(合同)义务,即违约行为,是否产生刑法上的作为义务。

① 法律行为是否以书面协议为限。合同无效、未生效或者期限届满能否产生不作为的特定法律义务?根据《中华人民共和国民法通则》①第五十六条和《中华人民共和国合同法》②第十条规定:民事法律行为(含合同)可以采用书面形式、口头形式或者其他形式。因此,民事法律行为应包括口头协定与书面协定,而不仅限于书面协定,口头协定仍可以引起不作为的特定法律义务。合同行为作为一种民事法律行为,其约束力应当以有效为条件,因而合同无效或者合同期限届满的,合同一方当事人自然不负法律上的义务。

② 法律行为成立后,行为人事实上未承担义务开始工作的,是否产生作

---

① 1986年4月12日第六届全国人民代表大会第四次会议通过,2009年8月27日第十一届全国人大常委会第十次会议修正。

② 1999年3月15日第九届全国人民代表大会第二次会议通过,自1999年10月1日起施行。

为义务。合同行为产生的特定法律义务,自合同生效之时即已客观存在,不以一方当事人的意志为转移。至于行为人有作为义务,最终能否成立不作为犯罪,还需认定行为人有无履行义务的可能性及主观上有无罪过。

③ 合同一方当事人不履行合同所规定的义务,是否都产生作为义务?合同违约在一般情况下只存在民事上的责任,只有当不履行特定法律义务严重危害或者威胁到刑法所保护的社会关系时,这一义务才能成为不作为的作为义务来源。法律行为引起的义务,在理论和实践中都是一个非常复杂的问题,它涉及刑法与民法等非刑事法律调整界限的合理划分,甚至与法律制度以外的人们的法律意识、生活观念也密切相关。比如房主久经租户催促,仍不修缮其有倒塌危险的房屋,最终致房屋倒塌而使屋内租户被压死的;受托人对于寄托物不妥善保管,致寄托人数额特别巨大的财物遭受损害等情形,能否以行为人违反了法律行为引起的义务而追究其不作为犯罪的罪责?从理论上讲是完全可以的,但实践中是否可行,值得研究。

(4) 由先行行为产生的义务。由于行为人先前实施的行为(简称先行行为),使某种合法权益处于遭受严重损害的危害状态,该行为人产生采取积极行为阻止损害结果发生的义务,这就是由先行行为引起的作为义务。例如,成年人带小孩去游泳,负有保护小孩安全的义务;成年人带孩子去深山打猎,就有保护孩子生命和健康的义务;汽车司机交通肇事撞伤人,他就有立即送被害者去医院抢救的义务。若不履行这种义务,就可能构成刑法上的不作为。

在认定由先行行为产生的义务时,也有三个问题需要进一步研究:一是先行行为是否限于违法行为,二是犯罪行为能否作为先行行为而引起作为的义务,三是先行行为是否仅限于作为。

4. 不作为犯的类型及应当注意的若干问题

(1) 不作为犯的类型。作为和不作为在刑法中的表现形式多种多样,大多数犯罪只能由作为方式构成。除此之外,有一些犯罪只能由不作为方式构成。例如,刑法典第一百二十九条丢失枪支不报罪、第二百六十一条遗弃罪、第四百二十九条拒不援救友邻部队罪等。对此,刑法理论上称之为"纯正不作为犯"。另有一些犯罪既可以由作为方式构成,也可以由不作为方式构成。例如,故意杀人罪、放火罪、交通肇事罪等。刑法理论上称之为"不纯正不作为犯"。共同犯罪中的情况更为复杂,有些犯罪为单个人实施时只能是作为方式,共同犯罪中则可以以不作为方式构成犯罪的共犯,如仓库保管员以擅离职守的方式帮助他人实施盗窃,构成盗窃罪的共犯。

(2) 不作为犯认定中的其他问题。为正确理解犯罪的作为与不作为问题,还应注意以下两点:

① 正确认识作为与不作为行为的社会危害程度。司法实践中,有人认为,凡不作为犯罪都比作为犯罪社会危害性小。这种看法失之偏颇。固然不作为犯罪的危害在某些犯罪、某些场合下可能相对小些,但并非一切场合下不作为犯罪的危害程度都轻于作为犯罪。例如,在颠覆列车案件中,采用不扳道的不作为方式与采用破坏铁轨、路基的作为方式相比,二者的危害程度很难说有什么差别。

② 正确认识研究危害行为的作为与不作为形式的重要意义。作为与不作为方式的不同并不影响犯罪的性质。但是,作为与不作为是危害行为的两种基本形态,而且不作为犯罪具有其独特特征。因此,理论上研究作为与不作为,有助于认识危害行为的复杂情况,正确认定不作为犯罪。

第三节 危害结果

本节主要讲述危害结果的概念、地位、特征、种类及刑法典对危害结果的规定等。

一、危害结果的概念、地位和特征

(一) 危害结果的概念和地位

关于刑法中的危害结果即犯罪结果,刑法理论上存在着不同的见解。有人认为,危害结果是指危害行为已经造成的实际损害。有人认为,危害结果作为危害行为对客体的损害,是任何犯罪客观要素的必备要件之一,它既包括客观上已造成的危害结果,也包括可能造成的危害结果。还有人认为,有些行为一经实施即构成犯罪的情况,没有犯罪结果或者说没有物质性危害结果;有些犯罪形态,如犯罪预备、未遂和中止形态,也没有犯罪结果。这样,就形成了一些问题,犯罪结果是不是犯罪构成的一般要件或者必备要件,犯罪结果作为犯罪构成内容在认定犯罪时有无实际和独立的意义,侮辱罪、诽谤罪等到底有无犯罪结果,预备、未遂、中止不具备的是什么犯罪结果,犯罪因果关系中研究的是什么性质的犯罪结果,等等。

实际上,刑法理论界对危害结果的理解有广义和狭义之分。广义的危害结果是指由行为人的危害行为引起的一切对社会的损害事实,它包括危害行为的直接结果与间接结果,属于构成要件的结果和不属于构成要件的结果。这种危害结果存在于各种形式的犯罪中,无论是实质犯罪,还是形式犯罪;也无论是既遂犯,还是预备犯、未遂犯或者中止犯。狭义的危害结果是指作为犯罪客观要素构成要件的结果,通常也就是对直接客体造成或者可能造成的损害。狭义的危害结果是定罪的主要根据之一。但它并非存在于任何犯罪之中,在行为犯、举动犯、预备犯、未遂犯中,并不要求具备这种狭义的危害结果。我国法学界通常从狭义的角度去理解危害结果。所谓危害结果,是指危害行为所造成的法定的实际损害或者现实危险状态。这里的现实危险状态是指具体危险,不包括抽象危险。

刑法典在不同的规范中分别使用了广义危害结果和狭义危害结果的概念。前者如第十四条关于故意犯罪的规定,后者如第十五条关于过失犯罪的规定。

危害结果在犯罪客观要素中占据重要地位。无论是狭义的危害结果还是广义的危害结果,对定罪量刑都具有重要意义,特别是狭义的危害结果,还是结果犯、危险犯的犯罪构成要件之一。因此,必须加强对危害结果的研究。

(二) 危害结果的特征

狭义的危害结果的特征有以下几种:

1. 危害结果是一种客观存在的事实

危害结果属于犯罪客观要素的一个要件,它一经产生就成为不以人的主观意志为转移的客观事实。危害结果与行为人希望达到的结果是两个不同的范畴,前者属于客观范畴,后者属于主观范畴,即行为人的犯罪目的。在刑事案件中,二者并不完全一致。例如,甲故意杀害乙,即甲的犯罪目的是剥夺乙的生命权利,但仅造成乙伤害的结果。此案中,甲希望达到的结果与实际发生的结果并不一致。因此,司法实践应严格区分二者,不可混淆。

2. 危害结果可以是实际损害,也可以是现实危险状态

危害结果同犯罪直接客体具有紧密的内在联系。危害行为的社会危害性及其程度,主要是通过危害行为对直接客体的侵犯体现出来。这种侵犯的客观表现形式就是犯罪结果。它既包括对犯罪直接客体的实际损害,如使被害人财产受到损失,侵犯被害人的身体健康权利;也包括对犯罪直接客体造成的现实的危险状态,如交通工具或者交通设施被破坏后出现的"足以使火车、汽车、电车、船只、航空器发生倾覆、毁坏危险"。这种危险状态是一种客观存在的状态,具有现实可能性。它有具体的事实可以考察,而非人们主观的任意推定。

3. 产生危害结果的原因只能是危害行为

原因和结果是相对而言的,它们是犯罪现象普遍联系中的特定环节。在刑法中,引起危害结果的只能是危害行为(作为或者不作为)。非危害行为所造成的危害事实,如自然力、动物引起的损害,以及正当行为、人的非意志支配行为所引起的结果,都不属于危害结果的范畴。

4. 危害结果是由刑法规定的,具有多样性

危害结果是刑法意义上的,因行为人实施的危害行为引起的危害社会结

果。由于刑法规范对危害结果予以不同罪状表述,因此危害结果呈现多样性。

二、危害结果的种类及刑法典对危害结果的规定

(一) 危害结果的种类

一般教材都对危害结果加以分类。例如,根据是不是犯罪构成要件分为构成结果与非构成结果,根据现象形态分为物质性结果与非物质性结果,根据与危害行为之间的关系分为直接结果与间接结果,根据危害程度分为严重危害结果和非严重危害结果。不过这些分类有的超越了狭义危害结果的范围。

(二) 刑法典对危害结果的规定

危害结果是犯罪客观要素中的一个重要概念,刑法典在总则和分则中分不同情况对其加以规定。概括而言,包括如下几种情况:

1. 在故意犯罪和过失犯罪的概念中明确规定危害结果

例如,刑法典第十四条第一款规定:"明知自己的行为会发生危害社会的结果,并且希望或者放任这种结果发生,因而构成犯罪的,是故意犯罪。"第十五条第一款规定:"应当预见自己的行为可能发生危害社会的结果,因为疏忽大意而没有预见,或者已经预见而轻信能够避免,以致发生这种结果的,是过失犯罪。"由此可见,无论是故意犯罪还是过失犯罪,都存在危害结果,只不过前者不一定要求实际发生危害结果,后者则要求必须发生。

2. 以对直接客体造成某种有形的、物质性危害结果作为某些故意犯罪既遂的标准

例如,故意杀人罪以被害人的死亡结果作为既遂标准;盗窃罪、诈骗罪、抢夺罪、敲诈勒索罪等以非法占有公私财物作为既遂标准。如果实施了上述危害行为而未能造成特定结果的,构成犯罪未遂或其他未完成形态。

3. 以发生某种特定的现实危险状态作为某些故意犯罪既遂的标准

例如,刑法典第一百一十七条规定,破坏交通设施,足以使火车、汽车、电车、船只、航空器发生倾覆、毁坏危险,尚未造成严重后果的,构成破坏交通设施罪既遂;如果"造成严重后果",则根据第一百一十九条处以较重的刑罚。刑法典第一百一十四条、第一百一十六条、第一百一十八条以及第一百二十四条等规定均属此列。这种情况下,犯罪构成要件里并未直接要求犯罪结果,而是借助于特定的物质性危害结果来阐明其犯罪构成要件的客观内容。危害作为一种客观状态,虽不是物质性的,但具有现实性。

4. 以发生严重的物质性危害结果作为罪与非罪的标准

刑法典对过失犯罪的构成采取慎重态度,以是否发生法定的严重危害社会的结果为标准。例如,只有过失致人重伤或者死亡的,才以过失伤害

或者过失致人死亡罪论处。又如,第一百三十四条规定,在生产、作业中违反有关安全管理的规定,或者强令他人违章冒险作业,只有发生重大伤亡事故或者造成其他严重后果的,才构成重大责任事故罪或者强令违章冒险作业罪。

5. 以发生某种特定的严重危害结果作为此罪与彼罪区分的界限

例如,刑法典第二百三十八条第一款规定:"非法拘禁他人或者以其他方法非法剥夺他人人身自由的,处三年以下有期徒刑、拘役、管制或者剥夺政治权利。具有殴打、侮辱情节的,从重处罚。"该条第三款规定:"使用暴力致人伤残、死亡的,依照本法第二百三十四条、第二百三十二条的规定定罪处罚。"这就是说,如果行为人非法拘禁他人,构成非法拘禁罪时,又使用暴力致被拘禁人伤残、死亡的,应以故意伤害罪和故意杀人罪论处。类似此种情况的还有刑法典第二百四十七条规定的刑讯逼供致人伤残、死亡,第二百四十八条规定的殴打、体罚被监管人,致人伤残、死亡等。

6. 以造成物质性危害结果的轻重程度作为适用轻重不同的法定刑幅度的标准

例如,刑法典第二百三十四条故意伤害罪,依伤害的结果分为一般伤害、重伤、致人死亡或者以特别残忍手段致人重伤造成严重残疾四种情况,并分别规定了轻重不同的量刑幅度。类似此种情况的还有第一百三十一条重大飞行事故罪、第一百三十二条铁路运营安全事故罪和第二百三十八条非法拘禁罪等。

第四节 刑法上的因果关系

本节主要讲述刑法上的因果关系的概念、意义、特征与多样性表现,以及因果关系认定中的若干问题等。

一、刑法上因果关系的概念和意义

刑法上的因果关系,或者简称因果关系,即危害行为与危害结果之间的因果关系,是指犯罪客观要素中的危害行为同危害结果之间的引起与被引起的关系。

根据罪责自负原则,一个人只能对自己的危害行为及其所造成的危害结果承担刑事责任。因此,当危害结果发生时,要确定某人应否对该结果负责任,就必须查明他所实施的危害行为与该结果之间是否具有因果关系。查明因果关系是使行为人负刑事责任的必要前提。易言之,因果关系的查明对解决责任(定罪和量刑)问题具有极其重要的意义。

刑法因果关系问题,既是刑法理论中的重要问题,也是司法实践中较为棘手的难题。研究刑法因果关系,应当以辩证唯物主义因果关系理论为指导,对刑法因果关系的基本观点和基本问题系统了解并进行探讨。

二、因果关系的特征

刑法上的因果关系既具有因果关系的一般特点,又具有自己的独特特征。

(一)因果关系的客观性

因果关系作为客观现象之间引起与被引起的关系,它是客观存在的,并不以人们主观是否认识为准。坚持因果关系的客观性,是划分唯心主义因果观和唯物主义因果观的分水岭。因此,在刑事案件中查明因果关系,就要求司法人员从案件事实出发,客观地加以判断和认定,而不能主观武断地予以臆测。例如,甲、乙两个青年在公共汽车上侮辱、谩骂一位批评他们不遵守秩序的老人,致使老人心脏病突发当场死亡。这里,老人的犯病死亡结果是由甲、乙的侮辱行为引起的,即二者之间具有因果关系,决不能以甲、乙不知道老人有心脏病或者未预见到侮辱会有此严重后果为借口来否认其因果关系的存在。司法实践中,有些司法工作人员常常把犯罪的动机、起因与犯罪的行为、结果之间的关系认定为案件的因果关系,这是对刑法因果关系的误解。

刑法理论上通常所说的刑法因果关系,是指危害行为与危害结果之间客观的联系,并不涉及行为人主观心理态度的内容。

(二)因果关系的相对性和特定性

原因与结果是哲学上的一对范畴。在辩证唯物主义因果论看来,引起一定现象发生的现象是原因;被一定现象引起的现象是结果。二者对立统一地存在于因果关系之中。可见,原因与结果的客观存在是相对的,不具有绝对性。刑法因果关系与哲学因果关系具有个性与共性、特殊与普遍、个别与一般的关系。研究刑法因果关系的目的是要解决行为人对所发生的危害结果应否负刑事责任的问题。因此,刑法因果关系的特定性表现在它只能是人的危害行为与危害结果之间的因果联系。理解刑法因果关系的特定性需要注意:

第一,刑法因果关系中的原因是指危害社会的行为。因此,如果查明某人的行为是正当、合法的行为而不具有危害社会的性质,那么即使该行为与危害结果之间具有某种联系,也不能认为是刑法意义上的因果关系。

第二,刑法因果关系中的结果是指法律所要求的已经造成的有形的、可被具体测量确定的物质性危害结果。只有这样的结果才能被查明和确定,才能作为具体把握的由危害行为引起的现象,才能据此确定因果关系是否存在。因此,犯罪构成中不包含、不要求物质性危害结果的犯罪,以及尚未出现法定危害结果的犯罪预备、未遂和中止等犯罪未完成形态,一般不存在解决刑法因果关系的问题。

（三）因果关系的时序性

因果关系的时序性是指原因一定先于结果而出现，原因是作用于结果并引起结果发生的现象。换言之，从发生时间上看，原因必定在先，结果只能在后，二者的时间顺序不能颠倒。因此，在刑事案件中，只能从危害结果发生以前的危害行为中去查找原因。某人的行为如果是在危害结果发生之后实施的，行为与这一危害结果之间没有因果关系。当然，先于危害结果出现的危害行为，也不一定就是该结果的原因；在结果之前的行为只有起了引起和决定结果发生的作用，才能证明是结果发生的原因。

（四）因果关系的条件性和具体性

刑法因果关系是具体的、有条件的。在刑事案件中，危害行为能引起什么样的危害结果，没有一个固定不变的模式。因此，查明因果关系时，一定要从实施危害行为的时间、地点、条件等具体情况出发做具体分析。例如，甲、乙二人因口角发生纠纷，甲愤怒之下打了乙一拳，乙当时倒地死亡。尸体解剖表明乙患有高血压，在遭外力打击时极易发生脑溢血。在这个案件中，如果乙未患高血压，在一般情况下一拳不会造成多大伤害甚至死亡。但并不能由此否定甲的拳击行为与乙的死亡之间的因果关系，因为甲的拳击行为正是发生在乙这个特异体质的对象上造成了乙的死亡。

（五）因果关系的多样性和复杂性

客观事物之间联系的多样性决定了因果联系的复杂性。社会生活中，事物或者过程相互联系、相互作用，使得原因与结果的联系形式更为复杂多样，表现为直接的或者间接的、内在的或者外在的、必然的或者偶然的，等等。刑法因果关系形式亦概莫能外。这是由危害行为和危害结果的表现形式以及二者相互作用的方式多样性决定的。刑法因果关系形式，可以概括为以下几种：

1. 一因一果

一因一果是最简单的因果关系形式，是指一个危害行为直接地或者间接地引起一个危害结果。譬如，一刀刺破心脏引起失血性休克导致死亡。司法实践中，这种因果关系形式较为容易认定。

2. 一因多果

一因多果是指一个危害行为可以同时引起多种危害结果。例如，甲诽谤乙，不但损害了乙的名誉、人格，还导致乙自杀身亡；丙放火烧毁了大片房屋，还烧死、烧伤多人。在一行为引起的多种结果中，要分析主要结果与次要结果、直接结果与间接结果，这对于定罪量刑有重要意义。

3. 多因一果

多因一果是指某一危害结果是由多个危害行为造成的。它最明显的表现有二：一是责任事故。责任事故的发生往往涉及许多人的过失行为,而且往往还是主客观原因交织在一起,情况非常复杂。确定这类案件的因果关系,就必须分清主要原因和次要原因、主观原因和客观原因等情况,这样才能正确解决刑事责任问题。二是共同犯罪。各个共同行为人的危害行为的总和作为造成犯罪结果的总原因而与之有因果关系,在分析案件时,应该分清主次原因,即分清每个共犯在共同犯罪中所起作用的大小,进而确定各个共同行为人的刑事责任大小。

4. 多因多果

多因多果是指多个危害行为同时或者先后引起多个危害结果。典型表现形式存在于有组织犯罪和集团犯罪中。例如,甲、乙、丙、丁四人组成一个盗窃犯罪集团,先后实施多起盗窃。集团盗窃行为由多个盗窃行为组成,集团盗窃结果由多个盗窃结果组成。集团盗窃行为与集团盗窃结果存在因果关系。在分析案件时,应该分清首要分子、一般共犯、从犯、胁从犯等在集团犯罪中所起作用的大小,进而确定各个共同行为人的刑事责任。

三、因果关系认定中的若干问题

(一) 因果关系的必然联系和偶然联系

因果关系的必然联系与偶然联系问题,实际上就是必然因果关系与偶然因果关系的问题。对此,刑法界争议已久,至今未能达成共识。秉持传统观点的学者坚持必然因果关系说,否认偶然因果关系的存在。另有学者主张,应当摒弃偶然与必然因果关系的争论,另寻解决问题的途径。一般认为,社会现象是十分复杂的,因果关系的表现也不例外,除大量存在的必然联系的因果关系之外,在客观上还可能发生偶然联系的因果关系(通常简称偶然因果关系)。后者所指的情况是某种行为本身不包含产生某种危害结果的必然性(内在根据),但是在其发展过程中,偶然又有其他原因加入其中,即偶然地同另一原因的展开过程相交错,由后来介入的这一原因合乎规律地引起了这种危害结果。

刑法中因果关系应当是必然联系与偶然联系的统一。刑法中的偶然因果关系,是指危害行为对危害结果的发生起非根本性、非决定性作用,二者之间存在外在的、偶然的联系。通常表现为两种情况：一是出现在两个正在进行的必然发展过程的交叉点上。例如,甲欲伤害乙,乙逃跑时被丙开车撞死。甲的行为同乙的死亡结果存在偶然因果关系。二是出现在两个前后发生的必然过程的汇合点上。例如,甲重伤乙,致乙昏倒在马路上,后乙被丙开车轧死。甲的行为与乙的死亡结果之间,也是一种偶然因果关系。偶然因果关系一般情况下只对量刑具有意义,某些特殊情况下亦可能对定罪产生影响。

(二) 不作为犯罪中的因果关系

刑法理论界对不作为犯罪的因果关系问题存在不同学说。持"否定论"者认为,不作为是人的消极静止的行为,对外界事物不起任何变更作用,是"无","无中不能生有",因此,在不作为犯罪中不存在因果关系问题。持"准因果关系说"者认为,不作为犯罪在客观事实上不存在因果关系,但在法律上将不作为看作引起危害结果的原因,与作为犯罪同等看待,它是一种法律拟制的因果关系。其实,不作为的危害行为与危害结果的因果关系是客观存在的,并非法律拟制。不作为的原因在于它应该阻止而没有阻止事物向危险方向发展,从而引起危害结果的发生。不作为犯罪因果关系的特殊性在于:它以行为人负有特定的义务为前提。不作为犯罪的因果关系应与作为犯罪一样解决。否认不作为犯罪因果关系的客观性,实质上也就是否认了不作为犯罪负刑事责任的客观基础。

(三) 刑法因果关系与刑事责任

解决刑法因果关系是否确认了刑事责任,值得研究。对于举动犯、行为犯、危险犯来说,一般不存在解决刑法因果关系的问题,但结果犯、实害犯、危险犯则不同。构成结果犯、实害犯、危险犯既遂必须以实害结果和具体危险的发生为要件,并且这一实害结果和具体危险必须与危害行为之间存在因果关系。然而,刑法因果关系只是犯罪客观要素的一个内容,查明刑法因果关系仅仅为追究行为人的刑事责任提供客观基础。而确立了行为人对特定危害结果负刑事责任的客观基础,并不等于解决了其刑事责任问题。要使行为人对自己的行为造成的危害结果负刑事责任,行为人还必须具备主观上的故意或者过失。即使具备因果关系,如果行为人缺乏故意或者过失,仍不能构成犯罪和使其负刑事责任。认为因果关系就负刑事责任的观点是错误的,是"客观归罪"的观点。因而,不能将刑法因果关系与刑事责任混为一谈。

第五节 犯罪客观要素的其他内容

本节主要讲述犯罪客观要素其他内容的含义及时间、地点、方法等对定罪与量刑的意义。

一、犯罪客观要素其他内容的含义和作用

犯罪客观要素的其他内容主要是指刑法规定的构成某些犯罪必须具备的特定的时间、地点、方法(手段、工具)等客观条件。任何犯罪都是在一定的

时间、地点,采取一定的方法(手段、工具)实施的。但是,除了少数犯罪把它们作为构成要件外,大多数犯罪仅仅把它们作为量刑条件,因此,本节对此一并介绍。

二、作为构成要件的时间、地点、方法(手段、工具)

(一)作为构成要件的时间

作为构成要件的时间是指刑法规定的某些犯罪构成必须具备的特定时间。危害行为在什么时间内实施,或者危害结果在什么时间发生,通常对认定犯罪没有影响。但是,对于某些犯罪来说,时间问题具有区分罪与非罪的意义。这些特定的时间便属于构成要件的时间。例如,刑法典第三百四十条非法捕捞水产品罪,第三百四十一条第二款非法狩猎罪,其构成条件之一,就是违反有关规定,在"禁渔期"或者"禁猎期"实施捕捞水产品或者狩猎的行为。

(二)作为构成要件的地点

作为构成要件的地点是指刑法规定的某些犯罪构成必须具备的特定场所。犯罪在什么场所发生,通常对认定犯罪没有什么影响。但是,对于某些犯罪来说,行为人的行为在什么地点实施,对定罪有决定性作用。这些特定场所便属于构成要件的地点。例如,刑法典第一百二十三条暴力危及飞行安全罪,必须发生在"飞行中的航空器上";上文提到的非法捕捞水产品罪、非法狩猎罪,只能在"禁渔区"或"禁猎区"中发生。

必须说明的是,作为构成要件的时间与地点有时是结合在一起、不可分离的,如"禁渔期"与"禁渔区"、"禁猎期"与"禁猎区"总是一致的。但也有不一致的情形,例如,刑法典第四百三十三条战时造谣惑众罪中的"战时"并不一定是在战场上。

(三)作为构成要件的方法(手段、工具)

作为构成要件的方法(手段、工具)是指刑法规定的某些犯罪构成必须具备的实施危害行为的特定方式。用什么方法实施危害行为,通常不影响犯罪的成立。但对某些犯罪来说,使用特定的方法(手段、工具),是构成犯罪的必备条件之一。这些特定的实施危害行为的方式便属于构成要件的方法。例如,刑法典第二百七十七条妨害公务罪,必须"以暴力、威胁方法"实施;第一百三十条非法携带枪支、弹药、管制刀具、危险物品危及公共安全罪,必须非法携带违禁品才能构成;第二百五十七条暴力干涉婚姻自由罪,以是否使用暴力方法干涉作为区分罪与非罪的标志。此外,有时特定的方法(手段、工具)还是区分此罪与彼罪的标准。例如,抢劫罪、盗窃罪与诈骗罪的区分,一般诈骗罪与合同诈骗罪、信用卡诈骗罪、信用证诈骗罪的区分,主要是以实施犯罪的方法(手段、工具)作为标准的。

三、作为量刑条件的时间、地点、方法(手段、工具)

应当指出,虽然对大多数犯罪来说,犯罪的时间、地点、方法(手段、工具)并非犯罪构成要件,但是往往影响到危害行为本身社会危害程度的大小,因而对正确量刑具有重要意义。总体而言,它们是作为法定量刑情节或者酌定量刑情节而存在的。

(一) 一般情况下,时间、地点、方法(手段、工具)是酌定量刑情节

例如,故意杀人罪,时间、地点、方法(手段、工具)等因素并不影响其构成,但是,战时、社会治安状况不好时与平时相比,公共场合与偏僻地方相比,以残酷方法杀害与采用一刀杀死、一枪打死的方法相比,前者的社会危害性显然大于后者,因而对刑罚的轻重程度有一定的影响。

(二) 特定情况下,时间、地点、方法(手段、工具)是法定量刑情节

在刑法规范中,有的犯罪是直接而明确地把特定的时间、地点、方法(手段、工具)作为加重刑罚的条件。例如,刑法典第二百三十七条规定,聚众或者在公共场所当众强制猥亵他人、侮辱妇女的,以强制猥亵罪、侮辱妇女罪从重处罚。又如,刑法典第二百三十八条规定,国家机关工作人员利用职权非法拘禁他人的,以非法拘禁罪从重处罚。

本章小结

1. 犯罪客观要素是指刑法规定的构成犯罪的客观外在表现,在犯罪构成体系中占据核心地位。内容包括危害行为、犯罪对象、危害结果和时间、地点、方法等。它具有客观性、具体性、多样性、法定性等特征。它是区分罪与非罪、此罪与彼罪,正确认定犯罪主观方面和正确量刑的重要因素。

2. 危害行为是由行为人的意识、意志支配的违反刑法规定的危害社会的身体动静。它具有实行性、有意性、有害性、刑事违法性等基本特征。危害行为包括作为与不作为两种基本形态。

3. 危害结果是指危害行为对犯罪直接客体造成的法定的实际损害或者现实危险状态。这是对危害结果的狭义理解。刑法典对危害结果在总则和分则中分不同情况加以规定。

4. 刑法因果关系是指犯罪客观要素中的危害行为同危害结果之间存在的引起与被引起的关系。研究刑法因果关系,应当注意把握因果关系的客观性、因果关系的相对性和特定性、因果关系的时序性、因果关系的条件性和具体性、因果关系的多样性和复杂性、因果关系的必然联系和偶然联系、不作为犯罪中的因果关系、刑法因果关系与刑事责任等基本观点和基本问题。

5. 犯罪客观要素的其他内容是指刑法规定的构成某些犯罪必须具备的特定的时间、地点和方法等客观条件。研究犯罪客观要素的其他内容对定罪量刑具有重要意义。

犯罪客观要素,危害行为,作为,不作为,危害结果,刑法因果关系。

问题思考

1. 如何理解研究犯罪客观要素的意义?
2. 如何理解危害行为的概念和特征?
3. 如何理解危害行为的基本形态?
4. 刑法典对危害结果是如何规定的?
5. 研究刑法因果关系应注意哪些基本观点和基本问题?
6. 如何理解犯罪客观要素的其他内容?

第七章
犯罪主体

> **目的要求**
>
> 1. 理解犯罪主体的概念和要件,刑事责任能力的概念、内容和程度。
> 2. 理解刑事责任年龄、精神障碍、生理功能丧失和生理醉酒等影响刑事责任能力的因素。
> 3. 掌握自然人主体特殊身份的概念、分类以及特殊身份认定中应当注意的问题。
> 4. 掌握单位犯罪的主体范围和处罚原则。

第一节 犯罪主体概述

本节主要讲述犯罪主体的概念、特征、要件、分类和意义。

一、犯罪主体的概念和特征

（一）犯罪主体的概念

任何行为都是由一定的主体实施的,刑法上的危害行为也不例外。

首先,危害行为与犯罪主体紧密联系,不可分割地统一于犯罪构成之中。一方面,犯罪主体是危害行为的实施者,没有犯罪主体,就没有危害行为;另一方面,只有实施了危害行为的人或单位,才可能成为实然的犯罪主体,没有实施危害行为的人或单位不可能成为犯罪主体(最多只是潜在的犯罪主体)。因此,研究犯罪构成,不可不剖析犯罪主体。

其次,犯罪主体又是刑事责任的承担者。凡是实施危害行为的人或单位,只要具有刑事责任能力,且主观上有罪过,都应当承担刑事责任,而承受刑罚是实现刑事责任的基本形式。进而言之,犯罪主体实际上也是刑罚的承受者或者刑罚的对象(刑罚主体或者受刑主体)①。因此,研究刑事责任与刑罚,也离不开对犯罪主体的研究。

现代各国刑法都对犯罪主体作出过不同的规定,涉及刑事责任年龄、刑事责任能力诸多问题,但均未对犯罪主体的概念作过界定。刑法理论上,学者们也多对刑事立法上关于犯罪主体的具体规定加以抽象概括而形成犯罪主体概念。

通常认为,犯罪主体是指具备刑事责任能力、实施(严重)危害社会行为、依法应当负刑事责任的自然人和单位。

(二) 犯罪主体的特征

上述定义表明,犯罪主体有三层含义或者三个特征:

1. 犯罪主体包括自然人和单位

刑法典对犯罪主体采用了二元主体的结构形式。

(1) 自然人。自然人是指有生命存在的人类的独立个体。自然人的资格即人格,始于出生,终于死亡。在古代包括中外许多国家的刑法或者司法实践中,曾经存在把人类以外之物作为犯罪主体,刑及禽兽、昆虫,罚及风雨、物品,甚至对尸体施以鞭挞杀戮之刑。这是由古代刑法的威慑目的所决定的,而且,这与古代刑法中刑事责任的客观归罪、株连无辜原则以及古代立法者的认识水平密切相关。在近现代各国刑法中,随着立法者认识水平的提高,主客观相统一原则、罪责自负原则的确立,较为普遍地将自然现象、动物、植物、物品和尸体排除在犯罪主体之外,认为犯罪主体只限于有生命的人。

究其主要原因有二:其一,犯罪是主客观要件的统一,而主观心理态度和客观行为都是人类所独有的,人类以外之物不可能具备犯罪的主客观要件。其二,刑罚的目的是预防犯罪,对人类以外之物施加刑罚,根本不能达到预防犯罪的刑罚目的,因此,犯罪主体只能是人而不能是人以外的物。如果人利用动物实施其犯罪意图,犯罪主体应为利用者本人,动物则只是利用者的犯罪工具(此时并非"间接正犯")。

(2) 单位。单位是指法律上人格化的组织,既包括具有完全民事能力的法人,也包括具有一定民事能力的非法人实体,但都必须是合法的单位。由于单位是法律人格者,被赋予权利能力和行为能力,依法可以享有并行使权利,承担并履行义务,因此,作为例外,它可以作为特殊的犯罪主体。

2. 犯罪主体必须具备刑事责任能力,这是犯罪主体依法负刑事责任的核心和关键

(1) 刑事责任能力的概念。刑事责任能力,简称刑事能力或者责任能

---

① 关于犯罪主体与受刑主体的统一性问题,在自然人犯罪中是简单明了的,在单位犯罪中则比较复杂。参见:何秉松.刑法教科书:上卷.北京:中国法制出版社,2000:233—234.

力,是指行为人构成犯罪和承担刑事责任所必须具备的刑法意义上的辨认和控制自己行为的能力。简言之,责任能力是行为人在刑法意义上的辨认和控制自己行为的能力。它是犯罪主体的核心和关键要件,与犯罪主体的成立与否、罪刑轻重和刑罚的适用密切相关。

一般认为,刑事能力的本质,是人实施行为时具备的相对自由的意志能力,即行为人实施刑法所禁止的严重危害社会的行为时具备的相对自由的认识和抉择行为的能力。因此,刑事能力是行为人犯罪行为能力与承担刑事责任能力的统一,是辨认能力与控制能力的统一。

通常而言,达到一定年龄的人,只要智力发育正常,就自然具备了刑事能力。当然,年龄原因(包括过于年幼和过于年老)或者精神状况、生理功能缺陷的原因可能导致刑事能力不具备、减弱或者丧失。不具备责任能力的人,即使实施了客观上危害社会的行为,也不能成为犯罪主体,不能被追究刑事责任;刑事能力减弱者,其刑事责任相应地适当减轻。

(2)辨认能力与控制能力的关系。在刑法意义上,辨认能力与控制能力之间存在着不可分割的有机联系。从总体上说,责任能力的存在,要求辨认能力与控制能力必须齐备,缺一不可。但二者也有区别,在责任能力中的地位有所不同:辨认能力是责任能力的基础,控制能力是责任能力的关键。只有对自己行为的刑法意义有认识,才能自觉有效地选择和决定自己是否实施触犯刑法的行为。控制能力的具备以辨认能力的存在为前提条件,只要确认没有辨认能力,控制能力即不存在。在具有辨认能力的基础上,还需要有控制能力才能具备责任能力。

总之,具备了控制能力就一定具备辨认能力,因而具备刑事能力;但有辨认能力,不一定具有控制能力,因而不一定具备责任能力。例如,因身体失去自由的铁路扳道员,受不可抗力阻止的消防队员,即使他们未履行自己的职务行为并因此造成了严重的危害结果,也不能追究他们的刑事责任,其直接原因当然是他们不存在犯罪的主观心理态度。进一步说,他们之所以不具备犯罪的主观条件,是因为他们虽有辨认能力,但在当时已丧失了控制能力,因而也就根本没有责任能力。

(3)自然人和单位责任能力的区别。主要有两个方面:

首先,刑事能力程度的差异。自然人主体由于受年龄、精神障碍、生理功能丧失和生理醉酒等因素的影响,存在刑事能力的有无或者程度的不同。但对于合法成立的单位来说,刑事能力总是一致的,不存在无刑事能力或者限制刑事能力的情况。

其次,刑事责任的方式不同。这主要表现为刑罚方法的不同。对于犯罪的单位,从理论上说,只能适用资格刑、能力刑和财产刑,不能像自然人一样适用生命刑和自由刑。此外,非刑罚处理方法中的训诫、责令具结悔过等也不能适用于单位。从立法上说,刑法典对于犯罪的单位本身仅仅规定了罚金一种刑罚方法。

3. 自然人和单位之所以成为犯罪主体,是因为它实施了严重危害社会的行为

前两个特征仅仅表明自然人和单位具有成为犯罪主体的可能性,并不等于说,凡是符合前两个特征的自然人或者单位就是现实的犯罪主体。只有当它实施了严重危害社会的行为,并且依法应当负刑事责任时,才能成为实然的犯罪主体。这说明,犯罪主体和危害行为有密切的联系。没有危害行为就没有犯罪主体,二者是共生关系。

二、犯罪主体的要件

(一)犯罪主体要件的概念

犯罪主体的概念不等于犯罪主体的要件。前者概括地揭示犯罪主体的本质特征,后者则具体地反映犯罪主体的本质特征。因此,犯罪主体的要件依犯罪主体的概念而定,犯罪主体概念是确立犯罪主体要件的基本依据。而且,并非犯罪主体概念的所有内容都是犯罪主体的要件,只有犯罪主体的人身特征才属于犯罪主体要件的范畴;至于犯罪主体的行为特征,即所实施的危害行为的内容,则属于犯罪客观要件的研究范围。

(二)犯罪主体要件的分类

对于犯罪主体要件,可以区分为两个不同的层次:

第一层次即基本层次,是指任何犯罪的主体都必须具备的要件或者特征。刑法理论上往往称此为犯罪主体的共同要件或者一般要件。上述犯罪主体的前两个特征——人格和责任能力,通常被作为犯罪主体的共同要件或者一般要件。

第二层次即特殊层次,是指某些犯罪要求在具备犯罪主体的共同要件的基础上附加特殊身份条件,两方面条件均具备时,才能构成犯罪。刑法理论上往往称此为犯罪主体的特殊要件、特殊身份或者选择要件、身份要件。

总体而言,犯罪主体的共同要件由刑法典总则规定,犯罪主体的特殊要件由刑法典分则规定。

三、犯罪主体的分类

(一)自然人犯罪主体和单位犯罪主体

自然人犯罪主体和单位犯罪主体是依主体的属性不同对犯罪主体所做的分类。

1. 自然人犯罪主体

自然人犯罪主体简称自然人主体是指具备责任能力、实施危害社会行为、依法应负刑事责任的自然人。

2. 单位犯罪主体

单位犯罪主体简称单位主体是指具备责任能力、实施危害社会行为、依法应负刑事责任的单位。刑法典第三十条规定:"公司、企业、事业单位、机关、团体实施的危害社会的行为,法律规定为单位犯罪的,应当负刑事责任。"该条规定了单位犯罪的范围,即单位成为犯罪主体,以刑法典分则规定的为限。可见,自然人主体是刑法典中最基本的、具有普遍意义的犯罪主体,单位主体则不具有普遍意义。

(二) 一般犯罪主体和特殊犯罪主体

一般犯罪主体和特殊犯罪主体是依主体的要件不同对犯罪主体的分类。

1. 一般犯罪主体

一般犯罪主体简称一般主体,是指刑法规定只要具备犯罪主体的共同要件即可构成犯罪的主体。

2. 特殊犯罪主体

特殊犯罪主体简称特殊主体,是指刑法规定除具备犯罪主体的共同要件外,尚须具备附加特殊身份条件才可构成犯罪的主体。

通常认为,这是对自然人主体的分类。但也有人主张:"应当把单位与自然人统一起来,重新界定一般主体与特殊主体的概念。"[①]不过,本书认为,由于刑法典第三十条规定单位犯罪的范围以刑法典分则规定为限,因而对单位主体做一般与特殊的区分意义不大。

四、犯罪主体的意义

研究犯罪主体及其要件,对于司法实践中正确定罪量刑,具有重要的意义。

(一) 定罪方面

1. 犯罪主体是划清罪与非罪的重要标准

并非任何人实施了刑法所禁止的危害社会的行为,都能构成犯罪并承担刑事责任。只有具备法律所要求的犯罪主体要件的人,才能构成犯罪并承担刑事责任或者被处以刑罚。不具备犯罪主体要件的人,即使实施了刑法所禁止的危害社会的行为,也不构成犯罪。

2. 犯罪主体是划清此罪与彼罪的重要界限

首先,由于刑事立法细化,刑法典分则将同一类行为依主体不同归入不

---

① 何秉松.刑法教科书:上卷.北京:中国法制出版社,2000:275.

同的犯罪。例如,刑法典第一百六十三条非国家工作人员受贿罪与第三百八十五条受贿罪,第二百七十一条职务侵占罪与第三百八十二条贪污罪,第二百七十二条挪用资金罪与第三百八十四条挪用公款罪。

其次,由于刑事立法细化,刑法典分则条文出现了大量的法规竞合,其中,犯罪主体的竞合①就必须依据犯罪主体的不同来区分此罪与彼罪的界限。例如,刑法典第三百零七条第一款妨害作证罪的主体是一般主体,第三百零六条辩护人、诉讼代理人妨害作证罪的主体是辩护人和诉讼代理人,第三百七十八条战时造谣扰乱军心罪的主体是一般主体,第四百三十三条战时造谣惑众罪的主体是军人。

(二) 量刑方面

在犯罪主体要件相同的情况下,具体犯罪的情况也可能不同,而不同的具体情况又影响到刑事责任的大小程度和应受刑罚的轻重。

首先,刑法将主体的某些特征作为法定的量刑情节加以规定。譬如,对于未成年人、又聋又哑的人和盲人、限制刑事责任能力的精神病人以及国家机关工作人员等,都规定了有别于一般人的刑事责任,从而予以从轻、减轻、免除处罚或者从重处罚。

其次,刑事司法实践中,往往将犯罪主体的某些特征作为酌情考虑的量刑情节。量刑时,对于犯罪主体的某些自然的、社会的因素予以考虑,从而区别对待。例如,对于教师强奸自己的学生予以酌情从重处罚,对于亲属之间的故意伤害予以从宽处理。因此,探析犯罪主体问题,对于正确适用刑罚,具有理论意义与实践价值。

第二节 自然人犯罪主体

本节主要讲述自然人犯罪主体的刑事能力程度,刑事责任年龄、精神障碍、生理功能丧失和生理醉酒等影响刑事能力的因素,以及主体特殊身份的概念、分类、认定和意义。

一、自然人的刑事责任能力程度

前面提到,自然人主体由于受年龄、精神障碍、生理功能丧失和生理醉酒等因素的影响,存在刑事能力的有无或者不同程度。概括地说,影响和决定自然人的刑事责任能力程度,即影响自然人刑法上的辨认和控制自己行为能

---

① 所谓竞合,主要是指刑法典分则规范中包容与被包容关系,有时也指交叉重叠关系。犯罪主体的竞合则是指某一犯罪主体全部或者部分地包容另一相关犯罪主体,或者为另一相关犯罪所包容的情形。

力的因素有两个方面：

一是知识和智力成熟程度。知识和智力成熟与否，主要受到年龄因素的制约，此外也会受到人的学识、发展智力的某些重要生理器官的制约。

二是精神状况，即人的大脑功能正常与否，它受到人是否患精神疾病及所患精神疾病的种类、程度和特点的影响。

只有知识和智力成熟且精神正常的人，才具有责任能力，在刑法意义上，才有能力辨认和控制自己的行为。有鉴于此，各国刑法都以一定的年龄为标志，规定了正常自然人具备责任能力的界限。同时，还对某些重要器官生理功能丧失者和精神病患者的责任能力具备与否作出专门规定。

根据年龄、精神状况等因素影响责任能力有无和大小的实际情况，各国刑事立法对责任能力程度分别采用二分法、三分法和四分法。二分法即将责任能力分为有和无两种情况，三分法即将责任能力分为完全(有)刑事责任能力、完全无刑事责任能力和减轻(限定)刑事责任能力三种情况。四分法是除上述三种情况外，还有相对无刑事责任能力的情况。无论是三分法还是四分法，都承认在责任能力的有无之间存在着中间状态的减轻刑事责任能力的情况。①

下面依据刑法典采取的四分法，对责任能力程度予以介绍。

(一) 完全(有)刑事责任能力

各国刑事立法对此概念和内容一般未予规定，而是由刑法理论和司法实践结合刑法中关于责任能力和限制责任能力的规定来加以概括。从外延看，凡不属刑法规定的无责任能力及限制责任能力的，皆属于完全责任能力。例如，结合刑法典相关规定看，凡年满十八周岁、精神和生理功能健全且智力与知识发展正常的人，都是完全(有)刑事责任能力的人。完全(有)刑事责任能力人实施了犯罪行为的，应当依法负全部的刑事责任，不能减免其刑事责任。只有七十五周岁以上的人例外。

(二) 完全无刑事责任能力

完全无刑事责任能力简称无责任能力，是指行为人没有刑法意义上的辨认或者控制自己行为的能力。无责任能力的人包括两种人：一是未达刑事责任年龄的幼年、少年或者儿童；二是因精神疾病而不具备辨认或者控制能力的人。根据刑法典第十七条、第十八条，无责任能力人，为不满十四周岁的人和行为时因精神疾病而不能辨认或者控制自己行为的人。

(三) 相对无/有刑事责任能力

相对无刑事责任能力，也称相对有刑事责任能力，简称相对责任能力，是

---

① 高铭暄.刑法学原理：第1卷.北京：中国人民大学出版社,1993:620.

指行为人仅限于对刑法所明确限定的某些严重危害行为具有刑事责任能力,而对未明确限定的其他危害行为无刑事责任能力。考察关于相对责任能力的立法,相对责任能力的人都是指已超过无责任能力年龄下限但尚未达到成年这一年龄段的未成年人。例如,刑法典第十七条第二款规定:"已满十四周岁不满十六周岁的人,犯故意杀人、故意伤害致人重伤或者死亡、强奸、抢劫、贩卖毒品、放火、爆炸、投毒罪的,应当负刑事责任。"这说明,在我国,相对无刑事责任能力的人是已满十四周岁未满十六周岁的未成年人。

（四）减轻刑事责任能力

减轻刑事责任能力,又称限定刑事责任能力,简称减轻责任能力,是完全刑事责任能力和完全无刑事责任能力的中间状态,指因年龄、精神状况、生理功能缺陷等原因,行为人实施刑法所禁止的危害行为时,虽然具有责任能力,但其辨认或者控制自己行为的能力较完全刑事责任能力有一定程度的减弱、降低的情况。现代各国刑法中,较为普遍地规定减轻刑事责任能力人,其外延主要为达到一定年龄的未成年人、老年人、聋哑人、盲人、辨认或者控制能力有所减弱的精神障碍人。一般认为,减轻刑事责任能力人实施刑法所禁止的危害行为的,构成犯罪,应负刑事责任,但是其刑事责任因其责任能力的减弱而有所减轻,应当或者可以从宽处罚或者免予处罚。① 刑法典明文规定的减轻刑事责任能力人有五种情况:已满十四周岁不满十八周岁的未成年人,七十五周岁以上的人,又聋又哑的人,盲人,尚未完全丧失辨认或者控制能力的精神病人。其中,仅就年龄而言,减轻刑事责任能力与相对无刑事责任能力存在一定的交叉重叠。

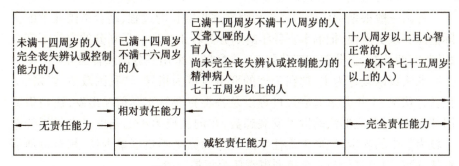

图 7-1　自然人的刑事能力程度

需要指出的是,仅就年龄因素而言,现代世界各国刑事立法例一般只规定达到一定年龄的未成年人为减轻刑事责任能力人,对老年人犯罪多不设减

---

① 高铭暄.刑法学原理:第1卷.北京:中国人民大学出版社,1993:622.

免刑事责任的规定。刑法修正案(八)增加刑法典第十七条之一规定："已满七十五周岁的人故意犯罪的,可以从轻或者减轻处罚；过失犯罪的,应当从轻或者减轻处罚。"第四十九条第二款规定："审判的时候已满七十五周岁的人,不适用死刑,但以特别残忍手段致人死亡的除外。"

二、影响刑事责任能力的因素

(一)刑事责任年龄

1. 刑事责任年龄的概念

刑事责任年龄是指法律所规定的行为人对自己实施的刑法所禁止的危害社会行为负刑事责任必须达到的年龄。

犯罪是具备辨认和控制能力的人在其主观意识和意志支配下实施的危害社会的行为。辨认和控制能力决定于行为人智力发展和知识掌握程度,因而它必然受到行为人年龄的制约。只有达到一定年龄,能够辨认和控制自己的行为,并具有刑罚适应能力的人,才能够要求他们对自己的危害行为承担刑事责任。因而,刑事立法根据年龄因素与责任能力的关系确立了刑事责任年龄制度。可以说,达到刑事责任年龄是自然人具备责任能力并作为犯罪主体的前提条件。

刑法典中的刑事责任年龄制度主要解决不同年龄阶段的人刑事责任的有无问题,同时还规定了对未成年人、老年人的从宽处罚原则。在司法实践中必须严格遵守这些规定。可见,研究刑事责任年龄问题,对于从理论上认识责任年龄与责任能力的关系,把握犯罪主体要件的本质,以及司法实践中正确定罪量刑,都具有重要的意义。

2. 刑事责任年龄阶段的划分

各国一般根据责任能力随年龄因素逐步增长的过程,结合本国儿童的实际情况和现实需要,把刑事责任年龄划分为若干阶段。但划分的方法不完全相同,有两分制、三分制和四分制①。多数国家采用三分制或者四分制。

刑法典以教育为主、惩罚为辅的刑事政策为指导,从我国政治、经济、文化教育状况、少年儿童的成长过程以及各类犯罪等实际情况出发,适当借鉴国外立法例,顺应刑法的世界发展趋势,在刑法典第十七条里对责任年龄做了较为集中的规定,把刑事责任年龄划分为完全不负刑事责任、相对负刑事责任、减轻刑事责任与完全负刑事责任等年龄阶段。

(1)完全不负刑事责任年龄阶段。根据刑法典第十七条规定,不满十四

---

① 采取两分制的国家将刑事责任年龄划分为无刑事责任年龄和完全负刑事责任年龄两个阶段。采取三分制的国家将刑事责任年龄划分为完全无刑事责任年龄、减轻(限定)刑事责任年龄和完全负刑事责任年龄三个阶段。采取四分制的国家将刑事责任年龄划分为完全无刑事责任年龄、相对负刑事责任年龄、减轻刑事责任年龄、完全负刑事责任年龄四个阶段。

周岁,完全不负刑事责任。不满十四周岁的人尚处于幼年时期,受生理和智力条件限制,还不具备辨认和控制自己行为的能力,因而不具备责任能力。应当注意的是,对于因不满十四周岁不予刑事处罚的实施了危害社会行为的人,应依法责令其家长或者监护人加以管教,也可视需要对接近十四周岁的人,譬如十二至十三周岁的人,由政府收容教养。

(2) 相对负刑事责任年龄阶段。根据刑法典第十七条第二款规定,已满十四周岁不满十六周岁,是相对负刑事责任年龄阶段,也称相对无刑事责任年龄阶段,或者简称相对刑事责任年龄阶段。处于相对刑事责任年龄阶段的人,已经具备一定的辨认和控制能力,即对某些严重危害社会的行为具备一定的辨认和控制能力。因此,法律要求他们对自己实施的严重危害社会的行为,即对"故意杀人、故意伤害致人重伤或者死亡、强奸、贩卖毒品、放火、爆炸、投毒"等八种犯罪行为负刑事责任。同样,对因不满十六周岁而不予刑事处罚的实施了危害社会行为的未成年人,应依法责令其家长或者监护人加以管教,在必要的时候也可以由政府收容教养。

(3) 减轻刑事责任年龄阶段。刑法典第十七条第三款规定:"已满十四周岁不满十八周岁的人犯罪,应当从轻或者减轻处罚。"刑法典第十七条之一规定:"已满七十五周岁的人故意犯罪的,可以从轻或者减轻处罚;过失犯罪的,应当从轻或者减轻处罚。"前者是未成年人犯(少年犯),后者是老龄犯。

(4) 完全负刑事责任年龄阶段。根据刑法典第十七条的规定,已满十八周岁的人犯罪,应当负完全的刑事责任。由于已满十八周岁的未成年人的生理和智力已有相当的发展,具有了一定的社会知识,是非观念和法制观念的增长已经达到一定的程度,通常能够根据国家法律和社会道德规范的要求来约束自己。这说明他们已经具备了刑法意义上的辨认和控制能力。因此,刑法典规定已满十八周岁的人对自己实施的违反刑法的一切危害行为承担刑事责任。当然,根据刑法典第十七条之一的规定,在这一阶段中应当排除犯罪时已满七十五周岁的老龄犯。

3. 未成年人犯与老龄犯的处理

以下讨论对未成年人犯(少年犯)与老龄犯的处罚原则和年龄计算中的几个具体问题。

(1) 处罚原则。刑法典中刑事责任年龄制度主要解决的是认定犯罪方面的问题。基于未成年人的生理、心理特征,既有容易被影响、被引诱走上犯罪道路的一面,又有可塑性大、容易接受教育和改造的一面,刑法典从刑罚根本目的出发,并结合未成年人犯的特点,对未成年人犯罪案件的处理采取了几条重要而特殊的处罚原则。同时考虑老年人的特点,规定类似的处罚。

① 从宽处罚。刑法典第十七条第三款规定:"已满十四周岁不满十八周岁的人犯罪,应当从轻或者减轻处罚。"这是对未成年人犯罪从宽处罚的规定。该原则是基于未成年人责任能力不完备的特点而确立的,反映了罪责刑相适应原则以及刑罚目的的要求。正确理解对未成年人犯罪应当从轻或者减轻处罚的含义,是正确执行该原则的前提和基础。"应当"是指凡是未成年人犯罪都必须予以从宽处罚。从宽处罚是相对成年人而言的,即在犯罪性质和其他犯罪情节相同或者基本相同的情况下,对未成年人犯罪的处罚要比照对成年人犯罪的处罚予以从轻或者减轻处罚。至于是从轻还是减轻及从宽的幅度,则由法官根据具体案件确定。刑法典第十七条之一规定:"已满七十五周岁的人故意犯罪的,可以从轻或者减轻处罚;过失犯罪的,应当从轻或者减轻处罚。"

② 排除死刑适用。刑法典第四十九条规定:"犯罪的时候不满十八周岁的人和审判的时候怀孕的妇女,不适用死刑。审判的时候已满七十五周岁的人,不适用死刑,但以特别残忍手段致人死亡的除外。"这里所说的"不适用死刑"是一个原则性的要求,指不允许判处死刑立即执行和不允许判处死刑宣告缓期二年执行,而不是说"不执行死刑",也不是说等到满十八周岁后再判决死刑、执行死刑。

③ 犯罪记录封存。刑法典第一百条第二款规定:"犯罪的时候不满十八周岁被判处五年有期徒刑以下刑罚的人,免除前款规定的报告义务。"《中华人民共和国刑事诉讼法》第二百七十五条规定:"犯罪的时候不满十八周岁,被判处五年有期徒刑以下刑罚的,应当对相关犯罪记录予以封存。犯罪记录被封存的,不得向任何单位和个人提供,但司法机关为办案需要或者有关单位根据国家规定进行查询的除外。依法进行查询的单位,应当对被封存的犯罪记录的情况予以保密。"

(2) 年龄确定中的几个具体问题。司法实践中,对于年龄计算有四个方面问题较为棘手。

① 刑事责任年龄的计算。一是标准。刑事责任年龄是指周岁即实足年龄,刑法典第十七条已有明确规定。二是单位与起算。根据有关司法解释的规定,实施犯罪时的年龄,一律按照公历的年、月、日计算。① 过了周岁生日,

---

① 在刑事责任年龄计算中,"年"和"日"是两个基本的计算单位,再将"月"作为计算单位,似乎不但没有必要,而且在实践中还可能造成不便。譬如,行为人在非闰年的2月28日出生,第14年后正好是闰年,他在该年2月29日实施犯罪行为,这天是行为人第14个生日后的第二天,应当认定行为人已满十四周岁,但若以"月"为计算单位,显然最后一个月未满,行为人未满十四周岁。其实,在计算刑事责任年龄的时候遇到闰年包括行为人的出生涉及闰年、危害行为涉及闰年和出生与危害行为均涉及闰年三种不同情况,若以"月"为计算单位,都可能出现矛盾。地球公转1周的时间为365天5时48分46秒。公历将1年定为365天,所余的时间约每4年积累成1天,加在2月中。因此,上述三种情况都是有可能遇到的。

从第二天起,为已满周岁。例如,行为人于 1996 年 3 月 30 日出生,至 2010 年 3 月 31 日为已满十四周岁,至 2012 年 3 月 31 日为已满十六周岁,至 2014 年 3 月 31 日为已满十八周岁。对十四周岁生日当天实施危害行为的,应视为不满十四周岁,不能追究刑事责任;对十六周岁生日当天实施危害行为的,除非是法定的八种犯罪行为,否则,也不负刑事责任;对十八周岁生日当天犯罪的,则应视为不满十八周岁,是未成年人犯罪,应当从轻或者减轻处罚。

② 刑事责任年龄与罪刑法定原则。上述分析意味着,即将满十四周岁,甚至差一天就满十四周岁的人实施了故意杀人等严重危害社会的行为,甚至造成了非常严重的危害结果,也不可视为犯罪;即将满十八周岁的人所犯罪行极其严重的,也不可判处其死刑。法律规定的刑事责任年龄界限不容许存在任何弹性,这是罪刑法定原则的必然要求——为了规范犯罪与刑罚,刑法典不得不人为地设置边界。

③ 危害行为与危害结果不一致时(即隔时犯)刑事责任年龄的确定。对于特定犯罪主体的刑事责任年龄,究竟是依行为实施时为准,还是以结果发生时为准?在行为与结果同时出现的场合,一般不会发生年龄确定上的困难,但在行为与结果不同时的场合,就涉及以哪一个时间为标准去计算的问题。对此,苏惠渔教授认为,从刑事责任年龄是为了解决行为人在行为当时是否具有或者是否完全具有辨别、控制能力的问题的角度来看,应当以行为当时的实际年龄为标准去认定行为人是否达到刑事责任年龄。如果行为出现了连续或者持续状态,则应当依行为状态结束之时行为人的实际年龄确定其刑事责任年龄。① 本书亦持此观点。

④ 跨刑事责任年龄阶段犯罪行为(跨龄犯)的认定。一是十四周岁的跨龄犯,即行为人实施的法定的八种危害行为跨越其已满十四周岁前后,对此不能一并追究刑事责任,只能追究其已满十四周岁后实施的特定严重犯罪的刑事责任。二是十六周岁的跨龄犯,即行为人实施的危害行为跨越其已满十六周岁前后,对此应否一并追究刑事责任,应当具体情况具体分析。如果实施的是法定的八种犯罪行为,则应一并追究刑事责任;否则,只能追究已满十六周岁以后犯罪的刑事责任。但是,有学者认为,对于十四周岁的跨龄犯,如果未满十四周岁时实施的行为与已满十四周岁后实施的犯罪行为具有密切联系,对于十六周岁的跨龄犯,如果已满十四周岁不满十六周岁期间所实施的行为,与已满十六周岁后实施的犯罪行为具有密切联系,这说明行为人的人身危害性较大,就可以作为量刑情节予以考虑。另一些学者则没有这样主

---

① 苏惠渔.刑法学.3 版.北京:中国政法大学出版社,2007:92.

张。对此，本书认为，无论是依据法理还是刑法规定的精神，都应当持否定意见。因为，量刑情节是在刑事责任范围内进行讨论的，如果将行为人不应当负刑事责任时的行为作为量刑情节加以考虑，就是要求行为人对不应当负刑事责任时的行为负刑事责任。从最高人民法院和最高人民检察院的有关司法解释看，也不允许借口某种联系，将上述情况作为所谓的"量刑情节"予以考虑。此外，还存在十八周岁和七十五周岁的跨龄犯问题。

（二）精神障碍

达到一定年龄而精神健全的人，由于其知识和智力得到一定程度的发展，因而其刑事能力即辨认和控制自己行为的能力就开始具备。一般而言，达到刑事责任年龄标志着刑事能力的完备。但是，如果存在精神障碍尤其是存在精神病性精神障碍，则可能影响刑事能力。刑法典第十八条专门规定了精神病人的刑事责任问题，这为我国司法实践解决实施危害行为的精神病人和其他精神障碍人的刑事责任问题提供了基本依据。

1. 完全无刑事责任的精神病人

刑法典第十八条第一款规定："精神病人在不能辨认或者不能控制自己行为的时候造成危害结果，经法定程序鉴定确认的，不负刑事责任，但是应当责令他的家属或者监护人严加看管和医疗；在必要的时候，由政府强制医疗。"可见，认定精神障碍者为无责任能力，必须同时具备两个标准：

（1）医学标准。也称生理学标准。从医学、生理学上看，行为人是基于精神病理的作用而实施特定危害行为的精神病人。包含以下三层含义或者条件：

① 行为人须是精神病人。应注意从两个方面加以正确理解：一方面，对"精神病"应做广义的理解，包含多种多样的慢性和急性的严重精神障碍；另一方面，"精神病"不同于非精神病性神经障碍，如神经官能症、人格障碍、性变态等。

② 精神病人必须实施了特定的危害社会的行为即实施了刑法所禁止的犯罪行为，如果这些危害行为是精神健全者实施的，就会构成犯罪且应负刑事责任。

③ 精神病人实施刑法所禁止的危害行为须是基于精神病理的作用。这意味着，行为人的精神病于行为实施时须处于发病期，而不是缓解或者间歇期。只有精神病人于行为时发病，才谈得上因精神病理的作用而致危害行为的实施。

（2）心理学标准。也称法学标准。从心理学、法学上看，患有精神病的行为人的危害行为，不但是由精神病理机制直接引起的，而且是由于精神理的作用,使其在行为时完全丧失了辨认或者控制自己行为的能力。应当注意,在心理学标准的内容上,采用丧失辨认行为能力和丧失控制行为能力二者择一说。

2. 完全负刑事责任的精神障碍人

完全负刑事责任的精神障碍人包括以下两类:

(1) 精神正常时期的"间歇性精神病人"。刑法典第十八条第二款规定:"间歇性的精神病人在精神正常的时候犯罪,应当负刑事责任。"司法精神病学一般认为,"间歇性精神病"是指具有间歇发作特点的精神病,包括精神分裂症、躁狂症、抑郁症、癫痫性精神病、周期精神病、分裂情感性精神病、癔症性精神病等。所谓"间歇性精神病人的精神正常时期",包括上述某些精神病(如癫痫性精神病)的非发病期。"间歇性精神病人"在精神正常的时候实施刑法所禁止的危害行为的,其辨认和控制自己行为的能力即责任能力完全具备,不符合无责任能力和限制能力所要求的心理学(法学)标准,因而法律要求行为人对其危害行为负完全的刑事责任。

(2) 大多数非精神病性精神障碍人。一般认为,在司法精神病学上,非精神病性精神障碍包括:① 神经官能症,如癔症、神经衰弱、焦虑症、疑病症、强迫症、神经症性抑郁、人体解体性神经症等,但癔症性精神错乱除外;② 人格障碍式变态人格(包括器质性人格障碍);③ 性变态,如同性恋、露阴癖、恋物癖、恋童癖、性虐待癖等;④ 情绪反应(未达到精神病程度的反应性精神障碍);⑤ 未达到精神病程度的成瘾药物中毒与戒断反应;⑥ 轻躁狂与轻性抑郁症;⑦ 生理性醉酒与单纯慢性酒精中毒;⑧ 脑震荡后遗症、癫痫性心境恶劣以及其他未达到精神病程度的精神疾患;⑨ 轻微精神发育不全;等等。

非精神病性精神障碍人大多数并不因精神障碍使其辨认或者控制自己行为的能力丧失或者减弱,而是具有完备的责任能力,因而应在原则上令行为人对其危害行为依法负完全的刑事责任。需要指出的是,在个别情况下,非精神病性精神障碍人也可成为限制责任能力人甚至无责任能力人,从而影响到刑事责任的减免。

3. 限制刑事责任的精神障碍人

刑法典第十八条第三款规定:"尚未完全丧失辨认或者控制自己行为能力的精神病人犯罪的,应当负刑事责任,但是可以从轻或者减轻处罚。"这是介于无刑事责任的精神病人与完全刑事责任的精神障碍人中间状态的精神障碍人。

对于这里的"精神病人",应当做广义理解,泛指因精神障碍使其辨认能力或者控制能力有所减弱的(所有)人。一般认为包括以下两类:一是处于早期(发作前趋期)或者部分缓解期的精神病患者,如精神分裂症等;二是某些非精神病性精神障碍人,如轻度至中度精神发育不全、脑部器质性病变、精神病后遗症引起的人格改变、癔症患者等。

根据刑法典第十八条第三款的规定,限制刑事责任的精神病人犯罪的,只是"可以"从轻或者减轻处罚,而不是应当从轻或者减轻处罚。

（三）生理功能丧失

一般说来,达到刑事责任年龄即标志着刑事能力的完备。但是,行为人可能因为重要的生理功能丧失而影响到其刑法意义上的辨认或者控制行为能力的不完备。刑法典对生理功能有缺陷的人,即聋哑人、盲人的刑事责任做了特殊规定,聋哑人、盲人实施刑法禁止的危害行为,构成犯罪的,应当负刑事责任,但可以从轻、减轻或者免除处罚。

从理论与实践的结合上看,正确适用聋哑人、盲人犯罪的刑事责任规定,应注意:① 适用对象限于既聋又哑的人和盲人;② 对聋哑人、盲人犯罪坚持应当负刑事责任与适当从宽处罚相结合的原则,原则上要予以从宽处罚,只是对于极少数知识和智力水平不低于正常人、犯罪时具备完全能力的犯罪聋哑人、盲人(多为成年后的聋哑人和盲人)可以考虑不予从宽处罚。

（四）生理醉酒

醉酒包括病理醉酒和生理醉酒两种情况,前者属于精神病。而刑法典把生理醉酒人与精神病人明确加以区分。因此,这里限于讨论生理醉酒人的刑事能力及其刑事责任问题。

生理醉酒,又称普通醉酒、单纯性醉酒,简称醉酒,指因饮酒过量而致精神过度兴奋甚至神志不清的情况。通常多发生于一次性大量饮酒后。生理醉酒的发生及其表现与血液中酒精浓度及个体对酒精的耐受力关系密切。在生理醉酒状态下,人的生理、心理和精神变化大致可分为兴奋期、共济运动失调期和昏睡期三个时期。现代医学、司法精神病学认为,生理醉酒不是精神病。司法实践表明,生理醉酒的前两个时期,醉酒者对作为或者不作为方式的危害行为均有能力实施,而且一般容易实施作为方式的危害行为;生理醉酒的第三个时期,醉酒者一般以不作为方式实施危害行为,如扳道工醉酒后昏睡而未扳道,造成列车倾覆,但个别情况下,也可能与作为有关,如驾驶员醉酒后驾车过程中昏睡过去不知刹车而撞击行人。

在认定驾驶人饮酒或醉酒驾驶机动车的实践过程中,普遍适用《车辆驾驶人员血液、呼气酒精含量阈值与检验(GB19522-2010)》技术标准,其中,驾驶人血液中的酒精含量大于等于20mg/100ml,小于80mg/100ml 的,为饮酒驾车;驾驶人血液中的酒精含量大于等于80mg/100ml 的,为醉酒驾车。对饮酒后驾车的嫌疑人可检验其呼气酒精含量。呼气酒精含量采用呼出气体酒精含量探测器进行检验。对需要检验血液中酒精含量的,应及时抽取血样,进行血液酒精含量检验。被怀疑饮酒后驾车的人拒绝配合呼气酒精含量检验和血液酒精含量检验的,以呼出气体酒精含量探测器被动探测到的呼气酒精定性结果作为醉酒驾车的依据。对未达到本标准规定的饮酒驾车血液酒精含量值的车辆驾驶人,或不具备呼气、血液酒精含量检验条件的,应进行人体平衡的步行回转试验或者单腿直立试验,评价驾驶能力。

刑法典第十八条第四款规定:"醉酒的人犯罪,应负刑事责任。"这一规定主要考虑是:医学证明,生理醉酒只是导致人的辨认和控制自己行为的能力有所减弱,并不导致人的辨认和控制能力丧失;生理醉酒的人在醉酒前应当预见甚至已经预见到自己醉酒后可能实施的危害行为,即行为人对自己醉酒后实施的危害行为在主观上存在过错;醉酒是人为的,而且是完全可以戒除的;通过防治醉酒后的犯罪行为,促进酗酒这一旧社会遗留下来的恶习的戒除。其立法的依据,根据我国刑法学界的通说,是大陆法系国家的原因自由行为①理论。因此,上述刑法规定是正当的,它对于防止和减少醉酒后的犯罪现象,维护社会秩序,具有重要的意义。但是,对醉酒及其后实施危害行为既无故意也无过失的醉酒人,是否应负完全刑事责任或部分刑事责任,刑法均无明确规定。刑法理论界近年来逐渐倾向于认为,并非所有的醉酒人犯罪都应负完全刑事责任,有的醉酒人犯罪只应负部分刑事责任。但刑法学界在界定醉酒人应负完全刑事责任和部分刑事责任的范围上,尚存在着一定的分歧,有多种主张。

对醉酒人犯罪案件处罚时,应当根据行为人在醉酒前有无犯罪预谋,行为人对醉酒有无罪过心理,醉酒犯罪与行为人一贯品行的关系等予以轻重不同的处罚,以使刑罚与犯罪的醉酒人的责任能力程度及其犯罪的社会危害性相适应。

三、犯罪主体的特殊身份

(一) 犯罪主体特殊身份的概念

身份是指人的出身、地位和资格。通常认为,犯罪主体的特殊身份是指刑法所规定的影响行为人刑事责任的行为人人身方面特定的资格、地位或者状态。这些特殊身份不是自然人犯罪主体的共同要件或者一般要件,而是某

---

① 所谓原因自由行为,是指有责任能力的行为人在一时丧失责任能力的状态下实施了符合构成要件的行为,但是是否陷入这种无责任能力状态,行为人原本可以自由决定;如果是故意或者过失使自己陷入这种无责任能力状态,则行为人应当承担刑事责任。肯定原因自由行为的可罚性,目前已是大陆法系国家刑法理论的通说。张明楷. 外国刑法纲要. 2版. 北京: 清华大学出版社,2007: 204.

些犯罪的自然人主体必须具备的特殊要件或者选择要件。

以是否要求以特定身份为要件,自然人犯罪主体可分为一般主体与特殊主体。刑法不要求以特殊身份作为要件的主体,称为一般主体;刑法规定以特殊身份作为要件的主体,称为特殊主体。从犯罪的角度上看,对应的理论概念就是非身份犯与身份犯。在刑法理论上,通常还将以特殊身份作为主体构成要件或者刑罚加减根据的犯罪称为身份犯。

身份犯可分为真正身份犯与不真正身份犯。真正身份犯是指以特殊身份作为主体要件,无此特殊身份该犯罪则根本不可成立的犯罪。例如,刑法典第三百九十七条滥用职权罪与玩忽职守罪的主体必须是国家机关工作人员,如果行为人不是国家机关工作人员,其行为就不可能构成滥用职权罪与玩忽职守罪。不真正身份犯是指特殊身份不影响定罪但影响量刑的犯罪。如果行为人不具有特殊身份,犯罪也成立;如果行为人具有这种身份,则刑罚的科处就比不具有身份的人要从严或者从宽。譬如,刑法典第二百三十八条非法拘禁罪,一般主体即可构成,但国家机关工作人员犯本罪的,应当从重处罚。又如,第二百四十三条诬告陷害罪,一般主体即可构成,但国家机关工作人员犯本罪的,也应当从重处罚。

(二) 犯罪主体特殊身份的分类

犯罪主体的特殊身份,可以从不同角度进行分类。理论上认为存在以下几种分类:

1. 自然身份与法定身份

自然身份与法定身份是基于身份属性的分类。

自然身份是指人因自然因素赋予而形成的身份。例如,基于性别形成的事实可有男女之分,有的犯罪如强奸罪仅男性可以成为犯罪的主体。

法定身份是指人基于法律赋予而形成的身份。如军人、国家机关工作人员、司法工作人员、证人、辩护人、诉讼代理人、在押罪犯等。

自然身份和法定身份要成为犯罪主体的特殊身份,一般需要刑法加以明确规定。

这种分类的意义并不在于直接说明犯罪主体特殊身份与刑事责任的关系,而在于通过对犯罪主体特殊身份的了解,准确而深刻地把握刑事立法原意。

2. 定罪身份与量刑身份

定罪身份与量刑身份是基于身份功能的分类。

定罪身份是指决定刑事责任存在的身份,又称犯罪构成身份。此种身份是某些具体犯罪构成中犯罪主体要件的必备要素。缺此身份,犯罪主体要件就不具备,因而也就没有该具体犯罪构成,不构成该种犯罪,不存在行为人应负该罪的刑事责任问题。

量刑身份是指影响刑事责任程度的身份,又称刑罚加减身份。此种身份虽然不影响刑事责任的存在与否,但影响刑事责任的大小,表现为从重、从轻、减轻甚至免除处罚的根据。

这种分类的意义主要在于明确和区分犯罪主体的特殊身份在定罪和量刑中的不同地位。

3. 积极身份与消极身份

积极身份与消极身份是基于身份对犯罪的成立与否的影响不同的分类。

行为人由于某种身份的存在,而使其行为成为刑法中所规定的犯罪,这是身份对定罪量刑的积极影响,故称积极身份;行为人由于某种身份的存在,而使刑法上规定的某种犯罪不能成立或者免除处罚,这是身份对定罪量刑的消极影响,称为消极身份。

特殊身份,以积极身份为主,消极身份为辅。后者的适例是刑法典第三百三十六条非法行医罪与非法进行节育手术罪,其主体是"未取得医生执业资格的人",意味着取得医生执业资格的人不能构成本罪。此外,《最高人民法院关于审理未成年人刑事案件具体应用法律若干问题的解释》(法释〔2006〕1号)第九条第二款规定:"已满十六周岁不满十八周岁的人盗窃自己家庭或者近亲属财物,或者盗窃其他亲属财物但其他亲属要求不予追究的,可不按犯罪处理。"此规定亦可用消极身份予以解释。

(三) 犯罪主体特殊身份的认定

认定犯罪主体的特殊身份应当注意三点:

1. 犯罪主体的特殊身份必须是行为人在开始实施犯罪时即已经具备的,而不是开始实施犯罪后才形成的

例如,共同犯罪中的首要分子、主犯、从犯、胁从犯是在犯罪活动中形成的,就不是犯罪主体的特殊身份。有学者将刑法典第二百六十八条中的首要分子当作犯罪主体的特殊身份,本书认为这是不适当的。

2. 犯罪主体的特殊身份是相对的,而不是绝对的,而且有时是有层次的

例如,刑法典第一百零九条叛逃罪只能由正在履行公务的国家机关工作人员构成,相对于一般人而言,显然是特殊的定罪身份,但是该条第二款规定的"掌握国家秘密的国家工作人员"相对于第一款而言,显然又是特殊的量刑身份。但是,对于特殊身份相对性的认识,不能过于宽泛。有人认为,刑法典第一百零二条背叛国家罪只能由中国人实施,不能由外国人构成,因而也属于特殊身份的犯罪,就失之宽泛了。对特殊身份过于宽泛的理解使得对特殊

身份的研究失去意义。

3. 作为犯罪构成要件的特殊身份，仅仅是针对单独犯罪和共同犯罪中主要的实行犯而言的，至于共同犯罪中的从犯、教唆犯和帮助犯，一般不受特殊身份的限制。

譬如，妇女教唆或者帮助男子强奸，可以成为该强奸罪的共犯，而且，当成立教唆犯时，既可以是从犯，也可以是主犯。

（四）刑法典对于犯罪主体特殊身份的规定

与犯罪主体的共同要件由刑法典总则规定相反，犯罪主体特殊身份是由刑法分则规范予以明确规定的。刑法典分则主要从以下几个角度规定犯罪主体特殊身份条件：

1. 从公共职务上规定犯罪主体特殊身份

从公共职务上规定犯罪主体特殊身份在刑法典分则规范中较为普遍并相对集中，可以分为下面几种情况：

（1）国家机关工作人员，指在国家机关中从事公务的人员。具体包括在国家各级权力机关、行政机关、司法机关和军事机关，以及各级共产党机关、政协机关、共青团机关、妇联机关等工作的人员。《全国人民代表大会常务委员会关于刑法第九章渎职罪主体适用问题的解释》（2002年12月28日第九届全国人大常委会第三十一次会议通过）在以往若干司法解释的基础上，进一步扩大了国家机关工作人员的范围。该解释规定："在依照法律、法规规定行使国家行政管理职权的组织中从事公务的人员，或者在受国家机关委托代表国家机关行使职权的组织中从事公务的人员，或者虽未列入国家机关人员编制但在国家机关中从事公务的人员，在代表国家机关行使职权时，有渎职行为，构成犯罪的，依照刑法关于渎职罪的规定追究刑事责任。"这类主体主要规定在刑法分则第九章渎职罪中，并且该章还区别了不同部门的国家行政机关工作人员，诸如行政执法人员、税务工作人员、海关工作人员、商检工作人员等。

（2）国家工作人员。依照刑法典第九十三条规定，国家工作人员包括：在国家机关中从事公务的人员，在国有公司、企业、事业单位、人民团体中从事公务的人员，国家机关、国有公司、企业、事业单位委派到非国有公司、企业、事业单位、社会团体从事公务的人员，以及其他依照法律从事公务的人员。《全国人民代表大会常务委员会关于刑法第九十三条第二款的解释》（2000年4月29日第九届全国人大常委会十五次会议通过）对其中"其他依照法律从事公务的人员"解释如下："村民委员会等村基层组织人员协助人民政府从事下列行政管理工作，属于刑法第九十三条第二款规定的'其他依照法律从事公务的人员'：（一）救灾、抢险、防汛、优抚、扶贫、移民、救济款物的管理；（二）社会捐助公益事业款物的管理；（三）国有土地的经营和管理；（四）土地征用补偿费用的管理；（五）代征、代缴税款；（六）有关计划生育、户籍、征兵工作；（七）协助人民政府从事的其他行政管理工作。""村民委员会等村基层组织人员从事前款规定的公务，利用职务上的便利，非法占有公共财物、挪用公款、索取他人财物或者非法收受他人财物，构成犯罪的，适用刑法第三百八十二条和第三百八十三条贪污罪、第三百八十四条挪用公款罪、第三百八十五条和第三百八十六条受贿罪的规定。"这类主体主要规定在刑法分则第八章中。例如，刑法典第三百八五条受贿罪只有国家工作人员利用职务上的便利实施才能构成。

（3）司法工作人员。依据刑法典第九十四条规定，司法工作人员是指有侦查、检察、审判、监管职责的工作人员。这类主体属于国家机关工作人员，主要规定在刑法分则第九章和第四章中。例如，刑法典第三百九十九条至四百零一条的犯罪只能由司法工作人员（含仲裁员）构成。

（4）国有公司、企业负责人，即国有公司、企业的董事长、董事、经理、副经理等管理层的负责人员。这类主体主要规定在刑法分则第三章中。例如，刑法典第一百六十五条非法经营同类营业罪只能由国有公司、企业的董事、经理构成。

（5）军人，即中国人民解放军现役军人、军内在编人员和预备役人员。根据刑法典第四百五十条规定，具体包括中国人民解放军的现役军官、文职干部、士兵及具有军籍的学员和中国人民武装警察部队的现役警官、文职干部、士兵及具有军籍的学员以及执行军事任务的预备役人员和其他人员。这类主体主要规定在刑法典分则第十章中。

（6）邮政工作人员，即国家邮政部门的各级负责人、营业员、分拣员、投递员、接发员、押运员、接站员等。例如，刑法典第二百五十三条私自开拆、隐匿、毁弃邮件、电报罪只能由邮政工作人员构成。

2. 从特定工作或者业务上规定犯罪主体特殊身份

从特定工作或者业务上规定犯罪主体特殊身份主要有两种情况：

（1）与公共安全有关的人员。例如，刑法典第一百二十八条第二款、第三款非法出租、出借枪支罪只能由依法配备公务用枪的人员、依法配置枪支的人员构成，第一百三十一条重大飞行事故罪只能由航空人员构成，第一百三十二条铁路运营安全事故罪只能由铁路职工构成。

（2）与市场经营有关的人员。例如，刑法典第一百五十九条虚假出资、抽逃出资罪只能由公司发起人、股东构成，第一百七十一条第二款金融工作人员购买假币、以假币换取货币罪只能由金融工作人员构成,第一百九十八条保险诈骗罪只能由投保人、被保险人或者受益人构成。

3. 从特定法律义务上规定犯罪主体特殊身份

从特定法律义务上规定犯罪主体特殊身份主要有两种情况:

(1) 纳税人、扣缴义务人。例如,刑法典第二百零一条逃税罪必须由纳税人、扣缴义务人构成,第二百零三条逃避追缴欠税罪必须由纳税人构成。

(2) 家庭成员或者负有监护、抚养义务的人。例如,刑法典第二百六十条虐待罪必须由家庭成员构成,第二百六十一条遗弃罪必须由负有监护、扶养义务的人构成。

4. 从特定法律关系的主体上规定犯罪主体特殊身份

从特定法律关系的主体上规定犯罪主体特殊身份主要有两种情况:

(1) 证人、鉴定人等诉讼参与人。例如,刑法典第三百零五条伪证罪只能由刑事诉讼中的证人、鉴定人、记录人、翻译人构成,第三百零六条辩护人、诉讼代理人毁灭证据、伪造证据、妨害作证罪只能由刑事诉讼中的辩护人、诉讼代理人构成。

(2) 在押罪犯等案件当事人。例如,刑法典第三百一十五条破坏监管秩序罪和第三百一十七条组织越狱罪、暴动越狱罪只能由依法被关押的罪犯构成,第三百一十六条第一款脱逃罪必须由依法被关押的罪犯、被告人、犯罪嫌疑人构成。

(五) 犯罪主体特殊身份的意义

设立犯罪主体特殊身份的意义在于从犯罪主体角度调整危害行为与刑事责任的关系,以更加准确有效地防治犯罪,从根本上维护统治阶级的利益。根据刑法典和司法实践经验,研究犯罪主体的特殊身份对正确定罪量刑具有重要意义。

1. 犯罪主体特殊身份影响定罪

影响行为的定罪是犯罪主体特殊身份的首要功能,表现在三个方面。

(1) 特殊身份的具备与否可以区分罪与非罪。刑法典规定某些犯罪的成立必须具备特殊身份的主体,其立法精神就是要通过犯罪主体特殊身份的限定来限制追究刑事责任的范围。譬如,刑法典第一百零九条叛逃罪只能由正在履行公务的国家机关工作人员构成,第四百三十条军人叛逃罪只能由正在履行公务的军人构成,一般公民均不会构成这两个犯罪。

(2) 特殊身份的具备与否可以区分和认定某些犯罪之间的界限。例如,同是隐匿、毁弃或者非法开拆他人信件的行为,具有邮政工作人员身份并利用其职务便利实施者构成刑法典第二百五十三条私自开拆、隐匿、毁弃邮件、电报罪,一般公民则构成第二百五十二条侵犯通信自由罪。再如,同是窃取公共财物的行为,普通人实施的,构成刑法典第二百六十四条盗窃罪,国家工作人员利用职权实施的,构成第三百八十二条贪污罪。

(3)具有特殊身份者影响无特殊身份者的定罪。这主要是无特定身份者与有特定身份者共同实施要求主体具备特殊身份之罪的情况。例如,一般公民可以与国家工作人员伙同贪污,一起构成贪污罪的共犯;妇女帮助男子实施强奸行为,可以成为强奸罪的共犯。

2. 犯罪主体特殊身份影响量刑

犯罪主体特殊身份影响量刑表现在三个方面:

(1)总则规范中,规定因犯罪主体的身份可以影响刑罚轻重的,两种情况:一是因主体身份影响刑罚从严的。例如,刑法典第六十五条关于一般累犯以及第六十六条关于危害国家安全犯罪累犯的规定。犯罪人具有法定累犯身份的,对其新的犯罪就要从重处罚,且不得适用缓刑。二是因主体身份影响刑罚从宽的。例如,刑法典第四十九条关于"审判的时候怀孕的妇女,不适用死刑"的规定。

(2)分则规范中,规定因犯罪主体的身份可以影响刑罚轻重的,主要是对特殊主体犯一般主体之罪的,规定从重处罚。例如,刑法典第二百三十八条非法拘禁罪一般主体即可构成,当国家机关工作人员利用职权实施时从重处罚。

(3)在司法实践中,因犯罪主体的身份可以影响刑罚轻重的,有两种情况:一是对特殊主体犯一般主体之罪的,酌情从重处罚。例如,刑法典第三百七十八条战时造谣扰乱军心罪,是一般主体的犯罪,但由国家工作人员、军人犯本罪,一般可处以相对较重的刑罚。二是对特殊主体犯一般主体之罪的,酌情从宽处罚。例如,根据有关司法解释的规定,亲属间盗窃、诈骗、敲诈勒索,获得谅解的,一般不认为是犯罪;认定为犯罪的,应当酌情从宽处理。①

第三节 单位犯罪主体

本节主要讲述单位犯罪的沿革、概念、特征和处罚原则。

---

① 参见《最高人民法院关于审理未成年人刑事案件具体应用法律若干问题的解释》(法释〔2006〕1号)第九条第二款、《最高人民法院、最高人民检察院关于办理诈骗刑事案件具体应用法律若干问题的解释》(法释〔2011〕7号)第四条、《最高人民法院、最高人民检察院关于办理盗窃刑事案件适用法律若干问题的解释》(法释〔2013〕8号)第八条、《最高人民法院、最高人民检察院关于办理敲诈勒索刑事案件适用法律若干问题的解释》(法释〔2013〕10号)第六条。

一、单位犯罪的立法沿革

单位犯罪,又称法人犯罪,是与自然人犯罪相对应的一个范畴。考察现代世界各国刑事立法例,英美法系国家和地区普遍确认了法人犯罪及其刑事责任制度。大陆法系国家在刑法理论上坚持"法人或者社团不能犯罪"的原则,但是,不少国家在单行刑法、附属刑法中规定了法人犯罪并追究其刑事责任。至今,法国、日本、德国、荷兰、瑞士、韩国、泰国、土耳其、古巴等国在立法上均确立了法人犯罪和刑事责任制度。

至20世纪80年代初,中国一直对法人犯罪持否定态度。与当时的计划经济体制相适应,法人组织数量少、性质单一,参与社会活动的广度和深度都不大。随着20世纪80年代以来改革开放政策的贯彻实施,各种法人或者非法人组织日益增多,它们参与社会活动尤其是经济活动的领域亦愈来愈广泛。同时,法人或者非法人组织实施的危害社会的行为也越来越严重。针对法人或者非法人组织(统称为单位)能否成为犯罪主体的问题,理论界和实务界展开了长期的热烈的讨论。1987年1月22日的《中华人民共和国海关法》[1]第四十七条第四款规定:"企业事业单位、国家机关、社会团体犯走私罪的,由司法机关对其主管人员和直接责任人员依法追究刑事责任;对该单位判处罚金,判处没收走私货物、物品、走私运输工具和违法所得。"这是首次在中国法律中以附属刑法的形式明确单位可以成为犯罪主体。1988年1月21日的《全国人民代表大会常务委员会关于惩治贪污罪贿赂罪的补充规定》和《全国人民代表大会常务委员会关于惩治走私罪的补充规定》分别规定企业事业单位、机关、团体可以成为受贿罪、行贿罪、走私罪、逃汇套汇和投机倒把罪等犯罪的主体,第一次以单行刑法的形式确认了单位犯罪。此后,1990年9月7日《中华人民共和国铁路法》[2]和十多部单行刑法也纷纷规定了单位犯罪。

在修订刑法典的讨论中,单位犯罪问题也一直是一个争议焦点。就单位犯罪的立法完善问题,刑法理论界和实务界主张各异。分歧主要表现为两个问题:一是如何在刑法典中完整地概括法人和非法人组织的犯罪,二是应否对法人和非法人组织做总则性规定。修订后的刑法典,采用总则与分则相结合的方式确立了单位犯罪及其刑事责任。总则第二章第四节"单位犯罪"用两个条文规定了单位犯罪的总则性问题。采用这种立法模式的原因有两个:

---

[1] 2000年7月8日本法修改时将第四十七条与第四十八条合并为第八十二条。此后,本法又经2013年6月29日、2013年12月28日和2016年11月7日三次修改。

[2] 1990年9月7日第七届全国人大常委第十五次会议通过,2015年4月24日第十二届全国人大常委会第十四次会议第二次修正。

一是使用"单位犯罪"一词,而不使用"法人犯罪"一词,能更完整地概括法人犯罪和非法人组织犯罪的外延。因为"单位"一词并不限于具有民法意义上的法人组织,还包括非法人组织在内,这样规定更符合司法实践中除法人犯罪外还有非法人犯罪的现实情况。二是在总则中设立"单位犯罪"专节,对单位负刑事责任的范围、单位犯罪的处罚原则等内容作出概括性规定。这种立法例有利于单位犯罪立法和司法的系统化、成熟化,并与自然人犯罪的总则性规定相协调,同时,也符合世界各国采用总则与分则相结合规定法人(单位)犯罪的立法模式的做法。

目前,关于单位犯罪的专门司法解释文件主要有四个:《最高人民法院关于审理单位犯罪案件具体应用法律有关问题的解释》(法释〔1999〕14号)、《最高人民法院关于审理单位犯罪案件对其直接负责的主管人员和其他直接责任人员是否区分主犯、从犯问题的批复》(法释〔2000〕31号)、《最高人民检察院关于涉嫌犯罪单位被撤销、注销、吊销营业执照或者宣告破产的应如何进行追诉问题的批复》(高检发释字〔2002〕4号)、《最高人民法院研究室关于外国公司、企业、事业单位在我国领域内犯罪如何适用法律问题的答复》(法研〔2003〕153号)。

二、单位犯罪的概念、主体范围和种类

所谓单位犯罪,是指由公司、企业、事业单位、机关、团体实施的依法应当承担刑事责任的危害社会的行为。刑法典第三十条规定:"公司、企业、事业单位、机关、团体实施的危害社会的行为,法律规定为单位犯罪的,应当负刑事责任。"这是对单位犯罪成立范围的一般性规定。可见,现行立法不单是从所有制性质上而是从组织形式和社会职能上作出完全性列举。单位犯罪主体包括公司、企业、事业单位、机关、团体。公司是指依法设立的、有独立的法人财产、以营利为目的的企业法人。就其组织形式而言,我国公司包括有限责任公司和股份有限公司。企业是指除公司以外依法设立的、有独立的财产、以营利为目的的经济组织,包括未采用现代公司制度设立的乡镇企业、个人独资企业、合伙企业、"三资企业"、外国企业和其他经济组织在中国境内的分支机构,以及未按照现代公司制度改制的全民所有制企业和集体企业。事业单位是指国家为了社会公益目的,由国家机关举办或者其他组织利用国有资产举办的,从事教育、科技、文化、卫生等活动的社会服务组织。事业单位依法举办的营利性经营组织必须实行独立核算,依照国家有关公司、企业等经营组织的法律、法规登记管理。机关是指执行党和国家的领导、管理职能和保卫国家安全职能的机构,包括国家各级权力机关、行政机关、审判机关、检察机关、军队。在我国,乡级以上共产党组织、县级以上政协机构也被视为

机关(不含公司、企业、事业单位和团体中的党组织)。有学者认为,刑法典把国家机关规定为犯罪主体,是立法者在积极政治观指导下高估立法能力和司法能力的产物。从消极政治观、刑法的谦抑性以及机关犯罪本身的内在缺陷等方面来看,应取消机关犯罪,把机关排除在犯罪主体之外。① 本书认为,现行立法应当得到尊重和遵守,但不妨碍对此作出限制解释。首先作为犯罪主体的机关范围应当有所限制,至少应当排除中央机关和司法机关。其次还可以考虑对地方非司法机关可以入罪的行为类型作出进一步的限制。团体是社会团体的简称,是现行宪法序言最后一款规定的我国六类社会组织(国家机关、武装力量、政党、社会团体、企业、事业组织)之一,也指《中华人民共和国民法通则》第五十条规定的社会团体法人。《社会团体登记管理条例》②第二条规定:"社会团体,是指中国公民自愿组成,为实现会员共同意愿,按照其章程开展活动的非营利性社会组织。"不过,刑法典除了第三十条和第二百二十五条使用了团体这一概念外,第五十四条、第九十一条、第九十三条、第二百八十条、第三百八十二条、第三百八十七条、第三百九十一条和第三百九十六条均使用了人民团体的概念,其中第九十三条同时使用了人民团体和社会团体的概念。一般认为,人民团体是社会团体的下位概念,根据《社会团体登记管理条例》第三条第三款第(一)项规定,参加中国人民政治协商会议的社会团体是人民团体,并免于社会团体登记。人民团体主要包括工会、共青团、妇联、工商联、科协、侨联、台联、作协、记协、法学会等。根据社会团体的性质和任务,社会团体可以分为政治性、学术性、行业性、专业性和联合性五类。实践中还有群众团体的称谓。社会团体、群众团体、人民团体均属民间组织,无本质上的区别。

就单位犯罪与自然人犯罪的关系和种类而言,有些犯罪只能由自然人构成,可称之为纯正自然人犯罪;有些犯罪正好相反,只能由单位构成,可称之为纯正单位犯罪;还有一些犯罪既可以由自然人构成,也可以由单位构成,可称之为不纯正单位犯罪,或者不纯正自然人犯罪。对于后两种情况可分别以刑法典第二百四十四条强迫劳动罪和第一百四十条生产、销售伪劣产品罪为例。值得注意的是,刑法典第一百九十条逃汇罪,原来是纯正单位犯罪,1998年12月29日经修改后则变成了不纯正单位犯罪。

三、单位犯罪的特征

单位犯罪具有如下基本特征:

---

① 梁统.机关犯罪立法之反思.西南政法大学学报,2003(5):108—111.
② 1998年10月25日国务院令第250号公布施行,2016年2月6日国务院令第666号修正.

(一) 单位犯罪主体的特定性(合法性)

单位犯罪主体的特定性(合法性)即指上述五种单位犯罪主体必须是依法成立并合法存在的组织。法释〔1999〕14号司法解释第二条规定:"个人为进行违法犯罪活动而设立的公司、企业、事业单位实施犯罪的,或者公司、企业、事业单位设立后,以实施犯罪为主要活动的,不以单位犯罪论处。"

法研〔2003〕153号规定:"符合我国法人资格条件的外国公司、企业、事业单位,在我国领域内实施危害社会的行为,依照我国《刑法》构成犯罪的,应当依照我国《刑法》关于单位犯罪的规定追究刑事责任。个人为在我国领域内进行违法犯罪活动而设立的外国公司、企业、事业单位实施犯罪的,或者外国公司、企业、事业单位设立后在我国领域内以实施违法犯罪为主要活动的,不以单位犯罪论处。"

(二) 单位犯罪的单位意志性

单位犯罪的单位意志性即指单位犯罪必须是在单位意志支配下实施的犯罪,是单位作为一个整体、一个"拟制"的人的犯罪。具体表现为单位犯罪必须经单位集体研究决定或者由其负责人决定实施,单位集体研究决定或者由其负责人员决定是单位整体犯罪意志的体现形式。所谓"单位集体研究决定",是指经过根据法律和章程规定有权代表单位的机构研究决定,如职工代表大会、董事会、股东会或股东大会等;"负责人决定"是指经过根据法律或者章程规定有权代表单位的个人决定,如企业的厂长、经理,公司的董事局主席、董事长、执行董事、总经理、总裁或者经理。

(三) 单位犯罪与其成员的不可分离性

单位犯罪与其成员的不可分离性即指单位犯罪必须是由单位内部成员实施的犯罪。具体表现为单位成员的职务行为、业务行为或者其他完成工作任务的行为。当然,由于单位本身是独立的具体存在,单位并不以其某个成员的参与或者退出为转移。不过单位毕竟是由自然人建立并受自然人控制的,单位成员具有复杂的身份,这种身份的复杂性决定了并不是一切成员的犯罪都是单位犯罪。只有在那些单位意志支配下、代表单位并为单位利益实施的犯罪才是单位犯罪。如果单位内部人员未经单位授权擅用单位名义实施犯罪,除非事后得到单位认可,否则只能是个人犯罪而非单位犯罪。法释〔1999〕14号司法解释第三条规定:"盗用单位名义实施犯罪,违法所得由实施犯罪的个人私分的,依照刑法有关自然人犯罪的规定定罪处罚。"

(四) 单位犯罪范围的有限性

单位犯罪范围的有限性即指单位犯罪必须以刑法典分则条文明确规定为限。刑法典分则条文包括刑法典分则及国家立法机关根据实际需要制定的刑法修正案、单行刑法和附属刑法。从刑法典分则的规定来看,单位犯罪主要存在于危害公共安全罪,破坏社会主义市场经济秩序罪,侵犯公民人身权利、民主权利罪,妨害社会管理秩序罪,危害国防利益罪和贪污贿赂罪等章中。经统计,包括刑法典、单行刑法和刑法修正案在内,我国目前的单位犯罪按司法罪名统计共有 155 个:第一章 1 个,第二章 6 个,第三章 88 个,第四章 5 个,第五章 1 个,第六章 44 个,第七章 4 个,第八章 6 个;第九章和第十章没有单位犯罪。这些单位犯罪多数是故意犯罪,但也有少数属于过失犯罪。

四、单位犯罪的处罚原则

(一) 关于单位犯罪处罚原则的不同主张

对单位犯罪的处罚,各国刑事立法和刑法理论上存在双罚制和单罚制两类三种主张:一是双罚制,或者称两罚制,即单位犯罪的,对单位及其直接负责的主管人员和其他直接责任人员均处以刑罚;二是转嫁制,即直接处罚制,即单位犯罪的,只处罚单位,而不处罚直接责任人员;三是代罚制,即单位犯罪的,只处罚直接责任人员,而不处罚单位。转嫁制和代罚制统称为单罚制。

(二) 刑法典规定的单位犯罪处罚原则

总的说来,刑法典对单位犯罪以双罚制为原则,以代罚制为例外;在双罚制中,又有一般双罚制与特殊双罚制之别。

刑法典第三十一条规定:"单位犯罪的,对单位判处罚金,并对其直接负责的主管人员和其他直接责任人员判处刑罚。本法分则和其他法律另有规定的,依照规定。"这是刑法典关于单位犯罪处罚原则的总则性规定。根据这一规定,对单位犯罪,一般采取双罚制,即单位犯罪的,对单位判处罚金,同时对单位直接负责的主管人员和其他直接责任人员判处刑罚。但是,当刑法典分则和其他法律(刑法修正案、单行刑法或者附属刑法)另有规定,不采取双罚制而采取单罚制的,则属例外情形。因为单位犯罪的情况十分复杂,其社会危害程度差别很大,一律采取双罚制并不能全面准确地体现罪责刑相适应原则,也难以达到对单位犯罪施以刑罚的目的。在刑法典分则中,有少数几种单位犯罪采取单罚制,例如,第一百六十一条违规披露、不披露重要信息罪和第一百六十二条妨害清算罪,只处罚公司、企业的直接责任人员,而不处罚作为犯罪主体的公司、企业。又如,第二百四十四条强迫劳动罪,只处罚用人单位的直接责任人员,而不处罚作为犯罪主体的用人单位。

应当注意的是,从刑法典分则的具体规定来看,在双罚制中,又有两种不同做法:一是对单位判处罚金,并对其直接负责的主管人员和其他直接责任人员与自然人犯该罪一样判处其他刑罚,可称之为一般双罚制。例如,刑法典第一百二十条之一第三款规定,单位犯帮助恐怖活动罪的对单位判处金,并对其直接负责的主管人员和其他直接责任人员,依照自然人犯该罪的规定处罚。二是对单位判处罚金,但对其直接负责的主管人员和其他直接责任人员判处比自然人犯该罪较轻的刑罚,可称之为特殊双罚制。特殊双罚制存在于不纯正单位犯罪中。譬如,刑法典第一百七十五条高利转贷罪是不纯正单位犯罪,自然人犯本罪的,"违法所得数额较大的,处三年以下有期徒刑或者拘役,并处违法所得一倍以上五倍以下罚金;数额巨大的,处三年以上七年以下有期徒刑,并处违法所得一倍以上五倍以下罚金"。单位犯本罪的,"对单位判处罚金,并对其直接负责的主管人员和其他直接责任人员,处三年以下有期徒刑或者拘役"。

特殊双罚制又有两种情况:一是对单位处罚金,对直接负责的主管人员和其他直接责任人员处轻于自然人犯本罪的自由刑罚,但不处罚金。比如,刑法典第一百七十五条高利转贷罪,第一百五十三条走私普通货物、物品罪,第一百五十八条虚报注册资本罪,第一百五十九条虚假出资、抽逃出资罪,第一百六十条欺诈发行股票、债券罪,第一百七十九条擅自发行股票、公司、企业债券罪,第一百八十条内幕交易、泄露内幕信息罪,第一百八十一条编造并传播证券、期货交易虚假信息罪和诱骗投资者买卖证券、期货合约罪,第一百九十一条洗钱罪,第一百九十八条保险诈骗罪,第二百零五条虚开增值税专用发票、用于骗取出口退税、抵扣税款发票罪,第二百零六条伪造、出售伪造的增值税专用发票罪。二是对单位处罚金,对两类责任人员虽然处轻于自然人犯本罪的自由刑罚,但仍处罚金,这是刑法修正案(八)通过对刑法第二百条修改新增加的类型,共涉及集资诈骗罪、票据诈骗罪、金融凭证诈骗罪和信用证诈骗罪四个罪名,刑法修正案(九)新增的对有影响力人行贿罪亦属于这种情况。

一般双罚制与特殊双罚制不是固定不变的。第一百八十二条操纵证券、期货市场罪,原为特殊双罚制,刑法修正案(六)将其修改为一般双罚制。

一般双罚制与特殊双罚制的区别主要有两点:一是就主刑(自由刑)而言,对直接负责的主管人员和其他直接责任人员的处罚,一般双罚制重,特殊双罚制轻。当然,司法解释对自然人犯罪与单位犯罪规定了不同的追诉起点和入罪条件,使得在单位犯罪时,对其直接负责的主管人员和其他直接责任人员的处罚比自然人犯该罪时的处罚普遍较轻。二是就附加刑(罚金)而言,适用一般双罚制时,对其直接负责的主管人员和其他直接责任人员的处罚仍包括罚金;适用特殊双罚制时,对其直接负责的主管人员和其他直接责任人员的处罚一般不包括罚金,但集资诈骗罪、票据诈骗罪、金融凭证诈骗罪、信用证诈骗罪和对有影响力人行贿罪例外。

实际上,特殊双罚制下,对于单位直接负责的主管人员和其他直接责任人员判处相对较轻的刑罚,法理依据及正当性明显不足。因此,从刑法修正案(七)以来,立法机关不再设立无罚金的特殊双罚制,对有影响力人行贿罪适用包括罚金的特殊双罚制是唯一例外。

(三) 单位犯罪处罚特殊情况

涉嫌犯罪的单位被撤销、注销、吊销营业执照或者宣告破产的,应当根据刑法关于单位犯罪的相关规定,对实施犯罪行为的该单位直接负责的主管人员和其他直接责任人员追究刑事责任,对该单位不再追诉。

对单位犯罪中直接负责的主管人员和其他直接责任人员不区分主犯、从犯,按照其在单位犯罪中所起的作用判处刑罚。不过在司法实践中,有区分主犯、从犯的实际做法。例如,2011年上海市宝山区人民法院对"染色馒头案"的判决。

根据《全国人民代表大会常务委员会关于〈中华人民共和国刑法〉第三十条的解释》,公司、企业、事业单位、机关、团体等单位实施刑法规定的危害社会的行为,刑法分则和其他法律未规定追究单位的刑事责任的,对组织、策划、实施该危害社会行为的人依法追究刑事责任。

本章小结

1. 犯罪主体是指具备刑法规定的刑事能力、实施危害社会行为、依法应当负刑事责任的自然人和单位。二元性和责任能力是犯罪主体的重要特征和要件。责任能力是主体辨认和控制自己行为的能力。犯罪主体可依其属性、要件予以分类。研究犯罪主体有助于司法实践中区分罪与非罪、此罪与彼罪的界限,有助于正确量刑。

2. 影响和决定自然人责任能力程度的因素包括知识和智力成熟程度和大脑功能正常与否。刑法典采用四分法,将责任能力程度分为完全责任能力、完全无责任能力、相对无责任能力和减轻责任能力。

3. 刑事责任年龄是指法律规定的行为人对自己实施的刑法所禁止的危害社会行为负刑事责任必须达到的年龄。刑法典把刑事责任年龄划分为完全不负刑事责任年龄、相对负刑事责任年龄、减轻刑事责任年龄与完全负刑事责任年龄四个阶段。对未成年人犯罪案件,刑法典规定了从宽处罚和排除死刑适用两条重要处理原则。刑法典依精神障碍对刑事能力的影响程度将精神障碍人划分为无责任能力、完全责任能力与限制责任能力三类,并确立了无责任能力精神病人的两个必备标准:生理学标准与心理学标准。生理功能缺陷者实施刑法禁止行为,应负刑事责任,但可从轻、减轻或者免除处罚。生理醉酒是指因饮酒过量而致精神过度兴奋甚至神志不清的情况。生理醉酒者犯罪,应当负刑事责任。

4. 犯罪主体的特殊身份是指刑法规定的影响行为人刑事责任的行为人人身方面的特定的资格、地位或者状态。主体特殊身份可以划分为自然身份与法定身份、定罪身份与量刑身份。刑法典分则对犯罪主体的特殊身份做了具体规定。特殊身份可以影响行为的定罪与量刑,司法实践中应加以区分。

5. 中国传统刑法理论对单位犯罪持否定态度。刑法典采用总则与分则相结合的方式确立了单位犯罪及其刑事责任。单位犯罪是指由公司、企业、事业单位、机关、团体实施的依法应当承担刑事责任的危害社会的行为,具有主体特定性、单位意志性、与单位成员不可分离性及范围有限性等特征。单位犯罪的刑事责任有特殊性,就处罚原则而言,刑法典以双罚制为原则,代罚制为例外。

关键词语

犯罪主体,刑事责任能力(刑事能力、责任能力),刑事责任年龄,身份犯,单位犯罪,双罚制。

问题思考

1. 如何理解犯罪主体的特征和共同要件?
2. 如何理解研究犯罪主体的意义?
3. 如何理解刑法典中刑事责任能力程度的划分?
4. 如何理解年龄对刑事责任能力程度的影响?
5. 如何理解未成年人犯罪案件的处理原则?
6. 如何理解精神障碍对刑事责任能力程度的影响?
7. 运用原因自由行为理论,解析刑法典关于醉酒的人犯罪应当负刑事责任的规定。
8. 综述刑法典对犯罪主体特殊身份的规定。
9. 论述限制单位犯罪范围的必要性及策略。

第八章
犯罪主观要素

目的要求

1. 了解犯罪主观要素的概念、特征和意义。
2. 掌握犯罪故意的构成因素,直接故意与间接故意的表现及二者的关系。
3. 掌握犯罪过失的特征,疏忽大意过失和过于自信过失的概念、特征及二者的关系。
4. 理解意外事件的概念、特征及其与犯罪过失的区别,犯罪目的和犯罪动机的概念及二者的关系。
5. 理解刑法上认识错误的主要情形及其对刑事责任的影响。
6. 了解违法性认识可能性的概念、地位,掌握缺乏违法性认识可能性的主要情形。
7. 了解期待可能性的概念、地位与判断标准,掌握无期待可能性的主要情形。

第一节 犯罪主观要素概述

本节主要讲述犯罪主观要素的概念、内容、特征和意义。

一、犯罪主观要素的概念和内容

按照我国刑法理论界的通说,犯罪主观要素,亦称犯罪主观方面或犯罪主观要件,它是指犯罪主体对自己的危害行为及其危害结果所持的心理态度。它包括犯罪的故意和过失(二者合称罪过)以及犯罪的目的和动机等因素。行为人的罪过是一切犯罪构成都必须具备的主观要件,因此,被称为犯罪主观方面的必要要件;犯罪的目的只是某些犯罪构成所必备的主观要件,因此被称为犯罪主观要素的选择要件;犯罪动机不是犯罪构成所必备的主观要件,它一般不影响定罪,但可能影响量刑。至于意外事件、认识错误和期待可能性等,则是作为犯罪主观要素的相关问题,对行为人的行为是否构成犯罪以及构成何罪也有一定的影响,因此,也纳入本章予以探讨。

犯罪主观要素之罪过是犯罪构成要件之一,是行为人对自己所实施的危害行为负刑事责任的主观基础。根据刑法典规定,任何犯罪的构成都是主客观因素的统一,缺少犯罪的客观素,就会导致主观归罪,而缺少犯罪的主观要素,就会导致客观归罪。因此,犯罪主观要素在犯罪构成中占有非常重要的地位。

二、犯罪主观要素的特征

为了正确理解和把握犯罪主观要素的概念,必须对其特征,特别是罪过的特征予以分析。

(一)犯罪主观要素的可责性

罪过的可责性强调,罪过是行为人负刑事责任的主观基础。根据刑法典第十四条和第十五条规定,某种行为要构成犯罪在主观方面都必须具备犯罪的故意或者犯罪的过失这两种基本的罪过形式之一。如果行为人的某种行为不是出于故意或者过失,尽管在客观上造成了危害社会的结果,也不构成犯罪。犯罪的故意与过失,不仅是认定行为人构成犯罪的主观依据,也是行为人对自己所实施的犯罪负刑事责任的主观基础。那么,为什么对一个人所实施的危害社会的行为必须在具备主观罪过时,才能认定为犯罪并追究其刑事责任呢?以辩证唯物主义原理为指导的刑事责任理论认为,对于是否实施危害社会的行为,任何正常人都有选择的相对自由,实施或者不实施危害行为,都是通过人的意识和意志的积极作用,通过相对自由意志的选择和支配来实现的。行为人在自己处于具有相对自由的意识和意志的支配下,选择实施危害社会的行为,他不但在客观方面危害了社会,而且在主观上也具有了犯罪的故意或者过失的心理态度,这种态度使他在国家面前产生了罪责。国家据此认定行为人有罪并追究其刑事责任,不仅合乎情理,而且也是必要的。同时,通过对行为人定罪处刑,还可以促使行为人今后正确地进行意志选择,不再选择实施危害社会的行为,从而收到预防犯罪的功效。

(二)犯罪主观要素与犯罪客观要素的对立统一性

犯罪的主观要素与犯罪的客观要素作为犯罪构成的两大要件,就其各自涵盖的内容来看是相互对立的。这是因为,犯罪的主观要素是用以说明行为人是在怎样的心理状态支配下实施危害行为的要件,它所揭示的是行为人内在的心理活动;而犯罪的客观要素是用以说明刑法所保护的社会关系是通过什么样的行为使其受到侵犯以及受到何种程度侵犯的要件,它所揭示的是行为人外在的行为表现。

但是,从犯罪构成的整体性要求来考察,犯罪的主观要素与犯罪的客观要素又是相互联系、不可分割的统一体。根据刑法典规定,确认某人构成犯罪并追究其刑事责任,在客观上必须具备刑法所禁止的危害行为,同时,在主观上也必须具有犯罪的故意或者过失。如果缺少前者,就会丧失行为人构成犯罪并承担刑事责任的客观基础;如果缺少后者,就会丧失行为人构成犯罪并承担刑事责任的主观基础。

(三)犯罪主观要素的可知性

犯罪主观要素是客观存在并且要通过客观活动表现出来的。只要司法人员深入实际调查研究,全面地、历史地、辩证地分析案件的各种具体情况,就能够查明行为人是否具有主观罪过,行为是出于故意还是过失,是何种故意或者过失,有无特定的犯罪目的,犯罪动机如何,从而对其主观心理态度作出符合客观真实的判定和结论,进而正确定罪量刑。具体而言,正确查明犯罪主观要素,司法人员应当注意以下两点:

1. 主观见之于客观

行为人犯罪的主观心理态度,不是停留在其大脑中的纯主观思维活动,它必然要支配行为人客观的犯罪活动。这样,就必定会通过行为人的行为及与其有关的行为前、行为时以及行为后的一系列外在客观活动表现出来。

2. 犯罪主观要素的相对客观性

行为人的犯罪故意、犯罪过失、犯罪目的与动机,相对其客观危害行为是属于主观因素,但是,相对于案外人特别是司法工作人员来说,则是客观存在的事实。司法人员有义务查明行为人犯罪主观要素的真实情况,并通过收集、固定客观证据来证实行为人行为当时的主观因素。

(四)罪过在具体犯罪中的单一性(故意与过失择一)

罪过在具体犯罪中可能存在着三种不同的结合方式:一是只能由故意构成的犯罪;二是只能由过失构成的犯罪;三是既可由故意构成,也可由过失构成的犯罪。① 但是,第三种情况即所谓的"第三种罪过形式"或者称"复合罪过",目前正在消失。例如,以往一般认为,刑法典第一百六十八条徇私舞弊造成破产、亏损罪,既可以由故意构成,也可以由过失构成。但该条已经被刑法修正案第二条修改和《最高人民法院、最高人民检察院关于执行〈中华人民共和国刑法〉确定罪名的补充规定》(法释〔2002〕7号)分解为国有公司、企业、事业单位人员失职罪与国有公司、企业、事业单位人员滥用职权罪两个罪名,前者是过失犯罪,后者是故意犯罪,不存在"既可以由故意构成,也可以

---

① 王作富.刑法.6版.北京:中国人民大学出版社,2016:77—78.

由过失构成"的问题。以往学者所举的另两个"复合罪过"的例子是1979年刑法典第一百八十六条泄露国家秘密罪和第一百八十七条玩忽职守罪,但是,前条已经被1997年刑法典第三百九十八条分解为故意泄露国家秘密罪和过失泄露国家秘密罪两个罪过形式不同的罪名;后条已经被1997年刑法典第三百九十七条分解为滥用职权罪和玩忽职守罪,前者是故意犯罪,后者是过失犯罪,也不存在"复合罪过"的问题。① 因此,从刑法典所规定的具体罪名角度看,应当主张罪过的单一性,就具体犯罪而言,要么是故意犯罪,要么是过失犯罪。

《最高人民法院、最高人民检察院关于执行〈中华人民共和国刑法〉确定罪名的补充规定(五)》(法释〔2011〕10号)将刑法修正案(八)新增加的第四百零八条之一确定为食品监管渎职罪,这是目前唯一的"复合罪过"的犯罪。解决的办法是将该条确定为食品监管滥用职权罪和食品监管失职罪(或食品监管玩忽职守罪)两个罪名。

三、犯罪主观要素的意义

(一)定罪方面

1. 区分罪与非罪

罪过是任何犯罪构成的主观要件,没有罪过,譬如,意外事件或者无意识的事实行为,不构成犯罪。而且,就具体犯罪而言,其罪过总是特定的,因此,查明其罪过的具体内容是定罪的关键之一。

2. 区分此罪与彼罪

任何具体犯罪的罪过形式和罪过内容都是特定的。例如,有的犯罪只能出于故意,有的犯罪只能出于过失;同是故意或者过失犯罪,此罪与彼罪间的故意内容或者过失内容也有所不同。查明行为人行为时是否具备具体犯罪构成所要求的特定罪过形式与罪过内容,就有助于正确区分此罪与彼罪的界限。此外,对某些具体犯罪,法律还要求其主观方面具有特定的目的。查明是否具备这些特定目的,也有助于区分此罪与彼罪。

3. 犯罪主观要素制约行为的数量

确定危害行为的数量,主要依靠罪过这一标准。一个罪过支配下的一系列举动就是一个危害行为。这是由刑法上行为的有意性决定的。因此,行为

---

① 当然,对于刑法典第三百九十七条滥用职权罪和玩忽职守罪主观方面的特征,目前学者尚有不同的看法。本书认为,在界定该两罪主观方面的特征时,至少应当明确两点:一是玩忽职守罪在新旧刑法典中是有显著区别的。二是应当重新认识现行刑法典第三百九十七条第二款与第一款的关系。第二款只规定了滥用职权罪的加重罪状和加重法定刑,而与玩忽职守罪无关,因为玩忽职守实质上就是失职,而"徇私舞弊"的"失职"是难以想象的。

人为了实现一个罪过内容,其行为可能包括多个具体动作,在这种情况下,除非刑法有特别规定,否则,通常应当作为一个行为认定。此外,对于事后不可罚行为之所以不单独定罪处罚,主要也是基于犯罪主观要素的考虑。

(二) 量刑方面

属于犯罪主观要素的心理态度范畴的犯罪动机、犯罪故意的不同表现形式、犯罪过失的严重程度等因素,是行为人主观恶性和人身危险性大小的重要表现,对犯罪的危害程度有重要影响,也直接关系到刑罚目的实现的难易程度,因而我国刑法和司法实践确认这些因素对量刑的影响。查明这些主观因素并在决定怎样运用刑罚时予以适当考虑和体现,无疑会有助于贯彻罪责刑相适应原则和正确量刑。

第二节 犯罪故意

本节主要讲述犯罪故意的概念和构成因素,犯罪故意的类型即直接故意与间接故意的概念、表现及二者关系。

一、犯罪故意的概念和构成因素

(一) 犯罪故意的概念、内容与学说

1. 犯罪故意的概念和内容

刑法典第十四条规定:"明知自己的行为会发生危害社会的结果,并且希望或者放任这种结果发生,因而构成犯罪的,是故意犯罪。"故意犯罪与犯罪故意是两个密切相关的概念,二者在本质上有所差别。故意犯罪指的是一类犯罪的统称,而犯罪故意则指的是一种罪过心理。根据刑法对故意犯罪所下的定义,可以对犯罪故意做如下界定:犯罪故意,作为犯罪主观要素的罪过形式之一,是指行为人明知自己的行为会发生危害社会的结果,并且希望或者放任这种结果发生的一种主观心理态度。它包含以下两项内容或者两个因素:一是行为人明知自己的行为会发生危害社会的结果,亦称认识因素;二是行为人希望或者放任这种危害结果的发生,亦称意志因素。只有这两方面因素有机统一,才能认定行为人具有犯罪故意。

2. 犯罪故意的学说

关于犯罪故意的学说,或者称区分故意与过失的学说,起初有希望主义和认识主义,后来有立足于希望主义的容认说和立足于认识主义的盖然性说。刑法典采用容认说[1]。

---

[1] 张明楷.刑法学.5版.北京:法律出版社,2016:254.

犯罪故意的容认说，又称容认主义，即行为人认识到危害行为与危害结果，并希望或者放任危害结果发生的，就成立故意。这是科学合理的。首先，在行为人认识到危害行为与危害结果时，还放任危害结果的发生，就表明行为人不只是消极地不保护社会关系，而是对社会关系持一种积极的否认态度，故与希望结果发生没有本质区别。其次，容认说将主观恶性明显小于间接故意的过于自信的过失排除在故意之外，又将间接故意归入故意之中，因而做到了宽窄适度。再次，盖然性说存在缺陷。认识因素的有无可以左右意志因素的有无，这表现在没有前者就没有后者。但是，认识因素的内容并不能决定意志因素的内容，行为人认识到结果发生的可能性大小，并不能直接说明他是希望或者放任结果发生还是希望结果不发生。况且，也难以判断行为人所认识的是结果发生的盖然性还是可能性。总之，故意、过失这两种罪过形式的界限，是结合两个方面的因素来区分的：一是行为人对自己的危害行为及其结果有无认识和认识的程度如何，此即认识因素；二是行为人对危害结果的态度怎样，此即意志因素。下面分别对犯罪故意的两种因素加以阐述。

（二）犯罪故意的构成因素

1. 犯罪故意的认识因素

行为人明知自己的行为会发生危害社会的结果，这是构成犯罪故意的认识因素。虽然一个人的行为在客观上发生了危害社会的结果，但其在行为时并不知道自己的行为会发生这种结果，就不构成犯罪的故意。关于犯罪故意的认识因素，需要弄清以下两个方面的问题：

（1）认识的内容，即"明知"的内容。这一问题在刑法理论界是一个众说纷纭的问题。根据我国刑法理论界的通说，犯罪故意的认识因素中的"明知"包含以下三方面内容：一是对行为本身的认识，即对刑法规定的危害社会行为的内容及其性质的认识。一个人只有认识到自己所要实施或者正在实施的行为危害社会的性质和内容，才能谈得上进一步认识行为之结果问题。因此，要明知自己的行为会发生危害社会的结果，首先就必须对行为本身的性质、内容与作用有所认识。二是对行为结果的认识，即对行为产生或者将要产生的危害社会结果的内容与性质的认识。由于具体犯罪中的危害结果就是对直接客体的侵害，因而这种对危害结果的明确认识，也包含了对犯罪直接客体的认识。三是对危害行为和危害结果相联系的其他构成要件事实的认识，这一方面的认识主要包括行为人对特定的犯罪对象、时间、地点和方法等因素的认识。

关于"明知"的内容，在刑法学界有所争议的另外一个问题即其中是否包括行为人对违法性的认识。通说认为，按照法律规定，犯罪故意的认识因素表现为行为人"明知自己的行为会发生危害社会的结果",这显然是只要求行为人明知其行为及行为结果的危害性,而没有要求行为人明知行为及结果的刑事违法性。否则,有人将会以不知法为借口而逃避罪责。但是,通说在否定违法性认识的同时也指出,有一种例外情况可以因行为人无违法性认识而否定其主观故意性。这就是某种行为一向不为刑法所禁止,后来在某个特殊时期或者某种特定情况下为刑法所禁止,如果行为人确实不知道法律已禁止而仍实施该行为的,就不能认为他是故意违反刑法,而且,此时他也往往缺乏对行为及其结果的社会危害性的认识,这种情况下难以认定行为人具有犯罪的故意(另见"违法性认识可能性")。

(2) 认识的程度,即明知自己的行为"会发生"危害社会的结果的含义。所谓明知"会发生"一般有两种情况:一是行为人明知自己的行为必然导致某种危害结果的发生。二是行为人明知自己的行为可能导致某种危害结果的发生。在以上两种情况下,无论行为人认识到危害结果必然发生还是可能发生,均符合犯罪故意的认识特征。

2. 犯罪故意的意志因素

行为人对自己的行为将要引起的危害结果持有希望或者放任的心理态度,是构成犯罪故意的意志因素。它有希望危害结果发生和放任危害结果发生两种表现形式。

所谓希望危害结果发生的心理,就是行为人在对自己的行为性质在明确认识的基础上,努力运用自己的意志来协调决定自己行为性质的各种主客观条件,使自己对行为的认识按自己的意愿转化为客观现实,促使危害结果发生的意志活动。

所谓放任危害结果发生的心理,就是行为人在实施行为时,明知自己的行为会发生危害结果,但不是设法改变自己行为的性质或者方向以避免这种结果的发生,而是以一种听之任之的态度,继续运用自己的意志控制决定行为性质的各种条件,最终导致危害结果发生的心理过程。

二、犯罪故意的类型

犯罪故意的类型可依不同的标准进行分类:依认识内容的确定程度分为确定故意与不确定故意(包括未必故意、概括故意和择一故意),依故意形成特点分为预谋故意与突发故意,依故意内容成立是否附一定的条件分为无条件故意与附条件故意,依故意与行为之间的时间顺序分为事先故意与事后故意。以上是对犯罪故意的学理分类[①]。一般根据刑法典第十四条规定,依

[①] 苏惠渔. 刑法学. 3 版. 北京:中国政法大学出版社,2007:106.

行为人对危害结果所持的心理态度,主要是意志因素的不同,将犯罪故意分为直接故意与间接故意两种情况。这是对故意的法定分类。

(一) 直接故意

1. 直接故意的概念与构成因素

犯罪的直接故意是指行为人明知自己的行为必然或者可能发生危害社会的结果,并且希望这种结果发生的心理态度。直接故意有两个方面的构成因素:认识因素是行为人明知自己的行为必然或者可能发生危害社会的结果,意志因素是行为人希望危害结果的发生。

2. 直接故意的表现形式

根据行为人认识程度的不同,犯罪的直接故意可以分为以下两种表现形式:

(1) 行为人明知自己的行为必然发生危害社会的结果,并且希望这种结果发生的心理态度。例如,甲想杀死乙,用枪顶在乙的脑袋上射击,他明知这种行为必然致乙死亡而仍决意为之,追求乙死亡结果的发生。

(2) 行为人明知自己的行为可能发生危害社会的结果,并且希望这种结果发生的心理态度。例如,丙想枪杀丁,但只能于晚上趁丁返家途中隔小河射击,由于光线不好,距离较远,丙的射击技术又不甚好,因而他对能否射杀丁没有把握,但他不愿放过这个机会,希望能打死丁,并在这种心理的支配下实施了射杀行为。

(二) 间接故意

1. 间接故意的概念与构成因素

犯罪的间接故意是指行为人明知自己的行为可能发生危害社会的结果,并且放任这种结果发生的心理态度。间接故意也有两个方面的构成因素:其认识因素是行为人明知自己的行为可能发生危害社会的结果,其意志因素是放任危害结果的发生。

关于间接故意的认识因素,按照通说的观点,行为人只对危害结果发生的可能性有认识,而不存在必然性认识。在这里,所谓认识到危害结果发生的可能性,是指行为人根据对自己本身的能力和犯罪的时间、地点、环境以及对工具、对象等情况的了解,认识到某种危害结果的发生只是具有可能性,而不具有必然性。倘若行为人明知自己的行为必然发生危害社会的结果仍决意而为之,就超出了间接故意认识因素的范围,应视为直接故意。

间接故意的意志因素是指行为人放任危害结果发生的心理态度。这里的"放任"是指行为人在认识到某种危害结果可能发生的情况下,不是积极地追求这种结果发生,也没有采取相应的措施设法避免这种结果发生,而是对危害结果的发生抱着听之任之的态度。发生了危害结果,不违背行为人的本意;没有发生危害结果,也不违背行为人的本意。

2. 间接故意的表现形式

在司法实践中,间接故意的存在大致有以下三种情况:

(1) 行为人为了实现某种犯罪意图而放任另一个危害结果发生。例如,甲欲毒杀妻子乙,就在妻子盛饭时往妻子碗内投下了剧毒药。甲同时还预见到其妻有可能把饭给孩子吃而祸及孩子,但他因为杀妻心切,就抱着听任孩子也被毒死的心理态度。事实上妻子乙在吃饭时确实喂了孩子几口,结果母子均中毒死亡。此案中,甲明知投毒后其妻必然吃饭而中毒身亡并积极追求这种结果的发生,对其妻构成杀人的直接故意无疑;但甲对其孩子死亡发生的心理态度就不同,他预见到的是孩子中毒死亡的可能性而不是必然性,他对孩子死亡结果的发生并不是希望,而是为了达到杀妻的结果而予以有意识的放任,这完全符合间接故意的特征,对其孩子构成杀人的间接故意。

(2) 行为人为实现一个非犯罪的意图而放任某种危害结果的发生。例如,某猎人发现一个猎物,同时又发现猎物附近有一个孩子,根据自己的枪法和离猎物的距离,明知若开枪不一定能打中猎物,却可能打中小孩,但猎人打猎心切,不愿放过这一机会,又看到周围无其他人,遂放任可能打死小孩这种危害结果的发生,仍然向猎物开枪,结果子弹打偏,打死了附近的小孩。此案中,猎人明知自己的开枪打猎行为可能打中小孩使其毙命,但为追求打到猎物的目的,仍然开枪打猎,听任打死小孩这种危害结果的发生,具备了间接故意的认识因素和意志因素,因而构成间接故意的犯罪。

(3) 在突发性犯罪中,行为人不计后果,放任严重后果的发生。在这类案件中,行为人对自己的行为到底会给对方造成何种后果并无明确的认识,但无论发生何种结果,都在行为人的主观认识范围之内,行为人在主观上并不反对这种结果的发生。因此,在类似的案件中行为人在主观上表现为间接故意的心理。例如,一些青少年临时起意,动辄行凶,不计后果,捅人一刀即扬长而去并致人死亡的案件就属于这种情况。这种案件里,行为人对用刀扎人必致人伤害是明知的和追求的,属于直接故意的范畴;对于其行为致人死亡的结果而言,他虽然预见到可能性,但持的不是希望其发生的态度,而是放任其发生的态度。这样,对于其行为造成他人死亡的结果而言,其认识因素是明知可能性,其意志因素是放任结果的发生,这完全符合犯罪间接故意的构成。

(三) 直接故意与间接故意的关系

综上所述,犯罪的直接故意与间接故意同属犯罪故意的范畴。从认识因素上看,二者都明确认识到自己的行为会发生危害社会的结果;从意志因素上看,二者都不排斥危害结果的发生。这些相同点,说明和决定了这两种故意形式的共同性质。简而言之,直接故意是蓄意,间接故意是放任。它们的区别主要在于:

(1) 在认识因素上,二者对行为将导致的危害结果在认识程度上有所不同。直接故意的行为人对危害结果的认识包括必然性认识和可能性认识两种情形,而间接故意的行为人对危害结果的认识则只有可能性一种。

(2) 在意志因素上,两者对危害结果的发生所持的心理态度不同。直接故意的行为人是希望危害结果的发生,而间接故意的行为人则是放任危害结果的发生。

(3) 在成立条件上,特定危害结果是否发生,对二者成立的意义不同。在直接故意的情况下,特定的危害结果是否发生,并不影响其犯罪的成立;而在间接故意的情况下,只有发生了特定的危害结果,才能构成犯罪。

从刑法典的规定来看,故意犯罪中的绝大多数犯罪只能由直接故意构成,只有少数故意犯罪如故意杀人罪、故意伤害罪、放火罪、爆炸罪等既可以由直接故意构成,也可以由间接故意构成。只是需要引起注意的是,无论是直接故意犯罪还是间接故意犯罪,由于它们同属于故意犯罪的范畴,属于相同罪质的犯罪,因此在确定罪名时无须作出区分。

第三节 犯罪过失

本节主要讲述犯罪过失的概念、特征、类型,疏忽大意过失和过于自信过失的概念、特征及二者关系,以及意外事件的概念、特征及其与犯罪过失的区别。

一、犯罪过失的概念和特征

(一) 犯罪过失的概念

犯罪过失是主观罪过形式之一,是一切过失犯罪负刑事责任的主观基础。刑法典第十五条规定:"应当预见自己的行为可能发生危害社会的结果,因为疏忽大意而没有预见,或者已经预见而轻信能够避免,以致发生这种结果的,是过失犯罪。"根据该规定,所谓犯罪过失,是指行为人应当预见自己的行为可能发生危害社会的结果,因为疏忽大意而没有预见,或者已经预见而轻信能够避免,以致发生这种结果的心理态度。它与犯罪故意一样,也是认识因素与意志因素的统一体,只不过行为人认识因素与意志因素的内容有所不同而已。

(二) 犯罪过失的特征

根据犯罪过失上述两方面的因素,我们可以看出,犯罪过失具有以下特征:

1. 行为人的实际认识与认识能力不一致

在过失犯罪的场合,行为人具备认识自己行为可能发生危害社会结果的可能性,但事实上在行为时没有认识到,或者虽然已经认识到,但对结果发生的可能性作出了错误的估计和判断,认为危害结果可以避免。

2. 行为人的主观愿望与客观效果不一致

在过失犯罪的场合,行为人在主观上对某种危害结果的发生既不希望也未放任,而持的是一种排斥和反对的态度。危害结果的发生完全是由于行为人缺乏注意、轻率行事造成的,是与行为人的主观愿望相违背的。

(三) 犯罪过失中的几个问题

1. 犯罪过失与刑事责任

通过犯罪过失的特征我们可以看到,行为人在过失犯罪的情况下所实施的危害社会的行为并非自觉自愿的。既然如此,为何又要追究行为人的刑事责任呢?这是由于人的意志具有相对的自由,人可以凭借自己对客观事物的正确认识,在客观条件许可的范围内自由地选择自己的行为。在过失犯罪的情况下,行为人本来能够通过对客观事物的认识,或者发挥自己的主观能动性,慎重从事,选择自己的行为,避免危害结果发生,但是行为人在自己的意志支配下,对社会利益和群众的安危采取了严重不负责任的态度,从而造成严重危害社会的结果。因此,国家有充分的理由要求行为人对自己这种严重不负责的态度支配下的行为造成的危害结果承担刑事责任。

2. 犯罪过失与犯罪结果

刑法典第十五条中两次提到"结果"的概念,反映了犯罪过失与犯罪结果之间的一般联系。但不能将二者关系绝对化。如果绝对地认为犯罪过失成立或者过失犯罪构成必须以犯罪结果为要件,那就错了。因为在这里确实存在着例外,即刑法典第三百三十条妨害传染病防治罪,第三百三十一条传染病菌种、毒种扩散罪,第三百三十四条第一款非法采集、供应血液、制作、供应血液制品罪等"过失危险犯"例外。

3. 犯罪过失与犯罪故意

犯罪过失与犯罪故意虽同属罪过,但在刑法中的地位和后果是不同的。

首先,刑法典第十四条第二款规定:"故意犯罪,应当负刑事责任。"第十五条第二款规定:"过失犯罪,法律有规定的才负刑事责任。"这说明两点:一是刑法以处罚故意犯罪为原则,以处罚过失犯罪为例外;二是处罚过失犯罪必须以刑法分则规范有明确规定为限。

其次,刑法对过失犯罪规定了明显低于故意犯罪的法定刑。例如,刑法典第二百三十二条故意杀人罪的最高刑为死刑,而第二百三十三条过失致人死亡罪的最高刑仅为七年有期徒刑。

二、犯罪过失的类型

关于犯罪过失的类型,可依不同的标准进行分类。依行为人违反的是否职务上、业务上的注意义务分为普通过失与职务业务过失,依过失程度分为轻过失与重过失。根据刑法典第十五条规定,依行为人的心理态度不同,将犯罪过失分为疏忽大意的过失和过于自信的过失两种情况,这是对犯罪过失的法定分类。

(一) 疏忽大意的过失

疏忽大意的过失,是指行为人应当预见自己的行为可能发生危害社会的结果,因为疏忽大意而没有预见,以致发生了这种结果的心理态度。在疏忽大意过失中,由于行为人对危害结果的发生没有预见,因此这种过失也被称为无认识的过失。它具有两个基本特征:一是"应当预见"的前提,二是"没有预见"的事实。

1. 行为人应当预见自己的行为可能发生危害社会的结果

(1)"应当预见"的含义。应当预见是指行为人在行为时对危害结果的发生既有预见的义务,又有预见的能力。这是疏忽大意的过失有别于意外事件的关键之所在。预见的义务是指行为人在行为时对危害结果的发生负有预见的责任。预见的义务一般是由法律或者规章制度规定的,在没有相应的法律或者规章时,一般应根据共同生活准则或者生活经验来确定。预见的能力是指行为人在行为时对危害结果的发生有预见的现实条件和实际可能性。一般来讲,预见的义务与预见的能力是有机的统一,法律只能对有条件可能预见的人提出预见的义务。因此,即使行为人对危害结果的发生负有预见的义务,但在当时的情况下不具有预见的条件,不存在预见的能力,即使发生严重的损害结果,也不能要求行为人对此负刑事责任。

(2)应否预见的判断标准。对此,目前在刑法理论界尚未达成共识。主要有以下三种观点:一是主观说,亦称个人标准说。该说主张判断能否预见应根据行为人在当时的条件下其本身所具有的能力和水平来衡量。二是客观说,亦称社会标准说。该说主张判断能否预见应根据社会上一般人的能力和水平来衡量。三是折中说,亦称综合标准说。该说主张判断能否预见应以主观标准为根据、以客观标准为参考。第三种观点是我国刑法理论上较为通行的观点。根据这一主张,对社会上一般理智正常的人能够预见到的危害结果,理智正常的行为人在正常条件下也应当能够预见到。但是,判定行为人能否预见的具有决定性意义的标准,只能是行为人的实际认识能力和行为时的具体条件。也就是说,要根据行为人本身的年龄状况、智力发育、文化知识水平、业务技能和工作、生活经验等因素决定其实际认识能力,以及根据行为当时的客观环境和条件来具体分析行为人在当时的具体情况下对行为发生这种结果能否预见。据此,一般人在普通条件下能够预见的,行为人可能因为自身认识能力较低或者行为时的特殊条件而不能预见;相反地,一般人在普通条件下不能预见的,行为人可能因为自身的认识能力较高或者行为时的特殊条件而能够预见。因此,对行为人在行为时对某一危害结果究竟应否预见的判断,应综合主客观两方面的实际情况进行科学的分析,才能得出正确的结论。

2. 行为人由于疏忽大意没有预见到自己的行为可能发生危害社会的结果

所谓"没有预见",是指行为人在实施行为的当时没有想到自己的行为可能发生危害社会的结果。这种主观上对危害结果的无认识状态,是疏忽大意过失心理的基本特征和重要内容,也是行为人在毫无警觉的情况下引起危害社会的结果发生的根本原因。

(二) 过于自信的过失

过于自信的过失是指行为人已经预见到自己的行为可能发生危害社会的结果,但轻信能够避免,以致发生这种结果的心理态度。由于行为人事先已经预见到自己的行为可能发生危害社会的结果,因此这种过失又称为有认识的过失。它有两个方面的特征:

1. 行为人已经预见到自己的行为可能发生危害社会的结果

(1) "已经预见"的含义。这是过于自信的过失成立的前提。对于过于自信的过失来说,行为人对自己行为的危害结果的预见,只能是预见到这种结果可能发生,而不能是预见到这种结果必然发生。因为过于自信的过失的特征是轻信能够避免这种结果发生,而只有在预见危害社会结果可能发生的条件下,才会轻信能够避免这种结果发生。否则,如果预见危害结果必然发生即不可避免地发生,那么行为人就没有理由相信能够避免这种结果发生了。

(2) "已经预见"的程度。过于自信的过失的行为人对危害结果的发生的预见可分为两种情况:一是认识到了自己行为发生危害社会结果的抽象危险。即行为人根据常识或者经验已经认识到了自己的行为可能产生危害结果,只是这种预见比较抽象,尚未具体化到特定的犯罪形态。二是认识到自己的行为可能发生危害社会结果的具体危险。即行为人在实施某种行为时,已经预见到危害结果的具体形式,并指向特定的对象。

2. 行为人轻信能够避免但未能避免,以致发生了危害结果

所谓轻信能够避免,一般包含以下三个方面的意思:

(1) 行为人相信危害结果不会发生。即对危害结果的发生,行为人是持否定态度的。

(2) 相信能够避免危害结果的发生有一定的实际根据。这就是说,行为人不是毫无根据地认为不会发生危害社会的结果,而是有实际的根据才相信可以避免,如行为人本人的熟练技巧或者较强的体力,行为人对客观环境或者自然规律的熟悉等。

(3) 相信能够避免危害结果的发生的根据并不可靠。这就是行为人过高地估计了能够避免危害结果发生的根据,以致最终还是发生了危害结果。正因为如此,这种过失才叫作过于自信的过失。

(三) 过于自信过失与疏忽大意过失及间接故意的区别

1. 过于自信过失与疏忽大意过失的区别

过于自信的过失作为过失犯罪的主观罪过形式之一,与疏忽大意的过失在意志因素上对危害结果的发生均持反对、排斥的态度,因此,两者有相似之处。它们之间的区别在于认识因素不同。过于自信的过失在认识因素上对危害结果的发生已经有所预见;而疏忽大意的过失对危害结果的发生则是应当预见而实际上没有预见。简而言之,过于自信过失出于轻率,疏忽大意过失出于疏忽。

2. 过于自信的过失与间接故意的区别

过于自信的过失与间接故意在认识因素上对危害结果的发生均有认识,在意志因素上对危害结果的发生均持非希望的态度。因此,在司法实践中两者有时也较难分辨。两者之间的区别主要表现在:

(1) 对危害结果的认识程度不同。过于自信的过失的行为人仅仅是预见到危害结果的可能发生,认识程度相对较低;而间接故意的行为人则是明知危害结果的现实可能发生,认识程度相对较高。

(2) 对危害结果发生所持的心理态度不同。过于自信的过失的行为人在主观上对危害结果的发生不仅不存在希望的心理,而且轻信能够避免危害结果的发生,因此,危害结果的发生是违背行为人本意的;间接故意的行为人虽然也不是希望危害结果的发生,但放任了危害结果的发生,危害结果的发生并不违背行为人的本意。

(3) 承担的刑事责任轻重不同。过于自信的过失构成过失犯罪,行为人

在主观上的恶性较小,因而处罚也相应较轻;而间接故意构成故意犯罪,行为人在主观上的恶性较大,因而对其处罚也相应较重。

三、意外事件

（一）意外事件的概念和特征

刑法典第十六条规定:"行为在客观上虽然造成了损害结果,但不是出于故意或者过失,而是由于不能抗拒或者不能预见的原因所引起的,不是犯罪。"我国刑法理论的通说认为,本条的规定在刑法理论上称为广义的意外事件。但从严格意义上讲,它包括狭义的意外事件和不可抗力两种情况。广义意外事件的主要特征是:

1. 行为人的行为在客观上造成了损害的结果

这种损害结果是由行为人的行为直接引起的,存在着刑法上的因果关系。这种特定的客观事实的出现,是意外事件成立的前提条件。

2. 行为人在主观上对自己的行为造成的损害结果没有任何过错

行为人对自己的行为所造成的损害结果,在主观上既非出于故意,亦非出于过失,据此,又可称之为无罪过事件。

3. 损害结果的产生是由于不能预见或者不能抗拒的原因引起的

（1）不能预见的原因。即狭义的意外事件是由不能预见的原因引起的。在这一情况下,行为人没有预见自己的行为可能造成损害结果,根据行为当时的情况来判断,他既不可能预见,也不应当预见。

（2）不能抗拒的原因。即不可抗力是由不能抗拒的原因引起的。在这一情况下,行为人虽认识到自己的行为会发生损害结果,但由于当时的主客观条件的限制,行为人无力排除或者防止损害结果的发生。

（二）意外事件与犯罪过失的区别

1. 狭义的意外事件与疏忽大意的过失的区别

狭义的意外事件,即由"不能预见的原因"所致的意外事件,与疏忽大意的过失有相似之处,二者都是行为人对有害结果的发生没有预见,并因此发生了这种结果。但是,它们有着原则上的区别:根据行为人的实际认识能力和当时的情况,狭义的意外事件是行为人对损害结果的发生不可能预见、不应当预见而没有预见;疏忽大意的过失则是行为人对行为可能发生的危害结果能够预见、应当预见,只是由于其疏忽大意的心理而导致了未能实际预见。因此,根据行为人的实际能力和当时的情况,结合法律、职业等要求来认真考察其有没有预见的可能,对于区分狭义的意外事件与疏忽大意的过失犯罪至关重要,这是罪与非罪的原则区分。例如:有一名姓王的司机,原在某运输公司开卡车,后来要求开轿车,领导也同意,叫他练练车。某天,他到煤建大院练车,旁边有几个小孩围观,司机下车把小孩轰走,准备继续练车。他回头看看后面没有人,就练倒车,觉得不对劲,下车一看,一个五岁小孩被轧死了。原来这小孩较淘气,被轰走后,趁司机没看见,又溜回来躲在车后面玩,司机回头看也看不见,因而被轧死了,这就属于狭义的意外事件。

2. 不可抗力与过于自信的过失的区别

不可抗力是指行为在客观上虽然造成了损害结果,但不是出于故意或者过失,而是由不能抗拒的原因引起的,不认为是犯罪的客观事实。它与过于自信的过失比较相近,二者都是行为人对有害结果的发生有认识,并因此而发生了这种结果。但它们的区别是十分明显的:不可抗力是由于当时的主客观条件的限制,行为人无力排除或者防止损害结果的发生;过于自信的过失是由于行为人对当前事实产生错误认识,轻信损害结果能够避免,以致使本来能够排除或者防止的损害结果发生。

第四节 犯罪目的和犯罪动机

本节主要讲述犯罪目的和犯罪动机的概念、关系和意义。

一、犯罪目的和犯罪动机的概念

在现实生活中,人们所从事的一切有意识的活动,都是在一定的动机支配下,然后通过实施一定的行为,去达到自己所要追求的目的。一般来讲,动机是推动行为人去追求某种目的的内心起因或者内在动力,而目的则是行为人在一定的动机推动下希望通过实施某种行为来达到某种结果的心理态度。刑法意义上所说的目的与动机,虽然同样具备心理学意义上的目的与动机的特征,然而它们并非一回事。作为犯罪主观要素的因素之一,犯罪的目的与动机不仅对危害行为的危害性质和危害程度有影响,而且对定罪与量刑亦有一定的影响。本书强调,犯罪的目的和动机是犯罪故意的下位概念。

(一)犯罪目的的概念

犯罪目的是指犯罪人希望通过自己所实施的危害行为达到某种危害社会的结果的心理态度。例如,以非法剥夺他人的生命为目的杀人。根据我国刑法理论的通说,犯罪的目的一般只存在于直接故意犯罪的过程中,间接故意和过失犯罪不存在犯罪的目的。由此可见,行为人对某种危害结果所持的希望、追求的心理,实际上就是犯罪目的的内容。根据刑法典规定,对绝大多数直接故意犯罪没有规定犯罪的目的,其道理就在于此。但是,对有的犯罪,刑法对其主观目的还是做了明文规定的。例如,刑法典第二百一十七条侵犯著作权罪,刑法就特别规定应"以营利为目的"实施,等等。刑法作出这种规定,表明构成某种犯罪不仅要求行为人在主观上存在故意的心理,而且另外还必须有特定的目的。

刑法理论将犯罪目的作为主观要件的犯罪称为目的犯,包括两种情况:一是刑法规范直接将某种目的规定为特定犯罪的要件,二是刑法理论及实践中将犯罪目的作为某种犯罪的构成要件。本书认为,刑法教学宜从罪刑法定原则出发,仅将前一种情形作为目的犯。

(二) 犯罪动机的概念

犯罪动机是指刺激犯罪人实施危害行为以达到犯罪目的的内在冲动或者内心起因。一般来讲,行为人某种犯罪目的的确立,绝不可能出自无缘无故,而始终是以一定的犯罪动机作指引的。因此,如果我们不能弄清犯罪的动机,就不能真正地了解犯罪人为何要去追求某种犯罪目的。

二、犯罪目的与犯罪动机的关系

犯罪目的与犯罪动机既密切联系,又互相区别。

(一) 犯罪目的与犯罪动机的联系

犯罪目的与犯罪动机都是犯罪人实施危害行为过程中的主观心理活动,都反映了犯罪人的主观恶性及其行为的社会危害性。

犯罪目的以犯罪动机为前提和基础,它来源于犯罪的动机,是犯罪动机的延伸和发展,而犯罪动机对犯罪目的的形成又具有促进作用,犯罪目的是犯罪动机进一步发展的结果。二者有时表现为直接的联系,即它们所反映的行为人的需要是一致的,如出于贪财图利的动机所实施的以非法占有为目的的侵犯财产罪就是如此。

(二) 犯罪目的与犯罪动机的区别

(1) 犯罪目的与犯罪动机形成的时间先后不同。犯罪动机是促使犯罪人实施危害行为以达到犯罪目的的内心冲动或者内心起因,它产生于犯罪目的之前;而犯罪目的是犯罪人通过实施某种危害行为所希望达到的结果,它形成于犯罪动机之后。

(2) 犯罪目的相同,犯罪动机则可能有所不同。例如,对直接故意杀人罪而言,非法剥夺他人的生命是其犯罪目的,而促使行为人确定这种犯罪目的的内心起因,则可能是贪财、仇恨、报复或者极端的嫉妒心理等。

(3) 一种犯罪动机可以导致几种不同的犯罪目的。例如,因仇恨的动机而引发的故意杀人、故意伤害、侮辱、诽谤他人或者故意毁坏他人财物目的等。

(4) 犯罪动机与犯罪目的在某些情况下反映的需要并不一致。例如,受贿的目的通常是出于贪财动机,二者所反映的需要是一致的。但是,近年来公开报道的受贿案例显示,有些贪官根本"不差钱",却不见贿赂不办事,其自述理由是出于好"面子"、耍权威,其中所反映的需要与通常的受贿需要显然是不同的。

(5) 犯罪目的与犯罪动机在定罪量刑中的作用不同。一般来讲,犯罪目的的作用偏重于影响定罪,犯罪动机的作用则偏重于影响量刑。

三、犯罪目的与犯罪动机的意义

犯罪目的与犯罪动机作为犯罪主观要素的因素,对于区分罪与非罪、此罪与彼罪以及刑罚的适用均具有十分重要的意义。

(一) 犯罪目的的意义

犯罪目的作为犯罪主观方面的选择要件,对于某些故意犯罪的认定具有突出的影响。同时,犯罪目的对于量刑也有一定的意义。

1. 犯罪目的对定罪的意义

犯罪目的对定罪的意义主要表现在以下两个方面:① 在刑法对某种犯罪明确规定了犯罪目的的情况下,特定的犯罪目的是犯罪构成的必备要件。它不仅可以成为区分罪与非罪的标准,也可以成为划分此罪与彼罪的界限。② 在刑法对某种犯罪没有明确规定犯罪目的的情况下,犯罪目的也是其犯罪直接故意中存在的一个重要的内容,因而在分析具体犯罪构成的主观要件时,明确其犯罪目的的内涵并予以确切查明,对于定罪亦有重大意义。

2. 犯罪目的对量刑的意义

犯罪目的只在特定情况下影响定罪,却在任何情况下说明行为人主观恶性的大小,因此,犯罪目的不同,行为的社会危害性就产生差异,从而影响量刑。

(二) 犯罪动机的意义

犯罪动机作为犯罪主观方面的因素,不仅对于量刑有突出的影响,而且对于定罪在某种程度上也有一定的影响。

1. 犯罪动机对量刑的意义

犯罪动机是故意犯罪的重要情节之一,由于不同的犯罪情节对于量刑有着非常重要的影响,因此,犯罪动机在司法实践中对量刑的轻重必然会带来一定的影响。

2. 犯罪动机对定罪的意义

根据刑法典第十三条规定的"但书"的内容以及刑法典分则中所规定的某些"情节犯"的要求,某些行为是否构成犯罪,除了必须具备犯罪构成的其他要件外,还要视其情节是否轻微或者是否显著轻微。这样,作为犯罪重要情节之一的犯罪动机自然在一定程度上成为可以影响犯罪成立与否的一个因素。例如,刑法典第二百六十一条遗弃罪以"情节恶劣"为定罪要件,而动机恶劣往往是情节恶劣的表现之一。

第五节 刑法上的认识错误

本节主要讲述刑法上认识错误的各种不同情况及刑事责任问题。

一、刑法上的认识错误概述

刑法上的认识错误是指行为人对自己的行为在法律上的意义或者对有关客观事实存在的不正确认识。由于这种认识错误关系到行为人刑事责任的追究问题,因而值得认真对待。根据行为人认识错误产生的原因不同,在刑法理论上通常将这种认识错误分为两大类:一是行为人对法律的认识错误;二是行为人对事实的认识错误。每一大类中又包括许多复杂情况,而每种具体情况中行为人的刑事责任又有所区别。

二、对法律的认识错误

行为人对法律的认识错误是指行为人在有意识地实施某种行为时,对自己行为的法律性质或者意义有不正确的认识。这类认识错误,通常包括以下三种情况:

(一)假想的犯罪

假想的犯罪即误认无罪为有罪。行为人的行为依照法律并不构成犯罪,但行为人误认为构成了犯罪。这种认识错误不影响对该行为认定为无罪。

(二)假想的不犯罪

假想的不犯罪即误认有罪为无罪。行为人的行为依照法律的规定已经构成犯罪,而行为人却误认为不构成犯罪。传统理论认为,由于刑事违法性不是犯罪故意的认识内容,因此,这种认识错误不影响故意犯罪的成立。但是,当行为人不可能认识到行为的违法性时,应当排除犯罪故意甚至罪过(另见"违法性认识可能性")。

(三)对定罪量刑的误解

行为人认识到自己的行为已经构成了犯罪,但对其行为触犯了刑法规定的何种罪名、应当被处以什么样的刑罚存在不正确的理解。这种认识错误既不影响定罪,也不影响量刑。

三、对事实的认识错误

行为人对事实的认识错误是指行为人对与自己行为有关的事实情况所产生的不正确认识。这类认识错误是否影响行为人的刑事责任要区别情况具体对待:如果行为人对犯罪构成要件方面的事实情况认识错误,就要影响行为人的刑事责任;如果行为人对犯罪构成要件以外的事实情况认识错误,则不影响行为人的刑事责任。关于行为人对事实的认识错误,主要有以下几种情况:

（一）客体的认识错误

所谓行为人对客体的认识错误,是指行为人对其危害行为侵犯的社会关系的性质产生的不正确认识。例如,某甲打伤某乙,未认识到某乙是国家工作人员且当时正在执行公务,甲的行为客观上是妨害公务。但是,由于行为人某甲只认识到自己的行为侵害的是他人的人身健康权利,未认识到妨害公务罪的客体,所以行为人具有伤害的故意,而对妨害公务不具有故意。客体错误在这种情况下排除行为人对超出其认识范围的实际结果的故意。

（二）对象的认识错误

1. 误认甲对象为乙对象,而两者体现的合法权益相同

这种认识错误不影响对行为人的定性。例如,甲本欲杀乙,在黑夜里误将丙当作乙杀害。对甲应认定为故意杀人罪既遂。因为故意的认识因素是对行为的危害性质与危害结果的认识,具体对象不同但所体现的合法权益性质相同时,行为所侵犯的合法权益性质就没有改变,因而罪过的内容并没有改变。

2. 误认甲对象为乙对象,而两者体现的合法权益不相同

这种认识错误影响对行为人的定性。例如,行为人本欲盗窃一般财物,结果却把枪支当成一般财物窃回。这种认识错误应当结合行为人在主观与客观方面的实际情况进行定性。这种认识错误超出了犯罪构成的范围,行为人所认识的事实与现实所发生的事实分属不同犯罪的构成要件。因此,也称为不同犯罪间的错误。甲有盗窃一般财物的故意,却误认枪支为一般财物而窃回,表明没有盗窃枪支的故意,故不构成盗窃枪支罪。

3. 误将非犯罪对象当作犯罪对象加以侵害

例如,行为人误认兽为人或误认尸体为活人加以杀害的行为。又如,甲与乙有仇,一天夜晚,甲持枪潜伏在乙家屋后的树林内,当他发现乙家有一个黑影晃动时,遂开枪射击,结果甲打到的不是乙,而是乙家饲养的一只老山羊。

4. 误将不存在的"对象"当作犯罪对象加以侵害

例如,甲与乙有仇,一天深夜,甲认定乙睡在宿舍内,遂以放毒气的方法欲杀害乙,但乙这天未住该宿舍。

对于第3、第4种对象认识错误均成立不能犯未遂,这在刑法理论上是没有争议的。但对于是否可罚,基于不同的理论立场有不同的结论。我国传统

刑法理论和司法实践从主客观相统一原则出发,主张以故意犯罪未遂处理。这与德国和日本的主观未遂论是一致的。但与此对立的客观未遂论认为,应当以行为侵害法益的客观危险(具体危险而非抽象危险)为未遂犯的处罚根据,是否具有这种危险,不仅需要从实质上而非形式上进行判断,而且应当根据作为结果的危险而非行为的危险属性加以判断。若有侵害法益的客观危险,则可罚,否则不可罚。本书认为,客观未遂论更能解释刑罚处罚未遂犯的正当根据,值得提倡。

5. 误将犯罪对象当作非犯罪对象加以侵害

例如,王某晚上外出打狗,结果却误认坐在树底下谈恋爱的男青年张某是狗,而开枪将其杀死。在这种情况下,行为人主观上没有认识到自己的行为可能发生危害社会的结果,因而不能认定为故意犯罪。如果行为人应当预见而由于疏忽大意而没有预见,则应认定为过失犯罪;如果不能预见、不应预见,则是意外事件。

(三) 行为的认识错误

1. 行为性质的认识错误

行为性质的认识错误即行为人对自己行为的性质所产生的不正确理解。例如,假想防卫、假想避险等。对于这种情形不能定为故意犯罪;如果行为人有过失,就认定为过失犯罪,如无过失,则认定为无罪。

2. 行为工具(方法、手段)的认识错误

行为工具(方法、手段)的认识错误即行为人对自己所使用的工具是否会发生危害结果存在不正确的认识。包括三种情况:

(1) 行为人所使用的工具本来会发生危害结果,但行为人误认为不会发生危害结果。比如,行为人误认毒酒为药酒给予他人饮用,致人死亡。对于这种情况,如有过失,则定为过失犯罪;如无过失,则认定为无罪。

(2) 本欲使用会产生危害结果的工具,但由于认识错误使用了不会发生危害结果的工具。比如,行为人误将白糖当成砒霜意图毒死他人。对于这种情况,我国传统刑理论主张应认定为故意犯罪未遂。但是依据客观未遂论,应当根据其客观危险判断是否具有可罚性:若有侵害法益的客观危险,则可罚,否则不可罚。

(3) 行为人因为愚昧而使用的工具不可能导致危害结果发生,但行为人误认为可以导致危害结果发生。例如,行为人采取诅咒、画符等手段意图致人死亡的行为。这种情况属迷信犯,应认定为无罪。

(四) 因果关系的认识错误

因果关系认识错误是指行为人对自己危害社会的行为与危害结果之间

的因果联系产生的不正确认识。这一方面的认识错误在现实生活中主要有以下几种:

1. 因果内容的错误

因果内容的错误有两种情况:① 实际结果小于行为人预想的结果。例如,行为人意图杀人,实际上只造成他人伤害,这种错误不影响行为人的故意心理,但只负未遂责任。② 实际结果大于行为人预想的结果。例如,行为人只意图伤害他人,结果却造成他人死亡。这种错误不影响行为人原有的故意心理,但对实际发生的超出故意范围的结果要排除故意,只应负过失的责任。

2. 因果联系的错误

因果联系的错误即行为人误认为犯罪结果是由自己的行为引起的,实际上是由行为人以外的其他原因造成的。例如,甲与乙有仇,某日晚趁乙外出,开枪击中乙,甲以为乙已死即逃走。甲次日得知乙已死亡,以为是自己打死的,实际是其在苏醒后爬到一公路上被汽车轧死。对此,甲对乙死亡的结果只应负故意杀人未遂的责任。

3. 因果进程的错误

因果进程的错误是指行为人对因果内容明白无误,而对因果关系的进程产生了错误认识。比如,甲欲淹死乙,推乙于河中,结果乙并非被水淹死,而是撞到河中的石头而死亡。这种对因果关系进程的错误认识,不属于犯罪故意的内容,因而行为人应负故意杀人既遂的责任。

此外,刑法理论的错误论中一般还讨论打击错误。打击错误也称打击失误、行为偏差、方法错误,是指行为人对自己意欲侵害的对象实施侵害时,由于客观失误导致了实际侵害的对象与其本欲侵害的对象不一致。可见,打击错误虽是事实错误的一种,但这是一种客观错误,而对事实的认识错误是一种主观错误,二者完全不同。

第六节 违法性认识可能性与期待可能性

本节主要讲述违法性认识可能性的概念、地位及判断(主要情形),期待可能性的概念、判断(主要情形)及其认识错误。

一、违法性认识可能性

(一)违法性认识可能性的概念

违法性认识是指认识到自己的行为是违法的。违法性认识的可能性是指行为人在实施符合构成要件的行为时,能够认识到自己的行为是违法的。违法性的错误是指没有事实错误,但不知道其行为在法律上是不被允许的,或者错误地以为其行为被法律允许的情形。违法性的错误可以分为两种情形,一是可以回避的违法性的错误,在此情形下,行为人具有违法性认识的可能性;二是不可回避的违法性的错误,在此情形下,行为人没有违法性认识的可能性。

(二)违法性认识的对象

违法性认识是对刑法的禁止规范或者评价规范违反的认识,所以,违法性认识大体是指对形式的违法性的认识,而不是指对实质的违法性(社会危害性)的认识。但是,违法性认识不包括刑罚可罚性、法定刑的认识。对刑罚可罚性、法定刑的认识错误,不属于法律认识错误,不影响责任有无或程度。

(三)违法性认识(可能性)的地位

违法性认识的可能性,不是故意的要素;缺乏违法性认识的可能性,是有责性阻却要素。① 法律认识错误与违法性认识的可能性的关系是:行为人虽产生了法律认识错误(违法性认识错误),但是如果具有违法性认识的可能性,那么就不影响对其定罪。行为人产生了法律认识错误(违法性认识错误),然而本来就无法认识到自己的行为是违法的,不具有违法性认识的可能性,进而产生法律认识错误,便无罪。此时,不具有违法性认识的可能性便成为一种责任阻却事由。

(四)违法性认识的可能性的判断——缺乏违法性认识的可能性的情形

1. 由于客观条件限制,行为人不可能认识到其行为违法性的情况

由于客观条件限制,行为人不可能认识到其行为违法性的情况具体有以下几种:

(1)在刑法一公布就生效的场合,如果行为人在该法公布前一直进行某种行为,而该行为当时并不违法,即使现在违法,只要行为人提出自己不知道该新法,而司法机关也不能证明其知道,就应认定行为人不可能认识到其行为的违法性。

(2)由于自然灾害破坏了通信系统,致使登载刑事法规的官方报纸、文章及新闻电视报道未发送到行为人居住地的,只要不能证明行为人通过其他途径知道了该法规的内容,也应认为行为人不可能认识到其行为的违法性。

(3)由于国家有关机关及其公务人员的疏忽没有对行为人进行必要的法制宣传教育,致使其不知某种法律的存在,从而实施了危害社会的行为,对此也应认为行为人不可能认识其行为的违法性。

(4)行为人长期居住地法与行为地法不同,行为人对此并不知晓仍依自

---

① 张明楷.刑法学.5版.北京:法律出版社,2016:321—322.

己熟知的法律行事，结果触犯了行为地法。对此，也不应认定其可能认识到行为的违法性。

2. 法律认识错误

如果由于不可避免的原因而导致行为人错误地解释刑法，从而误认为自己的行为不违法的情况下也应认定行为人不可能认识行为的违法性。这主要包括以下几种情况：

(1) 实施无效法所规定的"合法"行为。某法律已失效或已被宣布无效，但行为人不知，仍实施了依该法律属合法而依新法规已属犯罪的行为。在此种情况下，只要行为人不可能知道自己所适用的法律无效，就应认为他不可能认识其行为的违法性。

(2) 实施法院错误地判决为合法的行为。法院将犯罪行为错误地判决为合法的行为，而行为人基于对判决的信赖而实施了与判决所认定的"合法行为"相同的行为。在这种情况下，只要行为人所信赖的判决是已经确定的判决，就应视为其不可能认识到行为的违法性。

(3) 实施公务机关解释为"合法"的行为。行为人为弄清自己行为的法律性质，善意征询公务机关的意见，在公务机关明确答复该行为合法后，实施了该行为，但实际上公务机关的解释错误，在此情形下，也应认为行为人不可能认识行为的违法性。例如，甲在从事生产经营的过程中，不知道某种行为是否违法，于是以书面形式向法院咨询，法院正式书面答复该行为合法。于是，甲实施该行为，但该行为实际上违反刑法。不过，甲没有违法性认识的可能性，所以不成立犯罪。当然，如果行为人后来明知该解释错误仍继续实施危害行为的，应视为有违法性、不阻却故意的成立。

(4) 实施个人意见认为"合法"的行为。个人意见不同于公务机关的意见。行为人因信赖个人意见而导致违法性的错误并可以免责的情况需具备以下三个条件：行为人善意提供了能够判明其行为性质的足够的材料，询问的对象是具有专门知识的法律专家或其他专家，被询问者对疑问给予了明确、肯定的答复。总之，只有在行为人信赖者提供了值得信赖的意见，行为人把违法行为当作合法行为实施时，才能认为其不具有违法性认识的可能性。

二、期待可能性

(一) 期待可能性的概念

期待可能性是指从行为时的具体情况看，可以期待行为人不为违法行为，而实施适法行为的情形。期待可能性理论认为，如果不能期待行为人实施其他适法行为，就不能对其进行法的责难，因而不存在刑法上的责任。

特别值得注意的是，无期待可能性是一个免责事由，期待可能性降低则是一个减轻责任的事由。

法谚说,法律不强人所难。只有当一个人具有期待可能性时,才有可能对行为人作出谴责。如果不能期待行为人实施妥当的行为,也就不存在对其加以谴责的可能性。期待可能性是就一个人的意志而言的,意志是人选择自己行为的能力,这种选择只有在具有期待可能性的情况下,才能体现行为人的违法意志。有无期待可能性是可否阻却责任的事由,它不是由法律明确规定的,所以被称为"超法规的阻却责任事由",其是否存在需由法官具体判断。

期待可能性理论来自德国法院1897年对"癖马案"所作的判决:行为人多年以来受雇驾驶双匹马车,其中一匹马具有以其尾绕住缰绳并用力压低马车的癖性。行为人多次要求换一匹马,但是雇主没有答应他的要求。某日该马劣性发作,车夫采取了所有紧急措施,但马仍然撞伤他人。法院判决行为人无罪,理由是很难期待被告人坚决违抗雇主的命令,不惜失去职业而履行避免其已预见的伤害行为的结果发生的义务。这样,法院根据行为人所处的社会关系、经济状况否定了期待可能性的存在,从而否定了在损害结果的发生上行为人的应受谴责性。该判决发表之后,麦耶尔于1901年首先提及期待可能性问题;1907年弗兰克将"癖马案"判例在其论文"论责任概念的构成"中加以采纳,成为期待可能性理论研究的开端。弗兰克反对仅把犯罪心理要素作为责任内容的心理责任论,提出"非难性"和"非难可能性"的概念,认为责任应当包括以下内容:① 责任能力;② 故意或过失;③ 正常的附随性状,即行为时四周之状况处于正常状态之下。也就是说,可以期待行为人为合法行为。在弗兰克之后,休米德认为,法律规范具有两种作用:① 判定某行为是适法还是违法的评价规范作用;② 命令行为者必须决意采取合法态度而不得决意采取违法态度的命令规范作用。前者是有关客观的价值判断,后者是有关判断责任之规范。

期待可能性理论经过上述主要代表人物的不断发展和完善,为多数国家的刑法实务所承认。后来这一理论逐步运用于司法实践之中。运用期待可能性理论的好处在于:考虑行为人本身的情况,不向其提出过高的要求,不给其附加多余的义务,以保持处罚结论的实质合理。其不足之处在于:期待可能性是超法规的事由,由法官具体解释,容易导致被告人以其他事由阻却责任,从而冲击成文法的权威和社会秩序。

(二) 期待可能性的地位

就地位而言,期待可能性是独立的责任要素,主要涉及期待可能性与故意、过失的关系问题。对于期待可能性与故意、过失的关系问题,在理论上见解不一。

1. 并列说

并列说把期待可能性理解为与责任能力、罪过并列的第三责任要素。期待可能性虽然是指向行为人的主观,是对行为人主观选择的期待,但是,与故意或过失不同,它不是行为人主观的、心理的内容本身,而是从刑法规范的角度对处于具体状况下的行为人的主观选择的评价。期待可能性判断必须考虑行为当时的实际情况、有无特殊事由存在等。可以说,故意、过失是主观性归责要素,而期待可能性是客观性归责要素,期待可能性是独立于故意、过失之外的归责要素之一。问题在于:如果三者并列,则期待可能性就成为犯罪事实的一部分,就要求司法机关证明,就会加重检察官的责任,由其专门证明有无期待可能性。这在司法实务上不太方便。

2. 构成要素说

构成要素说把期待可能性理解为故意与过失的构成要素。其面临最大的批评是:故意、过失是对基本事实的认识,期待可能性则不涉及基本的行为事实之有无;期待可能性并不具有区分故意、过失的功能。

3. 责任阻却说

责任阻却说认为,期待可能性既不是与责任能力、罪过并列的第三责任要素,也不是故意过失的构成要素,而应当将不存在期待可能性的情形理解为一种责任阻却事由。

在上述三说中,并列说与构成要素说直接对立。并列说将期待可能性看成是独立于故意与过失的责任要素,具有故意与过失,不存在期待可能性仍然不能归责。而构成要素说则将期待可能性视为故意与过失的构成要素,不存在期待可能性则不成立故意与过失。责任阻却说在适用上有充分的妥当之处,但其只对期待可能性做消极的理解,而不是对责任要素做积极的研究,所以存在不合理的地方。

在此问题上,通说的立场是并列说,这是比较合理的观点。在实际处理案件时,需要注意:只要存在以行为人的内心要素为基础的故意、过失,一般就可以说行为人有责任,没有期待可能性的事态只是例外的情况。期待可能性是与行为人的内心态度明显不同的所谓客观的责任要素,把它解释为与故意、过失不同的责任要素在理论上更为简明易懂。所以,在个案中,需要在确认个人有故意、过失之后,再考虑是否有必要利用期待可能性理论为被告人辩护,以求得实质上的合理性。有无期待可能性,只需要在确定行为人有故意、过失,但是以犯罪处理又明显不合理的案件中加以证明。在刑事诉讼中,首先提出行为人缺乏期待可能性且需加以证明的责任应在辩护方,检察官只在提出反驳意见时才需要提出相应的证据。

在一般情况下，具有责任能力的人，基于故意、过失，实施某一行为，通常就存在期待可能性。所以，行为人有无期待可能性，在绝大多数案件中，都不需要特别予以考虑。但在某些特殊情况下，期待可能性的判断仍然是必要的。当然，期待可能性理论的适用范围不能太广，否则可能导致司法无序。在判断有无期待可能性时，需综合多种因素考虑，谨慎从事。

（三）期待可能性的判断标准

应当根据什么标准判断期待可能性是否存在，是在刑法理论上存在争议的问题。对此，主要存在以下学说：

1. 行为人标准说

行为人标准说即将行为时该行为人能否作出其行为之外的适法行为的可能性作为判断期待可能性的标准。

2. 平均人标准说

平均人标准说即根据社会通常人的情况，将能否作出与行为人同样的行为作为判断期待可能性的标准。

3. 法规范标准说或者国家标准说

法规范标准说或者国家标准说即从国家法秩序的立场出发，期待行为人作出合法行为，以此作为判断期待可能性的标准。

就以上三种判断标准而言，各有其不足，但学说对立并无重要意义。相对而言，行为人标准说更为妥当。因为，一方面，期待可能性的宗旨是对在强有力的国家法规范面前喘息不已的个人给予救济；另一方面，责任是对该当构成要件且违法的行为的实施者进行的非难。所以，应当站在行为人的立场上，设身处地考虑其作出意志选择的可能性，从而使归责更合乎情理。从这个角度看，有必要以行为人标准说判断期待可能性的有无。只能在考虑行为人能力的前提下，判断能够期待行为当时行为人通过发挥其能力而不实施违法行为。

（四）无期待可能性（或期待可能性降低）的情形

1. 无期待可能性（或期待可能性降低）的立法例

（1）有配偶的妇女被拐卖后重婚的，不以重婚论处。《最高人民法院、最高人民检察院、公安部关于当前办理拐卖人口案件中具体应用法律的若干问题的解答》（法研字〔84〕第3号）第七条第（三）项规定："对于有配偶的妇女被拐卖后重婚的，不以重婚论处。"这是我国最早体现期待可能性思想的例子。由于这些妇女都处于被拐卖的异常情况之中，就算明知自己已经结婚，但如果不顺从他人的意思实施重婚行为，很有可能会遭到肉体或是生命上的威胁。在这种情况下，法律实在是难以期待其不顾生命而作出合法的行为。

(2) 近亲属间相互盗窃,一般不按犯罪处理;必须追究刑事责任的,应当酌情从宽。《最高人民法院、最高人民检察院关于当前办理盗窃案件中具体应用法律的若干问题的解答》(法研字〔84〕第13号)第四条第(二)项规定:"要把偷窃自己家里或近亲属的,同在社会上作案的加以区别。"此后,《最高人民检察院关于在办理盗窃案件中如何理解和处理盗窃"自家"或"近亲属"财物问题的批复》(高检研发字〔1985〕12号)、《最高人民法院、最高人民检察院关于办理盗窃案件具体应用法律的若干问题的解释》(法发〔1992〕43号、高检会〔1992〕37号)第一条第(五)项、《最高人民法院关于审理盗窃案件具体应用法律若干问题的解释》(法释〔1998〕4号)第一条第(四)项、《最高人民法院关于审理未成年人刑事案件具体应用法律若干问题的解释》(法释〔2006〕1号)第九条第二款、《最高人民法院、最高人民检察院关于办理盗窃刑事案件适用法律若干问题的解释》(法释〔2013〕8号)第八条反复重申上述精神。其中,法释〔2013〕8号司法解释规定:"偷拿家庭成员或者近亲属的财物,获得谅解的,一般可以不认为是犯罪;追究刑事责任的,应当酌情从宽。"

(3) 近亲属间相互诈骗,一般不按犯罪处理;必须追究刑事责任的,应当酌情从宽。《最高人民法院、最高人民检察院关于办理诈骗刑事案件具体应用法律若干问题的解释》(法释〔2011〕7号)第四条规定:"诈骗近亲属的财物,近亲属谅解的,一般可不按犯罪处理。诈骗近亲属的财物,确有追究刑事责任必要的,具体处理也应酌情从宽。"

(4) 近亲属间相互敲诈勒索,一般不按犯罪处理;必须追究刑事责任的,应当酌情从宽。《最高人民法院、最高人民检察院关于办理敲诈勒索刑事案件适用法律若干问题的解释》(法释〔2013〕10号)第六条规定:"敲诈勒索近亲属的财物,获得谅解的,一般不认为是犯罪;认定为犯罪的,应当酌情从宽处理。"

以上几方面要求我们对家庭成员及亲属盗窃、诈骗、敲诈勒索在认定犯罪上必须从严掌握、从宽处理。但由于上述司法解释都只提出了处理家庭成员及亲属间相关犯罪的原则性意见,对哪些是"一般可不按犯罪处理"的,哪些是"确有追究必要"的,没有作出具体解释,因而如何划分家庭成员及亲属间盗窃、诈骗、敲诈勒索的罪与非罪界限,还有待进一步探讨。

(5) 单位主管人员、机动车辆所有人、承包人指使、强令他人违章驾驶造成重大交通事故,被指使、强令者不构成交通肇事罪。《最高人民法院关于审理交通肇事刑事案件具体应用法律若干问题的解释》(法释〔2000〕33号)第七条规定:"单位主管人员、机动车辆所有人或者机动车辆承包人指使、强令他人违章驾驶造成重大交通事故,具有本解释第二条规定情形之一的,以交通肇事罪定罪处罚。"单位主管人员、机动车辆所有人或者机动车辆承包人虽然不直接驾驶机动车,但也构成交通肇事罪,而直接驾驶车辆的司机却不构成本罪,为什么?因为此时很难期待司机不畏丢失工作岗位而去拒绝单位主管人员、车辆所有人或承包人的指使、强令的行为。当然,指使和强令还是有区别的,一般的指使如果没有达到使司机丧失期待可能性的情况,司机和指使人之间可能还存在共犯关系,但强令则一般应视为使司机丧失期待可能性而不构成交通肇事罪的情况。

2. 无期待可能性(或期待可能性降低)的其他情形

无期待可能性(或期待可能性降低)的其他情形主要包括以下几种:① 近亲属间的窝藏、包庇(亲亲相隐);② 已婚妇女因自然灾害流落外地,或因不堪虐待外逃,或为反抗包办婚姻出逃,因生活所迫与当地人结婚,或者配偶长期下落不明,而与他人结婚的,不以重婚论处;③ 已经构成犯罪的行为人为自己毁灭、伪造证据的,不另外成立毁灭、伪造证据罪,但教唆他人为自己毁灭、伪造证据的,他人构成帮助毁灭、伪造证据罪;④ 其他受严重强制下的行为(但一般程度胁迫的除外)。

本章小结

1. 犯罪主观要素是指犯罪主体对自己的危害行为及其危害社会的结果所持的心理态度。它包括犯罪的故意和过失、犯罪的目的和动机等因素。

2. 犯罪故意是指行为人明知自己的行为会发生危害社会的结果,并且希望或者放任这种结果发生的一种主观心理态度。它是一切故意犯罪必备的主观要件。犯罪故意分为直接故意与间接故意两种基本的类型,二者虽然同属于犯罪的主观心理态度,但是它们在认识因素、意志因素和成立的要求方面存在着差别。

3. 犯罪过失是指行为人应当预见自己的行为可能发生危害社会的结果,因为疏忽大意而没有预见,或者已经预见而轻信能够避免,以致发生这种结果的心理态度。它是一切过失犯罪必备的主观要件。犯罪过失分为疏忽大意的过失与过于自信的过失两种基本类型。要掌握犯罪过失,应当注意区别过于自信的过失与间接故意之间的界限以及疏忽大意的过失与意外事件之间的界限。

4. 犯罪目的是指行为人希望通过自己所实施的危害行为达到某种危害社会的结果的心理态度。犯罪动机是刺激行为人实施危害行为以达到犯罪目的的内在冲动或者内心起因。犯罪目的和犯罪动机作为犯罪主观方面的构成因素,二者之间既有一定的联系,又有一定的区别。从它们对定罪量刑所起的作用来看,犯罪目的侧重于定罪,而犯罪动机则侧重于量刑。

5. 刑法中的认识错误是指行为人对自己的行为在法律上的意义或者对有关客观事实存在的不正确认识。一般将其分为行为人对法律的认识错误和行为人对事实的认识错误两种情况。前者包括行为人误认无罪为有罪、误认有罪为无罪和对定罪量刑的误解三种情况;后者包括客体的认识错误、对象的认识错误、行为的认识错误和因果关系的认识错误等情况。

6. 没有违法性认识的可能性,不以犯罪论处。无期待可能性或者期待可能性降低的,可以阻却或减轻责任。

犯罪主观要素,犯罪故意,直接故意,间接故意,犯罪过失,意外事件,认识错误,期待可能性。

1. 论述犯罪主观要素是行为人对自己的危害行为负刑事责任的主观基础。
2. 如何理解犯罪故意的基本类型及其区别?
3. 如何理解犯罪过失的基本类型及其区别?
4. 如何区别间接故意与过于自信过失?
5. 如何区别意外事件与犯罪过失?
6. 如何理解犯罪目的和犯罪动机及其关系?
7. 如何理解刑法中的认识错误及其对定罪和量刑的影响?
8. 论述违法性认识的可能性的意义。
9. 论述期待可能性的意义。

第九章
犯罪停止形态

> **目的要求**
> 1. 理解犯罪停止形态的概念、种类和存在范围。
> 2. 掌握犯罪预备、犯罪未遂、犯罪中止的概念、特征和处罚原则。
> 3. 理解犯罪预备、犯罪未遂、犯罪中止的关键区别。
> 4. 能够综合应用犯罪停止形态理论和刑法规定研判案例。

第一节 犯罪停止形态概述

本节主要讲述犯罪停止形态的概念、种类、特征和意义。

一、犯罪停止形态的概念和种类

（一）犯罪停止形态的概念

犯罪形态，即犯罪的表现形式，是多种多样的。任何一种犯罪都会有无限多样的形态，就像世界上不可能存在两枚完全相同的指纹一样，也不可能存在两种形态完全相同的犯罪。本章所讲的犯罪停止形态，即故意犯罪的停止形态，或者称故意犯罪的终结形态，它不是指任何犯罪由于主客观方面不同而出现的某一方面的差别或者动态特征，而是指故意犯罪终结时的静态特征，即故意犯罪自然终结或者在预备、实施和完成犯罪过程中（至犯罪实行终了或者犯罪结果发生前）因主客观原因而中途停止下来的各种结局情况。之所以称"停止形态"，意在强调本章讨论的问题不同于犯罪阶段，而是一种"案发形态"，是指故意犯罪行为在终结时的客观状态。

（二）犯罪停止形态的种类

以故意犯罪停止时犯罪是否完成为标准，犯罪停止形态可分为完成形态和未完成形态两种基本类型。其中，对于部分故意犯罪而言，犯罪的完成形态即犯罪既遂，是指行为人完成犯罪的情形，这是故意犯罪基本的、典型的形态,其特点是完全符合刑法典分则规定的故意犯罪的构成要件(基本的犯罪构成)。犯罪的未完成形态是指行为人在准备和实施犯罪过程中因主客观原因未能完成犯罪的情形,包括犯罪预备、犯罪未遂和犯罪中止三种形态。这是部分故意犯罪补充的、特殊的形态,其特点是不完全符合某种犯罪基本的犯罪构成,但基于刑法典总则特别规定仍作为犯罪处理(修正的犯罪构成),并将犯罪预备、犯罪未遂和犯罪中止作为量刑情节加以考虑。

(三)故意犯罪停止形态与犯罪阶段的关系

犯罪阶段是指故意犯罪从预备、实行到完成或者犯罪结果发生的过程中先后所可能经历的阶段。一般包括预谋、预备犯罪、着手实施、实行犯罪和犯罪完成、犯罪结果发生等阶段。故意犯罪停止形态不同于犯罪阶段,其特征在于其终结性或终局性,即犯罪行为于特定犯罪阶段停止下来的终结形态。

1. 故意犯罪停止形态与故意犯罪阶段的密切关系

故意犯罪停止形态以犯罪阶段为基础,其认定也有赖于对犯罪阶段的科学分析。总体而言,二者关系有三种情况:(1)在预谋、预备犯罪阶段可能出现犯罪预备和犯罪中止;(2)在着手实施、实行犯罪阶段(从着手实施至实行终了或者犯罪结果发生之前)可能出现犯罪未遂和犯罪中止;(3)在完成犯罪或者犯罪结果发生后则必然出现犯罪既遂。

2. 故意犯罪停止形态与故意犯罪阶段的不同之处

犯罪阶段表现的是犯罪活动的时间顺序,是动态的;而犯罪停止形态体现的是犯罪行为在不同阶段因主客观原因停止时具有的特征,是静态的。

若以有预谋的故意杀人案为例,故意犯罪停止形态与犯罪阶段的关系可以用图9-1 表示。

犯罪过程	时间节点	准备杀人	着手杀人	结束杀人	他人死亡
	阶段划分	预备杀人阶段	实行杀人阶段	结果发生阶段	
停止的原因与形态	被动停止	犯罪预备	犯罪未遂	犯罪未遂	
	主动停止	犯罪中止	犯罪中止	犯罪中止	
	自然停止				犯罪既遂

图 9-1 故意犯罪停止形态与犯罪阶段的关系

二、犯罪停止形态的特征

故意犯罪停止形态既是刑法学理论研究的重要内容之一,也是刑法典的一项重要规定。其特征可概括为三个方面。

（一）犯罪停止形态的终局性

1. 故意犯罪停止形态是犯罪行为的终结形态，而不是犯罪行为中的某一动作或者某一环节的状态

一个犯罪行为可能会由许许多多的动作或者环节组成，一个动作或者环节所呈现的状态不是犯罪的形态。例如，在钱某故意杀人案中，钱某第一拳将被害人击倒在地，第二拳将被害人打昏，第三拳将被害人打死。本案中，钱某打倒、打昏被害人的状态都不是犯罪形态，只有钱某致被害人死亡的状态才是犯罪形态，但必须都是静态的、终结的形态。

2. 故意犯罪停止形态是犯罪行为过程中的停止形态或者犯罪行为结束时呈现的形态，不是犯罪行为过程之外的形态

在故意犯罪中，犯罪行为包括犯罪的预备行为和犯罪的实行行为。无论是预备行为还是实行行为，都表现为一个过程，在时间上有一定的延续性。即使是没有预谋的犯罪和瞬间突发或者结束的犯罪，也有短暂的时间延续。因此，犯罪行为的过程性是犯罪停止形态多样化的基本条件，犯罪的过程包括预备犯罪的过程、实行犯罪的过程和犯罪结果发生的过程。犯罪停止形态仅指犯罪在这些过程中呈现的停止形态，在这些过程之外出现的某些状态，如行为人放弃自己的犯意或者犯罪既遂后又恢复原状的，都不是刑法理论上所指的犯罪形态。

3. 故意犯罪的停止形态通常是一种案发形态

所谓案发形态，是指发现、追究犯罪时犯罪行为所呈现的形态。即一个犯罪行为在其发展的过程中，由于诸多有利的因素已经实施完毕，或者由于客观原因无法进行下去，或者由于行为人主观的原因而放弃进行，或者由于被及时发现而突然中断等的形态。具体而言，犯罪停止形态有的是准备进行时的形态，有的是正在进行时的形态，有的是现在完成时的形态，但必须都是静态的、终结的形态。

（二）犯罪停止形态的有限性

通说的刑法理论认为，犯罪停止形态只存在于部分直接故意的犯罪之中，过失犯罪和间接故意犯罪中是不存在犯罪停止形态的。为了方便司法实践操作，可将所有犯罪从停止形态（终局状态、案发形态）上划分为单一停止形态的犯罪和多种停止形态的犯罪两大类。

1. 单一停止形态的犯罪

只有犯罪成立这一种完成形态，没有其他未完成形态。既然只有犯罪成立这一种形态，也就无所谓犯罪的既遂形态、预备形态、未遂形态和中止形态的区分。所有过失犯罪和间接故意犯罪以及部分直接故意的犯罪，都是单一停止形态的犯罪。

2. 多种停止形态的犯罪

多种停止形态的犯罪是指犯罪行为在产生和发展过程中,由于其自身的停顿或者其他因素的介入,可能会出现不同形态的犯罪。多种停止形态包括完成形态和未完成形态。通常认为,只有部分直接故意犯罪才是多种停止形态的犯罪。因为,过失犯罪没有犯罪故意和犯罪目的,行为人不会事前预备,而且,过失行为如果没有造成危害社会的结果,一般也不构成犯罪。间接故意犯罪在主观上对危害结果持放任的心理态度,在危害结果没有发生时,就无法认定行为人的放任态度,所以,间接故意也只有犯罪成立与不成立的问题,不存在完成没完成的问题。因此,犯罪停止形态中的未完成形态实际上仅指直接故意犯罪的停止形态。申述之,犯罪既遂、犯罪预备、犯罪未遂、犯罪中止只存在于直接故意的犯罪中。当然,也不是所有直接故意的犯罪中都必然存在未完成的犯罪形态。

(三) 犯罪停止形态的单一性

犯罪停止形态的单一性即不同的故意犯罪停止形态之间相互排斥。每种犯罪在其发展过程中,一旦固定为某一种形态后,就不可能出现第二种形态,这些犯罪停止形态之间均表现为有此无彼或者相互否定的关系。例如,某甲欲杀害某乙,上街买了两把杀猪刀,等候在某乙回家的路上,结果被巡逻民警发现抓获。某甲的行为属于预备形态,就其杀害某乙的整个行为而言,被发现时处于预备形态,且只能是这种形态,而不可能再有未遂、中止或者既遂的形态。所以,对一个具体的直接故意犯罪而言,犯罪停止形态是唯一的而不是多重的,一个犯罪行为究竟会出现什么形态,取决于主客观的具体因素(关键是客观方面的因素)。

三、犯罪停止形态的意义

犯罪停止形态主要影响量刑,有时对定罪也有影响。

(一) 犯罪停止形态与定罪

由于刑法典在总则中规定犯罪预备、犯罪中止、犯罪未遂形态,而不像一些外国刑法是在分则的某些个罪中分别规定犯罪未遂等形态,所以,从逻辑上讲,刑法典分则中每一种直接故意的犯罪都有预备、中止、未遂和既遂四种犯罪形态。但实际情况并非如此。有些犯罪一经着手即为犯罪既遂,就很难成立未遂和中止。有的犯罪,由于犯罪的社会危害性较小,如果不是既遂形态而是未遂、中止或者预备形态,一般可不认定为犯罪,所以犯罪形态对区别罪与非罪具有一定意义。有的犯罪,虽然其社会危害性较大,但如果处于未遂或者其他状态的话,行为的性质很难认定,一般也不按照犯罪论处。例如,故意伤害罪是比较严重的犯罪,情节特别严重者还可能被判处死刑。但是,如果故意伤害是未遂的话，就很难认定其行为究竟是重伤还是轻伤，也很难估量这个行为的社会危害性，所以，在实践中很少看到对故意伤害的未遂行为定罪量刑的案例。只有对某些特别严重的犯罪而言，任何一种犯罪形态都是犯罪，即只要成立某种形态，就成立犯罪，例如，故意杀人罪、强奸罪、绑架罪等。

（二）犯罪停止形态与量刑

刑法典对不同的犯罪停止形态规定了不同的刑事责任。例如，对于预备犯，规定可以比照既遂犯从轻、减轻处罚或者免除处罚；对未遂犯，可以比照既遂犯从轻、减轻处罚。因此，研究犯罪不同停止形态的价值和意义主要在于正确评价行为人的刑事责任，对犯罪人判处恰当的刑罚。否则，如果将此种停止形态的犯罪混同于彼种停止形态的犯罪，势必会混淆行为人的刑事责任，导致罚不当罪。一般来讲，在故意犯罪中，一个具体的犯罪行为，其对社会的危害和对法律秩序的破坏随着行为的逐步进行和接近实现行为人犯罪目的而不断增大，预备行为的危害总是小于实行行为的危害，犯罪既遂的危害总是大于未遂的危害。因此，准确认定犯罪的具体形态是正确量刑的重要前提之一。

第二节 犯罪既遂

本节主要讲述犯罪既遂的学说、概念、类型和处罚原则。

一、犯罪既遂的概念

（一）犯罪既遂的学说

刑法典没有对犯罪既遂的概念和特征作出明确的界定，将这一问题留给学术界解决。而学术界对犯罪既遂的看法，至今尚有较大的分歧，曾先后出现过目的说、结果说、构成要件说等观点。因此，在具体论述犯罪既遂的概念之前，有必要先对这些观点做必要的介绍和评析。

1. 犯罪既遂的目的说

犯罪既遂的目的说是指犯罪行为以达到了行为人的目的为既遂，否则为未遂。这种观点也可称为主观说，主要将行为人的主观意志作为界定既遂的根据。此说对于目的犯来说，无疑都是正确的。其不足之处在于把犯罪既遂局限于有目的的犯罪，缩小了犯罪既遂所存在的范围。所以，目的说不能全面解决犯罪既遂的标准问题。

2. 犯罪既遂的结果说

犯罪既遂的结果说又可称为客观说，即以客观上是否出现法定的结果作为区分既遂与否的依据。有两种观点。第一种观点认为,行为发生了法律规定的犯罪结果的,为犯罪既遂,因主体意志以外的原因没有发生法律规定的结果的为未遂。第二种观点认为,行为发生了行为人所追求的、犯罪行为的性质所要求的结果的,是犯罪既遂,否则为未遂。此说对于结果犯来说,多数情况下是正确的。① 但是,犯罪既遂并不以结果犯为限,大量的犯罪并不要求以出现结果为既遂,所以,这种主张同样难以全面解决犯罪既遂问题。

3. 犯罪既遂的构成要件齐备说

犯罪既遂的构成要件齐备说主张行为具备了刑法规定的犯罪构成的全部要件时为既遂,否则为未遂。这种观点是我国刑法理论界的通说,为多数论著所接受。此说比较圆满地解决了犯罪既遂的定义问题。因为凡犯罪的既遂形态肯定是具备了犯罪构成的全部要件,而其他形态在犯罪构成的要件上必然有缺损。但也有两点不足:① 该说并非界定犯罪既遂所独有的定义,可能使人产生某种误解。因为犯罪构成要件齐备不仅是直接故意犯罪既遂的标准,同时也是其他犯罪成立的标准。对于犯罪构成的四个要件而言,如果缺少其中的一个或者几个,不仅无法成立犯罪既遂,也无法成立犯罪。因此,应当区分犯罪成立与犯罪既遂。② 犯罪构成要件不仅有四个基本要件,还有其他选择要件,犯罪构成要件的齐备说是指基本要件齐备呢,还是指选择要件也须齐备呢,这一点也是不明确的。

(二) 犯罪既遂的概念

基于上述认识,有必要对犯罪既遂的构成要件齐备说进行明确和细化。一般认为,正确把握犯罪既遂的概念,必须明确以下几点:

(1) 犯罪既遂形态只存在于直接故意的犯罪中,除此以外的犯罪只有犯罪成立与否的问题,不存在既遂和非既遂问题。

(2) 犯罪既遂应当是主客观的统一,这一点应当赞同结果说的第二种观点。

(3) 犯罪既遂当然是齐备犯罪构成全部要件的行为,这一点应当赞同构成要件齐备说的观点。

(4) 考虑到刑法典总则没有对犯罪既遂作出一般性的规定,而分则规定的个罪的犯罪既遂又没有统一的标准,因此,对既遂标准不同的犯罪界定一个统一的犯罪既遂概念,不仅有难度,而且只有相对的意义。

鉴于上述几点,可将犯罪既遂定义为已经成立的直接故意的犯罪,其客观方面具备刑法典分则规定的行为、情节或者结果的犯罪形态。

---

① 在特定情况下,结果说对于结果犯也不完全正确。例如,行为人所追求的结果是致人重伤,但实际结果仅仅致人轻伤的,也成立故意伤害罪既遂。

二、犯罪既遂的类型

从对犯罪既遂概念的界定即可看出,已经成立直接故意的犯罪行为是否构成既遂,取决于其客观方面是否齐备法律所规定的行为、情节或者结果。由于法律规定的要件因罪而异,所以犯罪既遂也表现为不同的类型。

（一）行为犯

行为犯是指以危害行为的完成作为犯罪客观要件齐备的标准的犯罪。只要行为人完成了刑法典规定的犯罪行为,犯罪的客观方面即为完备,犯罪即成为既遂形态。所以,行为犯的既遂和未遂是以行为是否实施完成作为区分标志,而不是以某种危害结果是否发生作为区分标志。相反,行为犯出现了实际的危害情节或者结果,如果这种危害情节或者结果并不是犯罪客观方面所必须具备的,而是构成行为犯之外的加重情节或者加重结果,就不是定罪的客观要件,而是量刑的具体情节。例如,伪证罪导致错判,诬告陷害罪导致无辜者受刑事追究,脱逃罪导致监管人员伤亡等,这些行为犯所造成的结果,虽然与犯罪有一定的联系,但都不是法律规定的犯罪客观方面所应有的结果。没有这些情节或者结果,并不影响犯罪客观方面的完整性。

对于行为犯,除了可以达到既遂形态外,还可以成立预备、未遂和中止形态。

（二）举动犯

举动犯也称即时犯,是指犯罪一经着手实施其客观方面的要件即告完整或者齐备的犯罪。举动犯是从行为犯罪中分解出来的。举动犯大致有两种情况：

1. 原本为预备性质的行为

例如,刑法典第一百二十条参加恐怖组织罪、第二百九十四条参加黑社会性质组织罪,这些犯罪的实行行为原本是其他犯罪的预备行为,意图是为实施其他犯罪创造便利条件,但是立法者考虑到这些行为的严重性质,不再将这些行为作为其他犯罪的预备行为处理,而将它们"升格"为独立的犯罪予以严厉打击。

2. 原本为教唆、煽动性质的行为

例如,刑法典第一百零三条第二款煽动分裂国家罪、第一百零五条第二款煽动颠覆国家政权罪以及第二百四十九条煽动民族仇恨、民族歧视罪等,这些犯罪的实行行为原本是其他犯罪的教唆行为或者帮助行为,意图是激发他人甚至是其他多人产生犯罪意图并实施犯罪,其危害对象特殊,而且范围广、危害大,所以立法者考虑到这些行为的严重性质,不再将这些行为作为其他犯罪的共同犯罪行为处理,而将它们"升格"为独立的犯罪予以严厉打击。

举动犯和行为犯的区别在于,行为犯的行为如果没有完成,其客观方面还不具备完整性,因而还可能成立未遂或中止,而举动犯只要着手实行,其客观方面即具备完整性。从这个意义上讲,举动犯无所谓既遂、未遂之分,同时,举动犯也不可能成立实施阶段的中止形态,但是一般认为,举动犯可以成立预备形态和预备阶段的中止形态。

(三)结果犯

结果犯是指以危害行为和危害结果共同作为犯罪客观要素的犯罪。缺少危害结果,犯罪的客观方面就不具有完整性或者说犯罪客观方面的要件就不齐备。结果犯的结果是指有形的、可以计量的具体危害结果,即狭义的危害结果,而不是抽象的危害社会关系的结果。结果犯的结果必须是与犯罪的性质相一致的结果,而不是指犯罪行为造成的任何结果。至于与行为的性质相一致的结果是否为行为人所追求的结果,不影响既遂的成立与否,这一点说明以目的作为犯罪既遂的标志是不全面的。例如,故意杀人罪的结果,必须是致人死亡的结果,不是致人伤害的结果,也不是致某一特定人死亡的结果,而是指致任何人死亡的结果。如果只有危害行为而没有出现实际的危害结果,或者出现了与犯罪的性质不相一致的结果,该行为不成立既遂。

对于结果犯,除了可以成立既遂外,还可以成立预备、未遂和中止形态。

(四)危险犯

危险犯是指以危害行为和危害行为所造成的危险状态共同作为犯罪客观要素完整性的犯罪。如果把危险状态视为一种非实害性的结果,危险犯也是一种结果犯。有的危害行为一经实施危险状态即已存在,这种危险犯类似于举动犯。有的危险行为实施后并不能造成实际的危险,这种危险犯就不是既遂。对于危险犯而言,危害行为和危险状态同时具备才具有完整性,且危险状态是与危害行为的性质相一致的,所以,危险犯的既遂应以二者同时具备为标志。

对于危险犯,除了可以成立既遂外,还可以成立预备、未遂和中止形态。

三、既遂犯的处罚

由于刑法典分则条文都是从犯罪既遂的角度规范的,因此,对于既遂犯,应当根据刑法典总则规定的处罚原则,在充分考虑量刑情节的前提下,直接适用刑法典分则的具体条文定罪处罚。

第三节 犯罪预备

本节主要讲述犯罪预备的概念、特征、类型和处罚原则,犯意表示及其与犯罪预备的关系。

一、犯罪预备的概念和特征

(一) 犯罪预备的概念

刑法典第二十二条第一款规定:"为了犯罪,准备工具、制造条件的,是犯罪预备。"这一规定从主客观两个方面概括了犯罪预备的主要特征,可以认为是犯罪预备的法定概念。不过,正如有的学者指出的,这一规定不是对犯罪预备概念的完整表述,犯罪预备的概念应当是:行为人为了实行犯罪,准备工具、制造条件,但由于行为人意志以外的原因未能着手实行犯罪的犯罪形态。

(二) 犯罪预备的类型和特征

1. 客观上实施了准备工具、制造条件的行为

行为人实施了为实行犯罪而准备工具、制造条件的行为,是构成犯罪预备的客观基础。该特征同时说明犯罪预备的类型有两种:

(1) 准备工具。这是指行为人为了实行犯罪而准备一切可用于作案的器械物品。包括:① 购买工具,如为走私而购买船只;② 制造工具,如为贩毒而缝制特殊口袋的衣服;③ 变造工具,如为投毒而改变药物的特殊配方或者对药品进行伪装;④ 转借工具,如谎称打猎向他人借枪,然后用于抢劫。需注意的是,准备工具的行为如果是刑法典规定的独立的犯罪行为,该行为就属于犯罪的实行行为,构成独立的犯罪。比如,为了杀人抢劫枪支、弹药的,构成独立的抢劫枪支、弹药罪,不能仅视为故意杀人罪的犯罪预备行为。

(2) 制造条件。这是指为实行犯罪而创造各种有利条件。严格说来,准备工具也属于制造条件。由于准备工具是最常见的制造条件的行为,故刑法典予以单独规定。制造条件包括:① 搜集与犯罪对象有关的各类信息,如物色犯罪对象,掌握犯罪对象的活动规律和其他特性等;② 了解与犯罪场所有关的各种信息,如确定作案场所,选定犯罪的路线,观察犯罪现场的地形和了解犯罪场所的管理、保卫情况等;③ 排除犯罪的各种客观障碍,如为盗窃而毒死他人的看门狗,为抢劫而故意将他人灌醉等;④ 制造有利于实行犯罪的主体和主观条件,如为实行犯罪而学习某种技能和知识,物色共同犯罪人等。

2. 主观上是为了实行犯罪

多数准备工具、制造条件的行为,从行为本身看,并不能看出其违法性质,只有结合行为人主观故意的内容,才能判断其行为是否属于犯罪预备行为。因此,行为人实施准备工具、制造条件的行为,其目的是为了实行犯罪,强调这一点十分必要。"为了实行犯罪"可做如下理解:

(1) 必须是为了自己实行犯罪。如果是为了他人实行犯罪,他人尚没有实行犯罪的,一般构成共同预备。如果他人实行了犯罪行为,则构成帮助犯

(从犯),不构成犯罪预备。

(2)必须是为了实施某种具体的犯罪。即对将要实施的犯罪的性质有明确认识。在通常情况下,犯罪预备的主观故意的内容包括对实行犯罪的对象、时间、地点、手段和要达到的犯罪结果等都有明确的认识与考虑,如为了实施杀人犯罪,行为人对要杀何人、采用什么方法、在什么时候下手、如何在犯罪后不被发现或者逃避侦查等都有一定的考虑。

(3)既可以是为了实行一罪,也可以是为了实行数罪。为实行数罪而实施的犯罪预备行为,如果是分别独立的,应成立数个犯罪预备;如果数个预备行为有的转化为实行行为,有的仍停留在预备状态,应分别定犯罪预备和犯罪实行之罪;如果虽然行为人的目的是为了实行数罪,但预备行为只表现为一个行为,应按照要实行的数罪中最重的一罪认定犯罪预备。

3. 行为人没有着手实行犯罪

犯罪预备是与犯罪实行相对应的概念。犯罪预备行为是犯罪实行行为的前期准备,而犯罪实行行为是犯罪预备行为的逻辑展开。在有预谋的犯罪中,行为人总是先实施犯罪预备,后着手实行犯罪。犯罪预备就是行为人正在准备工具或者制造条件时,或者已经实施完毕预备行为,但尚未着手实行犯罪之前被发觉。所以,凡是构成犯罪预备的犯罪行为,必须是没有进入犯罪实行阶段的行为。

4. 犯罪行为停留在预备阶段是由于行为人不能控制的原因

犯罪行为停留在预备形态,无非有两种原因,一种是行为人能够控制的原因,如犯罪人能够接着实行犯罪而没有实行,主动地放弃了实施实行行为,乃至否定已经实施的预备行为,这种情况属于犯罪中止,即犯罪预备形态的中止,不再属于犯罪预备。另一种是行为人不能控制的原因,如行为人正在实施犯罪预备行为的过程中因案发而停留在预备形态,或者是行为人实施完毕犯罪预备行为后,在伺机着手实行犯罪时因案发而使犯罪停顿在预备形态。只有因行为人主观上不能控制和避免的原因而使犯罪处于预备形态的,才属于犯罪预备行为。

二、犯罪预备与犯意表示的异同

犯意表示是指行为人将自己的犯罪意图流露于外并为他人所知悉的行为。犯意表示多数是口头的,也可能是书面的,还可能是某种身体动作。犯意表示必须已经为他人所知悉,如果犯罪意图不为他人所知悉,也就谈不上犯意表示。

(一)犯罪预备和犯意表示的区别

1. 性质不同

犯罪预备是为实行犯罪而准备工具、制造条件,表现为一种主观影响客观世界的积极行为。而犯意表示只是以语言、文字等形式单纯流露其犯罪意图,它不是一种积极行为,而是表达行为人心理状态的一种活动。简而言之,犯罪预备是行为,犯意表示是思想。

2. 地位不同

犯罪预备表明行为人已经开始犯罪,尽管这种开始不是着手实行,但从犯罪的整体过程上看,犯罪预备也是犯罪的付诸实施。而犯意表示只是说明行为人想实施犯罪,而没有以任何形式开始实施犯罪。

3. 作用不同

犯罪预备的作用旨在促成或者实现犯罪,对早日着手实行犯罪和确保犯罪目的的实现具有重要意义。在很多犯罪中,没有犯罪预备就不会有犯罪的着手实行。而犯意表示不会对犯罪的着手实行起促成作用,甚至对犯罪的预备也不会起促成作用。

4. 危害不同

犯罪预备本身即独立地具有社会危害性,对刑法所保护的社会关系已经构成了现实的威胁。而犯意表示只能说明行为人有人身危险性或者犯罪的可能性,不具有实际的社会危害性,没有对社会关系构成现实的威胁。

(二)犯罪预备和犯意表示的联系

犯罪预备与犯意表示具有密切的联系:行为人总是先产生犯罪意图,然后才有犯意表示、犯罪预备和犯罪实行等;从主客观的关系上看,行为人预备和实行犯罪,都是将自己的犯罪意图表露于外的活动,因而属于广义的犯意表示;无论是犯罪预备还是犯意表示,都是在犯罪的心理状态支配下的主观见之于客观的活动,都是能够被认识和证明的。

三、预备犯的处罚

刑法典第二十二条第二款规定:"对于预备犯,可以比照既遂犯从轻、减轻处罚或者免除处罚。"根据本款规定,预备犯的处罚原则是:

(一)预备犯应当受到处罚

预备犯是一种犯罪行为,本身具有社会危害性和刑事违法性,因而根据罪刑相适应原则,对预备犯应予处罚。

(二)对预备犯比照既遂犯处罚

预备犯不是独立的罪名,也没有自己独立的法定刑。刑法典分则中规定的法定刑都是为犯罪成立或既遂规定的,而不是为预备犯规定的,因此,刑法典规定对预备犯量刑时,比照既遂犯处罚。

(三)对预备犯可以从轻、减轻处罚或者免除处罚

预备犯是量刑的情节之一,行为人是预备犯的,实行"得减主义",可以从

轻、减轻或者免除处罚。在刑法典中,预备犯是弹性最大的从宽处罚情节之一。

（1）预备犯是可以从宽也可以不从宽的情节。一般来说,对预备犯基本上要从宽处罚,从宽是正常的处罚,而不从宽是个别的、例外的处罚。只有犯罪人预备实施的是极为严重的犯罪,其预备行为本身已经给国家和社会造成重大威胁,或者一旦着手实施,将给社会造成不可估量的危害时,才可以对这一类的预备犯比照既遂犯不从宽处罚。

（2）预备犯是从宽跨度最大的情节。因此,对预备犯量刑时,要综合考虑预备犯的犯罪性质、预备行为的实施情况和各种情节。

第四节 犯罪未遂

本节主要讲述犯罪未遂的概念、特征、类型和对未遂犯的处罚,重点是犯罪未遂的认定与处罚。

一、犯罪未遂的概念和特征

（一）犯罪未遂的概念

关于犯罪未遂的概念,有广义和狭义两种不同主张：狭义观点认为,犯罪未遂是指行为人已经着手实行犯罪,由于其意志以外的原因而未完成的犯罪形态。广义观点认为,犯罪未遂是指行为人已经着手实行犯罪,由于主客观原因而未完成的犯罪形态。二者的区别在于,广义的犯罪未遂将狭义的犯罪未遂和犯罪中止均包括在其中。

我国刑法理论和刑事立法均主张区分犯罪未遂和犯罪中止,即对犯罪未遂持狭义的理解。刑法典第二十三条第一款规定："已经着手实行犯罪,由于犯罪分子意志以外的原因而未得逞的,是犯罪未遂。"这是犯罪未遂的立法定义。

（二）犯罪未遂的特征

1. 行为人已经着手实行犯罪

行为人已经着手实行犯罪是犯罪未遂的首要特征及其与犯罪预备的关键区别。其中有两大问题：一是正确认定"着手"的含义,二要正确把握犯罪实行行为的性质。着手是实行行为的开始,所以着手的性质与实行行为的性质是相同的。

（1）着手的含义。着手是指行为人开始实施犯罪的实行行为。

① 对有预备行为的犯罪来说,着手既是实行行为的开始,也是犯罪预备的终结,是犯罪形态发生质变的转折点。一旦着手,行为人在此之前实施的

预备行为即转化为实行行为的情节,不再作为独立的犯罪形态存在。

② 对没有预备行为的故意犯罪来说,着手是犯罪意图转化为犯罪行为的原始起点。

③ 着手在不同的犯罪、案件中要求不同。要根据不同犯罪、不同案件综合考虑是否着手:是否接触、靠近犯罪对象,是否接近、进入犯罪场所,是否利用准备好的犯罪工具、犯罪条件,等等。关键要看行为是否产生了侵犯法益的具体危险状态。

④ 共同犯罪中的着手。在共同犯罪中,只要有一人着手实行犯罪,就视为共同犯罪的着手。

(2) 犯罪实行行为的性质。

① 对实行行为性质的不同见解。

通常认为,实行行为是指刑法典分则规定的作为犯罪构成要件的行为。行为人实施了作为犯罪构成要件的行为,就是实行行为,否则是预备行为。另有一种观点认为,实行行为是指能直接导致(最广义的)犯罪结果发生的行为。这两种观点是从不同的角度揭示犯罪实行行为的特征,本质上没有什么区别。但是,这两种观点都不甚圆满。正如本书在讲述犯罪既遂时所指出的,犯罪构成要件齐备说欠缺明确性。其实,犯罪未遂与犯罪既遂一样只涉及犯罪客观方面的内容,并不涉及犯罪的其他要件。

张明楷教授认为,犯罪的本质是侵犯法益,行为没有侵犯法益的紧迫危险或者危险很微小时,都不是实行行为;实行行为是具有侵犯法益的紧迫危险的行为,只有当行为产生了侵犯法益的具体危险状态时,才是实行行为的着手。

② 实行行为是指符合刑法典分则规定的具体犯罪客观要件、体现具体犯罪本质特征的行为,不涉及犯罪的其他要件。

例如,故意杀人罪的本质特征是剥夺他人的生命,直接威胁他人生命的行为就是实行行为;盗窃罪的本质特征是秘密窃取,行为人实施的行为符合秘密窃取的特征,就是盗窃罪的实行行为。否则就是预备行为或者不构成犯罪的其他行为。

2. 犯罪没有得逞

犯罪未得逞与犯罪既遂的标准是一个问题的两个方面,故也是犯罪未遂与犯罪既遂的关键区别。刑法理论上,关于犯罪未得逞的含义,大体有三种看法:一种观点认为,犯罪未得逞是指犯罪的结果没有出现;第二种观点认为犯罪未得逞指犯罪人的目的没有达到;第三种观点主张,犯罪未得逞是指犯罪构成的要件没有齐备。第三种观点是通说。关于这三种观点的利弊得失,在论述犯罪既遂时已做了说明,在此只强调一点:虽然犯罪未得逞是主观和客观两个方面的统一,但是主要是指犯罪构成的客观要件没有齐备。它意味着行为人实施的犯罪是不完整的,有的表现为行为的不完整,有的表现为行为没有发生结果或者危险,而行为、结果或者危险都是刑法典规定的作为犯罪客观方面要件的必要组成部分。

犯罪未得逞,应分不同情况认定:

① 行为犯是以刑法典规定的实行行为没有实施完毕为未得逞。

② 结果犯是以犯罪性质所要求的结果没有出现为未得逞。

③ 危险犯是以犯罪性质所要求的现实危险状态没有出现为未得逞。

总之,未得逞是指未能完成犯罪即未能达到犯罪既遂,未能实现客观方面的全部要件,而不是目的未达到或者结果未出现。

3. 犯罪未得逞是由于行为人意志以外的原因

犯罪未得逞是由于行为人意志以外的原因是犯罪未遂区别于犯罪中止的本质特征。所谓行为人意志以外的原因,是指行为人没有预料到或者不能控制的主客观原因。其效果是使行为人客观上不可能完成犯罪或者认为不能完成犯罪而被动停止犯罪。

(1) 原因的来源。① 行为人个人能力上的原因。比如,开枪射击,因枪法不准,没能杀死被害人。② 行为人认识上的原因。比如,对犯罪对象或者犯罪场所的认识错误,以为他人皮包里有钱实际上没有钱,或者以为某仓库夜晚没有人守卫但实际上守卫甚严。③ 行为人不能预料的原因。比如,正在盗窃汽车时,突然车主来取车,使偷车无法进行下去。

(2) 原因的效果。① 抑制犯罪的意志。如甲入室行窃时忽闻警笛,以为警察来抓捕,被迫逃离现场,此时即使认识错误,仍属意志以外的原因。② 抑制犯罪的行为。如乙入室行窃时被主人当场制止、抓获。③ 抑制犯罪的结果。如丙砍杀人(致命伤)后,被害人获救。前两者可发生于任何场合,第三种情形一般发生于隔时犯的场合。

(3) 原因的程度。犯罪未遂与犯罪中止的根本区别在于,前者是被动停止犯罪,后者是自动放弃犯罪。因此,一般认为,上述原因应以"足以阻止犯罪意志"为必要。若行为人实行犯罪时,因发现与被害人是熟人,或因被害人求饶,或因害怕事后罪责难逃,放弃犯罪的完成,则不是犯罪未遂,可能是犯罪中止或不是犯罪。

二、犯罪未遂的类型

在刑法理论上,根据犯罪未遂行为的特征和犯罪未遂的原因,通常将犯罪未遂分为以下类型:

(一) 实行终了的未遂和实行未了的未遂

实行终了的未遂和实行未了的未遂是根据实行行为是否完成对犯罪未遂所做的划分。

1. 实行终了的未遂

实行终了的未遂是指行为人已经将犯罪的实行行为实施完毕,但由于行为人意志以外的原因犯罪没有得逞。在实践中,区分实行行为是否终了,是一个比较复杂的问题,要结合行为人故意的内容和实行行为的特点认定。一般而言,当行为人决定实施的实行行为表现为一个具体的动作时,这一动作实施完毕实行行为即为终了。比如,开枪射中被害人后,被害人得到别人的施救而免于一死。但如果实行行为表现为一系列的具体动作时,这些动作实施完毕才为实行终了。比如,合同诈骗的行为人通过假意签订合同、履行小额预付款、接收货物、回扣等一系列动作并实际占有货物、回扣后才算是实行终了。

2. 实行未了的未遂

实行未了的未遂是指行为人在实施实行行为的过程中,由于行为人意志以外的客观因素的介入,导致行为人不敢或者不能把行为实行终了,以致犯罪未得逞。比如,入室行窃刚出门时被主人发现而弃赃逃跑。

区分实行终了的未遂和实行未了的未遂的意义主要在于正确评价行为人的刑事责任。实行终了的未遂的行为人已经将犯罪意志全部转化为客观行为,行为已经接近了将被侵害的法益。而实行未了的未遂的行为人的犯罪意志尚未完全转化为实际的行为,行为尚未接近将被侵害的法益。因此,相比较而言,实行未了的未遂的社会危害性要小于实行终了的未遂的社会危害性,相应地,就同样的犯罪行为而言,对实行未了的未遂的处罚要比实行终了的未遂轻一些。

(二) 能犯未遂和不能犯未遂

能犯未遂和不能犯未遂是根据实行行为是否能够完成或者能否达到既遂对犯罪未遂所做的划分。

1. 能犯未遂

能犯未遂是指根据犯罪时的主客观情况,犯罪行为本来有可能得逞,但由于行为人意志以外因素的介入使犯罪没有得逞。这种情况下的未遂,已经具备了得逞的可能性,只是由于某种抑制因素的介入,可能性没有转化为现实性。

2. 不能犯未遂

不能犯未遂是指由于行为人主观认识上的原因或者方法(工具、手段)或行为对象等原因,犯罪不具备得逞的客观可能性。在理论上,还把这种未遂分为手段不能犯未遂和对象不能犯未遂两类。手段不能犯未遂是指由于犯罪方法(工具、手段)的无效性而造成犯罪不可能得逞。例如,误将蔗糖当砒霜投毒杀人;对象不能犯未遂是指行为人误将不具有被侵害性质的事物作为犯罪侵害的对象。例如,误认尸体为活人而加以杀害。

区分能犯未遂和不能犯未遂的意义主要在于正确评价行为人的刑事责任。一般而言,能犯未遂的社会危害性较大,是可罚的未遂。而不能犯未遂的社会危害性较小或者没有社会危害性,需要根据其客观危险,判断是否具有可罚性:若有侵害法益的客观危险,则可罚,否则不可罚。

(三)造成实际损害的未遂与未造成损害的未遂

就损害而言,犯罪未遂有两种情形:一是未造成任何侵害结果;二是造成一定的损害结果,但不是犯罪构成要件的结果。以直接故意杀人为例,甲意图枪杀乙,因枪法不准未打中乙,此属于前者;或者甲虽打中乙但乙未死亡,此属于后者。对此区分的意义主要在于因社会危害性不同而区别行为人的刑事责任。

三、未遂犯的处罚

刑法典第二十三条第二款规定:"对于未遂犯,可以比照既遂犯从轻或者减轻处罚。"这一规定表明,未遂犯都要负刑事责任,但实行"得减主义",所负的刑事责任与既遂犯相同或者较轻。在对未遂犯确定处罚时,要把握以下几点:

(1)一般情况下比照既遂犯从轻、减轻处罚;特殊情况下可不予从轻、减轻。未遂犯的实行行为都没有完成,或者没有造成犯罪构成所要求的危害后果、危险性,尽管行为人的主观恶性不比既遂犯小,但社会危害性比既遂犯要小。

(2)区别处罚没有产生任何实际危害后果的未遂和已经产生某种后果的未遂。对前者的处罚要比后者轻。

(3)根据犯罪性质的轻重选择从轻、减轻处罚。例如,对于较轻犯罪的未遂,一般选择减轻处罚;对于严重犯罪的未遂,一般选择从轻处罚。

(4)根据未遂的不同情节选择从轻、减轻处罚。比如,对刚着手实行的未遂和已经实施完实行行为的未遂,能犯未遂和不能犯未遂,在处罚上都应当区别对待。

第五节 犯罪中止

本节主要讲述犯罪中止的概念、特征、类型和处罚原则。

一、犯罪中止的概念和特征

(一) 犯罪中止的概念

刑法典第二十四条第一款规定:"在犯罪过程中,自动放弃犯罪或者自动有效地防止犯罪结果发生的,是犯罪中止。"可见,犯罪中止是行为人在犯罪预备、犯罪实行至犯罪完成的过程中,主观上主动、自愿地放弃犯罪或者有效地防止犯罪结果发生的犯罪停止形态。

(二) 犯罪中止的特征

1. 主观特征:行为人主观上有中止犯罪的决意

中止犯罪的决意指行为人在客观上能够继续犯罪和实现犯罪结果的情况下,自动作出的不继续犯罪或者不追求犯罪结果的选择。

(1) 认识因素。行为人必须明确认识到自己能够继续犯罪或者实现犯罪结果。这里的"能够"是指行为人认为自己能够,而不是客观上、实际上是否真的能够,只要行为人自己认为能够继续犯罪而不继续,能够实现犯罪结果而不追求犯罪结果的,即使实际上行为人根本不可能实现犯罪结果,也说明行为人有中止犯罪的意识,构成犯罪中止的主观基础。

(2) 意志因素。中止行为的实施是行为人自动作出的一种选择,即中止行为具有自动性。行为人在继续犯罪与停止犯罪、能实现犯罪结果与防止犯罪结果的多种选择之间,主动选择了不继续犯罪和防止犯罪结果。不选择继续犯罪也是行为人对自己本来的犯罪意志的自我否定或者矫正。当行为人中止犯罪时,其主观上已经不再具有犯罪的意志,而是出现了刑法所鼓励的正当心态。所以,在主观上,犯罪中止是一种弃恶从善的心理。对正在进行的犯罪来说,中止犯罪的决意必须是完全的、无条件的、彻底的,而不是部分的、有条件的或者暂时的。行为人本来想犯严重罪行,中止后转而犯较轻的罪行,不成立犯罪中止;行为人在实施犯罪的过程中,感到障碍太多,对能否实现犯罪结果没有把握,停下来等待条件具备的,其主观上不是中止决意;或者行为人能够得手但基于某种原因的考虑,而暂时不去实现犯罪结果的,亦不属具备犯罪中止的意识。只有行为人决心不再实施犯罪,此次的犯罪意识完全打消的,才属于具备犯罪中止的决意。至于行为人此次放弃了犯罪意图,过了一段时间后又产生新的犯罪意图,不影响犯罪中止决意的成立。

需要说明的是,行为人中止犯罪的主观原因,有的是由于惧怕受到刑罚的惩罚,这可能是多数犯罪中止的原因;有的是由于他人的劝说而改变了原来的犯罪意图;有的是由于良心发现,幡然悔悟,改变了自己的犯罪意图;有的则出于对被害人的怜悯,转而防止犯罪结果的出现;等等。一般来讲,犯罪中止的主观原因,不影响犯罪中止的成立。因为这些因素只是行为人作出中止犯罪的主观动因,而不是中止决意本身,行为人中止犯罪还是其本人独立作出的选择。

2. 行为特征:行为人客观上实施了中止犯罪的行为

行为人客观上实施了犯罪中止行为,既是认定行为人主观上有中止犯罪意识的根据,也是犯罪中止成立的根据。

(1) 犯罪中止是停止犯罪的行为。

犯罪中止是使正在进行的犯罪中断的行为,因而是刑法所鼓励的行为。中止犯罪行为在本质上不是犯罪行为,而是抑制犯罪的行为。

(2) 犯罪中止既可以作为的形式实施,也可以不作为的形式实施。当行为人的犯罪行为尚没有实施完毕,而已经实施的行为尚不能产生犯罪所要求的结果时,行为人只要以不作为的形式停止继续实施犯罪行为,犯罪中止即可成立。当行为人的犯罪行为已经实施完毕,已经实施的犯罪行为能够产生行为人所追求的犯罪结果时,行为人必须实施积极的行为,以防止犯罪结果的发生。前者为消极中止,后者为积极中止。

(3) 中止行为以不发生犯罪结果为成立条件。这里的犯罪结果是指行为人主观追求的和行为所必然导致的构成要件的结果,而不是任何结果,在有些情况下,行为产生了某种犯罪结果但尚未达到犯罪构成要件的,也可以成立犯罪中止。

3. 时空特征:犯罪中止必须发生在犯罪过程中

根据刑法典规定和刑法理论,犯罪中止只能是事中行为。犯罪行为是一个过程,中止行为必须发生在过程之内,而不能发生在犯罪过程之外。这里的犯罪过程,包括预备犯罪的过程、实行犯罪的过程与犯罪结果发生的过程。不在这些过程之内实施的行为,不属于犯罪中止行为。例如,当行为人产生了犯意,在付诸实施之前因种种原因而打消了犯罪念头的,这种活动还属于行为人主观心理活动的范畴,尚没有进入犯罪的过程,所以与犯罪中止无关。而当犯罪行为已经实施完毕,犯罪已达既遂,或者犯罪结果已经出现,行为人实施的防止犯罪结果发生的行为,即使在一定情况下恢复了原状,也不属于犯罪中止,如盗窃行为人将被盗窃的财物物归原主的行为,即属之。因为在这种情况下,所有的犯罪过程已经完结,行为人实施的行为是一种事后挽回行为,不成立犯罪中止,只能作为可以酌情考虑的量刑情节。

4. 有效特征:犯罪中止必须是有效的

犯罪中止是行为人主动停止犯罪或者避免犯罪既遂的行为,所以,衡量中止行为成立的客观标准就是在案发时行为人是否有效地停止了犯罪行为或者有效地避免了犯罪既遂。在行为犯中,中止行为发生在行为实施终了之前为有效。因为行为犯不要求结果为犯罪既遂的标准,而是以行为是否实施完毕为标准,所以,在行为实施完毕之前有效停止的,成立犯罪中止。在结果犯和危险犯中,中止行为以实际上防止了犯罪结果和危险状态的出现为有效,有效一般以行为人自己的行为为判断依据,但是,如果根据行为人的意志,借助于他人的行为而使犯罪结果没有出现的,中止行为也为有效的中止。

根据犯罪中止有效性的要求,在共同犯罪中,部分共犯停止犯罪行为但没有有效阻止其他共犯继续实施犯罪的,不构成犯罪中止,只有在自己放弃犯罪并且有效防止其他共犯继续犯罪时,才能成立犯罪中止。例如,甲与乙共谋盗窃,并一起准备了犯罪工具,但按计划实施盗窃时,甲因害怕借口头痛未参加行窃而由乙一人实施了盗窃,甲与乙仍构成盗窃罪的共犯并且既遂。但是,如果甲与乙共谋盗窃,并一起准备了犯罪工具,但按计划实施盗窃时,甲因害怕有效劝阻乙盗窃的,才能构成犯罪中止;如果没有劝阻乙或者不能劝阻乙,但在乙盗窃既遂前采用自首、报警方式有效阻止乙盗窃的,甲成立中止,乙成立未遂。

二、犯罪中止的类型

犯罪中止的特征可因中止的种类不同而有所区别。

根据犯罪中止所处的犯罪阶段和中止行为的特征,除上文提到的积极中止与消极中止外,理论上一般将犯罪中止做如下分类:

(一)预备阶段的中止和实行阶段的中止

预备阶段的中止和实行阶段的中止是根据中止行为所处的时空因素所做的划分。中止行为既可以发生在犯罪预备阶段,也可以发生在犯罪的实行阶段,这是犯罪中止不同于犯罪预备和犯罪未遂形态的一个特征。

行为人在犯罪预备的过程中,着手实行犯罪之前而停止实施犯罪行为的,属于预备阶段的中止。预备阶段的中止都属于不作为形式的中止即消极中止。

当行为人已经着手实行犯罪,在实行犯罪的过程中中止犯罪实行的,都属于犯罪实行阶段的中止。实行阶段的中止有的以作为的形式进行,有的以不作为的形式实施。

一般来讲,预备阶段中止的社会危害性要小于犯罪实行阶段的中止。

(二)实行终了的中止和实行未了的中止

实行终了的中止和实行未了的中止是根据犯罪实行行为是否实施完毕而做的分类。

实行终了的中止是指行为人已经将犯罪行为实施完毕,只是犯罪结果的出现还需要一个过程,行为人在这个过程中实施的有效避免犯罪结果发生的行为。实行终了的中止只能发生在结果犯中,对于举动犯、行为犯只要实行行为一经实施或者实施完毕,即构成既遂。但也不是所有的结果犯都能成立实行终了的中止。比如,对于占有型的犯罪,行为人在实际占有财产后又主动退还的,并不是实行终了的中止,而是犯罪既遂后的一个量刑情节。

实行未了的中止是指行为人在犯罪的实行行为尚未实施完毕时中止了犯罪行为的实行,当然也防止了犯罪结果的发生。

一般来讲,实行终了的中止离犯罪结果最近,其社会危害性要大于实行未了的中止。

(三)造成损害的中止与未造成损害的中止

就损害而言,犯罪中止有两种情形:一是未造成任何侵害结果,二是造成一定的损害结果但不是既遂所要求的结果。前者包括所有预备阶段的中止和部分着手实行犯罪后的中止,后者主要是实行终了的中止和部分着手实行犯罪后的中止。

此区分的意义主要在于因社会危害性不同而区别行为人的刑事责任。

三、中止犯的处罚

刑法典第二十四条第二款规定:"对于中止犯,没有造成损害的,应当免除处罚;造成损害的,应当减轻处罚。"相对于犯罪未遂、犯罪预备而言,犯罪中止是负刑事责任最轻的一种犯罪形态。对于中止犯,实行"必减主义",即应当减轻或者免除处罚,而不是可以减轻或者免除处罚。应当免除处罚指免除一切形式的刑罚,包括主刑的免除和附加刑的免除;应当减轻处罚指减轻一切形式的刑罚,包括主刑的减轻和附加刑的减轻。

(一)对于没有造成损害的中止犯,应当免除处罚

免除处罚即只定罪不处罚或者称"定罪无刑"。这是一个绝对性的规定,不论行为人实施了何种严重罪行,只要成立犯罪中止且没有造成损害的,都必须免除处罚,不得判处任何刑罚。

(二)对于造成损害结果的中止犯,应当减轻处罚

对减轻处罚,刑法典没有明确规定以什么为参照,但根据立法原意,应当理解为比照既遂犯减轻处罚,而不是比照未遂犯或者其他犯罪形态减轻处罚。根据损害结果的大小确定减轻的程度。同时,刑法典虽然没有规定对实行未了的中止和实行终了的中止在处罚时应加以区别,但在减轻处罚时,也应当考虑这两种中止的区别。

本章小结

1. 故意犯罪的停止形态只存在于直接故意的犯罪中,有四种:犯罪既遂、犯罪预备、犯罪中止和犯罪未遂。但对每一个具体的犯罪而言,只要固定在其中的一种形态,就不可能再有第二种形态。研究犯罪形态的意义主要在于正确评价行为人不同的刑事责任,进而对行为人判处恰当的刑罚。

2. 犯罪既遂是指犯罪行为齐备法定的行为、情节或者结果的犯罪停止形态。其中行为犯以行为完成为既遂,结果犯以结果发生为既遂,危险犯以客观危险出现为既遂。

3. 犯罪预备是指为了实行犯罪准备工具、制造条件,但因行为人意志以外的原因导致未能着手实行的犯罪停止形态。犯意表示与犯罪预备的本质区别在于犯意表示是表现行为人心理的一种活动,而犯罪预备是实现行为人犯罪意志的一种犯罪行为。

4. 犯罪未遂是指行为人已经着手实行犯罪,由于行为人意志以外的原因导致犯罪未得逞的犯罪停止形态。其特征是:行为人已经着手实行犯罪,犯罪未得逞,犯罪未得逞是由于犯罪分子意志以外的原因。

5. 犯罪中止是指行为人在犯罪的过程中,自动放弃犯罪或者有效地防止犯罪结果发生的犯罪停止形态。其特征是:必须发生在犯罪的过程中,必须是行为人自动的、彻底地放弃了犯罪,必须是有效地防止了犯罪构成要件的结果。

犯罪停止形态,犯罪完成形态,犯罪未完成形态,犯罪既遂,犯罪预备,犯意表示,犯罪未遂,犯罪中止。

问题思考

1. 为什么犯罪未完成形态仅存在于直接故意犯罪之中?
2. 如何认定和处罚预备犯?
3. 如何认定和处罚未遂犯?
4. 如何认定和处罚中止犯?
5. 如何区分犯罪预备、犯罪未遂与犯罪中止的界限?

第十章
共同犯罪

目的要求

1. 理解共同犯罪的概念、危害特征、构成条件及其认定问题。
2. 掌握共同犯罪人的种类和不同共同犯罪人的概念、特征、认定及其刑事责任。
3. 掌握共同犯罪与特殊身份、认识错误、犯罪形态等特殊问题的处理规则。
4. 能够综合运用共同犯罪理论和刑法规定研判案例。

第一节 共同犯罪总论

本节主要讲述共同犯罪的概念、特征、构成条件及其认定问题。

一、共同犯罪的概念、特征和立法模式

(一) 共同犯罪的概念

共同犯罪是相对于单独犯罪的犯罪形态。单独犯罪是犯罪的主要形态,除了少数必须由二人以上共同故意实施的犯罪(即必要的共同犯罪)以外,刑法典分则中的犯罪绝大多数都是从单独犯罪的角度进行规定的。但是,从理论上说,任何故意犯罪中的单独犯罪都可以由二人以上共同故意实施,而且,从司法实践来看,二人以上共同故意实施犯罪的情况十分常见。

刑法典第二十五条第一款规定:"共同犯罪是指二人以上共同故意犯罪。"这是关于共同故意犯罪主观与客观相统一的科学定义。其中,"二人以上"规定了共同犯罪的"量",即共同主体或者复数主体;"共同故意犯罪"规定了共同犯罪的"质",即共同故意与共同行为,并且特别强调了共同故意对于共同犯罪构成的重大意义。同时,该条第二款还从反面强调:"二人以上共同过失犯罪,不以共同犯罪论处;应当负刑事责任的,按照他们所犯的罪分别处罚。"

（二）共同犯罪的特征

与单独犯罪相比，共同犯罪系数人共同作案，人多势众，能够实施单个人难以实施的犯罪；它可以有组织、有计划地实施犯罪，容易得逞；犯罪后互相包庇，毁灭证据，易于逃避侦查和审判。因此，共同犯罪的危害性相对较大，历来是各国刑法打击的重点。

（三）共同犯罪的立法模式

对于共同犯罪的规定，刑法典采用了总则与分则相结合的立法模式。其中，总则第二十五条至第二十九条及第九十七条集中规定了共同犯罪、犯罪集团、"首要分子"、主犯、从犯、胁从犯、教唆犯的概念及不同共同犯罪人的刑事责任。分则关于共同犯罪的规定体现在两个方面：一是对少数必须由二人以上共同故意实施的犯罪的规定，例如，刑法典第二百九十四条组织、领导、参加黑社会性质组织罪；二是对单独犯罪规定之后，再对二人以上犯本罪如何处理作出补充规定，例如，刑法典第一百五十六条对走私罪共犯、第一百九十八条第四款对保险诈骗罪共犯的规定等。此外，立法解释和司法解释对于共犯也有一些补充规定。在有关共同犯罪的分则规定中，除了必要的共同犯罪外，其余都是注意性规定。因此，分则对于大量的故意犯罪没有规定共同犯罪，并不影响这些犯罪成立共同犯罪。

刑法典之所以对共同犯罪作出特别规定，主要是考虑共同犯罪的特殊性和复杂性，即可能存在的各个犯罪人在共同犯罪中的地位、分工和参与程度不同，从而使各自在犯罪中所起的作用不同，各自行为的社会危害性也不同，因而产生刑事责任分担的问题。这就决定了必须通过立法对共同犯罪的有关问题作出规定，从而为刑事司法实践提供定罪量刑的法律依据。

二、共同犯罪的构成条件

共同犯罪的构成条件是指共同犯罪除了必须具备故意犯罪成立的一般条件以外，还必须具备的特有的成立条件。一般认为，共同犯罪的成立必须符合以下条件：

（一）主体条件

共同犯罪的主体必须是二人以上。应当注意三点：

1. "人"的含义

这里的"人"一般指的是自然人。根据刑法典的规定，单位也可以成为某些犯罪的主体，因此，在这些犯罪中，无论是两个以上的自然人或者两个以上的单位乃至一方是自然人、另一方是单位均可以构成共同犯罪。但是，在单纯的单位犯罪中，单位与直接负责的主管人员和其他直接责任人员的关系，不是共同犯罪问题，也无主犯与从犯之分。

2. 作为自然人构成的共同犯罪主体,必须是达到刑事责任年龄、具有刑事责任能力的人

如果一个达到刑事责任年龄、具有刑事责任能力的人,利用没有刑事责任能力的人共同去实施危害社会的行为,则不能构成共同犯罪,而成立间接正犯。

3. 一般主体可以和特殊主体一起构成特殊主体的犯罪

一般主体和特殊主体结合的方式主要有:一般主体教唆特殊主体实施特殊主体的犯罪,一般主体帮助特殊主体实施特殊主体的犯罪,一般主体与特殊主体共同实施特殊主体的犯罪,一般主体直接利用特殊主体的特殊身份实施特殊主体的犯罪。

(二)客观条件

从客观方面讲,两个以上的主体必须具有共同犯罪行为。所谓共同犯罪行为,是指各共同犯罪人的行为都是指向同一的目标,彼此联系,互相配合,结成一个有机的犯罪行为整体。共同犯罪行为主要包括以下四层含义:

1. 各共同犯罪人的行为都必须是犯罪行为

各共同犯罪人各自所实施的行为都必须是具有社会危害性的、触犯刑法的、依照刑法的规定应当受到刑罚处罚的行为。

2. 各共同犯罪人的行为必须是一个整体

尽管各共同犯罪人的行为在具体的分工和表现形式上有所不同,但它们之间并不是孤立的,而是由一个共同的犯罪目标将他们的单个行为联系在一起,形成一个有机联系的犯罪活动整体,每个人的行为都是这个整体行为的必要组成部分。

3. 各共同犯罪人的行为都与发生的犯罪结果具有因果关系

在有犯罪结果发生的情况下,各共同犯罪人的行为都是产生犯罪结果原因的一部分,与犯罪结果之间具有因果关系。需要指出的是,在考察共同犯罪行为与犯罪结果的因果关系时,绝不能把各共同犯罪人的行为割裂开来孤立地看待,否则就会发生判断上的错误,导致放纵共同犯罪人的结果。

4. 共同犯罪行为的表现形式

根据刑事立法与司法实践,共同犯罪行为大多表现为共同的作为,也有作为与不作为的结合,还有共同不作为的形式。

(三)主观条件

共同犯罪的主观方面必须具有共同的犯罪故意,也包括认识因素与意志因素两个方面。但是,共同犯罪的故意与单独犯罪的故意有别,而且共同犯罪故意的类型可能存在复杂情况。

1. 共同犯罪的认识因素

共同犯罪的认识因素的主要内容包括：① 各共同犯罪人都不仅认识到自己在实施某种严重危害行为，而且还认识到有其他人与自己共同实施该严重危害行为。② 各共同犯罪人都认识到自己的行为和他人的行为结合会发生危害社会的结果，即认识到他们的共同行为与危害结果之间的因果关系。

2. 共同犯罪的意志因素

共同犯罪的意志因素的主要内容包括：① 各共同犯罪人是经过自己的自由选择，决意与他人共同协力实施犯罪。② 各共同犯罪人对他们的共同犯罪行为会发生危害社会的结果都抱有希望或者放任的态度。

3. 共同犯罪故意的类型

共同犯罪故意的类型可能存在单纯的直接故意或间接故意或者直接故意与间接故意二者兼而有之的复杂情况。一般为共同直接故意，即各共同犯罪人对危害结果均持希望的心理态度。但在个别情况下，也可能是共同间接故意，即各共同犯罪人对危害结果的发生均持放任的心理态度。还有的可能是直接故意与间接故意相结合的共同犯罪故意。

三、共同犯罪的认定

（一）不构成共同犯罪的情况

根据共同犯罪的概念及其成立条件，一般认为，在以下几种情况下，虽然两个以上主体的犯罪行为在时空上有关联，但由于无主观联系且行为无整体性，因而不构成共同犯罪。

1. 共同过失行为

二人以上共同过失行为，虽然罪过相同，客观上亦有联系，但彼此没有主观上的联系，不构成共同犯罪。共同犯罪的成立在主观上对两个以上的行为人来讲必须具有犯意上的相互联络，才能使各共犯者的行为成为一个彼此配合、互相支持的有机犯罪整体，从而完成比单独犯罪更难的犯罪活动。而共同过失行为，行为人彼此之间没有犯意联系，不可能形成一个相互支持和配合的统一整体，因此只能分别构成过失犯罪。刑法典总则中之所以规定共同犯罪，是因为各共犯者分工不同，或者所起的作用、所处的地位不同，需要分清刑事责任。而在共同过失犯罪的场合，没有组织犯、实行犯、教唆犯、帮助犯的分工，也没有主犯、从犯、胁从犯的差别，只要根据各自的过失犯罪情况分别定罪量刑即已足够，因此不需要按照共同犯罪处理。正基于此，刑法典第二十五条第二款规定："二人以上共同过失犯罪，不以共同犯罪论处；应当负刑事责任的，按照他们所犯的罪分别处罚。"

2. 罪过不同的行为

单方故意与单方过失行为共同造成某种危害结果的,不构成共同犯罪。这通常有两种情形:一是过失地引起或者帮助他人实施故意犯罪。二是故意地教唆或者帮助他人实施过失犯罪。前者如依法配备枪支的人员丢失枪支,被他人捡拾后用该枪支杀人;后者如甲想让乙开车肇事,遂怂恿无驾驶证的乙树立"信心"在公路上驾驶汽车,结果乙驾车撞死三人。

3. 故意内容不同的行为

二人以上实施犯罪时故意内容不同的,不构成共同犯罪。例如,一人是基于伤害的故意,另一人是基于杀人的故意,即使是同时对同一对象实施的,也不能视为共同犯罪,只能按照各自的罪过和行为分别处理。

4. 一方无罪过的行为

一方有罪过、另一方无罪过的行为,不构成共同犯罪。例如,农民某甲喷洒农药时,将盛有农药的药瓶放在田头,结果被某乙拿去投毒杀人。又如,丙以劈柴为由向丁借斧头,实际上丙用丁的斧头去杀人。甲、丁在客观上为乙、丙实施犯罪提供了帮助,但因为没有罪过,不构成犯罪(当然也不构成共同犯罪)。

5. 同时犯

所谓同时犯,是指两个以上的人在同一或者极为接近的时间、场所,对同一或同类对象实施同种犯罪,主观上没有犯意联系的情况。由于不具备共同犯罪的故意,因而不是共同犯罪,而是基于各自的故意所实施的数个单独犯罪,行为人对其行为只能由各人分别承担刑事责任。

6. 实行过限

超出共同故意范围的犯罪,不构成共同犯罪。这种情况是指数人事先谋议实施某种特定的共同犯罪,但在共同犯罪的过程中,个别共同犯罪人超出共同犯罪的故意,又实施了其他犯罪的,就其原有共同故意的犯罪而言,固然成立共同犯罪,但就个别人所犯其他罪来说,只能由实施该种犯罪行为的人负责,对其他人不能按共同犯罪论处。可见,实行过限是共同犯罪的从属概念、下位概念。

7. 事前无通谋的事后帮助行为

例如,窝藏、包庇、洗钱等帮助行为,如果事前没有通谋,对危害结果的发生就不存在因果关系,因而不能构成共同犯罪。但事前通谋的窝藏、包庇、洗钱等帮助行为,对危害结果的发生存在因果关系,并且具有共同的故意,则应成立共同犯罪。基于此,刑法典第三百一十条第二款规定:"犯前款罪,事前通谋的,以共同犯罪论处。"

8. 间接正犯

所谓间接正犯,又称间接实行犯,是指有刑事责任能力的人利用无刑事责任能力的人或者无罪过的人实施犯罪行为,其刑事责任不是由行为实行者(被利用者)而是由利用者承担的情形。前者如教唆、利用无刑事责任能力的儿童、严重智障者实施犯罪行为,后者如在交通运输工具和货物所有人不知情的情况下,在运输工具或者货物中夹带并运送毒品的行为。后者与一方无罪过的行为区别在于:在间接正犯的场合,全部实行行为均由无罪过的人完成;而在一方无罪过的行为中,有罪过的人是主要的实行行为者。

9. 教唆未遂

教唆未遂即教唆者是一人时,教唆他人犯罪,结果被教唆的人没有犯被教唆之罪的情形。此时,虽然习惯也称此为教唆犯,但是,该教唆犯并不构成共同犯罪,而构成单独犯罪。

(二)共同犯罪认定中的争议情形

1. 仅共谋而未实行

仅共谋而未实行是指仅参与犯罪谋划,但未实际参与实施犯罪。例如,A、B、C 三人共谋第二天实施盗窃,但 A 称病未参与第二天 B、C 的盗窃。对 A 是否与 B、C 一起构成共同犯罪,有否定说、肯定说和折中说三种观点。其中,肯定说是我国刑法学界的通说。但是,对于共谋行为是共同犯罪的预备行为,抑或是共同犯罪的实行行为,以及 A 构成犯罪预备或既遂,有不同看法。

2. 片面共犯

片面共犯是指一方行为人明知他人正在犯罪并参与该犯罪,而他人并不知情的犯罪形态。对于片面共犯是否存在的问题,我国刑法学界主要存在否定说与肯定说两种观点。在肯定说中,对片面共犯存在范围的认识也有所不同。

3. 关联犯罪

关联犯罪即相互之间有一定关系的数罪,是指一种犯罪的存在附随于另一种犯罪的存在,彼此之间存在依附与被依附关系的犯罪群。关联犯罪的表现有两种:一是上游犯罪与下游犯罪,二是对合型犯罪。前者如刑法典第一百零七条资助危害国家安全犯罪活动罪的构成以背叛国家罪、分裂国家罪、煽动分裂国家罪、武装叛乱、暴乱罪、颠覆国家政权罪、煽动颠覆国家政权罪成立为前提,后者如第三百八十五条受贿罪与第三百八十九条行贿罪二者互为依存。对于关联犯罪是否属于共同犯罪,这实际上涉及共同犯罪的存在范围问题。在刑法理论上,关于共同犯罪范围有犯罪共同说(主观说)、行为共同说(客观说)和主观与客观统一说(折中说)三种不同观点。客观说范围失之过窄,主观说范围又失之过宽,主观与客观统一说(折中说)范围较为适中,且符合刑法基本原则。①

四、共同犯罪的形式

(一)共同犯罪形式的概念和意义

关于共同犯罪的形式,刑法理论上有争议。根据刑法学界的通说,它是指二人以上共同犯罪的形成、结构或者共同犯罪人之间的结合方式。共同犯罪的结合形式不同,其性质和对社会的危害程度也不同。因此,正确划分和确定共同犯罪的形式,对于正确认识共同犯罪的复杂性,分清共同犯罪的性质和各个共同犯罪人在共同犯罪中的作用及其社会危害性的程度,有针对性地惩处各种共同犯罪,具有十分重要的意义。

关于共同犯罪的形式,可以从不同的角度或者按照不同的标准对其作出多种划分。在我国,根据刑法学界的通说,共同犯罪的形式可以分为以下四种:① 任意的共同犯罪与必要的共同犯罪;② 事前有通谋的共同犯罪与事前无通谋的共同犯罪;③ 简单的共同犯罪与复杂的共同犯罪;④ 一般共同犯罪与特殊共同犯罪。以下分别予以介绍。

(二)任意的共同犯罪与必要的共同犯罪

任意的共同犯罪与必要的共同犯罪是依共同犯罪能否任意形成所做的分类。

1. 任意的共同犯罪

任意的共同犯罪是指依照刑法典分则的规定能够由一人单独实施的犯罪,而由二人共同实施的犯罪情况。比如,故意杀人罪、放火罪、盗窃罪、贪污罪等,既可以由一个人单独实施,也可以由数人共同实施。当二人以上共同实施这类犯罪时,就是任意的共同犯罪。对任意共同犯罪的各共犯定罪量刑时,应当将刑法典分则相应的规定与刑法典总则有关共同犯罪的规定结合起来。

2. 必要的共同犯罪

必要的共同犯罪是指二人以上共同故意实施刑法典分则规定的必须由数人实施的犯罪。必要的共同犯罪的主要特点是由二人以上共同实施的犯罪,不可能由一人单独实施。在刑法典中,必要的共同犯罪主要有两种形式:

(1)聚众性的共同犯罪。这种共同犯罪是指以不特定多数人的聚合行为作为犯罪构成必要要件的共同犯罪。例如,第三百一十七条组织越狱罪、

---

① 高铭暄.刑法学原理:第2卷.北京:中国人民大学出版社,2005:413—417.

暴动越狱罪与聚众持械劫狱罪即属此种情况。但是,并非刑法典条文或者罪名中含有"聚众"二字或者多人参与的犯罪都是必要的共同犯罪。例如,刑法典第二百九十一条聚众扰乱公共场所秩序、交通秩序罪的主体仅限于"首要分子",第三百五十八条组织卖淫罪的主体只限于组织者。

(2) 犯罪集团或者有组织的共同犯罪。这是指三人以上共同故意实施的具有特定组织形式的犯罪。其中又有两种情形:一是一般的犯罪集团;二是专门的犯罪组织,如黑社会性质组织、邪教活动组织和恐怖活动组织等。

当然也有个别必要的共同犯罪不能归入上述两种类型中,如刑法典第二百二十三条串通投标罪。

3. 需要说明的问题

必要的共同犯罪取决于刑法典分则的具体规定,但任意的共同犯罪能否任意形成并不取决于刑法典分则对某种个罪的规定方式,而是取决于具体的犯罪事实本身。例如,故意杀人罪的本身不能说是任意的共同犯罪,而当两个以上的行为人基于共同故意实施了杀人行为时,即为任意的共同犯罪。区分任意的共同犯罪与必要的共同犯罪对于定罪量刑有重要意义。

(三) 事前有通谋的共同犯罪与事前无通谋的共同犯罪

事前有通谋的共同犯罪与事前无通谋的共同犯罪是依共同故意形成的时间所做的分类。

1. 事前有通谋的共同犯罪

事前有通谋的共同犯罪是指各共同犯罪人在着手实行犯罪之前即已形成共同故意的共同犯罪。这里所说的通谋,是指共同犯罪人之间犯罪意图的互相联络、沟通。它可以是口头形式的,也可以是书面形式的;可以是全面的策划,也可以是简单的表态。一般来说,只要行为人于事前有犯意的沟通,即可视为存在通谋。至于通谋的程度如何,不影响共同犯罪的成立。

2. 事前无通谋的共同犯罪

事前无通谋的共同犯罪称事中通谋的共同犯罪,指各共同犯罪人在着手实行犯罪之前尚未形成共同犯罪的主观联络,而是在实行犯罪的过程中形成共同犯罪故意的共同犯罪。

事前通谋是共同犯罪的一种形式,它使得共同犯罪更易于得逞,因此,具有更大的危险性。区分事前有无通谋,不仅对量刑,而且对正确定罪有非常重要的意义。

(四) 简单的共同犯罪与复杂的共同犯罪

简单的共同犯罪与复杂的共同犯罪是依共同犯罪人之间有无分工所做的分类。

1. 简单的共同犯罪

简单的共同犯罪是指二人以上共同故意直接实行某一具体犯罪客观要件的行为。简而言之,就是每个共同犯罪人都是实行犯。在简单共同犯罪中,各共同犯罪人的行为通常表现为以下两种情况:一是各共同犯罪人实行的是相同的行为,包括对不同对象分别实行相同的行为。二是各共同犯罪人实行的是不同的行为,但都属于某一具体犯罪客观方面要件的行为。

2. 复杂的共同犯罪

复杂的共同犯罪是指各共同犯罪人并非都直接实行某一犯罪构成要件的行为,而是互有分工、彼此配合地实施不同的行为。在犯罪集团或者有组织犯罪的情况下,有实行犯(正犯)与共犯(教唆犯、组织犯与帮助犯)之分。在不是有组织犯罪的情况下,复杂的共同犯罪一般具有以下三种不同的表现形式:一是不同的共同犯罪人分别实施教唆行为和实行行为,二是不同的共同犯罪人分别实施实行行为与帮助行为,三是不同的共同犯罪人分别实施教唆行为、实行行为和帮助行为。

简单共同犯罪的主体都是实行犯,作用大小虽有不同,但易于区分。复杂共同犯罪行为人之间存在分工,行为人作用差异大,各自所应当承担的刑事责任也会有很大的不同。

(五) 一般共同犯罪与特殊共同犯罪

一般共同犯罪与特殊共同犯罪是依共同犯罪有无组织形式所做的分类。

1. 一般共同犯罪

一般共同犯罪是指在结合程度上比较松散、没有特定组织形式的二人以上共同犯罪。在一般共同犯罪中,各共同犯罪人是为了实施某一特定犯罪而事前或者临时纠合到一起,特定的犯罪一旦完成之后,其犯罪的结合一般不复存在。

2. 特殊共同犯罪

特殊共同犯罪是指有组织的共同犯罪,或者称之为犯罪集团。根据刑法典的规定,属于法定的有组织犯罪有以下两种形式:一是一般的犯罪集团;二是专门的犯罪组织,包括黑社会性质组织、恐怖活动组织和邪教活动组织。

(1) 一般的犯罪集团。根据刑法典第二十六条第二款规定,犯罪集团是指三人以上为共同实施犯罪而组成的较为固定的犯罪组织。构成犯罪集团,必须具备如下条件:

① 主体特定性。即犯罪集团的主体数量必须是在三人以上,二人结合而成的共同犯罪不能称之为犯罪集团。在刑法典中之所以将犯罪集团的法定人数规定为三人以上,其目的是为了便于在司法实践中将犯罪集团与一般

共同犯罪区别开来。

② 目的明确性。一般来讲,犯罪集团都是为了实施某种犯罪或者某几种犯罪而组织起来的,因此具有明确的犯罪目的。这种犯罪的目的性,可以是通过集团成员之间口头或者书面的通谋而确定的,也可能是通过共同犯罪活动而逐渐形成的。并不要求具有书面的犯罪纲领。

③ 犯罪组织性。这是指在犯罪集团中,组成人员比较固定,内部之间具有领导与被领导的关系。其中有"首要分子",有骨干成员,还有一般成员,"首要分子"组织、领导、指挥其他集团成员进行集团犯罪活动。集团成员之间正是通过这种成文或者不成文的约束维系在一起。犯罪活动有无组织性是判断该组织是否构成犯罪集团的一个根本特征。

④ 成员稳定性。这是指在犯罪集团中的成员比较固定,他们在实施一次或者多次犯罪后,其组织形式仍然存在,集团的成员并不因某次犯罪的完成而发生较大的变化。如果三人以上只是为了实行某一次犯罪而结合在一起,一旦犯罪实行完毕即自行解散的,则不能认为是犯罪集团。但值得引起注意的是,只要各共同犯罪人是以多次实施共同犯罪为目的而结合起来的,即可认为具备了犯罪成员稳定性的条件,即使它们在实施一次犯罪后即被破获,亦不影响其犯罪集团性质的成立。

以上四个方面的特征,是一般的犯罪集团成立所必须具备的共同特征。它们之间彼此联系、相互依存,必须同时具备,方可构成犯罪集团。对于犯罪集团,刑法典分则有明文规定的,应当依照相应的规定处理;刑法典分则没有规定的,应当区别"首要分子"、主犯、从犯、胁从犯,分别予以不同的处罚。

(2)专门的犯罪集团。对于黑社会性质组织、恐怖活动组织和邪教活动组织三大问题,黑社会问题是中国理论界和实务界关注较多、研究成果也相对较多的一个问题。以下仅对黑社会性质组织予以介绍。至于恐怖活动组织和邪教活动组织,可参看何秉松教授的《恐怖主义·邪教·黑社会》一书。

黑社会性质组织是属于一般犯罪集团与黑社会组织这两种犯罪形态之间的一种中间形态,如果任其发展,极有可能发展成为黑社会组织。刑法典第二百九十四条第五款规定:"黑社会性质的组织应当同时具备以下特征:(一)形成较稳定的犯罪组织,人数较多,有明确的组织者、领导者,骨干成员基本固定;(二)有组织地通过违法犯罪活动或者其他手段获取经济利益,具有一定的经济实力,以支持该组织的活动;(三)以暴力、威胁或者其他手段,有组织地多次进行违法犯罪活动,为非作恶,欺压、残害群众;(四)通过实施违法犯罪活动,或者利用国家工作人员的包庇或者纵容,称霸一方,在一定区域或者行业内,形成非法控制或者重大影响,严重破坏经济、社会生活秩序。"

第二节 共同犯罪分论

本节主要讲述共同犯罪人的种类和不同共同犯罪人的概念、特征、认定及其刑事责任。

一、共同犯罪人概述

由于各种共同犯罪人在共同犯罪中所处的地位和所起的作用可能不同，甚至很不相同，在处理时就需要区别对待。为了正确地解决好各共同犯罪人的刑事责任，贯彻罪责刑相适应的原则，有必要按照一定的标准将共同犯罪人划分为不同的类型。刑法理论和外国的实践中，对共同犯罪人的分类主要采用了分工分类法与作用分类法两种标准。分工分类法依共同犯罪人在共同犯罪中的分工及行为特征将其分为组织犯、正犯（实行犯）、教唆犯和帮助犯。作用分类法则按共同犯罪人在共同犯罪中所起作用的大小将其分为主犯和从犯（含胁从犯）。就两种分类的关系而言，组织犯一般是主犯，帮助犯一定是从犯，而正犯和教唆犯则既可能是主犯（起主要作用），也可能是从犯（起次要作用）。

在我国刑法立法的过程中，对共同犯罪人的分类问题曾进行过长时期的争论，提出过许多不同的方案。刑法典最后以作用分类法为基础，同时兼采分工分类法，将共同犯罪人分为主犯、从犯、胁从犯和教唆犯。这种分类方法打破了单纯以分工或者以作用对共同犯罪人进行分类的标准，将分工分类法与作用分类法有机地结合在一起，不仅吸收了分工分类法的长处，同时也吸收了作用分类法的优点。在主犯与从犯的规定中还分别涵盖了组织犯和帮助犯的内容。这样，在司法实践中，不仅较好地解决了共同犯罪人的定罪问题，也较好地解决了共同犯罪人的量刑问题。

二、主犯及其处罚

（一）主犯的概念、种类及认定

1. 主犯的概念

根据刑法典第二十六条第一款之规定，主犯是指组织、领导犯罪集团进行犯罪活动或者在共同犯罪中起主要作用的犯罪人。

2. 主犯的种类

从刑法典对共同犯罪中主犯的规定来看，它包括以下两种情况：

（1）组织、领导犯罪集团进行犯罪活动的犯罪人，即犯罪集团的"首要分子"。在刑法理论上，一般将其称为组织犯。这种主犯有两个特征：① 必须是集团犯罪中的犯罪人。这是其成立的前提条件。② 必须实施了组织、领导犯罪集团进行犯罪活动的行为。这通常表现为组建并领导犯罪集团、策划犯罪活动、布置指派犯罪任务、指挥其他成员实施具体犯罪活动,等等。由于组织犯在共同犯罪中与其他主犯相比具有更为严重的社会危害性和人身危险性,因此,历来是刑法打击的重点。

(2) 在共同犯罪中起主要作用的犯罪人。这种主犯既包括犯罪集团中"首要分子"以外的主犯,即犯罪集团中的其他骨干成员,也包括在一般共同犯罪中起主要作用的犯罪人。

① 犯罪集团的骨干成员。这种犯罪人在集团犯罪中虽然不起组织指挥作用,但是积极参与犯罪集团的犯罪活动,在集团犯罪中起主要作用,因此属于主犯。

② 一般共同犯罪中起主要作用的人。首先,是在某些聚众犯罪中起组织、策划、指挥作用的犯罪人。刑法典规定的聚众犯罪有三种:一是全部具有可罚性的聚众犯罪,即凡是参与聚众犯罪活动的人均可构成犯罪,比如,刑法典第三百一十七条组织越狱罪等。二是部分具有可罚性的聚众犯罪,即参与违法犯罪活动的人中只有"首要分子"和积极参加者可以构成犯罪的聚众犯罪,比如,刑法典第二百九十条聚众扰乱社会秩序罪等。三是具有个别可罚性的聚众犯罪,即只有"首要分子"才构成犯罪的聚众犯罪,比如,刑法典第二百九十一条聚众扰乱公共场所秩序、交通秩序罪。在全部具有可罚性的聚众犯罪中和在部分具有可罚性的聚众犯罪中,起组织、策划、指挥作用的"首要分子"和起主要作用的犯罪人是主犯;在具有个别可罚性的聚众犯罪中,"首要分子"是该种犯罪的主体要件,其他参加者一律不构成犯罪,因此,一般不存在主犯与从犯之区别。其次,是其他共同犯罪中起主要作用的犯罪人。

3. 主犯的认定

认定共同犯罪中的主犯,应当以各共同犯罪人在共同犯罪中所起的作用为主要标准,根据其在共同犯罪活动中所处的地位、分工以及对造成危害结果所起的作用等方面,全面综合地进行分析判断,而不能仅仅只看犯罪人有无某种头衔、称号或者年龄大小来认定。切忌一叶障目,只见树木,不见森林。还应当注意的是,在共同犯罪中,主犯可能是一个,也可能是几个,可能是部分,也可能是全部,这要根据案件的具体情况来确定。

(二) 主犯的处罚

刑法典对犯罪集团的"首要分子"和其他主犯的处罚是分别加以规定的。

1. 根据刑法典第二十六条第三款之规定,对组织、领导犯罪集团的"首要分子",按照集团所犯的全部罪行处罚

"集团所犯的全部罪行"是指"首要分子"组织、领导的犯罪集团在预谋

犯罪的范围内所犯的全部罪行。也就是说,只要是在犯罪集团的"首要分子"预谋策划的范围内,即使是部分成员不在"首要分子"的直接组织、指挥下实施的犯罪,也要由"首要分子"承担刑事责任。

2. 根据刑法典第二十六条第四款之规定,对于犯罪集团"首要分子"以外的主犯,应当按照其所参与或者组织、指挥的全部犯罪处罚

这里包括三种情况:

(1) 对于犯罪集团"首要分子"以外的主犯,应当按照其所参与的全部犯罪处罚。

(2) 对于具有全部可罚性的聚众犯罪和部分可罚性的聚众犯罪的"首要分子",按照其所组织、指挥的全部犯罪处罚。

(3) 对于在集团犯罪和聚众犯罪之外的其他共同犯罪中起主要作用的主犯,按照其所参与的全部犯罪处罚。

三、从犯及其处罚

(一) 从犯的概念、种类及认定

1. 从犯的概念

刑法典第二十七条第一款规定:"在共同犯罪中起次要作用或者辅助作用的,是从犯。"从刑法典对从犯所做的规定中我们可以看出,所谓从犯就是指在共同犯罪中起次要作用或者辅助作用的犯罪人。

2. 从犯的种类

从犯的种类包括两种情况:

(1) 在共同犯罪中起次要作用的犯罪人,在理论上叫次要的实行犯。这里所说的次要作用是相对于主犯的主要作用而言的。所谓在共同犯罪中起次要作用,是指行为人虽然直接实施了刑法典分则所规定的某种犯罪的客观方面的行为,但是在共同犯罪中较主犯所起的作用小。其具体表现为:在犯罪集团中,听从"首要分子"的指挥参与实施某种犯罪,罪行较轻或者犯罪情节不严重;在一般共同犯罪中,虽然直接参与实施犯罪,但所起的作用不大,没有造成严重的危害后果或者情节较轻。由此可见,在共同犯罪中,并非所有的实行犯都是主犯。

(2) 在共同犯罪中起辅助作用的犯罪人,在理论上叫帮助犯。这里所说的辅助作用,实际上也是一种次要作用。它一般是指行为人虽然没有直接实施某种犯罪构成客观方面的行为,但为共同犯罪的实行和完成提供了有利的条件。这种从犯的犯罪行为通常表现为提供犯罪工具、指示犯罪目标、察看犯罪地点、排除犯罪障碍以及事前通谋答应事后隐匿罪犯、消灭罪迹、窝藏赃物等行为。

3. 从犯的认定

一般而言，在数人实行的共同犯罪中，大多有主有从。但在司法实践中，要将主犯与从犯正确地区分开来并非易事。因此，本书认为，要正确地解决好这一问题，必须考虑以下几个方面的内容：

（1）行为人在共同犯罪中所处的地位。即要看行为人在共同犯罪中是居于主导、支配的地位还是处于从属、被支配的地位。如属前者，则为主犯；如系后者，则为从犯。

（2）行为人在共同犯罪中的实际参与程度。即要看行为人在共同犯罪中是参与了整个犯罪的始终且行为积极主动，还是只参与了一部分犯罪活动且缺乏积极主动精神。如属前者，则为主犯；如系后者，则为从犯。

（3）行为人对完成犯罪所起作用的大小。即要看行为人在从犯罪的形成、实行到完成的各个环节中，特别是对危害结果的发生所起作用的大小。如所起的作用大，则为主犯；如所起的作用小，则为从犯。

（二）从犯的处罚

刑法典第二十七条第二款规定："对于从犯，应当从轻、减轻处罚或者免除处罚。"从刑法典对从犯刑事责任的规定来看，它所采用的是必减主义原则，且无须比照主犯处罚。其原因在于：在共同犯罪中，从犯所起的作用及其所犯的罪行相对于主犯来说一般情况下要轻得多，根据罪行相适应的原则，对其在处罚上相对轻一些是理所当然的。只是值得注意的是，在司法实践中，并非所有的从犯受到的实际处罚都一定要比主犯轻，因为主犯本身可能具有从轻、减轻甚至免除处罚的情节（如自首、立功等），当从犯没有这样的情节时，就不能随主犯而从轻、减轻处罚或者免除处罚，而应当按照从犯自身的社会危害性大小处罚。

四、胁从犯及其处罚

（一）胁从犯的概念和特征

1. 胁从犯的概念

根据刑法典第二十八条，所谓胁从犯是指在共同犯罪中被胁迫参加犯罪的人。在刑事立法中规定胁从犯是刑法典对共同犯罪人分类的独特体例。

2. 胁从犯的特征

（1）在主观上行为人虽然明知自己实施的行为是共同犯罪行为，但从其内心而言，行为人本不愿意或者不完全愿意参与共同犯罪，只是由于受到他人的暴力或其他威胁才参加了共同犯罪。当然，被胁迫者参与犯罪虽然并非出于自愿，但毕竟还是经过了他的自由选择，其行为也是受自己意志支配的，所以仍然构成犯罪。

(2)在客观上行为人虽然参与了共同犯罪的实施,但是其犯罪行为显得比较消极,缺乏积极主动精神。如果行为人一开始参与犯罪的实施时比较消极,但在犯罪过程中一改常态,变得相当积极主动,则其行为性质就发生了变化,不能再以胁从犯论处,而应当根据其实际作用认定为主犯或从犯。

(二)胁从犯的处罚

根据刑法典第二十八条,对于胁从犯,应当按照他的犯罪情节减轻处罚或者免除处罚。在决定对胁从犯的处罚时,必须查明其犯罪情节。至于胁从犯的犯罪情节,主要应从以下两个方面来进行考虑:

(1)被胁迫的程度。即被胁迫的程度越轻,其参加犯罪的自觉性、主动性就越强,行为的社会危害性也就越大;反之则越小。

(2)胁从犯在共同犯罪中的作用。一般而言,胁从犯在共同犯罪中的作用都比较小,但仍有不同程度问题的考量。

总之,对胁从犯是减轻处罚还是免除处罚,应当根据参与犯罪的性质、被胁迫的程度以及对危害结果所起的作用等情况进行综合分析判断。

五、教唆犯及其处罚

(一)教唆犯的概念、特征及认定

1. 教唆犯的概念

根据刑法典第二十九条的规定,教唆犯是指教唆他人犯罪的人,具体而言,就是指故意引起他人实行犯罪决意的人。应当注意的是,教唆犯有时成立共同犯罪,有时成立单独犯罪。在共同犯罪人当中,由于教唆犯是一种比较复杂的类型,在定罪量刑上也具有一定的特殊性,因此,对其需要引起重视。

2. 教唆犯的特征

一般来讲,教唆犯成立的主要特征有以下两个方面:

(1)在主观上,行为人必须具有教唆他人犯罪的故意。即行为人明知自己的教唆行为会引起他人产生犯罪的决意,进而实施犯罪,并且希望或者放任他人去犯罪。其构成因素有二:① 认识因素。教唆人一般必须认识到自己在教唆什么人犯罪,并且知道教唆他人在犯何种罪,认识到自己的教唆行为会引起对方产生犯罪的决意而导致犯罪的产生。如果行为人不是蓄意唆使,而是由于出言不慎引起他人的犯罪意图的,不构成教唆犯。② 意志因素。教唆人对自己的教唆行为会引起他人去实施犯罪的决意持有希望或者放任的心理态度。从刑法典对教唆犯的规定来看,教唆的故意既包括直接故意,亦包括间接故意。具体来讲,刑法典第二十九条第二款规定的教唆犯即教唆未遂,只能由直接故意构成,即教唆人对其教唆行为会引起他人产生犯罪的决意只能持希望的态度,因为该款的教唆犯是在被教唆人没有犯所教唆之罪的情况下构成的,如果教唆人对被教唆人是否犯被教唆的罪采取放任的态度,那么被教唆人没有犯被教唆的罪就谈不上违背教唆人的意愿,也就不能构成教唆犯。第二十九条第一款规定的教唆犯,通常是出于直接故意,但也可能是出于间接故意。因为该款的教唆犯是在被教唆人犯了所教唆之罪的情况下成立的,即使教唆人对被教唆人是否犯所教唆的罪采取放任的态度,亦构成教唆犯。但是出于间接故意教唆他人犯罪的,只有在被教唆人实施了所教唆的罪的情况下,才能构成教唆犯。如果没有发生被教唆人实施犯罪的结果,则不能构成犯罪。当然也就谈不上存在教唆犯的问题。

(2) 在客观上,行为人必须实施了教唆他人犯罪的行为。关于教唆犯成立的客观要件,需要引起注意的问题有以下几点:① 教唆内容的特定性。即行为人教唆他人实施的是犯罪行为,而不是教唆他人实施一般违法行为或者不道德行为,同时,行为人所唆使的犯罪的内容也必须明确、具体。可有两种具体情形:一是明确教唆他人实施某种具体犯罪;二是概括教唆他人实施某一方面的犯罪。当然,如果行为人未指明具体犯罪的内容,只是笼统地说"你去犯罪吧",对于这种情况不能轻易地定为教唆行为。② 教唆对象的限定性。即行为人教唆的对象必须是达到刑事责任年龄、有刑事责任能力,但未曾产生犯罪意图的、特定的一人或者特定的数人。如果受教唆的人无刑事责任能力,教唆者构成间接正犯;如果是对已经决定实施犯罪的人,再用言辞鼓励,撑腰打气,坚定其犯罪信念的,则该种行为不再属于教唆行为,而只能视为帮助他人犯罪的行为,以帮助犯论处。但在司法实践中应当注意的是,对于以下两种情况,仍应按教唆犯论处:一是行为人对已有犯罪意图而尚在犹豫不决的人,用言辞激发,促其下定犯罪的决心,该种行为仍属唆使他人犯罪的性质,应以教唆犯论处;二是行为人不知被教唆人已有犯罪意图而教唆其实施犯罪的,此种情形属于教唆犯的认识错误,对此仍应按教唆行为处理。③ 教唆行为的独立性。即行为人只要实施了教唆行为,不论被教唆人有无接受教唆,对于教唆行为本身的成立而言,不产生影响。这就意味着教唆犯有时成立共同犯罪,有时成立单独犯罪。④ 教唆方式的多样性。在司法实践中,教唆行为的表现形式是多种多样的,如指使、劝诱、怂恿、嘱托、请求、鼓动、命令、威胁、挑拨、激将,等等,均属于教唆行为的范畴。教唆通常所使用的方法和手段为:可以采取明示的方式,也可以采取暗示的方式;可以采取口头的形式,也可以采取书面的形式;可以通过语言进行教唆,也可以通过举动进行教唆;可以由教唆者本人直接进行教唆,也可以由第三者转达间接地进行教唆(共同教唆)。

3. 教唆犯的认定

关于教唆犯的认定,除了必须严格地把握其主客观两方面的特征之外,还应当注意以下几个方面的问题:

(1) 对于超出教唆人教唆范围的犯罪(实行行为过限),教唆人不应承担刑事责任。但是,如果被教唆人实施的犯罪性质未变,只是造成的结果大小不同,则教唆人对此应负责任。例如,甲教唆乙将自己的仇人丙打成轻伤,但乙在殴打的过程中,因打击过猛,将乙打成重伤。对此,甲应对乙造成的重伤后果承担刑事责任。

(2) 对于在刑法典中已从教唆行为中分离出来的带有教唆性质的犯罪,不能作为教唆犯处理。在刑法典分则的规定中,有很多带有教唆性质的行为已独立成罪,诸如某些煽动性犯罪以及传授犯罪方法罪,不仅有自己独立的罪名,而且还有相应的法定刑。对于这些犯罪应当直接按照有关的规定定罪判刑即可,不应再将其视为教唆犯。

(3) 教唆犯本身不是一个独立的罪名,对于教唆犯,一般应按他所教唆的罪定罪。但是,如果教唆他人实施的是带有选择性的非特定的罪,而被教唆人又在其选择性的教唆中实行了某一种犯罪,则应当按照被教唆人所实行的犯罪定罪。如果被教唆人领会错了教唆人的犯罪意图,而实施了他种犯罪,则教唆人只能对他所教唆的犯罪负未遂犯的刑事责任。

(二) 教唆犯的处罚

根据刑法典第二十九条,关于教唆犯的处罚,可分为以下三种情况:

1. 被教唆人犯了被教唆的罪的,对于教唆犯应当按照他在共同犯罪中所起的作用处罚

教唆犯起主要作用的,以主犯处罚;起次要或者辅助作用的,以从犯处罚。我国刑法学界主流观点认为,教唆犯在共同犯罪中通常起主要作用,审判实践对教唆犯一般都作为主犯处罚。但本书认为,教唆犯不是实行犯,通常只起次要作用或者辅助作用。只有当利用教养关系、从属关系实施教唆时,才可能成为主犯。

2. 教唆不满十八周岁的人犯罪的,应当从重处罚

未成年人思想不成熟,辨别是非的能力较差,容易听信坏人的教唆而误入歧途。教唆未成年人犯罪是一种最恶劣的教唆犯。为了更好地保护青少年,使其健康成长,对这种教唆犯从重处罚是完全必要的。这里"不满十八周岁的人",应否做限制解释,即应否解释为达到刑事责任年龄、有刑事责任能力的未成年人?从共同犯罪人的角度,应当做肯定回答。但是,由于"教唆未遂"的存在,使教唆犯也可以是单独犯罪,而且,从刑法基本原则和从重量刑

情节的角度,则应当作否定回答。因为,教唆无刑事能力的人实施犯罪行为,比教唆有刑事能力的人实施犯罪行为的危害显然更为严重。当然,此时教唆犯系单独犯罪,构成间接正犯。

3. 如果被教唆人没有犯被教唆的罪,对于教唆犯可以从轻或者减轻处罚

所谓被教唆人没有犯被教唆的罪,即"教唆未遂",包括以下四种情况:① 被教唆人拒绝了教唆人的教唆;② 被教唆人虽然当时接受了教唆人的教唆,但事后又放弃了犯意,或者尚未来得及进行任何犯罪活动;③ 被教唆人虽然当时接受了教唆人的教唆,但实际上实施的并非被教唆的罪,而是其他犯罪,并且这种犯罪与教唆人所教唆之罪没有重合关系;④ 被教唆人误会了教唆人的犯罪意图从而实施了非教唆之他罪,而他罪与教唆人所教唆之罪没有重合关系。在被教唆人没有实施被教唆的罪的情况下,由于教唆人主观上具有教唆的故意,且客观上实施了教唆的行为,所以仍构成独立的教唆犯。但是,考虑到教唆行为没有造成实际危害结果,所以法律规定,对于这种教唆犯可以从轻或者减轻处罚。

六、共同犯罪的特殊问题

(一)共同犯罪与特殊身份

不具有特殊身份的人与具有特殊身份的人共同实施真正身份犯(以特殊身份为构成要件的犯罪)时,构成共同犯罪。例如,一般的人不可能单独犯脱逃罪,但可以教唆、帮助依法被关押的罪犯、被告人、犯罪嫌疑人脱逃,从而构成脱逃罪的共犯。原因在于:刑法典分则所规定的国家工作人员等特殊主体仅就实行犯而言,至于教唆犯与帮助犯,则完全不需要特殊身份。刑法典有关共犯人的规定已经指明了这一点。例如,刑法典第二十九条第一款前段规定:教唆他人犯罪的,应当按照他在共同犯罪中所起的作用处罚。其中的"犯罪"与"共同犯罪"当然包括以特殊身份为主体要件的故意犯罪。因此,只要被教唆人犯被教唆的罪,教唆人与被教唆人就构成了共同犯罪。又如,根据刑法典第二十七条第一款的规定,从犯只能存在于共同犯罪之中。这表明,起帮助作用的人,也与被帮助的人成立共同犯罪。当然,帮助犯也可能是胁从犯,但第二十八条的规定说明,胁从犯也只存在于共同犯罪之中。这三条规定足以表明,一般主体教唆、帮助特殊主体实施以特殊身份为构成要件的犯罪的,以共犯论处。从相反的角度来看,如果认为无身份者与有身份者共同故意实施以特殊身份为要件的犯罪时不成立共犯(除有明文规定的贪污罪之外),刑法典总则关于共同犯罪的规定则几近一纸废文,不能起到指导分则的作用。例如,一般的人教唆国家机关工作人员叛逃的,一般的人教唆、帮

助司法工作人员刑讯逼供的,一般的人帮助在押人员脱逃的,一般的人教唆国家工作人员挪用公款的,若不成立共同犯罪,则只能宣告无罪,而这样的结论无论如何都不能得到国民的赞同。问题是,在上述情况下,应如何确定犯罪的性质?对于类似问题,尽管刑法理论上莫衷一是,但司法解释有所涉及。《最高人民法院关于审理贪污、职务侵占案件如何认定共同犯罪几个问题的解释》(法释〔2000〕15号)就审理贪污或者职务侵占犯罪案件如何认定共同犯罪的问题解释如下:① 行为人与国家工作人员勾结,利用国家工作人员的职务便利,共同侵吞、窃取、骗取或者以其他手段非法占有公共财物的,以贪污罪共犯论处。② 行为人与公司、企业或者其他单位的人员勾结,利用公司、企业或者其他单位人员的职务便利,共同将该单位财物非法占为己有,数额较大的,以职务侵占罪共犯论处。③ 公司、企业或者其他单位中,不具有国家工作人员身份的人与国家工作人员勾结,分别利用各自的职务便利,共同将本单位财物非法占为己有的,按照主犯的犯罪性质定罪。

(二) 共同犯罪与认识错误

共同犯罪的认识错误一般是指部分共犯预见的构成要件事实与其他共犯实际造成的事实不一致。我国通说认为法律错误对刑事责任一般不产生影响,因此本章所研究的共犯错误具体是以成立共犯关系作为前提条件的共同犯罪之事实认识错误。另外,一并讨论实行过限问题。

1. 共同正犯之间的认识错误

(1) 同一犯罪构成内的认识错误。不管是对象错误还是打击错误①,只要发生危险结果,都定故意犯罪既遂。例如,甲、乙共谋杀害丙,一起向丙开枪,甲什么都没打中,乙却误认为丁是丙,而将丁打死。本案是对象错误,甲、乙成立故意杀人罪的共同正犯,而且既遂。又如,甲、乙共谋杀害丙,一起向丙开枪,甲什么都没打中,乙因为没有瞄准而打死了丙身边的丁。本案是打击错误,甲乙成立故意杀人罪的共同正犯,而且既遂。

(2) 不同犯罪构成间的认识错误。不管是对象错误还是打击错误,都根据认识错误的一般处理规则处理。对于共同正犯范围内的行为,坚持"部分实行全部责任"的原则;对于部分正犯超出共同犯罪范围的过失行为,其他正犯不用负责,因为过失行为不构成共同犯罪。例如,甲、乙共谋杀害丙,一起向丙开枪,甲什么也没打中,乙将珍贵兵马俑误认为是丙而打碎。本案是对象错误,甲、乙都成立故意杀人罪未遂,是共同正犯。乙成立故意杀人罪未遂

---

① 打击错误的行为人在主观上并没有认识错误,只是因为客观因素导致错误结果,是一种客观错误。因此,对犯罪对象的打击错误不同于认识错误中的对象错误。但由于二者处理规则相类似,且为了教学上的方便,遂一并予以介绍。

与过失损毁文物罪的想象竞合犯,从一重处断即可。打击错误的例子如,甲、乙共谋打碎珍贵蜡像,甲什么也没打中,乙却将丙误认为是蜡像而打死。甲、乙成立故意毁坏财物罪的共同正犯。对甲而言,因为刑法不处罚故意毁坏财物罪未遂,故无罪。对乙而言,虽然不处罚故意毁坏财物罪未遂,但处罚其触犯的过失致人死亡罪。甲对乙过失致人死亡的行为不负责。

2. 狭义共犯与正犯之间的认识错误

狭义共犯与正犯之间的认识错误是指正犯出现认识错误,导致其实现的事实和共犯教唆、帮助的主观意图不一致。一般认为,正犯因认识错误产生的法律效果,共犯也要承担。

(1) 同一犯罪构成内的认识错误。不管正犯是对象错误还是打击错误,只要发生危害结果,正犯定故意犯罪既遂,共犯也定故意犯罪既遂。例如,甲教唆乙杀害丙,乙误将丁作为丙杀害。乙成立故意杀人罪既遂,甲也成立故意杀人罪教唆犯既遂。又如,甲教唆乙"杀死站在树下的王某",乙却听成"杀死站在树下的汪某",开枪打死了汪某。乙成立故意杀人罪既遂,甲也成立故意杀人罪教唆犯既遂。前两个均为对象错误的例子。下面是打击错误的例子:甲教唆乙杀害丙,乙因为没有瞄准,将丙身边的丁打死。乙成立故意杀人罪既遂,甲也成立故意杀人罪教唆犯既遂。

(2) 不同犯罪构成间的认识错误。不管是对象错误还是打击错误,都根据认识错误的一般处理规则处理。教唆犯、帮助犯对正犯在共同犯罪范围内的行为要负责,但是对正犯超出共同犯罪范围的过失行为不用负责,因为过失行为不能构成共同犯罪。例如:甲教唆乙杀害丙,乙因为没有瞄准打死了丙身边的藏獒。乙成立故意杀人未遂,甲也成立故意杀人未遂。再如:甲教唆乙打死丙的珍贵藏獒,乙因为没有瞄准打死了丙。甲属于教唆故意毁坏财物罪未遂,因为刑法不处罚故意毁坏财物罪未遂,所以甲无罪。乙成立过失致人死亡罪。甲对乙过失致人死亡罪不负责任。

3. 教唆犯与间接正犯之间的认识错误

教唆犯与间接正犯的相同点在于,二者都指使他人去实行犯罪。区分点在于教唆犯对实行者没有支配作用,间接正犯对实行者有支配作用。可以看出,间接正犯具备了教唆犯的所有要件,并且比教唆犯还多了一个要件,即对实行者具有支配作用。间接正犯是比教唆犯程度更严重的犯罪形式。从包容评价的思维看,间接正犯的行为能够包容评价为教唆犯的行为,间接正犯的故意能够包容评价为教唆犯的故意。例如,甲唆使十岁小孩去实施盗窃。首先,甲具有教唆他人的故意和行为,即具有教唆犯的故意和行为。进一步看,由于小孩没有责任能力,甲对小孩具有支配作用,所以在教唆犯的基础上又符合了间接正犯的要件。

教唆犯与间接正犯之间的认识错误,有以下情形:

(1) 以间接正犯的意思,利用他人犯罪,但产生了教唆的结果。例如,甲误认为乙是没有责任能力的精神病患者,便引诱乙杀人,但乙具有责任能力,按照甲的旨意杀了人。首先,从客观上看,乙有责任能力,甲对乙没有支配作用,对乙只起到教唆作用。其次,从主观上看,甲有间接正犯的故意就说明至少有教唆犯的故意。所以,甲在教唆犯的范围内实现了主客观相统一,既具有教唆行为也具有教唆故意,以故意杀人罪的教唆犯论处。

(2) 以教唆犯的意思,实施了教唆行为,但产生了间接正犯的结果。例如,甲误以为乙具有责任能力,教唆乙杀人,实际上乙患有精神病,在没有责任能力的状态下杀了人。首先,从客观上看,乙没有责任能力,甲对乙有支配作用,对乙起到了间接正犯的效果,而间接正犯的效果至少能评价为教唆犯的效果。其次,从主观上看,甲具有教唆的故意。所以,甲在教唆的范围内实现了主客观相统一,以故意杀人罪的教唆犯论处。本案中,实行行为人是乙,但不负刑事责任。

4. 共同犯罪中过剩行为

共同犯罪中过剩行为是指共同犯罪中部分正犯的行为超出了共同犯罪的范围。因为只有正犯(实行犯)才可能超出,所以又称之为实行过剩或者实行过限。例如,甲、乙共同入室盗窃,乙入室盗窃后还实施了强奸。或者甲教唆乙入室盗窃,乙入室后转化为抢劫。其中的问题是,未超出者对超出者的超出部分是否要承担责任?对此,判断标准为,一要从客观上看,共同部分与超出部分有无物理或心理上的相当的(类型化的)因果关系;二要从主观上看,未超出者对超出者的超出部分有无罪过。

(1) 不具备客观联系的情形。这是指共同部分与超出部分没有物理或心理上的类型化的因果关系。对此,未超出者对超出部分不负责任。例如,甲、乙共谋入室盗窃,甲在外望风,乙入室盗窃。乙在盗窃后还另实施了强奸。甲、乙的共同部分是盗窃行为,乙的超出部分是强奸行为。盗窃行为与强奸行为没有类型化的因果关系,也即在一般情况下,盗窃行为的实施不会导致强奸行为的发生。所以,乙的强奸行为与甲、乙的盗窃行为无关,甲对乙的强奸行为不负责任。

(2) 具备客观联系的情形。这是指共同部分与超出部分具有物理或心理上的类型化的因果关系时,需要进一步考察未超出者对超出部分的主观心态。具有下列三种情形:

① 存在故意。这是指未超出者对超出部分有认识,并且希望或者放

任。如果是这样,就意味着实行者的行为没有超出共同犯罪的范围,就不存在过剩问题。例如,甲教唆乙入室盗窃,并对乙说:"万一被人发现,就来硬的。"乙入室后被主人发现,便对主人实施暴力,取得财物。乙从盗窃升级为抢劫。本案中,共同盗窃行为与抢劫行为具有类型化的因果关系,抢劫就是由盗窃升级的。同时,甲对乙的抢劫持放任态度。因此,甲、乙构成抢劫罪的共同犯罪,甲是教唆犯,乙是实行犯。这种情形实际上不存在实行过剩的问题。

② 存在过失。这是指未超出者对超出部分有过失。对此,未超出者对超出部分就要负责任,但不会负故意犯罪的责任,因为对超出部分没有故意。例如,甲教唆乙入室盗窃,乙入室后被主人发现,对主人使用暴力,升级为抢劫。本案中,甲、乙共同盗窃行为与乙的抢劫具有类型化的因果关系,也即抢劫的发生是由盗窃行为直接转化来的。同时,甲对乙可能会升级为抢劫有认识的可能性。因此甲对乙的超出部分要负责任,但不需负抢劫罪的责任,因为甲没有抢劫罪的故意,只需对抢劫的结果负责任,也即乙构成抢劫罪的既遂,甲构成盗窃罪教唆犯的既遂,且以乙的抢劫所得数额作为甲的盗窃犯罪数额。又如,甲、乙共谋入室伤害丙。甲望风,乙入室。在伤害时,丙激烈反抗,乙一怒之下将丙打死。本案中,甲、乙共同伤害行为与乙的杀人行为具有类型化的因果关系,也即杀人是由伤害引起的。同时,甲对乙的杀人具有认识的可能性,但是该结果的发生违背了其意愿,所以是一种过失。因此,甲对乙的杀人结果应承担过失责任。结论是,甲、乙在故意伤害罪的范围内成立共同犯罪,甲以故意伤害罪(致人死亡)的帮助犯论处,乙以故意杀人罪的既遂犯论处。

③ 无罪过(意外事件)。这是指未超出者对超出部分没有预见可能性。对此,未超出者对超出部分便不需负刑事责任。例如,甲教唆乙教训伤害丙。乙入室,在伤害时,丙激烈反抗,乙一怒之下为了杀丙,竟放火烧了丙家,造成丙死亡,丙的房屋以及邻居房屋被毁。本案中,甲、乙共同伤害行为与乙的杀人有因果关系,但是乙采取放火的手段杀人,是甲没有预见的,也没有预见的可能性。结论是,甲、乙在故意伤害罪的范围内成立共同犯罪,甲以故意伤害罪(致人死亡)的教唆犯论处,乙触犯故意杀人罪和放火罪,是想象竞合犯,择一重罪处之。

(三) 共同犯罪与犯罪形态

在单独犯罪中,行为人已经着手实行犯罪,但由于意志以外的原因而未得逞时,该犯罪属于犯罪未遂形态,该行为人是未遂犯;行为人自动中止犯罪时,该犯罪属于犯罪中止形态,该行为人是中止犯。但共同犯罪是二人以上共同故意犯罪，在同一共同犯罪中可能有的共犯人是未遂犯，有的共犯人是中止犯，这是因为犯罪未遂与犯罪中止在客观上存在共同点——都没有发生特定犯罪的构成要件的行为、结果或具体危险。而之所以没有发生特定的行为、结果或具体危险，相对于部分共犯人而言，是基于自动中止，相对于另一部分人而言属于意志以外的原因所致，因而对不同的犯罪人应当确定为不同的犯罪形态。在此意义上说，共同犯罪的形态，应是共同犯罪中的各共犯人的犯罪形态。但是，这种情况只能出现在未遂与中止、预备与中止的场合。换言之，只要共犯人中没有人成立犯罪中止，那么，共同犯罪的形态与各个共犯人的犯罪形态则基本上是统一的（如前所述，教唆犯也可能存在例外）。例如，如果共犯人中一人的行为导致既遂，则其他共犯人均成立既遂；如果共犯人中的一人着手实行犯罪，其他共犯人不可能成立犯罪预备。

根据刑法典总则有关共同犯罪的规定以及宽严相济的刑事政策，对共犯人必须区别对待。因此，研究同一共同犯罪中的共犯人是预备犯、未遂犯、中止犯还是既遂犯，具有特别重要的意义。共同犯罪与预备、未遂、既遂的关系是比较好解决的问题。例如，二人以上为了实行犯罪而共同预备，但由于意志以外的原因而未能着手实行的，均为预备犯；共同正犯已着手实行犯罪，由于意志以外的原因而未得逞的，就是共同正犯的未遂；二人以上共同实行犯罪，部分人的行为导致结果发生，部分人的行为未导致结果发生的，根据"部分实行全部责任"的原则，均以既遂犯论处。

共犯人与中止犯的关系则比较复杂。就共同正犯而言，当所有正犯都自动中止犯罪时，均成立中止犯。共同正犯中的一部分正犯自动停止犯罪，并阻止其他正犯实行犯罪或防止结果发生时，这部分正犯就是中止犯，其他没有自动中止意图与中止行为的正犯则是未遂犯。如果共同正犯中的一部分正犯停止自己的行为，但其他正犯的行为导致结果发生时，均不成立中止犯，而是均成立既遂犯。因为共同正犯之间具有相互利用、相互补充的关系，形成了一个有机整体，即使停止了自己的"行为"，也不能认为中止了"犯罪"。例如，甲、乙、丙三人共谋对丁女实施轮奸，共同对丁女实施暴力后，甲、乙实施了奸淫行为，但丙自动地没有实施奸淫行为。本案中，丙是否成立强奸罪的中止？根据对共同正犯采用的"部分实行全部责任"原则，丙不仅要对自己的行为及结果负责，还要对甲、乙的行为及其结果负责。既然甲、乙的行为已经完成或者说已经既遂，丙理当对甲、乙的犯罪既遂承担刑事责任。所以，丙只是放弃了自己的行为，并没有中止犯罪。当然，丙放弃奸淫行为的情节，对丙而言是一个十分重要的酌定从宽量刑情节。教唆犯、帮助犯自动中止教唆行为、帮助行为，并阻止实行犯的行为或其结果时，成立教唆犯、帮助犯的中止犯。反之,实行犯自动中止犯罪,对于教唆犯、帮助犯来说属于意志以外的原因时,实行犯是中止犯,教唆犯、帮助犯属未遂犯。

由上可见,对于共犯人的犯罪形态,仍应根据刑法所规定的各种形态的特征予以认定,不得另立认定标准。在各共犯人的犯罪形态相同的情况下,各共犯人的犯罪形态与整个共同犯罪的形态具有一致性;在各共犯人的犯罪形态不相同的情况下,就难以(也无必要)确定整个共同犯罪的形态。

本章小结

1. 共同犯罪是犯罪的特殊表现形式。构成共同犯罪,就其概念而言,应当从质与量两个方面来加以把握。从量的方面来讲,共同犯罪的主体必须在二人以上;从质的方面来讲,两个以上的主体必须基于共同的犯罪故意而实施共同犯罪行为。共同犯罪的成立,除了必须具备故意犯罪的一般条件外,还必须具备主体条件、客观条件和主观条件。共同犯罪的形式是指二人以上共同犯罪的形成结构或者共同犯罪人之间的结合方式。按照不同的标准,对共同犯罪可以做不同的划分。

2. 关于共同犯罪人种类的划分,一般有作用分类法与分工分类法之分。刑法典主要以作用分类法为基础,同时兼采分工分类法,将共同犯罪人分为主犯、从犯、胁从犯和教唆犯,并规定了不同的处罚方法。

3. 不具有特殊身份的人与具有特殊身份的人共同实施真正身份犯时,构成共同犯罪。共同犯罪的认识错误存在特殊之处,共犯人具有认识错误时,原则上适用处理认识错误的一般原则,但也要考虑其特殊情形。共同犯罪与犯罪预备、犯罪未遂、犯罪既遂的关系比较简单,而共犯人与犯罪中止的关系则比较复杂。

共同犯罪,犯罪集团,主犯,从犯,胁从犯,教唆犯。

问题思考

1. 如何理解共同犯罪的成立范围和成立条件?
2. 分析刑法典规定的有组织犯罪。
3. 如何认定和处罚主犯?
4. 如何认定和处罚从犯?

5. 如何认定和处罚胁从犯?
6. 如何认定和处罚教唆犯?
7. 如何理解和适用共同犯罪与特殊身份、认识错误、犯罪形态等特殊问题的处理规则?

第十一章
罪数

> **目的要求**
>
> 1. 掌握罪数的概念、意义、判断标准及主要类型。
> 2. 理解实质一罪中的继续犯、想象竞合犯和结果加重犯的概念、特征,掌握各自的处断原则。
> 3. 理解法定一罪中的结合犯、转化犯和惯犯的概念、特征,掌握各自的处断原则。
> 4. 理解处断一罪中的连续犯、牵连犯、法规竞合犯和吸收犯的概念、特征,掌握各自的处断原则。
> 5. 掌握多种罪数形态并存时的处理规则,能够综合运用罪数理论研判案例。

第一节 罪数概述

本节主要讲述罪数的概念、意义、判断标准及类型。

一、罪数的概念和区分罪数的意义

(一)罪数形态与罪数理论的概念

1. 罪数形态

罪数形态简称罪数,是指同一主体在一定的时空条件下的犯罪的个数,包括一罪和数罪两种形态。一罪是指犯罪主体的一个或者数个行为只符合一个犯罪构成或者做一罪处理的犯罪形态。数罪是指犯罪主体的一个或者数个行为同时符合数个犯罪构成的犯罪形态。

同一犯罪主体在一定的时空条件下实施的犯罪行为,构成一罪还是数罪,在多数情况下简单明了。例如,某甲今天杀人,明天盗窃,后天抢劫,认定这样的数罪,与认定其中的任意一罪同样简单。但在有些情况下,如某乙连续多次实施拦路抢劫,某丙实施爆炸杀人结果导致多人伤亡,某丁故意伤人并于他人失去知觉时取走其金手链,等等,是一罪还是数罪,认定起来就有难度。因为,同一犯罪主体所实施的行为,究竟是一行为还是数行为,触犯一个罪名还是数个罪名,并不总是泾渭分明的,而且,即使是数个犯罪行为由于法律的直接规定或者司法中的习惯做法,也不一定全部作为数罪对待。有的表面上看是一罪,实际上是数罪;有的表面上看是数罪,实际上却是一罪。所以,罪数的区分,要透过行为的表面现象,依据犯罪构成、罪数理论及司法实践中的习惯做法进行全面衡量后,才能最终确定。这是认定罪数的总体原则。

2. 罪数理论

正确区分一罪和数罪是刑法理论和司法实践都经常面临的问题,也是罪数理论研究的核心内容。关于罪数形态的理论,称罪数理论。在刑法理论和司法实践中,经常会遇到行为人的行为构成一罪还是数罪的问题。什么是一罪,什么是数罪,一罪与数罪的判断和区分标准是什么,一罪与数罪的类型有哪些,不同类型的一罪与数罪的界限如何,怎样处理一罪与数罪,即一罪与数罪的处断原则分别是什么,这些都是罪数理论必须研究和作出明确回答的问题。

(二) 区分罪数的意义

1. 正确区分一罪与数罪,有利于正确追究行为人的刑事责任(包括定罪与量刑)

只有正确区分一罪与数罪,才能正确评价行为人的刑事责任,对犯罪行为正确地定罪和量刑。因为法律对每一种犯罪都规定了独立的刑罚及刑事责任,行为人犯一罪的,只承担一罪的刑事责任,行为人犯数罪的,需承担数罪的刑事责任。犯一罪与犯数罪的刑事责任完全不同。

一般来讲,犯数罪的刑事责任要重于犯一罪的刑事责任。如果行为人犯了数罪,按照一罪处理,就可能轻纵犯罪,导致罪刑失衡;同样,如果行为人实际上犯一罪,按数罪处理,则会导致重判,出现一罪多罚,罚不当罪。

但是,在一定的情况下,将数罪定为一罪也会导致重判。这是指把两个独立的轻罪定为一个重罪,会导致行为人被判重刑的情况。例如:甲欲伤害乙,在乙下班的路上,甲一棍子将乙打昏,在乙失去知觉时,甲看到乙戴的一条价值5000余元的金手链掉在地上,遂将这条手链占为己有,然后离去。经法医鉴定,乙受轻伤。对于甲的行为,如果依刑法典第二百三十四条第一款定故意伤害罪和第二百六十四条前段定盗窃罪,实行两罪并罚,最高刑不超过六年有期徒刑;如果依刑法典第二百六十三条前段定抢劫罪一罪,最高刑则为十年有期徒刑。因此,正确区分一罪与数罪,对于正确定罪、恰当量刑、贯彻刑法基本原则、准确执行刑法以及实现司法公正具有重要意义。

2. 正确区分一罪与数罪，有利于贯彻和落实相关刑法制度

这些相关刑法制度包括数罪并罚、时间效力、追诉时效、刑事责任年龄等。

（1）一罪与数罪的区分，直接服务于数罪并罚制度。但需要注意的是，被认定为一罪的，当然不存在数罪并罚问题，但是并不是说被认定为数罪的，就自然存在数罪并罚问题。因为，对于有些实质数罪，基于刑法典的直接规定或者司法实践中的习惯做法，通常按照一罪处理。

（2）某些罪数形态，如继续犯、连续犯的认定，在跨超新旧法律交替或者跨超刑事责任年龄阶段之时，与刑法的时间效力、追诉时效、自然人的刑事责任年龄制度密切相关。

3. 正确区分一罪与数罪，有利于保障刑事诉讼的顺利进行

这些影响主要体现在级别管辖、地域管辖、起诉范围、审判范围及诉讼文书制作等方面。

（1）根据《中华人民共和国刑事诉讼法》第二十五条规定，在存在数罪并共同管辖的情况下，"主要犯罪地"是确定审判管辖之地域管辖的重要事实依据。

（2）根据《中华人民共和国刑事诉讼法》第二十条及"就高不就低"的司法解释之规定①，数罪中的重罪是确定审判管辖之级别管辖的重要事实依据。

（3）根据《中华人民共和国刑事诉讼法》及司法解释关于控诉证据的规定，控诉方必须针对其所指控的罪名围绕各罪名的构成要件事实进行举证。这意味着针对数罪的指控就必须提供数罪的构成要件事实的证据；如果控诉方对其所指控的数罪中的某一罪举证不足，该有罪指控将不被支持。

（4）根据"控审分离""不告不理"的原理和刑事审判方式的改革成果，审判是对起诉的回应，起诉的范围决定着审判的范围。这意味着，如果控方所指控的是数罪，法院就必须对数罪予以审判。

（5）当存在数罪之时，起诉书、判决书等法律文书的事实叙述部分一般要求采用总分法、突出主罪法的表述方法。

二、罪数判断标准

（一）罪数判断标准的学说

正确区分一罪与数罪，首先需要解决判断一罪与数罪的标准问题。在中

---

① 参见《最高人民法院关于适用〈中华人民共和国刑事诉讼法〉的解释》（法释〔2012〕21号）第十三条规定："一人犯数罪、共同犯罪和其他需要并案审理的案件，其中一人或者一罪属于上级人民法院管辖的，全案由上级人民法院管辖。"

外刑法学中,关于判断一罪与数罪的标准,存在多种学说。

1. 主观主义标准

主观主义标准主要包括犯意标准说和目的标准说。

(1) 犯意标准说。此说以犯意的个数为标准区分一罪与数罪,主张行为人出于一个犯意实施的行为为一罪,出于数个犯意实施的行为为数罪。

(2) 目的标准说。此以目的的数量为标准区分一罪与数罪,主张行为人出于一个目的实施的行为为一罪,出于数个目的实施的行为为数罪。

上述两种学说的共同特征是:强调行为人的主观方面对于区分一罪与数罪的作用,而忽视客观方面的作用。无法解决行为人出于一个犯意或目的实施多种犯罪行为,或者出于多种犯意或目的实施某一种犯罪行为的一罪与数罪的区分问题,同时可能将一行为重复评价为数罪。而且,目的标准说无法处理不具有犯罪目的的犯罪的一罪与数罪问题。

2. 客观主义标准

(1) 行为标准说。这种学说以行为的个数为区分一罪与数罪的依据。认为行为人实施了一个犯罪行为的,构成一罪;实施数个犯罪行为的,构成数罪。而根据对行为的理解不同,具体又分为自然行为说和法律行为说。

(2) 法益标准说。该学说将犯罪所侵害的法益的数量作为区分一罪与数罪的标准。主张凡侵害一个法益的行为,只能定一罪;凡侵害数个法益的,定数罪。

(3) 结果标准说。这一学说以犯罪结果的个数作为区分一罪与数罪的标准。认为犯罪行为造成一个结果的,定一罪;造成数个犯罪结果的,定数罪。

(4) 大陆法系国家的构成要件标准说。大陆法系传统的刑法理论将犯罪成立的要件分为构成要件该当性(符合性)、违法性和有责性,即对犯罪成立的主客观要素分别进行考察。根据此理论,行为一次性满足犯罪构成该当性要件的为一罪,多次满足的为数罪。

上述四种学说的共同特征是:仅仅把犯罪构成的客观要件作为区分一罪与数罪的标准,完全撇开了犯罪的主观方面,犯了与主观主义标准说相同的片面性错误。行为标准说解决不了出于相同的犯意实施的数行为只能定一罪和两个客观上完全相同的行为由于主观犯意的不同须定数罪的问题。法益标准说无法解决侵害相同法益的多种犯罪行为的一罪与数罪问题,而且,当一行为侵害数法益时以数罪处理并不合理。结果标准说更无法处理不具有犯罪结果的犯罪的一罪与数罪问题。因此,这些学说也都不是科学的学说。第四种学说有综合犯罪的客观要件和关照刑法不同规定的优势,但实际上是对行为标准说、法益标准说和结果标准说的整合,本质上属于客观说。

3. 折中主义标准

折中主义标准又称个别化标准说。这种学说力图克服主观主义标准说和客观主义标准说的缺陷,主张区分一罪与数罪的标准要根据犯罪的具体情况和刑法的具体规定,分别采取行为说、结果说、犯意说等。该学说相对于主观说和客观说,优点是全面、灵活,能适应区别刑法规定的各种犯罪的需要。但是,由于其标准的多元化,实际上等于否定了区分一罪与数罪的统一标准。

(二) 我国的犯罪构成标准

我国的犯罪构成标准主张以犯罪构成的个数为区分一罪与数罪的标准,行为符合一种犯罪构成的为一罪,行为符合数种犯罪构成的为数罪。这是我国刑法学界的通说。理由很简单,犯罪构成既然是行为成立犯罪的唯一标准,理所当然也是行为成立一罪或者数罪的标准。

必须注意该说不同于大陆法系国家的构成要件标准说。理解该说应注意以下几点:

1. 犯罪构成标准的科学性

犯罪构成标准的科学性主要表现在:① 坚持了罪数判断标准的统一性;② 体现了主客观相统一原则;③ 贯彻了罪刑法定原则;④ 避免了对行为的重复评价。

2. 犯罪构成标准的普遍性

有的学者根据刑法典的某些规定不符合犯罪构成标准说的实例,认为犯罪构成标准说在具体应用时不具有普遍意义。但是多数学者认为,犯罪构成标准说是对各种刑法规范的概括,不是对某一刑法典或者部分刑法规范的概括,更不是具体刑法规范本身。如果该学说是正确的,而刑法典的某些规范不符合它,应当是刑法规范向它看齐,而不能要求科学的刑法理论迎合个别不合理的具体刑法规定。

3. 犯罪构成标准的总括性

犯罪构成标准的总括性是指犯罪构成标准说只是判断罪数的总标准,只能解决绝大部分案件的一罪与数罪的认定问题。实践中的案件情况有时比较复杂,再加上刑法典本身错综复杂的规定,会导致有的案件看上去像是数罪(包括形式数罪和实质数罪),结果却作为一罪处理。这些复杂情况正是罪数理论研究的重点所在。

从总体上说,判断行为构成一罪还是数罪,应在把握危害行为的基础上,首先以犯罪构成理论为判断标准,其次以罪数理论为指导,再次考虑刑法的具体规定和司法实践中的通常做法。

三、罪数的类型

罪数在总体上包括一罪与数罪两大类。一罪与数罪之中,又分别包括多种不同的类型。

(一) 数罪的类型

数罪的类型是指依据一定的标准,对一个或者相同主体实施的多个犯罪进行的分类。在理论上,通常将数罪分为以下几类:

1. 同种数罪与异种数罪

同种数罪是指同一性质的数个犯罪形态。行为人再三实施的同一种犯罪行为,构成的就是同种数罪。例如,行为人在一段时间内连续实施十起抢劫行为的,即属此类。异种数罪是指数个不同性质的犯罪形态。例如,行为人既盗窃又抢劫还诈骗等,即构成盗窃、诈骗和抢劫三个不同性质的数罪。

同种数罪与异种数罪分类的意义主要在于:二者作为实质的数罪,都有可能引起数罪并罚的法律后果,但是二者适用数罪并罚的机会不同。具体而言,对于异种数罪除非符合牵连犯、吸收犯、结合犯等犯罪的特征而按一罪处理以外,其他的异种数罪一般都要实行数罪并罚;对于同种数罪除非属于"漏罪""新罪"而依刑法典第七十条、第七十一条实行数罪并罚以外,其他的同种数罪一般都不实行数罪并罚。

2. 并罚的数罪和单罚的数罪

并罚的数罪是指数罪一经成立,必须实行数罪并罚,不按一罪处理的数罪形态。刑法中的多数犯罪,成立数罪后,都要实行数罪并罚。比如,故意杀人罪和强奸罪,在任何情况下都必须实行数罪并罚。单罚的数罪是指法律规定或者实际处理时不实行并罚的数罪形态。本章所介绍的犯罪形态中,有部分是实质数罪,但一般不实行数罪并罚,如连续犯、牵连犯和吸收犯等。

并罚的数罪与单罚的数罪分类的意义主要在于:在进一步确定数罪并罚范围的基础上,对于不实行数罪并罚的牵连犯、吸收犯、连续犯、惯犯等,确定与之相应的处断原则。

3. 其他分类

根据不同标准,还可以将数罪分为实质数罪与形式数罪(想象数罪)、判决宣告前的数罪与刑罚执行间的数罪、同一主体实施的数罪与不同主体实施的数罪、侵害同类客体的数罪与侵害异类客体的数罪、相同罪过的数罪与不同罪过的数罪等,不过,这些分类除第一种以外,意义都不大。

(二) 一罪的类型

一罪有几种类型,以什么标准对一罪进行分类,在刑法理论上存在着不同主张。

1. 二分法

有多种二分法，例如，将一罪分为单纯一罪和理论一罪，或者单纯一罪与处断一罪，或者单纯一罪与复杂一罪。① 较好的二分法是以根据客观方面的行为特征为标准，将一罪分为一行为的一罪和数行为的一罪。②

（1）一行为的一罪。包括一行为在刑法上规定为一罪或者处理时作为一罪两种情况。前者如继续犯、转化犯和结果加重犯，后者如想象竞合犯、法规竞合犯。

（2）数行为的一罪。包括数行为在刑法上规定为一罪或者处理时作为一罪两种情况。前者如结合犯和惯犯，后者如连续犯、牵连犯和吸收犯。

2. 三分法

三分法也有多种分法，例如，将一罪分为一行为在刑法上规定为一罪或者处理时作为一罪、数行为在刑法上规定为一罪和数行为在处理时作为一罪三种情况③；或者将一罪分为典型一罪、刑法规定中的不典型一罪（数罪）和处理中的不典型一罪（数罪）④。较好的三分法是将一罪分为实质的一罪、法定的一罪和处断的一罪。各类型的一罪都包含几种不同的情况。

（1）实质的一罪。这是指以一个行为为基础构成的犯罪类型。包括继续犯、想象竞合犯和结果加重犯。

（2）法定的一罪。这是指本来是符合数个犯罪构成要件的行为，法律明文规定为一罪的犯罪类型。包括结合犯、转化犯和惯犯等。

（3）处断的一罪。这是指本来是符合数个犯罪构成要件或者触犯数个罪名的行为，在定罪量刑时，鉴于数罪之间的特殊关系，而按照一罪处理的犯罪类型。包括连续犯、牵连犯、法规竞合犯和吸收犯。

以上对于一罪的各种分类都很有道理，但鉴于最后一种三分法是我国学者对一罪分类的通说，因此，本章第二节至第四节按三分法对一罪的类型进行介绍。

第二节　实质的一罪

本节主要讲述实质的一罪中的继续犯、想象竞合犯和结果加重犯的概念、特征和处断原则。

---

① 顾肖荣.刑法中的一罪与数罪问题.上海：学林出版社，1986：11.
② 孙国祥.新刑法学教程.南京：南京大学出版社，1998：164—175.
③ 高铭暄，马克昌.中国刑法学.北京：中国人民大学出版社，1989：210—225.
④ 杨春洗，杨敦先.中国刑法论.北京：北京大学出版社，1994：144—158.

一、继续犯

（一）继续犯的概念

继续犯也称持续犯，是指犯罪行为自着手实施之时起，特别是犯罪既遂后直至犯罪行为终了之前，不法行为及由此引起的不法状态同时处于持续过程中，持续地侵害同一直接客体的犯罪形态。继续犯是稀有的犯罪类型，理论界公认的典型的继续犯为刑法典第二百三十八条非法拘禁罪。此外，一般认为，第三百一十条窝藏罪（不含包庇罪），第三百一十二条掩饰、隐瞒犯罪所得、犯罪所得收益罪中的窝藏赃物的行为，第三百四十九条窝藏毒品、毒赃罪以及第二百六十一条遗弃罪也是继续犯。

对于继续犯，一般作为实质的一罪，但由于刑法典第八十九条第一款涉及继续犯①，因而在前述一罪的二分法中也有学者将继续犯作为法定的一罪。

（二）继续犯的特征

1. 行为人实施了一个持续侵害同一或者相同直接客体的行为

行为人实施了一个持续侵害同一或者相同直接客体的行为有三层含义：

（1）一个行为的连续性和整体性。例如，债权人某甲为了索债，将债务人某乙非法关押后，往往对债务人打骂、向债务人亲友打电话并提要求，有时为了防止债务人逃跑或者他人解救，还将被害人从一个地方转移到另一个地方。在这里，行为人实施了不止一个动作或者举动，但都是一个持续的整体，这些行为都持续地侵害被害人的人身自由，故仍属于一个行为，构成继续犯。

（2）行为的形式以作为为主，但也可以是作为与不作为的结合。往往是以作为开始并在持续过程中转为不作为。例如，非法拘禁被害人后放任不管。个别继续犯如遗弃罪只能由不作为构成。

（3）行为对象既可以是一个，也可以是多个。例如，身为公安局长的某甲，因不同意其女儿与农民之子某乙结婚，遂将其女儿、某乙及某乙的父母亲关押起来，此行为同时针对四个对象实施，但不构成数罪，仍然只构成一个非法拘禁罪。所以，继续犯与其侵害对象的个数没有必然的联系。

（4）继续犯是持续地侵犯同一或者相同直接客体的犯罪。所谓"持续地侵犯同一直接客体"，是就特定犯罪的直接客体为单一客体而言的，前述债权人非法拘禁他人索债案即属此类；所谓"持续地侵犯相同直接客体"，是就特定犯罪的直接客体为复合客体而言的，前述公安局长非法拘禁他人逼婚案即

---

① 参见刑法典第八十九条第一款："追诉期限从犯罪之日起计算；犯罪行为有连续或者继续状态的，从犯罪行为终了之日起计算。"

属此类。

2. 行为人必须出于实施特定的持续犯罪的故意

认定持续犯,查明行为人主观方面的内容至关重要。行为人实施的犯罪虽然具有持续性的客观特征,但由于其主观故意内容的不同,分别构成不同的犯罪,有的为继续犯,有的则不是。例如,某甲把某乙关在一个隐蔽场所5日,从客观上看,符合继续犯的特征。但基于某甲主观故意的不同,该行为可能构成多种犯罪,并不都是继续犯:① 如果某甲是出于向某乙或者其亲属勒索财物的目的,表明某甲用非法拘禁的手段勒索财物,存在两个部分的行为,有方法行为与目的行为之分,属于绑架罪的牵连犯;② 如果某甲的主观故意是要把某乙活活饿死,该行为构成故意杀人罪,某甲在使某乙饿死的同时也放任侵害某乙的人身自由,属于一行为触犯两罪名的想象竞合犯;③ 如果某甲的故意是为了帮助某乙逃避司法机关追究,该行为构成窝藏罪,属于继续犯;④ 如果某甲的故意是剥夺某乙的人身自由,该行为构成非法拘禁罪,属于继续犯;等等。

3. 不法行为和不法状态必须同时处于持续过程中

不法行为和不法状态必须同时处于持续过程中是继续犯的本质特征,也是与即成犯、状态犯、连续犯、徐行犯等犯罪形态相区别的主要标志。对于继续犯的这一特征,可从以下几方面加以认识:① 继续犯的犯罪行为必须具有持续性,而且在犯罪既遂以后仍然具有持续性。它的典型表现是,从着手实行犯罪行为至犯罪既遂再到犯罪行为实施终了的全过程中,犯罪行为一直处于正在实施、不断进行之中。② 继续犯既遂后的犯罪行为及其所引起的不法状态必须同时处于持续状态。即继续犯的犯罪行为与其所引起的不法状态的发生、延续(即行为的持续实施和不法状态的持续存在)和完结,必须同步或者基本同步。③ 继续犯的犯罪行为及其所引起的不法状态必须同时处于持续过程之中。即二者在犯罪既遂后均在同一犯罪过程中再持续一段时间。

以下三种情况不属于继续犯:① 如果行为及其所造成的不法状态的同步持续过程因行为一度或者数次停顿而呈非连续状态,即在时间上有间断的,就不是继续犯,而是连续犯或者同种数罪形态。例如,不是同时而是先后对多人实施非法拘禁,或者对一人先后数次实施非法拘禁,不是继续犯,而是连续犯。② 如果一个行为结束后,该行为所造成的不法状态仍然存在的,就不是继续犯,而是状态犯。例如,行为人盗窃行为结束后,该行为给他人财产所有权造成的不法状态(非法占有)在一定时间内仍然存在,所以,盗窃罪之类的犯罪不是继续犯而是状态犯。③ 如果一个行为既遂后即告结束,并且该行为所造成的不法状态即对客体的侵害也随之结束,就不是继续犯,而是即成犯。例如,一刀将他人砍伤,对被害人身体的伤害随着这一刀的结束而终结,所以,以破坏、伤害方法实施的犯罪一般不是继续犯,而是即成犯。

4. 继续犯的行为对直接客体的侵害应有一定的持续时间

瞬间的持续不构成继续犯。但究竟持续多长时间才构成持续犯,应根据具体情况具体分析。以非法拘禁罪为例,有学者认为起码要以8个小时为起点,因为构成本罪的,至少要判处三年以下有期徒刑、拘役、管制和剥夺政治权利。假如行为人非法拘禁他人8个小时构成犯罪,被判处有期徒刑的话,至少是6个月。两相比较,行为人剥夺他人8个小时的自由,自己因此失去了6个月的自由,这种罪刑关系已经严重不平衡。所以,非法拘禁他人以持续1个工作日即8个小时作为构成犯罪的起点,是不会放纵犯罪的。① 但是,《最高人民检察院关于人民检察院直接受理立案侦查案件立案标准的规定(试行)》(高检发释字〔1999〕2号)和《最高人民检察院关于渎职侵权犯罪案件立案标准的规定》(高检发释字〔2006〕2号)的规定,国家机关工作人员利用职权非法拘禁他人的,一般要求达到持续时间超过24小时,才开始追究。

继续犯的行为必须持续地侵害直接客体,这种持续必须是不间断地、没有间歇地持续。如果行为人以经常实施作为或者不作为的形式侵害某一直接客体,或者有把一个犯罪行为分解为许多细小的行为徐徐(慢慢地)行之,就不构成继续犯,而构成徐行犯或者称接续犯。比如,以经常打骂、冻饿、有病不给医治等行为逐渐地侵害被害人的身心健康;行为人出于占有他人财物的目的,今天偷一点、明天拿一点,最终将一笔数额较大财物占为己有:这类行为对直接客体的侵害都没有持续性,应认定为徐行犯。只有像非法拘禁、遗弃、窝藏、窝赃等行为,行为一经实施后,就持续地侵害刑法所保护的直接客体,才是真正的继续犯。

(四) 继续犯的处断原则

继续犯是实质的一罪,应当依刑法典分则规定的罪刑规范以一罪处罚。

一般情况下,研究继续犯的意义主要在于量刑。继续犯的行为对客体侵害的时间长短和程度反映犯罪的不同社会危害性。因此,在对继续犯量刑时,注意要与行为持续侵害合法权益的时间和行为对合法权益侵害的强度相适应。对于继续犯中同时出现的连续犯、牵连犯和想象竞合犯等,则要根据相关的处罚原则处罚。

特定情况下,继续犯也影响定罪,即影响到罪与非罪的界限问题。具体

---

① 王作富.刑法.北京:中国人民大学出版社,1999:148.

表现在：① 涉及刑法时间效力时。② 涉及刑法追诉时效时。甚至有学者认为，处理继续犯，关键在于追诉时效起算点的确定。③ 涉及主体的刑事责任年龄时。

二、想象竞合犯

（一）想象竞合犯的概念

想象竞合犯也称想象数罪，是指一个行为同时侵害数个直接客体并且触犯数个不同罪名的犯罪形态。其本质是形式数罪实质的一罪，而且形式数罪是指形式上的异种数罪。

刑法典中没有规定想象竞合犯的概念，但在分则中，有个别条文涉及想象竞合犯。比如，第三百二十九条第三款即有可能涉及想象竞合犯①。通常认为，刑法典中想象竞合犯的典型例证，是用危险的方法（手段、工具）实施并构成侵权犯罪的同时，又构成危害公共安全罪。

（二）想象竞合犯的特征

对于想象竞合犯的构成特征或者称必备条件，存在两特征说、三特征说和四特征说的争议。由于对主观方面究竟是一个罪过还是多个罪过争议较大，但罪过对认定想象竞合犯实际意义不大，因而这里只从行为、客体和罪名三个方面分析。

1. 行为人实施了一个犯罪行为

行为人实施了一个犯罪行为是想象竞合犯首要的客观特征，也是它区别于惯犯、牵连犯、吸收犯等犯罪的根本所在。① 从数量上讲，所谓一个行为，是指一次行为，而不是多次行为。例如，杀人者只开了一枪或者只放了一把火等。如果是多次的或者重复实施的行为，比如，行为人第一枪打死了一个人，第二枪打伤了另一个人，第三枪打坏了一辆高级轿车，这种行为不论是出于一个故意，还是出于多个故意，都是数行为而不是一个行为。② 从形式上看，想象竞合犯的一个行为可能是单一的举动或者动作，也可能是由一系列的举动或者动作组合而成。前者如一刀致一人伤害或者死亡；后者如购买毒药，制作饮料，编造谎话，让他人购买和饮用，致一人甚至多人死亡或者伤残等。③ 从形态上看，想象竞合犯的一个行为总是表现为实行并且既遂的行为，不可能表现为预备行为或者未遂行为。即想象竞合犯必然是一种犯罪既遂形态。

---

① 所谓"有可能涉及想象竞合犯"，是因为刑法典第三百二十九条第三款中的"有前两款行为，同时又构成本法规定的其他犯罪的"，既有可能是盗窃罪、抢夺罪，也有可能是故意泄露国家秘密罪、侵犯商业秘密罪。前者与盗窃、抢夺国有档案罪构成法规竞合犯，后者与盗窃、抢夺国有档案罪和擅自出卖、转让国有档案罪构成想象竞合犯。

2. 一个行为同时侵害了数个不同的直接客体

一个行为同时侵害了数个不同的直接客体是想象竞合犯的另一客观特征,也是它触犯数个不同罪名的原因所在。需要强调的是,一个行为侵害数个不同的直接客体必须具有同时性。例如,甲为了杀害乙,向乙就餐的食堂的汤锅里投毒,结果毒死了包括乙在内的许多人。本案中,甲的行为同时侵害了他人生命权和公共安全两个直接客体。

3. 一个行为触犯了数个不同的罪名

一个行为触犯了数个不同的罪名,其客观表现是一个行为造成了数个实际的犯罪结果,这数个结果分别属于不同的犯罪,把这一个行为与其所造成的每一个结果联系起来看,都构成一种犯罪。如果只造成一个犯罪结果或者只造成数个同一性质的犯罪结果,如一枪打死多人的,就不是想象竞合犯。例如,行为人一枪将正在驾车执行巡逻任务的警察打死,并将坐在驾驶室后座的另一名警察击伤,还导致警车失去控制,撞上障碍物后起火烧毁。这一行为造成了死亡、伤害和交通工具毁损及妨害公务等四个结果,如果把行为人开枪的行为与其中的每一种结果联系起来,那么行为人的行为分别可构成故意杀人罪、故意伤害罪、破坏交通工具罪和妨害公务罪,即一个行为触犯了四个罪名。但这四个犯罪的构成要件都来自于一个开枪的行为,所以该行为不具备四个犯罪构成,只具备一个犯罪构成。如果按照数罪处理,无疑是将一个行为重复评价四次,重复处罚四次,显然不符合"禁止重复评价"的刑法原理。因此,想象竞合犯只能是想象的数罪,而不是实质的数罪。

(三) 想象竞合犯的处断原则

对想象竞合犯应当从一重处断是我国刑法理论上的通说。但是,有两个问题需要进一步明确:

1. 如何认定重罪

刑法典分则对个别犯罪的想象竞合犯规定按照较重的罪名处罚。比如,刑法典第三百二十九条第三款规定行为人盗窃、抢夺、擅自出卖、转让国家所有的档案,同时又构成刑法规定的其他犯罪的,应当按照较重的规定定罪处罚。如果行为人实施上述行为时又故意泄露国家秘密的,由于故意泄露国家秘密的犯罪重于侵害档案管理的犯罪,显然应按照故意泄露国家秘密罪处罚。但这是否就意味着立法者确立了处罚想象竞合犯的普遍原则,值得考虑。有时还会出现罪之轻重难以判断的情况。例如,行为人的目的是杀死某一特定的个人,但其使用的爆炸方法则造成了多人死伤,其行为既触犯了故意杀人罪和故意伤害罪,又触犯了危害公共安全罪中的爆炸罪。从同类客体看,公共安全是指不特定多数人的生命、健康或者财产安全,显然比特定人的生命、健康权利重要,应按爆炸罪处罚。但是,从法定刑看,故意杀人罪重于爆炸罪,应按故意杀人罪处罚。从行为人主观故意的内容看,行为人的目的在于杀人,定故意杀人罪较符合行为人的本意。但是,从行为的性质看,定爆炸罪则更为合适。可见,对这种行为按照何罪定性处罚,无论是根据罪名和法定刑的轻重还是根据行为的主要特征,都不明确。在实践中,通常不从微观上而从宏观上考虑认为爆炸罪重于故意杀人罪而依前者处理。

2. 如果一个行为所触犯的数罪名分不出轻重或者所触犯的某一罪名纯属偶然的巧合,而不是行为通常所造成的结果的,应当如何处罚

如果一个行为所触犯的数罪名分不出轻重或者所触犯的某一罪名纯属偶然的巧合,而不是行为通常所造成的结果的,一般认为,按照该行为通常会触犯的罪名处罚。例如,行为人在实施强奸、抢劫犯罪过程中,所使用的暴力行为导致被害人死亡,一般只定强奸罪、抢劫罪。

三、结果加重犯

(一) 结果加重犯的概念

结果加重犯也称加重结果犯,是指一个犯罪行为符合基本犯的构成要件之外,由于发生了比该行为的基本性质要求更为严重的结果,包括更重的加害事实、危害情节或者更多的犯罪数额,刑法规定加重其法定刑的犯罪形态。结果加重犯是基本犯的下位概念,是基本犯的加重量刑条件。因此,二者只是形式上的数罪,而实质上是一罪。

刑法典规定的故意伤害致人死亡、暴力干涉婚姻自由致人死亡和虐待家庭成员致人重伤、死亡等,都是典型的结果加重犯。

(二) 结果加重犯的特征

1. 行为人实施了一个犯罪行为

行为人实施了一个犯罪行为是结果加重犯成立一罪的基础。如果行为人实施了两个以上的犯罪行为,就不是结果加重犯。比如,行为人多次实施故意伤害他人行为,或者多次实施抢夺行为等,都不是结果加重犯。

2. 一个行为造成了基本犯构成要件以外的加重结果

一个行为造成了基本犯构成要件以外的加重结果在不同的犯罪类型中有不同的表现:① 在行为犯和举动犯中,结果加重犯表现为一行为在已经构成犯罪既遂的情况下,另外出现了构成要件以外的结果。例如,强奸罪是行为犯,只要违背妇女意愿强行与之性交,即可构成本罪既遂。但若强奸同时致使被害人重伤、死亡或者产生其他严重后果的,则构成本罪的结果加重犯。② 在结果犯中,结果加重犯表现为一种行为两种结果。其中,一种结果(基本结果)是行为在通常的情况下应有的结果,即作为构成要件的结果;另一种

结果(加重结果)是行为通常不会产生的结果,而且是比基本犯行为要求更为严重的结果。如故意伤害罪,造成伤害(轻伤)结果是伤害行为通常应有的结果,且与伤害罪性质相一致,而造成被害人重伤、死亡的结果则不是伤害行为的构成要件结果,也不是与伤害罪基本性质相一致的结果,有这两种结果即成立故意伤害罪的结果加重犯。如果一行为造成的多个结果都是该行为性质所决定的应有的结果,就不是结果加重犯。例如,行为人分别轻伤甲和乙,由于都是伤害罪应有的结果,所以该行为不是结果加重犯。③ 在危险犯中,行为导致某种具体危险的发生,即构成危险犯的既遂,但若险情变为现实的损害结果,则以结果加重犯论处。

3. 法律规定加重法定刑而不是加重罪名

法律规定加重法定刑而不是加重罪名是构成结果加重犯的一个重要条件。如果一个犯罪行为出现了与该犯罪的性质不一致的加重结果,刑法规定按照另一重罪论处,这就不属于结果加重犯。例如,在刑法典第二百九十二条聚众斗殴罪中,如果致人重伤、死亡的,应按照故意伤害罪或者故意杀人罪定罪处罚,不再定聚众斗殴罪,这就不属于结果加重犯,而是转化犯。因为这里的加重结果改变了定罪,成为加重的罪名而不是加重的法定刑。

4. 行为人对基本犯和结果加重犯都有罪过

对于基本犯与结果加重犯是出于一种罪过心理还是两种罪过心理,在理论上有不同看法。有观点认为,基本犯与结果加重犯的罪过是多重的,不是单一的。二者的结合形式为:故意+故意,故意+过失,过失+过失。

(三) 结果加重犯的处断原则

从刑法典的规定看,结果加重犯均有单独的法定刑档次,即比基本犯多一个较重的量刑档次,并且只能对加重结果适用。有的学者认为,结果加重犯比基本犯量刑重一格(幅度)。这是将法定刑的一格(幅度)与法定刑的一个量刑档次弄混淆了,一个量刑档次可能包括几格(幅度),也可能只有一格(幅度),但不等于一格(幅度)。

第三节 法定的一罪

本节主要讲述法定的一罪中的结合犯、转化犯和惯犯的概念、特征和处断原则。

一、结合犯

(一) 结合犯的概念

结合犯是指由于刑法的特别规定,将本来是数个独立罪名的结合规定为另一新罪名的犯罪形态。结合犯是数行为的法定的一罪。用公式表示为：

原罪(被结合之罪)1＋原罪(被结合之罪)2＝新罪(结合之罪)。

或者：甲罪＋乙罪＝丙罪。

一般认为,结合犯的典型立法例为日本刑法典第241条强盗强奸罪(强盗同时又强奸)。有学者曾把1979年刑法典第一百九十一条第二款邮电工作人员私拆信件又窃取财物的行为按贪污罪从重论处视为结合犯。有学者认为,1997年刑法典没有规定结合犯。但也有人认为,刑法典第二百三十九条绑架罪(既非法拘禁他人,又敲诈勒索财物)是第二百三十八条非法拘禁罪和第二百七十四条敲诈勒索罪结合而成的,符合结合犯的特征。本书赞同此观点。

结合犯是法定的一罪,不同于集合犯。集合犯是特定的同种数罪,指行为人以犯不定次数的同种犯罪为目的,实施数个性质相同的犯罪行为,刑法规定以一罪处理的犯罪形态,包括以一定的犯罪为常业的常业犯和意图以反复实施一定的行为为业的营业犯。集合犯与惯犯相类而有异。

(二) 结合犯的特征

1. 原罪行为符合数个独立的犯罪构成要件

原罪行为符合数个独立的犯罪构成要件即原罪行为是数个独立的、异质的、具体的行为,并且同时符合数个异种数罪的构成要件。把结合犯的行为拆开来看,既符合原罪1的犯罪构成要件,也符合原罪2的构成要件。不具有这一性质,就不是结合犯,而是单纯的一罪。

2. 数个原罪行为结合在一起另外成立一个新罪

数个原罪行为结合在一起另外成立一个新罪是指数个原罪行为由于刑法的特别规定而另外成立一个新的罪名。具体说,在结合犯"甲罪＋乙罪＝丙罪"的结构中,丙罪为刑法另外规定的新罪。如果"甲罪＋乙罪＝甲罪"或者"甲罪＋乙罪＝乙罪",这只是甲罪或者乙罪的变形或者扩容,不是结合犯。

3. 数个独立的犯罪行为必须在同一时空中发生

刑法之所以将数个独立的犯罪结合规定为一个新罪,总是立足于一定的理由。这个理由就是该数种行为往往容易同时发生。如果不容易同时发生的,法律不会也不可能将数罪结合在一起,即使结合在一起也没有实际意义。同样,行为人必须是在同一时间、同一地点、针对同一对象实施结合犯的行为,才属于结合犯。否则,虽然实施了结合犯所结合的数种行为,也不是结合犯。例如,在日本,强盗强奸罪是指强盗同时又强奸的行为,但如果行为人昨天盗窃,今天强奸,就不构成强盗强奸罪,而分别成立强盗罪和强奸罪,属于毫不相关的异种数罪。

4. 结合犯的主观方面应为数个故意

简单地说,结合犯只能存在于故意犯罪中,而且包含数个故意。结合犯的主观方面不是数个过失,也不是数个故意与过失。因为,根据刑法规定和刑法理论,数个过失只能成立数罪而不能成立一罪;一个故意一个过失,只能成立结果加重犯而不能成立结合犯。只有在数个故意下实施的行为,才可能结合成为结合犯。也可以说,结合犯是复合故意的犯罪。

(三) 结合犯的处断原则

对结合犯按照刑法典关于结合犯的相关规定定罪处罚。例如,行为人非法拘禁他人同时又敲诈勒索财物的,直接以绑架罪定罪处罚。

二、转化犯

(一) 转化犯的概念

转化犯是指行为人在实施某一较轻的犯罪时,由于连带的行为或者连带的结果又触犯了另一较重的犯罪,因而法律规定依较重罪论处的犯罪形态。这是目前学界的通说。对于转化犯的界定,学界尚存在争议。有人认为,转化犯是指行为人在实施某一较轻的犯罪时,由于连带的行为又触犯了另一较重的犯罪,因而法律规定依较重的犯罪论处的犯罪形态。① 有人认为,转化犯是一种独立犯罪由于一定条件而转化为另一种犯罪并依一罪论处的犯罪形态。有人认为,转化犯是由法律特别规定的某一犯罪在一定条件下转化为另一种更为严重的犯罪并应依后一种犯罪定罪量刑的犯罪形态。有人认为,转化犯是指某一违法行为或者犯罪行为在实施过程中或者非法持续过程中,因行为人主客观表现的不同而使行为性质转化为犯罪或者更严重犯罪的犯罪形态。② 台湾有学者称之为"追并犯",是指原罪依法律之特别规定,因与犯罪后之行为合并变成他罪。③

对于转化犯,刑法典共规定了九个立法例:

1. 第二百三十八条(非法拘禁罪转化为故意伤害罪、故意杀人罪)。

2. 第二百四十一条第二款(收买被拐卖的妇女罪转化为强奸罪)、第三款(收买被拐卖的妇女、儿童罪转化为非法拘禁罪、故意伤害罪等)、第五款(收买被拐卖的妇女、儿童罪转化为拐卖妇女、儿童罪)。

3. 第二百四十七条(刑讯逼供罪、暴力取证罪转化为故意伤害罪、故意杀人罪)。

4. 第二百四十八条(虐待被监管人罪转化为故意伤害罪、故意杀人罪)。

---

① 陈兴良.刑法适用总论:上.北京:法律出版社,1999:664.
② 王仲兴.论转化犯.中山大学学报,1990(2):29—34.
③ 陈朴生.刑法总论.台北:台湾正中书局,1969:168.

5. 第二百五十三条(私自开拆、隐匿、毁弃邮件、电报罪转化为盗窃罪)。

6. 第二百六十七条第二款(抢夺罪转化为抢劫罪)。

7. 第二百六十九条(盗窃罪、诈骗罪、抢夺罪转化为抢劫罪)。

8. 第二百九十二条(聚众斗殴罪转化为故意伤害罪、故意杀人罪)。

9. 第三百三十三条第二款(非法组织卖血罪、强迫卖血罪转化为故意伤害罪)。

(二)转化犯的特征

1. 法定性

转化犯是法定的一罪。因此,转化犯必须由法律明文规定,立法上常采用"依照……论处或者定罪处罚"加以明示。

2. 条件性

转化犯的条件包括客观条件和主观条件。

(1)转化的客观条件为实施轻罪的连带行为或者结果触犯另一重罪。包括两种情况:一是行为人连带实施了其他类似于相关重罪的行为。比如,抢夺时携带了凶器,在实施盗窃、诈骗、抢夺过程中当场使用暴力或者以暴力相威胁。二是实施轻罪行为中出现了重罪结果。比如,非法拘禁、刑讯逼供、暴力取证、虐待被监管人、聚众斗殴等致人重伤、死亡。

(2)转化的主观条件为行为人对连带行为或者重罪结果均具有故意。比如,非法拘禁、刑讯逼供、暴力取证、虐待被监管人、聚众斗殴等致人重伤、死亡的,并不一般地转化为故意伤害罪或者故意杀人罪,只有行为人对致人重伤、死亡的结果持希望或者放任的心理态度时,才能够转化定罪。当然,在刑法理论和实践中,对于转化犯大多存在着"客观条件说"的主张,但本书不采此说,并且认为,忽视转化犯的主观条件,首先与现行九个立法例都以故意犯罪论处的规定不符,破坏各故意犯罪的构成;其次也不便贯彻罪责刑相适应原则。

3. 递进性

转化犯是由轻罪向重罪转化。从表面上看,转化犯涉及两个不同的罪名,但它是某种犯罪加上一定的条件才转化为另一种犯罪的,而这些条件并不是一个独立的犯罪构成要件,因此,转化犯只能是一罪。根据递进性的要求,对于九个转化犯立法例中的"伤残""伤害"应当作出限制性解释,指重伤或严重残疾,不包括轻伤。

(三)转化犯的处断原则

对于转化犯,应当依转化后的重罪及其法定刑定罪处罚。例如,根据刑法典第二百九十二条第二款规定,聚众斗殴致人重伤、死亡的,分别以第二百三十四条故意伤害罪和第二百三十二条故意杀人罪定罪处罚。

三、惯犯

（一）惯犯的概念和种类

惯犯是指以某种犯罪为常业，或者以犯罪所得为其生活、挥霍、腐化的主要来源，在较长时间内反复多次实施同种犯罪的犯罪形态。以往学者认为，惯犯是法定的一罪，以法律明文规定对其以一罪处理为条件。进而又有学者认为，1997年刑法典取消了惯犯的规定，因此有必要研究惯犯，并转而研究集合犯了。实际上，惯犯是与集合犯相联系而有区别的概念。本书持保守观念，考虑集合犯的理论争议较多，而且，惯犯是重要的事实问题，不因为法律不规定或少规定而不存在或不重要，故仍研究惯犯。

惯犯一般表现为特定的同种数罪。根据惯犯主客观方面的不同，理论上一般把惯犯分为常业惯犯和常习惯犯。常业惯犯指行为人以犯罪为常业，以犯罪所得为其主要的生活的来源或者腐化生活的来源的犯罪类型。常习惯犯指犯罪已成习性，并在较长时间内反复多次实施某种犯罪的犯罪类型。

1979年刑法典第一百一十八条"以走私、投机倒把为常业的"、第一百五十二条"惯窃、惯骗"、第一百六十八条"以赌博为常业"、第一百七十一条第二款"一贯制造、运输、贩卖毒品"等共规定了六个惯犯，既有常业惯犯，又有常习惯犯。1997年刑法典只规定一个常业惯犯，即第三百零三条第一款"以赌博为业"的赌博罪常业惯犯。

一般认为，惯犯是法定的一罪。但是，法律不规定惯犯或者较少规定惯犯，并不意味着实践中惯犯不存在。其实，惯犯既是一种犯罪类型，又是一种犯罪人类型。惯犯既是法律问题，更是事实问题。

（二）惯犯的特征

1. 主观特征

（1）犯罪的恶习已经很深，乃至形成了某种病态的职业心理习惯。比如，有的惯窃犯见到别人的东西就想偷，如果不偷，比自己的东西被别人偷了还难受。这种犯罪习性往往根深蒂固，难以改变，即使犯罪人自己想改，也不容易改掉，在特定的场合下，会不自觉地一犯再犯。

（2）行为人形成的通常是犯某种特定犯罪的习性，而不是犯其他或者多种犯罪的习性，如果不是惯犯所习惯犯的罪，即使很容易得逞，行为人也不一定实施。因此，认定惯犯应考虑行为人的精神因素。

2. 客观特征

（1）行为人在相当长的一段时间内反复多次实施犯罪。所谓相当长的时间，少则几年，多则几十年。有的以贩毒、黑社会犯罪为职业的家族，犯罪活动还代代相传。所谓反复多次,是指犯罪行为不止一两次、两三次,而是几十次、上百次等。

(2) 惯犯的行为还具有职业性的特征。行为人或者以犯罪为常业,或者以犯罪为本职工作以外的职业。其犯罪的手段往往比普通罪犯高明,有熟练的犯罪技巧和较强的犯罪能力,逃避侦查、追究的能力也较强。

(3) 以犯罪所得为主要生活来源或者腐化生活的来源。以犯罪所得为主要生活来源,即靠犯罪生活,其经济收入主要来自于犯罪,而不是正当的职业。以犯罪所得为腐化生活的来源是指靠犯罪维持自己的高消费。吉秀燕等14人诈骗案就是一个适例。吉秀燕等人先后出境前往印度尼西亚,于2011年9月16日至9月26日期间,在雅加达市一别墅内,分别作为一线、二线、三线人员,冒充中国公安机关工作人员身份,通过电信技术手段,采用向中国居民拨打电话的方法,向被害人虚构个人信息泄露、涉嫌犯罪、资产需要保全等事实,诈骗48名被害人共计人民币462万余元。因此,认定惯犯应考虑行为人的历史表现、有无前科等因素。

(三) 惯犯的处断原则

一般认为,惯犯是法定的一罪,依照法律的明文规定定罪处罚即可,不实行数罪并罚。同时,为了体现罪责刑相适应的原则,在法律没有规定的情况下,对于惯犯可以作为从重量刑的情节加以考虑。

第四节 处断的一罪

本节主要讲述处断的一罪中的连续犯、牵连犯、法条竞合犯和吸收犯的概念、特征和处断原则。

一、连续犯

(一) 连续犯的概念

连续犯是指基于同一或者概括的犯意,在一定时间内连续多次实施同一性质的犯罪行为,触犯同一罪名的犯罪形态。

从理论上说,同一主体都有可能在一定时间内连续多次实施同一性质的犯罪,因而任何犯罪都可以成立连续犯。在实践中,连续犯是一种多发性的犯罪类型。

(二) 连续犯的特征

连续犯的本质是同种数罪。但由于以下特征,连续犯与一般的同种数罪相区别:

1. 行为人基于同一或者概括的犯意

行为人基于同一或者概括的犯意是成立连续犯的主观基础。这种犯意既可以是明确的，也可以是概括的。前者如选定某仓库为目标，反复实施盗窃；后者如出于盗窃的犯意，到处寻找着手的机会和对象等。连续犯的犯意，一般应为故意，而不能是过失，也不能是或故意或过失。连续犯的犯意，必须前后是同质的，如果前后犯意不一致，即使实施的行为相同，也构成异种数罪。同时，在犯罪的过程中如果超出了一个犯意，另有其他犯意，其行为也不构成连续犯，而构成其他罪。

2. 实施了数个性质相同的行为

实施了数个性质相同的行为是构成连续犯的客观基础。数个犯罪行为是指两个以上的行为，每一个行为单独看，都足以构成犯罪，有的构成既遂，有的可能构成未遂。如果数个行为单独看，都不足以独立成罪，只有综合起来看，才构成犯罪，这是徐行犯或者惯犯，不是连续犯。所谓性质相同的行为，是指数个犯罪行为的性质都是刑法中规定的某一种犯罪。

3. 数个行为在一定的时间内连续实施

数个行为在一定的时间内连续实施是构成连续犯的时间条件。连续犯的行为要有一定的连续性，一般是在较短的时间内连续多次实施某种犯罪行为。连续是指行为的次数连续，而不是一个行为在时间上的连续。连续还指行为在案发之前的连续，不是案发前后的连续。如果行为人犯某种罪被处罚后，又犯同样罪行的，就不构成连续犯。

4. 数个行为触犯同一个罪名

数个行为触犯同一个罪名是连续犯按照一罪处理的法律根据。连续实施的行为只有触犯同一个罪名的，才是连续犯，如果行为分别触犯不同罪名的，比如，行为人出于非法占有他人财物的故意，连续实施数个犯罪行为，有的是秘密窃取，有的是公然夺取，其行为分别触犯盗窃罪和抢夺罪，不是连续犯。

（三）连续犯的处断原则

1. 一般情况适用"一罪从重处罚"

根据刑法理论的通说和司法实践通常的做法，对连续犯不实行数罪并罚，而是按照"一罪从重处罚"。一般是在较高的法定刑档次内处罚。例如，按照该罪中的情节严重或者情节特别严重处罚等。

2. 对数额犯进行数额累计相加处罚

对于某些数额犯，往往采用此方法。比如，刑法典第二百零一条逃税罪、第三百八十三条贪污罪等规定。有人认为，数额累计相加处罚与一罪从重处罚是一样的,因此没有必要单独讨论。其实,这是一种误解,因为数额累计相加处罚比一罪从重处罚可能会更重一些,甚至相当于"一罪加重处罚"。例如,行为人连续多次伤害10人,每次都造成他人轻伤的,最高只能处三年有期徒刑。但行为人连续盗窃10次,每次都盗窃5000元的,因为累计犯罪数额达5万元属于数额巨大,则应处三年以上十年以下有期徒刑。

3. 对连续犯中"漏罪"的处罚

对连续犯中"漏罪"的处罚包括数罪并罚和单独处罚两种情况。本为连续犯,但处罚时没有发现是连续犯,而是在处罚后才发现的,如果行为人的刑罚没有执行完毕,应将新判处的刑罚和尚未执行的刑罚加起来实行数罪并罚;如果刑罚已经执行完毕,应单独定罪量刑。

二、牵连犯

(一)牵连犯的概念

牵连犯是指出于一个犯罪目的,实施数个犯罪行为,数行为之间存在手段与目的或者原因与结果的牵连关系,分别触犯数个罪名的犯罪形态。前者如伪造公文证件(手段行为)组织他人出国(目的行为);后者如盗窃他人手提包(原因行为),发现包内有一支手枪而藏匿于家中(结果行为)。

牵连犯是数行为的数罪,因而是实质数罪,而且是异种数罪。刑法理论通常主张,在刑法没有相反规定的情况下,牵连犯应按一罪处断,因而属于处断的一罪。但牵连犯是司法实践中常见的一种犯罪类型,具体如何处断,情况比较复杂。

(二)牵连犯的特征

1. 行为人出于一个基本的犯罪故意,追求一个基本的犯罪目的

行为人实施的数个行为,不论是手段行为还是结果行为,最终都附属于或者服务于目的行为,为彻底实现犯罪目的而服务。如果行为人出于不同的目的,实施了数个行为,这就不是牵连犯,而是异种数罪。

2. 行为人实施了数个犯罪行为,且都是独立成罪的行为

牵连犯中除了目的行为或者原因行为独立符合犯罪构成外,手段行为或者结果行为也独立符合刑法所规定的犯罪构成,而且,目的行为或者原因行为与手段行为或者结果行为分别符合不同的犯罪构成。如果行为人只实施了一个行为,或者实施的数行为有的能够单独成罪,有的不能够单独成罪,就不是牵连犯。

3. 数个行为之间有牵连关系

牵连关系有两种情况,一是数个行为之间存在手段与目的的牵连关系,二是数个行为之间存在原因与结果的牵连关系。它们之间相互依存、不可分

离。相互依存指目的行为支配手段行为或者原因行为派生结果行为,但如果没有手段行为或者结果行为,目的行为或者原因行为也将失去依托而难以着手实施或者犯罪难以得逞。不可分离是指手段行为和目的行为或者原因行为和结果行为由于上述主客观原因,构成了一个犯罪的有机整体,往往不能明确区分为两个行为,而是一个行为的两个方面或者两个部分。

4. 数个犯罪行为的异质性

数个犯罪行为的异质性即犯罪的手段行为与结果行为或者目的行为与原因行为分别触犯了不同的罪名。

(三) 牵连犯的处断原则

通说认为,对牵连犯应"从一重处断",不实行数罪并罚。但是,由于刑法典对牵连犯刑事责任规定的多样化,这种观点受到了越来越多的质疑。应当认为,牵连犯作为一种犯罪类型,是客观存在的,不是可以任意取消的问题。对牵连犯的处罚,应以罪数理论为指导,以法律规定为依据,分为并罚和不并罚两种情况。

1. 并罚的牵连犯

并罚的牵连犯包括法定的并罚和实践中的并罚两种情况：

(1) 刑法典规定必须数罪并罚的牵连犯。包括刑法典第一百二十条第二款、第一百五十七条第二款、第一百九十八条第二款、第二百四十一条第四款、第二百九十四条第四款和第三百条第三款、第三百五十八条第三款等。

(2) 司法实践中进行数罪并罚的牵连犯。比如,非法制造枪支并持枪实施聚众斗殴犯罪的,往往以非法制造枪支罪与聚众斗殴罪并罚;伪造国家机关公文、证件、印章并以此实施合同诈骗犯罪的,也往往以伪造国家机关公文、证件、印章罪与合同诈骗罪数罪并罚。并罚的原因或者理由是：有些牵连行为本身不具有包容性,或者两个有牵连关系的行为在时空上的联系并不十分密切,或者所涉数罪均为重罪且轻重相当,或者所涉数罪虽有轻重之别,但以其中的重罪处罚仍不足以体现罪刑均衡,等等。

2. 不并罚的牵连犯

不并罚的牵连犯包括法定的不并罚和实践中的"从一重处断"两种情况：

(1) 刑法典规定不并罚的牵连犯存在以下三种：

① 从一重罪处罚。如刑法典第三百九十九条第四款①。

② 从一重罪从重处罚。如刑法典第二百五十三条第二款。

③ 以加重的法定刑从重处罚。如刑法典第一百五十七条第一款。

---

① 将刑法典第三百九十九条第四款中的贪赃枉法视为贪赃(目的行为)和枉法(手段行为)两个行为,就是牵连犯;若将贪赃枉法视为一个整体行为,则是想象竞合犯。

(2) 实践中的"从一重处断"。对于刑法典未规定是否数罪并罚的牵连犯,且牵连行为本身具有包容性或者从属性的,一般依"从一重处断"原则解决。

三、法条竞合犯

(一) 法条竞合犯的概念和特征

法条竞合又称法规竞合、法律竞合、规范竞合,是指由于刑法典分则条文对犯罪错综复杂的规定,一个行为同时触犯数个互相存在包容(从属)或者交叉关系的条文,只能适用一个条文而排斥其他条文适用的情形。法条竞合犯的特征有:① 数个罪刑条文都将同一行为规定为犯罪;② 数个条文之间存在着包容(从属)关系或者交叉关系;③ 当一行为同时触犯数个条文和数个罪名时,只能适用一个条文,定一个罪名。

法条竞合与想象竞合的根本区别在于产生竞合的原因不同。法条竞合产生的原因是立法细化,使数个法条之间有重合,形成包容(从属)或者交叉关系,纯粹是由于立法技术上的原因造成的,与具体犯罪行为无关;想象竞合产生的原因是一个犯罪行为同时触犯了多个本来无关的罪刑规范,这是事实原因产生的。因此,当出现竞合时,区别的关键是看涉及的不同法条是否有包容(从属)或者交叉关系。如果不具有包容(从属)或者交叉关系(如放火罪与故意杀人罪)就是想象竞合;如果具有包容(从属)或者交叉关系(如诈骗罪与合同诈骗罪,或者诈骗罪与招摇撞骗罪)就是法条竞合。由此决定了二者的性质和处断原则差异:想象竞合属于犯罪形态问题,法条竞合则是法律适用问题;对于想象竞合适用"从一重处断",对于法条竞合则有特别法优先、重法优先等多种处断方法。

一般认为,由于法条竞合是立法技术上的原因造成的,因此法条竞合与犯罪形态无关,纯属法律适用问题,不是罪数形态问题。但是,本书认为,无论如何归类,法条竞合与罪数形态一样,都是与定罪量刑有关的问题。因此,不妨将它并入本章加以讨论。而且,从定罪的角度看,可称之为"法条竞合犯"。

(二) 法条竞合的种类与成因

1. 法条竞合的种类

(1) 包容关系。即一个法条规定的某个犯罪构成的整体包容在另一个法条规定的犯罪构成之中,二者是属种关系。最突出的立法例有三组:一是第一百四十条生产、销售伪劣产品罪与第一百四十一条至第一百四十八条的八个生产、销售特定的伪劣产品罪;二是第二百六十六条普通诈骗罪与第一百九十二条至第一百九十八条八个金融诈骗罪及第二百二十四条合同诈骗罪;三是刑法典分则第三百九十七条滥用职权罪、玩忽职守罪与刑法典分则第九章的其他渎职罪。

(2)交叉关系。即一个法条规定的某个犯罪构成的部分包容在另一个法条规定的犯罪构成之中,二者部分重叠,部分不重叠。例如,刑法典第二百六十六条诈骗罪与第二百七十九条招摇撞骗罪,第三百九十七条滥用职权罪与第二百五十四条报复陷害罪,等等。

包容关系法条竞合的实质是一般法与特殊法的竞合,其中,外延大的条文叫一般法或者普通法,外延小的条文叫特殊法。交叉关系法条竞合往往很难区分出哪个是普通法,哪个是特殊法。对于这两种法条竞合关系,可以图11-1为例表示。

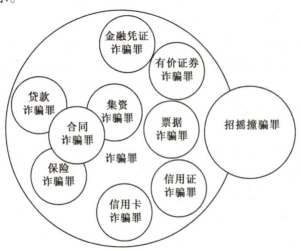

图 11-1 诈骗罪及相关犯罪的竞合

2. 法条竞合的具体成因

(1)因犯罪主体特殊形成的法条竞合。例如,刑法典第四百三十三条战时造谣惑众罪的主体是军人,包容在第三百七十八条战时造谣扰乱军心罪的一般主体之中。

(2)因犯罪对象特殊形成的法条竞合。例如,刑法典第一百一十六条至第一百一十八条以破坏特定对象危害公共安全的犯罪与第二百七十五条故意毁坏财物罪,前者是特殊财物,后者是一般财物,前者包容在后者之中。

(3)因犯罪目的特殊形成的法条竞合。例如,刑法典第三百六十三条传播淫秽物品牟利罪与第三百六十四条传播淫秽物品罪,前者有牟利目的,后者无牟利目的,前者是特别法,后者是一般法,前者包容在后者之中。

(4)因犯罪方法(手段、工具)特殊形成的法条竞合。例如,刑法典第一百九十二条至第一百九十七条的八种金融诈骗罪、第二百二十四条合同诈骗罪与第二百六十六条诈骗罪,前者运用特殊诈骗方法,后者运用一般诈骗方法,前者包容在后者之中。

(5) 因犯罪时间特殊形成的法条竞合。例如,刑法典第四百二十四条战时临阵脱逃罪与第四百三十五条逃离部队罪,前者发生在战时,后者发生在任何时间,前者包容在后者之中。

(6) 因犯罪结果特殊形成的法条竞合。例如,刑法典第二百三十九条在绑架中致被绑架人死亡或者杀害被绑架人的结果包容在第二百三十四条故意伤害致人死亡和第二百三十二条故意杀人既遂的结果之中。

(7) 因数个要件特殊形成的法条竞合。例如,刑法典第一百九十八条保险诈骗罪与第二百六十六条诈骗罪,前者主体为投保人、被保险人和受益人,对象为保险金,后者主体为一般主体,对象为一般财物。又如,第四百三十八条盗窃武器装备、军用物资罪与第二百六十四条盗窃罪,前者主体为军人,是特殊主体,对象为武器装备、军用物资,是特殊对象,后者的主体和对象为一般主体和一般对象。上述两例前者的主体和对象都包容在后者的主体和对象之中。

(三) 法条竞合犯的处断原则

一般认为,法条竞合犯的处断原则有两个:一是一般原则,即特别法优于普通法,适用于一般场合。二是特殊原则,即重法优于轻法,适用于法定情形或者其他特殊场合。实际上,因为法条竞合的种类不同,法律适用的原则并不一样。上文所述,交叉关系法条竞合往往很难区分出哪个是普通法,哪是特殊法。

1. 相互有包容关系的法条竞合

法律没有规定的,适用特别法优于普通法的原则;但作为例外,在法律有规定的情况下,适用重法优先原则。例如,刑法典第一百四十九条第二款规定,特殊法重的,适用特殊法,一般法重的,适用一般法。

2. 相互有交叉关系的法条竞合

(1) 法律有明文规定的,依照规定适用法条。例如,刑法典第一百三十三条中的"(过失)致人重伤、死亡"与第二百三十三条过失致人死亡罪和第二百三十五条过失致人重伤罪交叉,但由于第二百三十三条和第二百三十五条均明文规定"本法另有规定的,依照规定",因此,对于交通肇事中过失致人重伤、死亡的,仍依交通肇事罪定罪处罚。

(2) 法律没有规定的,区别两种情况处理:

① 能够区分普通法与特殊法的,适用特殊法优于普通法的一般原则,但

是,基于刑法基本原则和刑事政策需要,司法解释有不同规定或者司法实践中有不同做法的,应当得到尊重。

② 不能区分普通法与特殊法的,应当考察具体犯罪构成,行为最符合哪个犯罪构成,就根据该最符合的犯罪构成定罪。① 但是,明显有违"不枉不纵"的,也不应当过于拘泥。

四、吸收犯

(一)吸收犯的概念

吸收犯是指事实上数个不同性质的行为,其中的一个行为吸收其他行为,仅按吸收行为定罪量刑的犯罪形态。

吸收犯是混乱的罪数理论体系中一个非常棘手的问题。在罪数理论中,由于吸收犯与其他罪数形态,尤其是牵连犯、连续犯交叉存在,因而对于吸收犯有存废之争。其中保留论者认为,应把吸收犯局限在前一犯罪是后一犯罪必备之方法、必经之过程,后一犯罪是前一犯罪必然之结果,或者仅指同一罪名内部行为的吸收范围之内。前者典型适例即刑法理论上的"事后不可罚行为"。例如,行为人先盗窃一辆汽车,后开到外地卖掉,前一行为构成盗窃罪,后一行为构成掩饰、隐瞒犯罪所得罪,其销赃的行为为盗窃行为所吸收,仅成立盗窃罪一罪的情况。后者如实行行为可以吸收预备行为。然而,后一情形中,其实并不存在数个行为,而是一个行为。

(二)吸收犯的特征

1. 行为人实施了事实上构成数个犯罪的行为

行为人实施了事实上构成数个犯罪的行为是吸收犯成立的前提和基础。数个犯罪行为是指数个不同性质的行为都有其独立的犯罪构成。吸收犯必须具备数个犯罪行为,如果不具备这一特征,就谈不上一行为被他行为吸收,也就没有吸收犯可言。

2. 数个犯罪行为之间有吸收关系

吸收关系来自于行为之间的发展、更替或者派生的关系。

(1)发展或者更替关系,表现为犯罪行为在一个阶段或者一个形态是一种性质,发展到另一个阶段或者形态又是另一种性质,但前/后一阶段或者形态的性质不再具有独立的意义,为后/前一行为所包容或者吸收。前一种行为吸收后一种行为的,如盗窃枪支后的非法持有、私藏枪支行为被盗窃枪支行为吸收;后一种行为吸收前一种行为的,如非法购买增值税专用发票后又虚开或者出售的,不构成非法购买增值税专用发票罪,而构成虚开增值税专

---

① 王作富.刑法.6版.北京:中国人民大学出版社,2016:161.

用发票罪或者非法出售增值税专用发票罪。

（2）派生关系，是指一个行为完成后，在通常情况下行为人附带实施后面的行为，否则，实施前一行为的目的就不能完全达到。如盗窃财物后的销赃行为、盗窃信用卡并使用的行为即是盗窃行为的派生行为。前者以盗窃罪论处，后者按信用卡诈骗罪处理。

3. 行为人主观上必须欠缺牵连意图或连续意图

行为人主观上必须欠缺牵连意图或连续意图是吸收犯的主观特征，亦是吸收犯区别于牵连犯与连续犯之关键。所谓牵连意图，是指行为人对实现一个犯罪目的、实施数个犯罪行为之间所具有的手段与目的或原因与结果的关系的认识。欠缺牵连意图，也即行为人对于自己实施的数个犯罪行为之间的密切联系欠缺认识。这是吸收犯与牵连犯区别论者的主张。所谓连续意图，是指行为人着手实施一系列犯罪行为之前，对于即将实施的数个性质相同的犯罪行为的连续性的认识。欠缺连续意图，即指行为人对于其实施的数个独立的犯罪行为之间的连续性缺乏认识。

4. 必须触犯数个罪名

必须触犯数个罪名即吸收行为和被吸收行为分别触犯了不同性质的罪名。数个行为侵犯同一个罪名的，是连续犯之类，不构成吸收犯。例如，行为人为了盗窃某仓库，先盗窃了一辆汽车，而后去仓库盗窃，由于前后行为触犯的都是同一个罪名，故成立连续犯而非吸收犯。又如，行为人制造毒品又贩卖的，触犯了制造、贩卖毒品罪这一个选择罪名，也不构成吸收犯。

（三）吸收犯的类型

根据刑法理论界的通说，吸收行为表现为以下三种：

1. 主行为吸收从行为

主行为吸收从行为是以行为的主要特征为根据确定的吸收原则。主行为是指主要行为或者主干行为。从行为是指从属行为或者次要行为。当不同的犯罪行为有主次或者主从之分时，就成立主行为吸收从行为。比如，入室（住宅）盗窃，入室（住宅）行为构成侵入住宅罪，盗窃行为构成盗窃罪，其行为的主要特征是盗窃而不是侵犯住宅，故侵犯住宅行为被盗窃行为吸收了。当然，严格而论，此情形实属一行为犯数罪的想象竞合犯。

2. 重行为吸收轻行为

重行为吸收轻行为是根据行为的性质和社会危害性的严重程度确定的吸收原则，指在数个具有吸收关系的行为中，哪一个重，就按哪个罪定罪量刑，这种吸收原则与从一重处断的原则相同。

3. 事中行为吸收事前、事后行为

事中行为吸收事前、事后行为是以行为发生的时间顺序确定的吸收原则。一般讲,犯罪的实行行为为事中行为,其他行为为事前、事后行为。事中行为吸收事前、事后行为主要是指实行行为吸收预备行为或者教唆行为,实行行为吸收销赃行为、毁灭证据行为等。

(三) 吸收犯的处断原则

对于吸收犯,只能以吸收后的犯罪(一般是重罪)定罪处罚,不实行数罪并罚。但对于被吸收的行为,可以作为量刑情节予以考虑。

本章小结

1. 一罪与数罪,通称罪数,是指同一犯罪主体的犯罪个数。罪数的判断标准有多种学说。相比较而言,犯罪构成要件说较为科学。数罪是指符合数个犯罪构成要件的犯罪形态。根据不同的标准,可以将数罪分为同种数罪和异种数罪,并罚的数罪和单罚的数罪,等等。一罪是指符合一个犯罪构成要件的犯罪形态。通常将一罪分为实质的一罪、法定的一罪和处断的一罪。

2. 实质的一罪是指以一个行为为基础构成一罪的犯罪类型。包括继续犯、想象竞合犯和结果加重犯。

3. 法定的一罪是指本来符合数个犯罪构成要件的行为,被法律明文规定为一罪的犯罪类型。包括结合犯、转化犯和惯犯。

4. 处断的一罪是指本来符合数个犯罪构成要件或者触犯数个罪名的行为,在定罪量刑时,鉴于数罪之间的特殊关系,而按照一罪处理的犯罪类型。包括连续犯、牵连犯、法条竞合犯和吸收犯。

罪数(一罪与数罪),实质的一罪,继续犯,想象竞合犯,结果加重犯,法定的一罪,结合犯,转化犯,惯犯,处断的一罪,连续犯,牵连犯,法条竞合犯,吸收犯。

问题思考

1. 如何区别罪数有多种学说,你认为哪一种学说更为合理?
2. 如何认定和处理继续犯?
3. 如何认定和处理结果加重犯?

4. 如何认定和处理想象竞合犯？
5. 如何认定和处理转化犯？
6. 如何认定和处理连续犯？
7. 如何认定和处理牵连犯？
8. 如何区分继续犯与连续犯？
9. 如何区分法条竞合犯与想象竞合犯？

第十二章 正当行为

目的要求

1. 了解正当行为的概念、特征和种类。
2. 掌握正当防卫的概念、构成条件以及不当防卫的法律责任。
3. 掌握紧急避险的概念、构成条件以及不当避险的法律责任。
4. 掌握正当防卫和紧急避险的异同。
5. 能够综合运用正当行为理论和刑法规定研判案例。

第一节 正当行为概述

本节主要讲述刑法上的正当行为的概念、意义、特征和种类。

一、正当行为的概念和特征

（一）正当行为的概念

刑法上的正当行为简称正当行为，是指行为人旨在排除或者减少某种危害的发生，直接针对危害现象、加害人或者第三人实施的，虽然造成一定损害但是没有超出法定限度，因而对社会有益的行为。它有两方面含义：一是这种行为不论在形式上还是实质上都是对社会有利的行为，二是行为人在实施正当行为时，其目的是为了维护合法权益。正当行为的正当性和合法性的根据都来自于此。例如，正当防卫和紧急避险等。

虽然正当行为一般都对某种合法权益造成一定的损害，因而在形式上似乎符合某种犯罪构成，但是，实质上既不具有社会危害性，也不具备刑事违法性和应受刑法处罚性，即不具备违法性和犯罪性。因此，往往又称之为排除社会危害性的行为、排除（刑事）违法性的行为、排除犯罪性的行为和违法性阻却事由或者排除犯罪的事由等。

（二）正当行为的意义

正当行为理论是刑法学犯罪论的重要内容，其作用在于排除一系列貌似犯罪的行为的犯罪性质,明确犯罪的消极条件。一方面,它与前面的"故意犯罪的终结形态""共同犯罪"和"罪数"三章内容一样,都是犯罪构成的必要补充;另一方面,它又与前三章主要从正面解决定罪问题有所不同,本章主要从反面回答罪与非罪的界限。

(三) 正当行为的特征

1. 正当性

正当性首先是指正当行为得到了法律的肯定和积极的评价。表现为三种情况:第一,为法律明文规定。比如,正当防卫、紧急避险等。第二,为法律所容许或者许可。比如,被害人承诺的行为和推定承诺的行为。第三,为执行法律和依法执行职务的必然结果。比如,公务人员依法执行公务的行为,专业人员依法履行职责的行为等。其次,要求行为人在实施正当行为时,必须依照法律规定的条件或者法律所蕴含的精神进行。

2. 善意性

善意性是指行为人在实施正当行为时,必须是出于排除危害、保护正当权益的善意,而不得出于乘机取利和借机报复等恶意。如果行为人在面临危害时,恶意损害社会公共利益和他人利益而保全个人私利,或者利用加害人实施侵害行为的过错,借实施正当行为以满足自己报复欲的,其行为均应受到否定的评价,不能成立正当行为。例如,偶然防卫或者巧合防卫,由于行为人主观上是出于恶意而客观上恰好阻止了他人的不法行为,就不构成正当行为。

3. 私力性

私力性也称为个体性。正当行为,特别是正当防卫和紧急避险,相对于国家和社会实施的正当行为即公力救济行为而言,属于公民、法人和其他组织实施的一种私力救济行为,即以公民、法人和其他组织自己的力量和条件排除其面临的危害的个人行为。在现代社会中,由于自然现象和人为因素造成的各种危害经常发生,为了避免和减少这些危害,维护国家、社会和个人的安全与权益,国家不但要制定一些法律规范,以国家权力惩罚对社会造成危害的自然人、法人及其实施的危害行为,而且要鼓励人们在面临危害发生时,利用个体的力量与条件,直接实施正当行为,与各种危害行为和现象相制衡。

4. 损害性

刑法学不研究没有代价或者没有损害结果的正当行为。进入刑法学评价视野的正当行为,其本身均需以对社会某种利益造成一定的损害为代价或者前提,否则就不称其为正当行为。例如,捐献行为不是刑法学讨论的话题,而是民法学或者其他学科的研究对象。

5. 有益性

从功利的角度看,正当行为就是对社会有益的行为,具有趋利避害的意义。趋利是指该行为从总体上或者根本上看是对社会有利的,避害或者表现为完全排除某种危害,或者表现为减少某种危害的程度,或者以产生一种较小的危害为代价,而避免另一种较大的危害结果发生。行为不具有趋利避害的性质,或者从根本上看害大于利,都不成立正当行为。

二、正当行为的种类

根据刑法学理论上的通说和各国有关法律的规定,正当行为通常有以下几种:

(一) 正当防卫

正当防卫是指行为人在面临不法侵害时,针对不法侵害人实施的一种暴力反击行为。正当防卫在各国的法律中多有规定,但其要件和内容有所不同。

(二) 紧急避险

紧急避险又称紧急避难,是指合法权益遭受到现实的危险,采用其他措施无法避免时,不得已而采用损害较小合法权益的方法,保护较大合法权益免遭损害的行为。紧急避险也是各国法律中普遍规定的一种免除当事人责任的行为。

(三) 执行法律

执行法律是指依照现行法律的规定而实施的行使权利或者履行义务的行为。

执行法律行为的正当性条件是:作为依据的法律(可作广义理解)必须是现行有效的,行为的内容必须是行使法定的权利或者履行法定的义务,行为人主观上必须具有依法行使权利或者履行义务的意图,行为的实施必须在法定的限度内。

(四) 执行命令

执行命令是指部属为执行上级的命令而实施的行为。部属在执行上级命令时,虽然造成某种危害后果,但仍排除其社会危害性。因为部属必须服从上级,执行上级的命令是其应履行的义务,部属主观上没有危害社会的罪过心理,由此产生的一切后果应由其上级负责。

部属执行上级命令行为的正当性条件是:部属执行的必须是上级依照职权和法律发布的命令,部属主观上认为上级的命令是正当的,部属在执行命令时没有逾越命令所许可的范围。

（五）正当业务

正当业务是指具有特定身份的人依照法律规定和职业规范要求所实施的行为。例如，医生为了保全病人的生命而摘除病人的器官。

正当业务行为的正当性条件是：行为人必须具有从事法定职业的资格或者身份；必须依据法律(广义的法)和业务操作规范及常规实施业务行为，包括告知利害关系人的风险或征得其同意；必须是出于合法正当的目的；所造成的损害利益必须小于保护的利益，但在实施高风险的行为时也准许考虑必要的例外。

（六）自救行为

自救行为又称自助行为，是指受害人在其权利被侵害时，依靠自身力量和行为来保全其权利或者恢复原状的行为。通常是指除了正当防卫以外的行为。例如，受骗上当者醒悟后当场强行取回被骗之物。

自救行为的正当性条件是：主观上必须是为了保护自己的合法权益；客观上必须在合法权益遭受侵害之后才能实施；情况紧急，当时无法得到公力救济；自救的方法、强度适当。

（七）受害人承诺和推定承诺的行为

行为给受害人的人身或者财产造成一定损害，但受害人事前有承诺或者推定受害人会承诺，排除其社会危害性。前者如病人要求医生冒险动手术，并承诺如发生意外后果自负，结果手术没有成功，病人死亡；后者如受害人外出时家中发生火灾，邻居破门救火，破门侵入住宅的行为即可推定为受害人承诺的行为。

该行为的正当性条件是：受害人对行为人损害的权益有处分权，受害人的意思表示必须真实，损害行为必须符合社会公德和法律规定。

但是，对于施行安乐死是否为正当行为争议颇大。因为安乐死涉及受托人有无处分权、能否准确表达意思、是否有违社会公德和法律等问题。一般认为，受托执行"安乐死"之所以违法，是由于受害人对其生命无处分权，且损害行为不为道德和法律所认可。此外，在"安乐死"的条件下，也很难保证受害人意思表示的真实性。

（八）科学研究和自然探险

为了促进科学和社会的进步，在科学研究、自然探索的过程中，付出必要的人员伤亡和财产损失的代价，排除其社会危害性。

这类行为的正当性取决于决策者和组织者目的的正当性、决策的科学性、成功的可能性和损害的不可避免性。如果目的不正当、决策不科学、没有成功的可能、能避免损害而不避免，则不能排除其社会危害性。

上述八种正当行为在现实社会中均实际存在,但是,刑法典中仅规定了正当防卫和紧急避险两种,故本章重点论述这两种行为。

第二节 正当防卫

本节主要讲述正当防卫的概念、意义、构成条件、防卫过当及其法律责任。

一、正当防卫的概念和意义

（一）正当防卫的概念

根据刑法典第二十条规定,正当防卫是指为了使国家、公共利益、本人或者他人的人身、财产权利免受正在进行的不法侵害,而采取的制止不法侵害并对不法侵害人造成损害,但没有超出法定限度,因而不负刑事责任的行为。该定义科学地界定了正当防卫的概念,肯定了正当防卫的合法性质,概括了正当防卫的构成要素,是防卫意识和防卫行为的统一。

（二）正当防卫的意义

正当防卫是犯罪论的重要内容,其作用在于排除防卫行为的犯罪性质,明确犯罪的消极条件。

正当防卫又是刑法赋予公民的一项基本权利,可以鼓励公民正确运用正当防卫的武器与各种犯罪做斗争,有效地震慑违法犯罪人,从而减少违法犯罪行为。

二、正当防卫的条件

正当防卫的条件是法律规定的正当防卫得以成立的要件,也是正当防卫之所以能够取得正当性的根据。行为人针对不法侵害实施的各种防卫行为,只有符合法律规定的条件,才能成立正当防卫。根据刑法典第二十条规定,正当防卫的条件可概括为如下五个方面[1]:

（一）起因条件:不法侵害现实存在

这是正当防卫的起因和前提,也是正当防卫得以成立的客观基础和根据。

何为不法侵害?刑法学界存在主观不法说与客观不法说的对立。主观不法说认为,行为是否不法,不能只就行为本身而言,而应结合行为人主观方面予以综合认定。亦即如果某一行为客观上危害社会且具有现实的紧迫性,

---

[1] 也有将时间条件纳入起因条件中,成立四条件说。参见:赵秉志. 新刑法典的创制. 北京:法律出版社,1997:52—53.

还不能认为是不法侵害,只有主观上具有故意或者过失,且行为人具有责任能力,这时的行为才构成不法侵害。客观不法说认为,不法侵害不应以行为人是否具备责任能力和主观犯意为要件,只要行为不法且具有危害社会的现实紧迫性,即应成为正当防卫对抗的目标。主观不法说曾经是我国刑法学界的通说。但是,从正当防卫设立初衷的角度分析,客观不法说也有可取的地方。

通常认为,不法侵害是指人实施的违反法律并具有社会危害性的行为,既包括构成犯罪的严重不法行为,也包括尚未构成犯罪的违反治安管理之类的一般违法行为。

对于不法侵害内涵的界定,是判断正当防卫行为的出发点。它涉及对实施危害行为的无责任能力人、意外事件、紧急避险、过失犯罪、违法执法等能否实施正当防卫的问题。对此,一直以否定说(主观不法说)占主导地位,但现在也有学者从客观不法说出发,认为对于上述诸种情况,在一定条件下,也应当允许公民进行正当防卫。但是,动物的自然袭击(人为地利用动物侵害他人的除外),由于不存在合法与否的问题,因而不可以正当防卫,但可以紧急避险。

此外,还有"逆防卫"的讨论。所谓"逆防卫",是指犯罪人对防卫过当的防卫。从保障犯罪人的人权出发,有学者主张,应当允许犯罪人对防卫过当行为实施逆防卫。

所谓不法侵害的现实存在,是指不法侵害是客观的、现实的,如果实际上不存在不法侵害,但行为人误以为存在不法侵害而实施防卫行为的,属于假想防卫。必须注意的是,对实施假想防卫的行为人,被侵害人有权实行正当防卫。

(二) 时间条件:不法侵害正在进行

所谓不法侵害正在进行,通常是指不法侵害人已经着手实施侵害行为且侵害行为尚未结束。不法侵害行为开始和存续的时间,就是行为人实施正当防卫的时间。

对不法侵害何时开始,或者说正当防卫始于何时,刑法理论和实践中存在较大争议。有进入侵害现场说、着手说、直接面临危险说和综合说等主张。其中,综合说较为合理。该说认为,一般应以行为人着手实施不法行为为正当防卫的开始时间,但是不法侵害的现实危险已经十分明显,不实行防卫就会立即发生危害社会的结果时,例如,当不法侵害人利用物理、化学等自然力量实施侵害行为,一旦着手(如引爆炸药)将造成不可避免的严重后果时,为有效保护公私合法权益,也可以"先发制人",实施正当防卫。

对不法侵害何时结束,或者说正当防卫止于何时,刑法理论上也有不同观点,有行为完毕说、离开现场说、事实继续说、结果形成说、排除危险说、侵害制止说和个案分析说等不同主张。其中,个案分析说较为合理。该说将不法侵害的结束情况概括为以下三类:① 不法侵害人自动停止了不法侵害。② 不法侵害人不可能继续进行不法侵害。这种情况既可能是因为不法侵害人被防卫人或者其他人制服,也可能是因为某种客观原因而使得不法侵害无法进行下去。③ 不法侵害已经既遂且不能及时挽回不法侵害造成的损失。

当不法侵害人正在预备实施侵害行为,或者已经实行完侵害行为,行为人对不法侵害人实施防卫行为的,属于事先防卫和事后防卫,合称防卫不适时,不成立正当防卫。

(三) 主观条件:保护合法权益

正当防卫的心理状态是保护合法权益,即防卫目的是为了使国家、公共利益、本人或者他人的人身、财产权利免受正在进行的不法侵害。不具有保护合法权益的目的而实施的貌似正当防卫的行为,如防卫挑唆、互相斗殴、偶然防卫等,不是正当防卫,而是违法或者犯罪行为。当然,这些行为不属于正当防卫是有条件的。

1. 防卫挑唆

防卫挑唆又称防卫挑拨,是指故意挑逗、引诱对方实施不法侵害,然后以正当防卫为借口加害对方的行为。当然,防卫挑唆不成立正当防卫一般仅限于当时的条件,如果甲今日挑唆乙,乙几天后才攻击甲或者乙找好帮手才攻击甲,甲可以对乙进行正当防卫。

2. 互相斗殴

互相斗殴是指双方出于侵害对方的故意而进行的相互殴打、伤害的行为。但是,如果双方斗殴结束后,一方觉得吃了亏,又重新纠集他人来侵害另一方,对被侵害者来说,并没有继续斗殴的故意,因而可以对侵害的一方实施正当防卫。这说明,互相斗殴不成立正当防卫仅限于当时的条件。

3. 乘机报复和巧合防卫

乘机报复又称乘机防卫,是指出于侵害他人的故意,乘他人实施侵害行为之时,对他人实施的侵害行为。巧合防卫又称偶然防卫,是指出于侵害他人的故意,不知他人正在实施侵害行为之时,对他人实施的侵害行为。当然,这两种行为不属于正当防卫,也是有条件的。如果乘机防卫人发现自己欲侵害之人正在实施不法行为,此时为保护合法权益,制止不法侵害而针对不法侵害人实施的反侵害行为,其行为的性质已发生了变化,应视为正当防卫。

（四）对象条件：不法侵害人

正当防卫必须对准目标，针对不法侵害者本人，不得针对第三人。不法侵害人为多人的，可以针对其中的一人进行，也可以针对多人进行；可以针对实施了最严重侵害行为的人进行，也可以针对未实施最严重侵害行为的人进行。

主观不法说主张，不法侵害人必须是达到刑事责任年龄、有刑事责任能力的人。客观不法说认为，在不知道侵害人为未达到刑事责任年龄、没有刑事责任能力人的情况下，应当允许正当防卫；但行为人明知侵害人为未达到刑事责任年龄、没有刑事责任能力人的，行为人只有在"不得已"的紧急情况下，才可以进行正当防卫。

对于没有实施不法侵害行为的第三人进行防卫，在理论上称为防卫第三人，通常属于防卫对象错误的一种。此种情况下，防卫人能否构成正当防卫？对此，理论界有三种不同看法：构成正当防卫，构成紧急避险，构成假想防卫。

（五）限度条件：没有"明显超过必要限度造成重大损害"

没有"明显超过必要限度造成重大损害"是正当防卫的结果限度要件。与1979年刑法典相比，1997年刑法典对该条件做了两处重要修改：一是将没有"超过必要限度造成不应有的危害"修改为没有"明显超过必要限度造成重大损害"；二是刑法典第二十条第三款规定，当不法侵害人正在实施行凶、杀人、抢劫、强奸、绑架及其他严重危及人身安全的暴力犯罪时，实施防卫行为致使不法侵害人伤亡的，也属于正当防卫，不负刑事责任。有的学者认为后者是关于无限防卫权的规定，有的学者认为后者是关于无过当防卫的规定。其实，这两种观点都值得商榷。首先，"行凶、杀人、抢劫、强奸、绑架"是此种防卫对象的限制；其次，上述对象范围的行为必须是"严重危及人身安全的暴力犯罪"，排除非暴力的杀人、抢劫、强奸、绑架，而且，当暴力程度达不到"严重危及人身安全"时，亦不适用此款规定。因此，前一种观点过分地强调了公民的正当防卫权利，事实上，公民的正当防卫权与其他权利一样，都是有限的，不可能是无限的，不能想怎么行使就怎么行使。后一种观点主要从防卫行为所造成的损害后果着眼，认为不存在过当问题，这也是值得商榷的。刑法典第二十条第三款只是容许这种情况下的正当防卫可以出现重伤和死亡结果，而不是容许出现任何结果。同时，在什么情况下出现重伤结果，什么情况下出现死亡结果，也应当是有条件的，不应理解为在任何情况下出现任何一种结果都成立正当防卫。例如，不法侵害人徒手对甲行凶，从双方的实力对比和不法侵害的结果看，充其量不过造成甲皮肉之苦或者身体伤害，此时甲不顾一切地掏出利刃将不法侵害人捅死,这就明显超过了限度。同时,强奸、抢劫、行凶及其他侵犯人身安全的犯罪行为中,犯罪行为的力度和对人身安全可能造成的后果是多种多样的。例如,抢劫和强奸可以采用暴力、威胁、麻醉等手段,如果不法侵害人出于抢劫和强奸的目的,仅仅以危害被害人身体健康相威胁或者以麻醉方法实施,并没有实施实际的伤害行为,被害人就在侵害人进行威胁或者投放麻药时将其杀死,这种防卫行为也未免过当。所以,刑法典第二十条第三款规定的正当防卫,只是对正当防卫限度条件有条件地放宽,而不是授权防卫人为所欲为。从总体上说,对于第三款应当做限制理解,具体应当受到第二款的限制。

当然,如何把握正当防卫的限度,这是一个很复杂的问题,也是一个颇有争议的问题。理论界曾经提出过基本适应说、必须说和折中说等多种观点。一般认为,要正确判断一个防卫行为对不法侵害人造成的损害是否超过法律容许的限度,属于非正当损害,应当综合考虑下面几个因素:

1. 不法侵害行为的性质和强度

正当防卫行为的限度与不法侵害行为的性质和强度具有直接的作用和反作用关系,不法侵害行为的性质越严重、强度越大、手段和工具越危险,就越容许防卫人实施相应力度和强度的正当防卫行为。反之亦然。不仅如此,正当防卫是制止不法侵害的反击行为,为切实保护合法权益,制止不法侵害,应当容许正当防卫行为的力度和强度略大于不法侵害行为的力度和强度。

2. 不法侵害行为所侵害的合法权益的重要程度

被侵害的合法权益的重要程度是决定正当防卫限度条件的重要因素。可以说,正当防卫损害的不法侵害人权益的价值,应当相当于不法侵害行为侵害的合法权益的价值。比如,都是生命权。另外,根据刑法鼓励正当防卫的立法精神,正当防卫损害的权益价值,甚至可以高于不法侵害行为所侵害的合法权益的价值。比如,被害人杀死暴力强奸犯的行为,犯罪人侵害的只是被害人的性权利,而被害人损害的是犯罪人的生命权,显然,生命权比性权利要重要得多。但是,按照刑法典的规定,在暴力强奸的场合,这一防卫行为并未超过正当防卫的限度条件。

3. 不法侵害行为可能造成的危害范围

不法侵害行为的危害后果和正当防卫的损害之间也存在一种对应关系。不法侵害人所受到的正当防卫行为的损害,实际上是其不法侵害行为的应有结果。这种对应关系是确定防卫行为是否超过限度的重要依据。如果防卫行为对不法侵害人所造成的损害是在不法侵害行为可能给被害人造成的危害范围之内,防卫行为当然不超过限度。例如,一个不法侵害行为可能造成的后果是伤害时,防卫行为对不法侵害人造成轻伤或者重伤都不应视为超过限度。而且,根据刑法典第二十条第三款的规定和刑法鼓励正当防卫的立法精神,防卫人对不法侵害人造成的损害即使大于不法侵害行为可能造成的危害,也没有逾越法律所许可的限度。

4. 正当防卫的限度条件是一个区间,而不是一个点

正如不法侵害行为给被害人造成的危害后果可能是多种多样的一样,正当防卫行为给不法侵害人造成的损害结果也可能是多种多样的。一个防卫行为造成的某种损害属于限度区间范围内的情况,该行为就属于正当防卫,否则就是防卫过当。

综合以上四点,可以断定以下情形中的防卫在其他条件符合时都没有防卫过当:① 针对任何非暴力不法行为实施防卫造成被防卫人轻伤的;② 针对徒手的暴力或者轻度的暴力不法行为实施防卫造成被防卫人轻伤的;③ 针对持械的暴力不法行为实施防卫造成被防卫人重伤的;④ 针对足以致人死亡的行凶、杀人、暴力抢劫、暴力强奸、绑架及其他严重危及人身安全的暴力犯罪实施防卫致使不法侵害人重伤或者死亡的。

三、防卫过当及其他不当防卫的责任

不当防卫是指正当防卫条件缺失的各种情况,包括假想防卫、防卫不适时、防卫挑拨、互相斗殴、乘机防卫、防卫第三人(对象错误)、防卫过当等情形。不当防卫的行为人均有可能构成犯罪,并负刑事责任。

(一) 防卫过当的责任

根据刑法典第二十条第二款规定,防卫过当是指正当防卫明显超过必要程度,造成重大损害的行为。防卫过当是对正当防卫制度的不正确运用,在很多情况下表现为对正当防卫权的一种滥用。所以,刑法典规定防卫过当是一种违法行为,应当承担法律责任。

防卫过当是防卫行为的正当性和损害结果的非正当性的统一。防卫行为的正当性是指实施防卫行为时确有不法侵害存在(不同于假想防卫),不法侵害正在进行(不同于防卫不适时),防卫的目的是为了保护合法权益不受非法侵害(不同于防卫挑拨等),防卫行为是针对不法侵害者本人实施(不同于防卫对象错误)。在正当防卫的五个正当性条件中,防卫过当具备了前四个。从这个意义上讲,防卫过当具有正当性的一面。但是,从另一个方面看,防卫行为的强度和结果的程度明显超过了不法侵害行为的强度和结果的程度,对不法侵害人造成了重大损害,从而使合法的防卫行为变成了不法的侵害行为,也使正当性的行为转化成非正当性的行为。其中若出现不应当导致被防卫人重伤或者死亡的情形,防卫人要负刑事责任。

防卫过当不是一个独立的罪名。因为防卫过当没有独立的罪状,也没有独立的法定刑,法律规定按照行为人触犯的有关条文和罪名酌情减轻或者免除处罚。确定防卫过当的刑事责任,首先需要确定防卫过当的罪过形式。在我国刑法学界,关于防卫过当的罪过形式有多种看法。有的认为包括直接故意、间接故意和过失,有的认为包括间接故意和过失,有的认为只能是过失,还有人认为只能是疏忽大意的过失。一般认为,过失当然可以成为防卫过当的罪过形式。防卫过当的行为人没有非法侵害的直接故意,但对其行为明显超过必要限度及其造成的重大危害,还是有可能明确认识的,所以,在一定的情况下,防卫过当的罪过形式有可能是间接故意。因此,防卫过当一般情况下可成立过失致人死亡罪、过失致人重伤罪,也不排除在特殊情况下构成故意杀人罪和故意伤害罪。但对于防卫过当行为应当按照上述有关犯罪的法定刑减轻或者免除处罚。

(二) 其他不当防卫的刑事责任

假想防卫、防卫不适时、防卫第三人(对象错误)一般涉及刑法上的认识错误问题,具体应当按照事实认识错误的处理原则解决。若侵犯他人合法权益构成犯罪的,一般应负过失责任:致人死亡的,构成过失致人死亡罪;致人重伤的,构成过失致人重伤罪。但是,行为人主观上没有罪过的,则应按意外事件处理。而防卫挑拨、互相斗殴、乘机防卫、巧合防卫一般是行为人故意所为,因此,若构成犯罪的,应当以有关故意犯罪——故意杀人罪或者故意伤害罪处罚。

第三节 紧急避险

本节主要讲述紧急避险的概念、构成要件及其与正当防卫的异同,以及避险过当的法律责任。

一、紧急避险的概念

紧急避险又称紧急避难,根据刑法典第二十一条规定,是指为了使国家、公共利益、本人或者他人的人身、财产权利免受正在发生的危险,不得已损害另一较小合法权益,但没有超出法定限度,因而不负刑事责任的行为。

紧急避险的本质在于,当某种或者多种重大合法权益遭遇现实的危险时,在无法全部保全的情况下,通过损害最小的合法权益或者一部分合法权益的方法,来最大限度地保护合法权益。紧急避险尽管以损害合法权益为代价,但这是别无选择的,行为人的目的是为了保护更大的合法权益,因此,行为人主观上没有罪过,客观上对社会有益,是合法、正当行为。

二、紧急避险的要件

与正当防卫通常从权利着眼不同,紧急避险多表现为一种法律义务,并以损失一定合法权益为代价。所以,法律对紧急避险的要求更为严格,这种严格要求就表现在紧急避险的条件比正当防卫的条件更为严格。根据刑法典的规定,实行紧急避险必须严守以下条件:

(一) 起因条件：危险现实存在

合法权益面临现实的危险,是紧急避险的前提和根据。如果实际上并不存在危险,行为人却误认为危险存在,因而实行了所谓的紧急避险的,就属于假想避险。

危险的来源和种类有：① 自然力量产生的危险,如洪水、地震、飓风造成的灾害危险等；② 机械、能源设备产生的危险,如车船、飞机故障、油库自燃产生的危险等；③ 动物自然侵袭造成的危险（排除人操纵动物伤害他人）；④ 人为原因造成的危险等。

(二) 时间条件：危险正在发生

刑法典设立紧急避险制度的目的在于通过避险人损害较小合法权益的手段,尽最大可能地减少正在发生的危险所带来的社会危害。所以,紧急避险的时间条件是危险正在发生,且即将造成损害或者正在造成损害的危险已经出现而尚未结束。

所谓危险正在发生是指危险迫在眉睫,合法权益正处于危险威胁之中。如不实行紧急避险,危险立即会转化为现实的危害,使有关的合法权益遭受不可挽回的损失。紧急避险只能在危险已经出现而又尚未结束这一时间条件下进行,否则就不是紧急避险。

危险的结束是指危险已经过去,给合法权益造成的损害也无法避免和挽回,或者因为避险人的救济措施或者其他主客观原因而使得危险已经消失而不复存在。如果危险已经结束,则紧急避险就不满足时间条件,此时损害已经造成,实行所谓紧急避险已不能达到保护合法权益免受损失的目的。

假如避险人在危险尚未出现或者危险已经结束的情况下实施所谓避险,刑法理论上称之为避险不适时。

(三) 对象条件：第三人合法权益

紧急避险的本质特征在于为了保全一个较大的合法权益,而采取牺牲另一个较小的合法权益的手段转嫁风险。因此,紧急避险行为针对的是第三人的合法权益,同时,"第三人合法权益"意在强调避险通常应当排除直接针对他人人身实施,否则构成避险对象错误。当然,间接损害他人人身的,不影响紧急避险的成立。

如果行为人没有通过损害相关较小合法权益的手段,而是直接以反击手段对抗危险,那么,该行为就不是紧急避险,而是抢险行为或者正当防卫等行为。例如,行为人通过损害不法侵害者的人身权利或者财产权利来排除遭受不法侵害的危险,其行为就不是紧急避险而是正当防卫。

针对不同的危险来源,可有不同的避险对象。对于人的侵害行为导致的危险,避险对象只能是无辜的第三人利益。如果采取直接对抗侵害人的办法排除侵害,就不是紧急避险而是正当防卫。对于自然灾害造成的危险,避险对象显然也只能是无辜的第三人利益。但是,对于其他原因导致的危险,避险对象则不一定是无辜的第三人利益。例如,将乱咬人的恶狗打死,避险对象就不是无辜的第三人利益,而是与这种危险来源有利害关系的狗的所有者或管理者利益;又如,未经突发病人的同意而砸破其私人轿车的窗户以便进入车内并驾驶车辆送其去医院急救,其对象也不是无辜的第三人利益,因为,该病人既是受害人,又是受益人。

(四)限制条件:不得已而为之,且不适用于职务、业务上负有特定责任的人

一般情况下,紧急避险是别无选择的一种选择,这一点与正当防卫有本质的区别。正当防卫是法定的权利,行为人即使有其他方法可以避免不法侵害,也有权弃之不用而主动选择正当防卫。紧急避险则是在无其他方法可避免危险的情况下,不得已选择损害合法权益的方法来避免危险。如果在当时的条件下,行为人本可以采用不损害合法权益的方法避免危险而没有选择,实行避险行为的,是轻率避险,行为人要对损失负法律责任。当然,在特殊情况下,由于危险的突发性和紧急性,受时间、能力和有关条件所限,行为人难以采用其他的排除危险方法而实行了避险行为的,也成立紧急避险。

紧急避险并非适用于所有人,刑法典第二十一条第三款规定:"第一款中关于避免本人危险的规定,不适用于职务上、业务上负有特定责任的人。"因为这些人负有排除危险的责任,他们如果避险,可能会给公私财产和他人生命造成更大的损失,从而违背紧急避险的初衷。适用这一限制的条件有二:一是限于本人遭遇的危险;二是遭遇危险的人是职务上、业务上负有特定责任的人。

(五)主观条件:保护合法权益

这是紧急避险成立的主观要件,行为人在实施紧急避险损害某一合法权益时,必须是出于避免较大的合法权益不受损失的正当目的,而不能出于损人利己和故意损害他人合法利益的目的。在紧急避险时乘机损害他人合法权益的,由于没有避险意图和保护合法权益的目的,是乘机避险;正在损害他

人合法权益而巧遇紧急避险的,是巧合避险,也应当追究法律责任。

(六) 限度条件:必须没有超过必要限度造成不应有的损害

所谓必要限度,是指为有效避免危险而必须损失的合法权益的域值,需要根据危险的大小、危险对合法权益威胁的程度、避免危险的难易和合法权益的性质等因素综合衡量。危险越大、越紧急,保护的合法权益越重要,必要限度就越宽松。有人认为,只要紧急避险损害的合法权益小于保护的合法权益,就没有超过必要限度。本书认为,这种观点是不全面的。其不足主要表现在没有考虑危险和避免危险的具体情况。紧急避险通常是牺牲较小利益保护较大利益,但是有两种特殊或例外情况:一种情况是,当紧急避险只需要损失微小的合法权益就可以避免危险时,如果损失了较大的合法权益,尽管损失的合法权益仍然小于保护的合法权益,但避险行为也超过了必要限度,构成避险过当,因为损失的合法权益中有一部分并非紧急避险所必须付出的代价。另一种情况恰恰相反,由于危险来得太突然或者面对特别重大的危险,依一般人的能力来判断,一时无法估量其损害后果,不得已而采取避险行为,所损害的合法权益相当于或稍大于所保护的合法权益的,仍应认定为没有超过必要限度造成不应有的损害,属于紧急避险。

三、紧急避险与正当防卫的异同

紧急避险与正当防卫既有相似之处,也有不同之处。

(一) 二者的相同之处

紧急避险与正当防卫都是为了保护合法权益而给他人的合法权益造成某种损害的正当行为。二者的相似之处有:

(1) 成立的前提相同。都有威胁法律所保护的合法权益的危害(危险)存在。

(2) 行为的目的相同。都是为了保护国家、公共利益和个人的合法权益。

(3) 造成的结果相同。都造成了一定的损害结果。

(二) 二者的不同之处

总体而言,正当防卫反映的是合法权益与不法侵害之间的矛盾,紧急避险反映的是两个合法权益之间的冲突。二者的不同之处有:

(1) 危害(危险)的性质和来源不同。紧急避险中的起因是危险,并且危险的来源是多种多样的;正当防卫中的起因是不法侵害,并且不法侵害的来源仅限于人的危害行为。

(2) 损害的对象不同。紧急避险损害的对象是与危险来源没有关系的第三人;而正当防卫损害的对象要求是不法侵害人本人。

(3) 行为的条件不同。紧急避险只有在不得已的情况下才能实行,而正当防卫没有这一限制。

(4) 行为主体方面的要求有所不同。在职务上、业务上负有特定责任的人,为了使本人的利益免遭危险,不能实行紧急避险,而正当防卫则没有这一限制。

(5) 限度条件不同。紧急避险造成的损害一般必须小于所避免的损害;正当防卫造成的损害可以等于或者大于不法侵害可能造成的损害,只是不能过于悬殊。

四、避险过当及其他不当避险的责任

不当避险是指正当避险条件缺失的各种情况,包括假想避险、避险不适时、避险对象错误、乘机避险和巧合避险、轻率避险、避险过当等情形。行为人均有可能构成犯罪,并负刑事责任。

(一) 避险过当的责任

根据刑法典第二十一条第二款的规定,紧急避险超过必要限度,造成不应有损害的,是避险过当,应负法律责任。避险过当是在具备紧急避险前五个条件的前提下,缺乏了第六个条件,即超过了法律规定的限度,造成了不应有的损害,即本来是正当的、对社会有利的行为转化成非正当的、对社会有害的行为,甚至可能构成犯罪。

同防卫过当一样,避险过当不是一个独立的罪名,而是根据避险过当所触犯的具体罪名处理,并根据避险过当所造成损害的大小,依法减轻或者免除处罚。其罪过多为过失,也不排除故意,而且,所涉及的罪名除了可能是侵犯人身权的过失致人重伤罪、过失致人死亡罪或者故意伤害罪、故意杀人罪外,还可能涉及侵犯财产的犯罪,如故意毁坏财物罪。

(二) 其他不当避险的责任

假想避险、避险不适时、避险对象错误、轻率避险一般涉及刑法上的认识错误问题,应当按照事实认识错误的处理原则解决。若侵犯他人合法权益构成犯罪的,一般应负过失法律责任,但行为人主观上没有罪过的,则应按意外事件处理。例如,假想避险中,如果避险人对于危险的客观不存在应当预见而由于疏忽大意没有预见,因而实行所谓紧急避险的,应当按照过失犯罪处理;如果避险人在当时的情况下根本无法认识危险的客观不存在,则应依意外事件处理。而乘机避险和巧合避险一般是行为人故意所为,因此,若构成犯罪的,应当以有关故意犯罪——故意杀人罪、故意伤害罪或者故意毁坏财物罪定罪处罚。

本章小结

1. 正当行为是指行为人旨在排除或者减少某种危害的发生，直接针对危害现象、加害人或者第三人实施的，虽然造成一定损害但是没有超出法定限度，因而对社会有益的行为。其特征有正当性、善意性、私力性、损害性、有益性。正当行为的种类是多种多样的，我国刑法典只规定正当防卫和紧急避险两种。

2. 正当防卫是指为了使国家、公共利益、本人或者他人的人身、财产权利免受正在进行的不法侵害，而采取的制止不法侵害并对不法侵害人造成损害，但没有超出法定限度，因而不负刑事责任的行为。正当防卫的成立条件是：有实际的不法侵害存在，不法侵害正在进行，行为人出于合法的防卫目的，防卫行为必须针对不法侵害人进行，防卫行为不得明显超过必要限度造成重大损害。防卫行为具备前四个要件，不具备第五个要件的，属于防卫过当，应负法律责任。

3. 紧急避险是指为了使国家、公共利益、本人或者他人人身、财产权利免受正在发生的危险，不得已损害另一较小合法权益，但没有超出法定限度，因而不负刑事责任的行为。紧急避险的成立条件是：有实际的危险存在；实际的危险正在进行并迫在眉睫；针对的是第三人的合法权益，而不是危险的来源；不得已而为之，且不适用于职务、业务上负有特定责任的人；行为人出于保护合法利益的目的；没有超过必要限度造成不应有的损害。避险行为具备前五个条件，不具备第六个条件的，属于避险过当，应负法律责任。

正当行为，正当防卫，不当防卫，防卫过当，紧急避险，不当避险，避险过当。

问题思考

1. 简述正当行为的特征和主要类型。
2. 如何理解和适用正当防卫？
3. 如何理解和适用紧急避险？
4. 正当防卫与紧急避险有何异同？
5. 不当防卫与不当避险应当如何处理？

第十三章 刑罚体系

> **目的要求**
>
> 1. 理解刑罚的概念、特征、功能和目的,刑罚权的概念及其根据。
> 2. 了解我国刑罚体系、非刑罚处理方法的概念、特征和基本内容。
> 3. 掌握各种主刑、附加刑的概念、特征和基本内容。
> 4. 能够运用刑法典规定的刑罚体系研判案例。

第一节 刑罚概述

本节主要讲述刑罚的概念和特征,刑罚权的概念及其根据,刑罚的功能和目的,刑罚的分类和我国刑罚体系概况。

一、刑罚的概念和特征

(一)刑罚的概念

刑罚是指刑法规定的由国家专门机关对犯罪人实行惩罚的一种强制制裁方法。刑罚惩罚的结果不仅会使犯罪人的某种权力和利益被剥夺或者被限制,同时也是以国家的名义对犯罪人及其犯罪行为的谴责和否定评价。刑罚是一种工具,是国家为维护其利益和秩序而使用的专门工具。

刑罚是与犯罪既紧密联系又有明显区别的概念。自从有了犯罪,也就有了刑罚。犯罪是刑罚的唯一前提和基础,刑罚是犯罪的必然后果之一。刑罚与犯罪是紧密联系在一起的,并且共同构成了刑法的基本内容。

同样,刑罚与刑事责任也是一对既互相联系又互有区别的概念。二者的联系是:① 刑事责任是犯罪人承受刑罚的前提,没有刑事责任就没有刑罚。刑事责任的大小决定刑罚的轻重,刑事责任重则刑罚重,刑事责任轻则刑罚轻。② 刑事责任是联结犯罪与刑罚的纽带,刑罚是实现刑事责任的基本方式。但是,刑罚与刑事责任又有明显的区别:① 刑事责任是法律责任的一种,它主要是从观念形态上对犯罪与犯罪人进行否定评价和谴责。刑罚则是惩罚犯罪的具体制裁方法,因而前者较为抽象,后者较为具体。② 虽然刑罚与刑事责任都是犯罪的法律后果,但刑事责任是犯罪的直接后果,刑罚是刑事责任的直接后果,两者所处的作用、地位和层次不同。主要有二者发生的不同步性和因刑事责任的阻却事由而无刑罚两种情况。①

(二) 刑罚的特征

在我国,刑罚作为一种强制制裁方法,与其他强制制裁方法相比,具有以下特征:

1. 刑罚的性质最为严厉

刑罚是统治阶级为维护本阶级的利益和统治秩序而使用的特殊工具,是最为严厉的强制制裁方法。刑罚不仅可以剥夺犯罪人的财产,而且还可以剥夺犯罪人的政治权利、人身自由乃至生命。而作为行政制裁的罚款、警告、记过、开除,民事制裁的赔偿损失、恢复原状、支付违约金等,则不涉及政治权利、人身自由,更不涉及生命。至于行政拘留和刑事诉讼上的强制措施,虽然也涉及公民的人身自由,但它们持续时间短,制裁强度轻,远不如刑罚严厉,其法律后果也根本不同。

刑法的任务通过对犯罪人适用刑罚得以实现,刑罚惩罚是通过警察、法庭(法院)和监狱以一定的程序实施的。刑罚作为一种维护统治阶级统治的特殊工具,与军队、警察、法庭(法院)、监狱共同组成国家的暴力机器,执行着抵御和镇压敌对势力、惩罚犯罪的职能。当然,各种暴力机器之间是有分工的。军队的主要任务是抵御外来侵略,维护国家主权;警察的主要任务是侦破案件,维护社会治安;法庭(法院)的主要任务是审判刑事案件,确定与犯罪人的犯罪行为相适应的刑种和刑度;监狱的主要任务则是实现已经确定的刑罚,矫正犯罪人。比较起来,通过对犯罪人适用刑罚来维护正常的社会秩序,这是和平与法治社会最经常、最广泛使用的暴力方法。古今中外的一切统治阶级,在掌握了国家政权之后,都要建立起符合自己要求的法律规范和法律秩序,其中一项很重要的法律规范就是刑罚体系。刑罚体系是国家整个暴力机器和强制体系中的一个重要组成部分,表现出国家机器最明显的特征。

2. 刑罚的对象只能是犯罪人

在我国,刑罚是人民法院代表国家依照法律的规定对犯罪人所适用的一种强制制裁方法。刑罚只能适用于犯罪人。如果公民仅仅违反国家的民事法规、行政法规、经济法规等,而没有达到触犯刑法构成犯罪的严重程度,就

---

① 赵秉志.刑法新教程.北京:中国人民大学出版社,2001:308.

不能对他适用刑罚,而只能相应适用其他法律制裁措施。刑罚的适用对象与其他强制方法的适用对象有严格的区别。

3. 刑罚的根据只能是刑法

刑罚的根据只能是刑法,这是罪刑法定原则的基本要求。在我国,只有作为国家最高立法机关的全国人民代表大会及其常务委员会才拥有颁布刑事法律、确立刑罚的权力。国务院及其各部委、地方各级人民代表大会、地方各级人民政府虽然拥有在一定范围内颁布行政法规与规章、地方性法规与规章,发布决定、命令以及确立行政制裁措施等的权力,但无权创制刑罚。

4. 刑罚的适用主体只能是人民法院

定罪量刑是国家审判权的一项重要内容,依照我国现行宪法规定,审判权只能由人民法院独立行使。因此,在我国只有人民法院才有权适用刑罚,其他任何机关、团体或个人都无权对公民适用刑罚。

5. 刑罚的执行主体只能是特定机关

对犯罪人适用的刑罚只能由人民法院、公安机关、监狱及社区矫正机构依法执行,而且主要由监狱执行,其他任何单位或者个人都无权执行刑罚。

6. 刑罚的适用和执行必须依据严格的法律程序

不但人民法院对犯罪人适用刑罚必须严格按照刑事诉讼法规定的审判程序进行,而且,对于犯罪人的追诉,包括立案、侦查、起诉,以及对犯罪人所判刑罚的执行,都必须依据刑事诉讼法、监狱法或者刑事执行法等有关规定进行。

二、刑罚权的概念和根据

(一) 刑罚权的概念

刑罚权是指国家运用刑罚的权力。统治阶级为了维护、巩固自己的阶级统治,需要以刑罚对付犯罪,以加强威慑力量。因此,有统治权就必然有刑罚权。刑罚权与刑罚的关系表现在刑罚权是刑罚得以产生的前提,没有刑罚权,刑罚就成了无源之水、无本之木。刑罚权由统治阶级授权代表本阶级意志的机关来行使。

从刑罚权的产生及其在刑事活动中的运作过程来看,刑罚权可以分为制刑权、求刑权、量刑权与行刑权四个方面的内容。

1. 制刑权

制刑权指在刑法典中创制刑罚的权力,包括刑罚体系、刑罚制度和各具体刑罚的确立、修正、废除。制刑权解决的是刑罚在刑法典中的存在问题。我国行使制刑权的机关是全国人民代表大会及其常务委员会。

2. 求刑权(起诉权)

求刑权(起诉权)即请求国家审判机关对犯罪人予以刑罚处罚的权力。我国行使求刑权的主要是检察机关,表现为公诉的形式;在少数情况下,求刑权由个人行使,表现为自诉的形式。行使求刑权的机关或个人必须承担举证责任。

3. 量刑权

量刑权即决定是否科刑与科处什么样刑罚以及如何执行刑罚的权力。是否科刑是指在确定被告人构成犯罪的基础上,决定其应否受刑罚处罚以及是否对其实际科处刑罚。科处什么样的刑罚是指在确定犯罪须实际科处刑罚的基础上,进一步确定判处的刑种和刑度。决定如何执行刑罚是指决定是否适用死刑缓期二年执行(死缓)、缓刑或暂予监外执行,只适用于特定的犯罪。我国行使量刑权的机关是人民法院。

4. 行刑权

行刑权即对犯罪人执行刑罚的权力。行刑权是量刑权的延伸,行刑的根据只能是法院的刑事判决。我国行使行刑权的机关是人民法院、公安机关和监狱及其管理机关,其中,监狱是最主要的行刑机关。

制刑权、求刑权、量刑权和行刑权彼此联系,相辅相成,都是构成刑罚权的有机组成部分。其中制刑权占主导地位,没有制刑权,求刑权、量刑权与行刑权就无从谈起。

(二) 刑罚权的根据

1. 西方学者的观点

对于刑罚权的根据,西方刑法学者长期争论不休,存在着否定说与肯定说的对立。

(1) 否定说。该说认为,国家没有刑罚权,无权惩罚犯罪人。例如,以菲利为代表的刑事社会学派认为,犯罪并非犯罪人自由意志的产物,而是犯罪人的生理及所处的地理环境、社会环境的结果,国家对犯罪人只有治疗或者矫正的义务,而无运用刑罚处罚的权力。有的刑法学者则认为,刑罚自产生以来并未收到预防、消灭犯罪的效果,由此推知国家并无刑罚权。

(2) 肯定说。该说认为,国家当然具有运用刑罚的权力。但刑罚权的根据何在,即国家的刑罚权从何而来? 对此,又有神授论、社会契约论、自由意志决定论、社会防卫论等诸种分歧。神授论把刑罚权的产生归于神明的命令。以贝卡利亚的观点为代表的社会契约论则认为刑罚权的渊源是人们以契约的方式,割让一部分自由权委托给主权者,主权者对违反契约者有处罚的权力。以黑格尔的观点为代表的自由意志决定论认为,犯罪是犯罪人自由意志的结果,犯罪人在选择犯罪的同时,也就选择了刑罚惩罚,因而刑罚权来自犯罪人的自由意志选择。以边沁、龙勃罗梭的观点为代表的社会防卫论从防卫社会出发,认为社会秩序必须依靠国家维持,犯罪危害了社会秩序,国家为防卫自身免受犯罪侵害,有必要行使刑罚权。

2. 马克思主义的观点

(1) 刑罚权的政治学根据。刑罚权是统治阶级行使统治权的表现形式之一。犯罪作为一种社会现象,严重危害统治阶级的利益,威胁统治秩序。统治阶级为维护自己的阶级统治就会适用刑罚这种强制制裁措施来遏制犯罪。

(2) 刑罚权的哲学根据。人具有相对的意志自由。物质世界是不以人的主观意志为转移的客观存在,人的意识决定于物质,但人们对客观世界及其运动规律是能够认识的。人能够根据对于客观规律的正确认识,自觉地、能动地改造世界。由于人的意志是相对自由的,能够认识并控制自己的行为,因此,人对自己的行为要负法律上的责任。

三、刑罚的功能

刑罚的功能是指刑罚自身所具有的不同于其他法律强制制裁方法的积极作用及社会影响。刑罚是对犯罪人适用的。对于被适用刑罚的犯罪人来说,刑罚有着不同于其他法律强制制裁方法的特殊作用。但是,对犯罪人适用刑罚,其所产生的影响又不仅限于犯罪人,它对被害人及其亲属、对社会上不稳定的人以及广大守法者也都具有不可忽视的作用。当然,刑罚的各种功能不是孤立存在而是紧密联系在一起的,它们之间相互配合、相互协调,共同发挥着重要的作用。

(一) 使刑罚个别化

使刑罚个别化是针对刑罚的适用机关而言的。在相对罪刑法定原则的条件下,只是在犯罪绝对法定化的同时,将刑罚相对法定化,否则,必然损害罪责刑相适应原则。事实上,世界各国普遍采用的是相对确定的法定刑,以便贯彻罪责刑相适应原则。在对刑法两大基本原则关系的协调中,法官的自由裁量权势必发挥巨大作用。具体表现为法官对于犯罪人决定刑罚的时候,依其自由裁量权和刑法的有关规定,根据犯罪的事实、犯罪的性质、犯罪的情节和对于社会的危害程度,在相对确定的法定刑种类和幅度内,决定犯罪人所应适用的具体刑罚种类、期限或者数额,从而使相对确定的法定刑个别化。在这里,法定刑是"一般",宣告刑是"个别"。另一方面,由于缓刑制度,宣告刑并不一定就是执行刑;而且由于减刑、假释和赦免等制度,执行刑在执行中往往也会发生变更,以适应犯罪人"个性化"的特点。后者同时可以说明,使刑罚个别化是量刑问题而非刑罚功能这种观点是不全面的。

(二) 惩罚、教育、改造和矫正犯罪人

惩罚、教育、改造和矫正功能是针对犯罪人而言的,包括对犯罪人的惩罚、教育、改造和矫正等一系列相关的功能。

1. 惩罚功能

刑罚是犯罪的必然后果,因此刑罚对犯罪人的惩罚功能是其自身固有的功能。任何人只要犯了罪,就要受到刑罚的惩罚,而刑罚的惩罚意味着犯罪人的某种权益被剥夺或者被限制,权益被剥夺和被限制对于犯罪人来说当然是痛苦的,这种痛苦又恰恰是刑罚特有的属性。没有痛苦属性,刑罚就不被称为刑罚了。刑罚正是通过对犯罪人的惩罚,才使得这种制裁方法发挥它应当发挥的作用。但是,必须注意的是,只是承认但不必过于强调刑罚的惩罚功能,否则,极有可能陷入重刑主义,与轻刑化及保护人权等刑事法改革精神相背离。

2. 教育、改造和矫正功能

犯罪人受到刑罚惩罚,虽说是罪有应得,但是刑罚对犯罪人的惩罚仅仅是一种手段。也就是说,刑罚的惩罚功能只是刑罚的直观功能或者说表象功能。除了对于立即执行死刑的犯罪人直接剥夺再犯能力外,对绝大多数犯罪人的惩罚并不是刑罚的最终功能,刑罚的最终功能在于通过强制教育、改造,把犯罪人矫正成为社会的无害因素,即通过刑罚的惩罚,教育、改造和矫正犯罪人,使他们弃旧图新,重新做人,重返社会并且不再危害社会。刑罚的矫正功能是通过刑罚的实际执行实现的,因此,刑罚执行的各种制度对刑罚矫正功能的实现起着极其重要的作用。

(三) 安抚、补偿和教育被害人及其亲属

安抚、补偿和教育被害人及其亲属是针对被犯罪行为损害的人及其亲属而言的。由于被害人是犯罪所侵害的对象,因而对犯罪人有着更直接、更强烈的痛恨甚至仇恨,而被害人的亲属则由于自己的亲人受到犯罪行为的侵害,在心理上会产生一种失衡。由于被害人及其亲属对犯罪人有痛恨和失衡心理,他们在一定时间内有可能成为"不稳定的人",往往只有在犯罪人受到应得的惩罚之后才能逐渐平息。因此,从稳定社会秩序的角度来说,刑罚具有安抚、补偿和教育被害人及其亲属的功能。但是,必须注意的是,不能过于强调刑罚对被害人及其亲属的安抚和补偿的功能,否则会退回到报应刑论的窠臼。

(四) 威慑、教育不稳定人(未然犯罪人、潜在犯罪人)

威慑、教育不稳定人是针对除被害人及其亲属之外的社会上有可能犯罪的不稳定人而言的。司法机关对已然犯罪人的惩罚,表明国家对犯罪人及其犯罪行为的谴责和否定评价,而通过对犯罪人适用刑罚,会使社会上那些有可能犯罪的不稳定人感受到思想上、心理上的影响和震撼,出于对刑罚的畏惧而不敢重蹈犯罪的覆辙。刑罚的威慑功能是刑罚的一项重要功能,这一功能主要是通过刑法典的公开性、公开审判制度以及法制宣传教育实现的。当然,刑罚对于不稳定人的威慑功能也不能过于强调,以免陷入刑罚威胁主义。

(五)教育、保护守法者

刑罚的教育功能是普遍存在的,但这里是仅就守法者而言的。首先,刑罚的创设以保护人民,保卫国家安全,保卫人民民主专政的政权和社会主义制度,保护国有财产和集体所有的财产,保护公民的人身权利、民主权利和财产权利,维护社会秩序、经济秩序,保障社会主义建设事业的顺利进行为宗旨和目标。其次,通过对犯罪人适用刑罚,教育广大人民群众认清什么是违法,什么是犯罪,犯罪的法律后果是什么。通过这种具体而生动的法制教育,使人民群众增强法治观念,远离犯罪,并积极参与防治犯罪。刑罚的这一功能是非常重要的,因为对预防犯罪来说,仅仅依靠司法机关的力量是不够的,只有动员广大人民群众都积极地防范犯罪,使犯罪人成为过街老鼠,人人喊打,才能使社会秩序得到维护。这对于鼓励人民群众积极参加社会治安的综合治理,预防和减少犯罪发生是一种行之有效的方法。在一定意义上可以说,刑罚的教育功能是法制宣传教育所要预期达到的一种最佳结果。

四、刑罚的目的

刑罚的目的是指通过对犯罪人适用刑罚所要达到的最终结果。对犯罪人适用刑罚,虽然在形式上看是为了惩罚犯罪人,但是惩罚并不是刑罚的最终目的,惩罚只是一种手段而已。通过刑罚惩罚这种手段,刑罚所要达到的最终目的是预防犯罪。预防犯罪表现为特殊预防和一般预防两个方面。

(一)特殊预防

特殊预防是指预防犯罪之对象的特定性,即通过对犯罪人适用刑罚,使他们不再犯罪。这里所说的不再犯罪,包括了主动不再犯罪和被动不再犯罪两种情况。所谓主动不再犯罪,是指犯罪人在受到刑罚的惩罚之后,在深刻反省自己所犯罪行的基础上,比较清楚地认识了自己犯罪的根源及其危害性,痛恨自己的犯罪行为,树立学法、知法、守法的信心,决心以后不再实施危害社会的行为,自觉守法。所谓被动不再犯罪,是指犯罪人在受到刑罚的惩罚之后,对自己的罪行虽然还缺乏深刻的认识,但知道犯罪的必然结果就是刑罚的惩罚,而刑罚的惩罚意味着人身自由或者某种权益被剥夺、被限制,这当然是犯罪人所不情愿的,为了不再受到刑罚的惩罚,以后不敢再去犯罪。

被动不再犯罪虽然不具有自觉性,而是消极的不敢再犯罪,但是无论如何毕竟也不再犯罪了。毫无疑问,主动不再犯罪和被动不再犯罪在本质上是有明显差别的,然而,从刑罚目的的角度看,这两种情况都达到了预防特殊对象再犯罪的目的。

特殊预防的方式主要是剥夺和限制犯罪人再犯的能力:① 适用自由刑剥夺和限制犯罪人的人身自由,并经过强制教育改造,使其不再犯罪。② 适用财产刑剥夺犯罪人的物质基础,使其不再犯罪。③ 适用资格刑剥夺犯罪人某种权利主体的资格,使其不再犯罪。④ 应注意的是,对判处死刑立即执行的犯罪人来说,也同样存在特殊预防的问题,那就是通过剥夺犯罪人的生命,使他们永远不能再犯罪。这是由他们自身的罪大恶极或者"罪行极其严重"所决定的,也是刑法的罪责刑相适应原则的体现。

(二) 一般预防

一般预防是指预防犯罪之对象的不特定性,即通过对犯罪人适用刑罚,使社会上那些不稳定、有可能犯罪的人由于看到了犯罪的必然结果是刑罚的惩罚,因而不敢以身试法,不敢犯罪。审判机关通过对犯罪人判处与其犯罪行为相适应的刑罚,用具体、实际的案例告诫社会上的不稳定人,法不可违,罪不可犯,凡是犯了罪的人都不能逃脱刑罚的惩罚。而刑罚的惩罚意味着人身自由或者某种权益被剥夺、被限制,这样就会形成一种强大的社会舆论力量。这种社会舆论的压力能够促使那些有可能犯罪的不稳定人及早醒悟,消除犯罪念头,也就是使那些在犯罪与不犯罪之间摇摆不定的人在这种压力之下最终选择不犯罪,以免受刑罚之苦。这样的结果是使审判机关对犯罪人的刑罚个别惩罚变成了对所有不稳定人的威慑、抑制和教育,使有些可能发生的犯罪消灭在尚未发生的萌芽状态,从而预防犯罪的发生。

要达到一般预防的目的,应着重贯彻好刑罚适用的适当性、公开性、必然性和及时性。

(三) 特殊预防与一般预防的关系

刑罚的特殊预防和一般预防是刑罚预防犯罪这一总目的的两个不同方面,二者紧密结合、相辅相成。只有使这两种预防措施充分发挥作用,同时调动广大人民群众积极参与预防犯罪的工作,才能全面实现我国刑罚预防犯罪的目的。总体而言,二者是既对立又统一的辩证关系,并且因刑罚的适用阶段不同而有不同的侧重点。

1. 两个预防的对立

特殊预防与一般预防的对立是以预防对象为前提展开的。预防对象的不同决定了适用刑罚所追求的效果的差异。这种差异使特殊预防与一般预防处于矛盾的对立状态,似乎不能两全。① 对于某些犯罪人来说,其再犯的可能性①较大(如累犯、惯犯),因而需要判处较重的刑罚,以达到特殊预防的目的。但是,就一般人而言,由于缺乏该犯罪人的类似情况,不可能实施类似犯罪。因此,对再犯可能性大的犯罪人判处重刑,对预防一般人犯罪是不必要的。在这种情况下,特殊预防的需要压倒一般预防。② 对于某些犯罪人来说,其再犯的可能性不大,甚至根本不可能再犯(如过失犯罪、基于义愤的犯罪、不知法而犯罪),但由于一般人具有实施类似犯罪的可能,就不得不依法重判,以达到一般预防的目的。在这种情况下,一般预防的需要压倒特殊预防。

2. 两个预防的统一

特殊预防和一般预防是因预防对象不同而做的区分,但二者的目的是完全一致的,即都是为了预防犯罪。同时,二者的方式和实现途径也是基本相同的,即都有赖于刑罚各种功能的充分发挥。因此,制定、适用和执行刑罚,既要考虑特殊预防,又要考虑一般预防,二者不可偏废。如果舍弃了其中任何一个方面,都将使刑罚的目的难以实现。

3. 两个预防的侧重

特殊预防与一般预防是相互依存、不可分割的,但这并不意味着二者在任何情况下都同等重要,而应当根据具体情况的不同对其中一个方面予以侧重:① 因刑事法律活动的阶段不同而有所侧重。即在刑法立法上侧重于一般预防,在刑罚执行中侧重于特殊预防,在刑事审判中两个预防并重。② 因犯罪人不同而有所侧重。即对累犯、惯犯等人身危险性较大的犯罪人,侧重于特殊预防;对初犯、偶犯等再犯可能性不大的犯罪人,侧重于一般预防。③ 因犯罪种类的不同而有所侧重。即对稀有犯罪适用刑罚,侧重于特殊预防;对常见多发性犯罪,侧重于一般预防。④ 因社会治安形势的不同而有所侧重。即在社会治安形势稳定、犯罪率较低的时期,侧重于特殊预防;在社会治安形势恶化、犯罪率较高的时期,侧重于一般预防。⑤ 因犯罪地区的不同而有所侧重。即对于犯罪发案率较低的地区,侧重于特殊预防;对犯罪活动猖獗、发案率较高的地区,侧重于一般预防,以达"惩一儆百"之功效。

五、刑罚的分类与体系

(一) 刑罚的分类

刑罚方法按照一定的标准可以划分为不同的类型。主要有以下几种:

---

① 犯罪人的再犯可能性反映其人身危险性:再犯可能性大,其人身危险性也大;再犯可能性小,其人身危险性也小。因此,犯罪人的再犯可能性又称为人身危险性。

1. 依被限制或者剥夺的权利的性质划分

依被限制或者剥夺的权利的性质不同,将刑罚分为生命刑、自由刑、财产刑和资格刑。这是一种学理分类。

2. 依刑罚性质的轻重程度划分

依刑罚性质的轻重程度不同,将刑罚分为违警刑、轻刑和重刑。例如,法国刑法典即作如此分类。这与违警罪、轻罪和重罪的分类是一致的。

3. 依刑罚在体系中的地位和适用原则划分

依刑罚在体系中的地位和适用原则的不同,将刑罚分为主刑和从刑。我国刑法典主刑和附加刑的分类即采用了该标准。

(1) 主刑是指只能独立适用而不能附加于其他刑罚适用的刑罚方法。刑法典将主刑确定为五种,即管制、拘役、有期徒刑、无期徒刑、死刑。主刑的特点在于适用的独立性,这种独立性表现在:对于一个犯罪人来说,除了数罪并罚外,一次判刑的最终结果只能适用一个主刑,既不能在一个主刑之外再同时适用其他的主刑,也不能在附加刑之外附加适用主刑。

(2) 附加刑是指既可以附加适用,也可以独立适用的刑罚方法。刑法典所规定的附加刑包括罚金、剥夺政治权利、没收财产。附加刑的特点在于适用上具有双重性,它既可以作为某种主刑的附加刑适用,也可以作为一种刑罚方法独立适用,几种附加刑还可以同时并用。这样可以看出,附加刑的适用具有一定的灵活性。此外,刑法典第三十五条规定:"对于犯罪的外国人,可以独立适用或者附加适用驱逐出境。"这一规定表明,驱逐出境也是一种刑罚方法。从其适用的方式可以看出,驱逐出境具有附加刑的性质。但是,由于驱逐出境只适用于犯罪的外国人,因此,没有作为带有普遍意义的刑罚方法规定在附加刑的种类之中。

(二) 刑罚的体系

1. 刑罚体系的概念

刑罚体系是指根据刑法典的规定以一定的顺序排列的各种刑罚方法的总和。犯罪是一种复杂的社会现象,社会上所发生的形形色色的犯罪不仅有着质的差别,而且有着量的差别。质的差别是指犯罪的性质各不相同,量的差别是指犯罪的情节各不相同。社会上所发生的各种各样犯罪的复杂性决定了适用于各种不同犯罪的刑罚方法的多样性。而这些不同的刑罚方法依一定的顺序排列组合,就形成了刑罚的体系。

2. 刑罚体系的特点

在刑法典总则中,主刑和附加刑都采用了从轻到重的排列方法,即较轻的刑种在前,较重的刑种在后。与此相对应,刑法典分则罪刑条文的法定刑,除第一百零二条、第二百三十二条等少数条文之外,也基本采用了从轻到重的排列方法。这种排列方式并不是任意的,排列方式的规律性说明,刑法典在对犯罪人规定刑罚方法的时候,既反对不管罪行轻重一律使用严刑峻罚,也不赞成不管犯罪的实际情况和国情一律倡导轻刑化。任何国家的刑罚方法总是和这个国家防治犯罪的实际需要联系在一起的,忽视这种需要的刑罚方法不可能起到其应起的作用。

刑罚的种类有主有从,有轻有重,宽严相济,互相配合,互相衔接,构成了一个完整的、科学的刑罚体系。我国刑罚体系的形成是我国长期预防与惩治犯罪的实践经验的总结,体现了我国刑罚的目的,也体现了我国刑罚在制定时的严格化、人道化、教育化、个别化、社会化的原则。

社会上发生的犯罪是各种各样的,对不同的犯罪行为需要采用不同的刑罚方法予以处罚,以做到刑法基本原则所要求的罪责刑相适应。刑罚的种类和体系是刑法中的重要问题。只有了解刑罚的种类和体系,才能进一步了解刑罚在具体运用中的其他有关问题,了解刑法典所规定的刑罚全貌,了解各种刑罚方法的具体内容以及非刑罚处理方法为什么在刑法中加以规定。这就是本章以下各节需要解决的具体问题。

第二节 主刑

本节主要讲述管制、拘役、有期徒刑、无期徒刑、死刑的概念、特征和基本内容。

一、管制

(一) 管制的概念和特征

管制是指对犯罪人不予关押但限制一定的人身自由和政治权利,依法实行社区矫正,必要时禁止其在执行期间从事特定活动,进入特定区域、场所,接触特定的人的一种刑罚方法。管制主要是一种限制自由刑,同时也具有资格刑的内容。管制的这一特点使得它不仅在我国的刑罚体系中属于一种轻刑,而且具有很大的灵活性和经济性。管制对犯罪人来说无疑减轻了其本人及其家属的心理压力,使其正常的家庭生活基本不受影响,同时也减轻了国家的负担,以较少的投入取得最佳的刑罚效果。

管制是我国独创的刑罚方法,产生于民主革命时期,新中国成立后继续延用,最初只适用于某些反革命犯罪人和贪污犯罪人,后来扩大适用于普通刑事犯罪人。必须说明的是,尽管我国两部刑法典都规定了管制,但在刑法学界,对于管制长期存在存废之争。① 本书认为,管制作为我国刑法中唯一的限制自由刑,不是其他短期自由刑可以随便取代的,而且,管制适应了刑罚方法轻缓化的发展趋势。特别是经刑法修正案(八)修正之后,管制将结束长期以来被"虚置"和执行不力的状况。

(二)管制的基本内容

1. 管制的适用对象

管制是主刑中最轻的一种轻刑,它的适用对象必须是虽构成犯罪,但根据犯罪的事实、性质、情节、后果,对社会的危害程度以及认罪悔罪态度,不予关押也不至于再对社会造成损害的犯罪人。简而言之,管制的适用对象只能是罪行较轻、不至于再危害社会的犯罪人。在刑法典分则的罪刑条文中,包括刑法修正案在内,共有100个条文把管制作为一种选择刑种加以规定,涉及127个罪名,数量超过全部刑法分则罪刑条文或者总罪名数的四分之一。

2. 管制的执行内容

管制是一种轻刑,对犯罪人不予关押、实行社区矫正,必须遵守特殊规定,必要时禁止其在执行期间从事特定活动,进入特定区域、场所,接触特定的人。

(1)管制犯必须遵守的一般规定。

刑法典第三十九条规定:"被判处管制的犯罪分子,在执行期间,应当遵守下列规定:(一)遵守法律、行政法规,服从监督;(二)未经执行机关批准,不得行使言论、出版、集会、结社、游行、示威自由的权利;(三)按照执行机关规定报告自己的活动情况;(四)遵守执行机关关于会客的规定;(五)离开所居住的市、县或者迁居,应当报经执行机关批准。对于被判处管制的犯罪分子,在劳动中应当同工同酬。"

该规定表明,凡是参加劳动的管制犯罪人,应当与从事同样劳动的人获得同样的劳动报酬而不得歧视。这样做,既可以使犯罪人正常的家庭生活得到保证,又有利于争取犯罪人家属以及社会对刑罚执行工作的支持,当然也有利于促进犯罪人的自觉改造。

(2)管制犯必须遵守的特别规定——禁止令②。

根据刑法第三十八条第二款规定,对判处管制刑的犯罪人,人民法院根据犯罪情况,认为从促进其教育矫正、有效维护社会秩序的需要出发,确有必要禁止其在管制执行期间从事特定活动,进入特定区域、场所,接触特定人

---

① 马克昌. 刑罚通论. 武汉:武汉大学出版社,1999:81.

② 参见《最高人民法院、最高人民检察院、公安部、司法部关于对判处管制、宣告缓刑的犯罪分子适用禁止令有关问题的规定(试行)》(法发〔2011〕9号)。

的,可以同时宣告禁止令。

人民法院宣告禁止令应当充分考察犯罪人的犯罪原因、犯罪性质、犯罪手段、犯罪后的悔罪表现、个人一贯表现等情况与其所犯罪行的关联程度,有针对性地决定禁止其在管制执行期间"从事特定活动,进入特定区域、场所,接触特定的人"的一项或者几项内容。

人民法院可以根据犯罪情况,禁止管制犯在管制执行期间从事以下一项或者几项活动:① 个人为进行违法犯罪活动而设立公司、企业、事业单位或者在设立公司、企业、事业单位后以实施犯罪为主要活动的,禁止设立公司、企业、事业单位;② 实施证券犯罪、贷款犯罪、票据犯罪、信用卡犯罪等金融犯罪的,禁止从事证券交易、申领贷款、使用票据或者申领、使用信用卡等金融活动;③ 利用从事特定生产经营活动实施犯罪的,禁止从事相关生产经营活动;④ 附带民事赔偿义务未履行完毕、违法所得未追缴、退赔到位或者罚金尚未足额缴纳的,禁止从事高消费活动;⑤ 其他确有必要禁止从事的活动。

人民法院可以根据犯罪情况,禁止管制犯在管制执行期间进入以下一类或者几类区域、场所:① 夜总会、酒吧、迪厅、网吧等娱乐场所;② 举办大型群众性活动的场所;③ 中小学校区、幼儿园园区及周边地区,确因本人就学、居住等原因,经执行机关批准的除外;④ 其他确有必要禁止进入的区域、场所。

人民法院可以根据犯罪情况,禁止管制犯在管制执行期间接触以下一类或者几类人员:① 未经对方同意,禁止接触被害人及其法定代理人、近亲属;② 未经对方同意,禁止接触证人及其法定代理人、近亲属;③ 未经对方同意,禁止接触控告人、批评人、举报人及其法定代理人、近亲属;④ 禁止接触同案犯;⑤禁止接触其他可能遭受其侵害、滋扰的人或者可能诱发其再次危害社会的人。

禁止令的期限,既可以与管制执行的期限相同,也可以短于管制执行的期限,但判处管制的,禁止令的期限不得少于三个月。判处管制的罪犯在判决执行以前先行羁押以致管制执行的期限少于三个月的,禁止令的期限不受前款规定的最短期限的限制。禁止令的执行期限从管制执行之日起计算。

判处管制的罪犯违反禁止令,由负责执行禁止令的社区矫正机构所在地的公安机关依照《中华人民共和国治安管理处罚法》①第六十条的规定处罚,可以处五日以上十日以下拘留,并处 200 元以上 500 元以下罚款。

---

① 2005 年 8 月 28 日第十届全国人大常委会第十七次会议通过,2012 年 10 月 26 日第十一届全国人大常委会第二十九次会议修正。

对于缓刑犯,同时宣告禁止令的,也适用上述规定,在缓刑部分,将不再重复。

3. 管制的期限

刑法典第三十八条第一款规定:"管制的期限,为三个月以上二年以下。"第六十九条规定,在数罪并罚时,"管制最高不能超过三年"。第四十一条规定:"管制的刑期,从判决执行之日起计算;判决执行以前先行羁押的,羁押一日折抵刑期二日。"刑法之所以如此规定,是考虑到管制本身是不予关押的刑罚方法,既然犯罪人最后被确定的刑罚是管制,先行羁押的期间与不予关押的管制则有一个刑期折抵的问题,以羁押一日折抵刑期二日来计算犯罪人实际服刑的刑期是完全合理的。此外,若犯罪行为此前被公安机关作为违法行为已经给予行政拘留的,行政拘留一日应当折抵管制刑期二日。① 而对于指定居所监视居住的期限,则监视居住一日应当折抵管制刑期一日。②

4. 管制的执行方法和机关

刑法典第三十八条第三款规定:"对判处管制的犯罪分子,依法实行社区矫正。"即管制由司法行政机关指导管理的社区矫正机构(主要是基层司法所)负责执行。该规定改变了管制刑由公安机关执行的历史。这是我国一贯提倡的"专门机关与人民群众相结合"的社会治安综合治理工作精神的具体体现。

社区矫正是与监禁矫正相对的非监禁刑罚执行方式,是指将符合法定条件的罪犯置于社区内,由专门的国家机关(社区矫正机构)在相关社会团体、民间组织和社会志愿者的协助下,在判决、裁定或决定确定的期限内,矫正其犯罪心理和行为恶习,促进其顺利回归社会的非监禁刑罚执行活动。简单地说,就是让符合法定条件的罪犯在社区中执行刑罚。开展社区矫正工作是我国司法体制和工作机制改革的重要内容。

5. 管制的期满解除

刑法典第四十条规定:"被判处管制的犯罪分子,管制期满,执行机关应即向本人和其所在单位或者居住地的群众宣布解除管制。"

二、拘役

(一) 拘役的概念和特征

拘役是指短期剥夺犯罪人的人身自由,就近强制进行劳动改造的一种刑

---

① 《中华人民共和国行政处罚法》第二十八条第一款规定:"违法行为构成犯罪,人民法院判处拘役或者有期徒刑时,行政机关已经给予当事人行政拘留的,应当依法折抵相应刑期。"虽然该规定中未涉及管制,但本书认为这是个立法漏洞,应当依据法律精神理解为包括管制在内。

② 《中华人民共和国刑事诉讼法》第七十四条规定:"指定居所监视居住的期限应当折抵刑期。被判处管制的,监视居住一日折抵刑期一日;被判处拘役、有期徒刑的,监视居住二日折抵刑期一日。"

罚方法。拘役是一种剥夺自由刑,是介于管制和有期徒刑之间的一种次轻刑。其特点在于,它虽然是剥夺犯罪人人身自由的刑罚方法,但相对于有期徒刑来说刑期又很短。拘役这种刑期较短的刑罚方法既是惩罚犯罪的需要,也是刑法罪责刑相适应原则的具体体现。

拘役与行政拘留、刑事拘留、司法拘留是根本不同的,必须加以区别。此外,在刑法理论中,同样存在着拘役存废之争。

(二)拘役的基本内容

1. 拘役的适用对象

拘役为次轻刑,它适用于那些罪行虽然较轻但仍然需要关押的犯罪人。在司法实践中,对有的犯罪人判处管制嫌过轻,但判处有期徒刑又嫌过重,对这样的犯罪人判处拘役则较为适宜。刑法典分则罪刑条文中规定有拘役作为选择刑的条文有三百多条,超过全部罪刑条文的四分之三。

2. 拘役的执行内容

被判处拘役的犯罪人必须参加力所能及的劳动,所从事的劳动以简单作业为主。例如,手工业、副业或者其他技术性不强的劳动,主要目的在于通过劳动矫正他们的犯罪思想和行为习惯。对于参加劳动的拘役犯,都"可以酌量发给报酬",这与管制犯的"同工同酬"显然是不相同的。拘役犯在执行期间每月可以回家一天到两天,路费自理。回家期间应当计算在拘役的刑期之内。路途较远的,可以累积使用假期。

3. 拘役的期限

刑法典第四十二条规定,拘役的期限为一个月以上六个月以下。第六十九条规定,在数罪并罚时,拘役最高不能超过一年。第四十四条规定,拘役的刑期,从判决执行之日起计算;判决执行以前先行羁押的,羁押一日折抵刑期一日。此外,若犯罪行为此前被公安机关作为违法行为已经给予行政拘留的,行政拘留一日应当折抵拘役一日。

4. 拘役的执行机关和执行场所

刑法典第四十三条规定,被判处拘役的犯罪人,由公安机关就近执行。拘役的执行场所是当地的公安看守所。"就近"执行拘役则方便落实刑法所规定的每月可以回家一到两天的内容。

三、有期徒刑

(一)有期徒刑的概念和特征

有期徒刑是指在一定期限内剥夺犯罪人的人身自由,在监狱或者其他执行场所进行教育改造并对有劳动能力的犯罪人实行强制劳动的一种刑罚方法。

有期徒刑的特征是：剥夺犯罪人的人身自由，刑期幅度长，适用于除单位犯罪主体和危险驾驶罪以外的所有犯罪。有期徒刑是我国刑法适用范围最为广泛的一种刑罚方法，除刑法典第一百三十三条之一外，其他罪刑条文都有有期徒刑的规定，或将它作为选择刑加以规定，或将它作为单独的刑罚方法加以规定，当然，都有一定的幅度。有期徒刑在刑罚体系中处于核心地位。

（二）有期徒刑的基本内容

1. 有期徒刑的适用对象

有期徒刑由于具有较长的幅度，便于审判机关根据犯罪人的不同情况判处与其所犯之罪相适应的不同刑期。有期徒刑适用于除了刑法典第一百三十三条之一危险驾驶罪之外的全部犯罪，而且，即使是单位犯罪，对其中的直接负责的主管人员和其他直接责任人员也可以适用有期徒刑。

2. 有期徒刑的执行内容

刑法典第四十六条规定，被判处有期徒刑的犯罪分子，凡有劳动能力的，都应当参加劳动，接受教育和改造。这一规定说明两个问题：① 劳动是有期徒刑执行的基本内容，凡是有劳动能力的，都必须参加劳动，不能以任何理由逃避劳动，否则，要受到监规纪律的处分；② 劳动并不是有期徒刑执行的唯一内容，更重要的是，犯罪人必须在劳动的过程中接受教育和改造，这才是强制犯罪人参加劳动的根本目的。

3. 有期徒刑的执行场所

刑法典第四十六条规定，被判处有期徒刑的犯罪人，在监狱或者其他执行场所执行。根据《中华人民共和国监狱法》①规定，有期徒刑的执行场所分为三种：一是监狱，这是成年男犯和成年女犯的执行场所。二是未成年犯管教所，即凡是被判处有期徒刑送交执行时不满十八周岁的未成年犯的专门执行场所。三是看守所。《中华人民共和国刑事诉讼法》第二百五十三条第二款规定："对被判处有期徒刑的罪犯，在被交付执行刑罚前，剩余刑期在三个月以下的，由看守所代为执行。"

4. 有期徒刑的期限

刑法典第四十五条规定，有期徒刑的刑期为六个月以上十五年以下。但是，在下述三种情况下，有期徒刑可能超过十五年：① 刑法典第六十九条规定，在数罪并罚时，有期徒刑总和刑期不满三十五年的，最高不能超过二十年，总和刑期在三十五年以上的，最高不能超过二十五年。② 刑法典第五十条规定，被判处死刑缓期二年执行的罪犯，在执行期间如果确有重大立功表

---

① 1994年12月29日第八届全国人大常委会第十一次会议通过，2012年10月26日第十一届全国人大常委会第二十九次会议修正。

现,二年考验期满后,减为二十五年有期徒刑。③ 无期徒刑罪犯在刑罚执行期间,符合减刑条件的,执行二年以上,可以减刑。减刑幅度为:确有悔改表现或者有立功表现的,可以减为二十二年有期徒刑;确有悔改表现并有立功表现的,可以减为二十一年以上二十二年以下有期徒刑;有重大立功表现的,可以减为二十年以上二十一年以下有期徒刑;确有悔改表现并有重大立功表现的,可以减为十九年以上二十年以下有期徒刑。① 刑法典第四十七条规定,有期徒刑的刑期,从判决执行之日起计算;判决执行以前先行羁押的,羁押一日折抵刑期一日。此外,若犯罪行为此前被公安机关作为违法行为已经给予行政拘留的,行政拘留一日应当折抵有期徒刑一日。

四、无期徒刑

(一)无期徒刑的概念和特征

无期徒刑是指剥夺犯罪人终身自由,在监狱或者其他执行场所进行教育改造并对有劳动能力的犯罪人实行强制劳动的一种刑罚方法。

无期徒刑属于最严重的自由刑,是介于有期徒刑和死刑之间的刑罚方法,也是减少死刑适用的一种有效的起着"缓冲"作用的刑罚方法。无期徒刑的主要特征是:无期限,终身剥夺人身自由。但是,必须注意的是,在司法实践中,无期徒刑并不一定都将罪犯关押到老死,通过减刑、假释和赦免等制度,被判处无期徒刑的罪犯同样具有重返社会的机会。

刑法典第五十七条规定:"对于被判处死刑、无期徒刑的犯罪分子,应当剥夺政治权利终身。"

(二)无期徒刑的基本内容

1. 无期徒刑的适用对象

无期徒刑的适用对象是那些罪行严重,但不够判处死刑,而判处有期徒刑又不足以惩罚其罪的犯罪人。刑法典分则罪刑条文都将无期徒刑作为选择刑加以规定,有两种情况:① 在规定有死刑的罪刑条文中将无期徒刑作为一种选择刑加以规定,以避免绝对的死刑;② 将无期徒刑规定为法定最高刑,一般将无期徒刑与七年以上或者十年以上或者十五年有期徒刑一并加以规定。刑法典分则中,规定有无期徒刑的罪刑条文共80条101个罪名,超过罪刑条文数或者罪名数的五分之一。

2. 无期徒刑的执行内容

无期徒刑的执行内容与有期徒刑的执行内容完全相同。刑法典第四十

---

① 参见《最高人民法院关于办理减刑、假释案件具体应用法律的规定》(法释〔2016〕23号)第八条规定。

六条规定,被判处无期徒刑的犯罪人,凡有劳动能力的,都应当参加劳动,接受教育和改造。

3. 无期徒刑的执行场所

无期徒刑的执行场所与有期徒刑的执行场所基本相同。刑法典第四十六条规定,被判处无期徒刑的犯罪人,在监狱或者其他执行场所执行。未成年犯也有被判处无期徒刑的,但未成年犯不可能在未成年犯管教所完整执行无期徒刑,即使在开始执行时是在未成年犯管教所,但由于他们在执行期间肯定将超过十八周岁,按照规定必须转到监狱继续执行刑罚,因此,无期徒刑的实际执行场所基本上是监狱。

4. 无期徒刑的执行结果

无期徒刑本身是对犯罪人的终身监禁,是没有刑期计算问题的。但在我国的刑罚执行实践中,无期徒刑的执行结果可能有两种:一种是犯罪人不认罪、不悔罪,没有减刑、假释或赦免机会的,确实在监狱中服刑终身;另一种是犯罪人由于确有悔改表现或者立功表现而被减为有期徒刑。事实上,绝大多数无期徒刑犯都由于被减刑而转化为有期徒刑。无期徒刑的犯罪人被减为有期徒刑后,除刑法典第八十一条的限制外①,还可以适用假释和赦免制度。因此,真正执行无期徒刑的,只是极少数。

五、死刑

(一) 死刑概述

1. 死刑沿革

死刑又称生命刑或者极刑,是指剥夺犯罪人生命的最严厉的刑罚方法。死刑是几千年人类历史领衔的主刑,可以说与刑法有着同样悠久的历史。死刑起源可以追溯到原始社会的血亲复仇。原始社会,在以血缘关系维系的氏族制度下,假如一个氏族成员被外族人杀害了,那么受害者的全氏族必须实行血亲复仇。国家建立后,取而代之的是国家刑罚权,包括死刑权。在崇尚重刑主义的我国,死刑在空间和时间上被普遍而久远地使用着,甚至曾泛滥一时,成为严刑峻罚的标志。在周朝,可以适用大辟(死刑)的法条有 200 条,而到了汉武帝时,增至 409 条,在清顺治年间则增至 840 多条。同时行刑方法残忍多样,行刑普遍公开,"大者陈诸原野,小者列之市朝"的杀人场面,给人以命如蝼蚁的印象。而在西方中世纪,死刑滥用同样十分严重。中世纪的英国广泛采用死刑,其执行方式有分尸、焚刑等。英国在 17 世纪完成资产阶

---

① 刑法典第八十一条的第二款规定:"对累犯以及因故意杀人、强奸、抢劫、绑架、放火、爆炸、投放危险物质或者有组织的暴力性犯罪被判处十年以上有期徒刑、无期徒刑的犯罪分子,不得假释。"

级革命,但封建刑法被继承下来。据英国著名法学家布莱克斯在18世纪60年代保守的估计,当时英国仅规定死刑的成文法便达160多部,而每部成文法中又规定了数种乃至数十种死罪,更不用说普通法上的死罪数量了。至近现代,随着生产力的迅速发展,人的生命价值亦不断提高。在西方,伴随着人权思想的勃兴,死刑开始受到限制。1753年,俄国女皇叶利扎维亚在世界史上第一次在国内废除死刑。1810年法国刑法典只对部分政治犯罪、人身及财产犯罪规定了死刑,1848年又进一步废除了政治犯罪的死刑。目前,已有超过半数的国家和地区在立法上或者事实上废除了死刑。从国际立法来看,虽然个别国家有些反复,但是逐步限制死刑,逐步废除死刑乃是大势所趋。即使是保留死刑的国家,死刑的适用范围也受到严格的限制。与此相适应,废除死刑与限制死刑便成了当今世界各国主要的死刑政策。

废除死刑包括以下三种情况:① 完全废除死刑。例如,葡萄牙、丹麦、法国、瑞士等欧盟国家。② 实际废除死刑。即虽然在立法上保留死刑,但事实上多年(如十年)一直未判死刑或者不执行死刑。例如,马尔代夫、缅甸、斯里兰卡等国。③ 平时与普通犯罪废除死刑。即只对战时发生的某些军事犯罪或者对政治犯罪保留死刑,而对和平时期实施的一切犯罪或者普通刑事犯罪一律废除死刑。例如,以色列、阿根廷、巴西、秘鲁。

限制死刑主要表现在如下五个方面:① 死刑适用范围的限制。在保留死刑的国家中,有不少把死刑限于少数几种犯罪。比如,爱尔兰只对谋杀正在执行职务的警察或监管人员或者为反对国家和参加不法组织而实施的政治谋杀罪规定了死刑。② 死刑适用对象的限制。即从犯罪主体的角度对死刑的适用做了限制。③ 死刑审判程序的限制。非经有效辩护、最高法院裁判或者复审,不得适用死刑。④ 死刑实际执行的限制。在不少国家,被宣告死刑者并不一定实际执行,而往往通过减刑、易科制或者赦免而使死刑犯免予一死。⑤ 死刑执行方法的限制。禁止适用绞杀、枪决等使死刑犯痛苦的方法。

2. 死刑存废之争

1764年,意大利法学家贝卡利亚在《论犯罪与刑罚》一书中第一次旗帜鲜明地提出废除死刑的主张,由此挑起了二百多年的死刑存废之争。死刑存废论者各执己见,针锋相对,理论上互有消长,各自提出自己的理论根据并不断完善。

(1)保留死刑的理论根据。通观不同时代、不同国家的死刑保留论者的主张,基本立论如下:① 死刑符合刑罚报应论。即出于大众传统观念的原因而主张保留死刑。"杀人偿命"乃是一般大众确信无疑的观念。在这种观念的支配下,人们认为,犯了罪就要通过一定的方式赎回所犯的罪恶,当这种罪恶非以死刑的方式不足以赎回的时候,死刑就成为唯一可行的方式。② 死刑具有巨大的威慑功能。死刑是震慑力最大的刑罚,无论是自由刑还是财产刑,其震慑力都不能和死刑的震慑力相提并论,"杀一"即能"儆百"。③ 死刑符合社会契约。认为社会、国家是由社会的全体成员以契约的形式组成的。在订立契约时,个人已经同意接受社会的约束。如果犯罪,就要受到处罚,包括处以死刑。④ 处死杀人者是对生命价值的尊重。处死杀人者,正是强调人与人的生命的等价性,是对被害人及其他社会成员生命价值的尊重。⑤ 死刑是彻底剥夺犯罪人再犯罪能力的必要之刑。⑥ 废除死刑不符合国情。即以社会状况的变化为理由而主张保留死刑。是否规定死刑和是否适用死刑取决于当时的社会状况,规定了死刑也未必一定要适用。宁可备而不用,不可用而无备。考虑到这种情况,就有必要在刑法中常设死刑。

(2) 废除死刑的理论根据。死刑废除论也存在多种立论:① 死刑的威慑力有限。纵观历史,凡是死刑适用得多和滥的时期,犯罪就越多,社会秩序也越乱。② 死刑违反社会契约。人们在订立契约组成社会和国家时,并没有把自己的生命权交出来。③ 死刑野蛮不人道。人的生命权利是天赋的,这一权利是任何人也不能剥夺的,天赋的生命只有天才能收回,任何人都不能贬低生命的价值和尊严。④ 死刑对社会造成损失。对犯罪人执行死刑,是社会人力资源的一个损失,被害人家属的损失也得不到赔偿。⑤ 死刑是可替代的。即死刑不是实现个别预防目的的必要之刑。只需将犯罪人予以终生隔离便足以像死刑一样达到彻底剥夺犯罪人再犯罪能力的目的。同时,对于防止犯罪人再犯罪来说,死刑不是最好的刑罚。⑥ 死刑误判难纠。

3. 死刑存废的决定因素

死刑存废之争最大的不足就是抽象地谈论死刑存废问题,而没有联系一定的物质生活条件,因而陷入空谈。实际上,死刑是否应当废除是一回事,死刑在一国是否可以废除又是一回事。死刑存废取决于某一国的以下两个因素①:

(1) 社会存在的因素。这是死刑废除的物质基础。这里所谓社会存在包括社会的物质文明程度和社会物质生活水平。在社会的物质文明程度和社会物质生活条件较高的社会,犯罪造成的危害与人所能够创造的物质价值反差大,人们比较看重人的生命价值。因而死刑废除的物质条件较为具备。反之,在物质生活水平较低的社会,犯罪对社会造成的危害大,人的生命价值

---

① 陈兴良. 刑法哲学. 北京:中国政法大学出版社,1997:366.

相对低,因而缺乏死刑废除的物质条件。

(2)社会意识的因素。这是死刑废除的精神基础。在社会精神文明程度较高的社会,朴素的报应观逐渐丧失市场,对待犯罪的态度较为理智,而且,人们的文化水平高,较为轻缓的刑罚就足以制止犯罪,因此,废除死刑的精神条件较为具备。反之,在精神文明程度较低的社会,杀人偿命的观念十分浓厚,而且,人们的文化水平较低,只有较为严厉的刑罚才能制止违法犯罪,因此,缺乏废除死刑的必要精神条件。所以,不能片面判断一国所采取的死刑政策的优劣,不能说废除死刑的政策就比限制死刑的政策好。我国既立足于国内现实又顺应国际上限制死刑的趋势,采取的是不废除死刑,但限制死刑的政策。它既适合于我国现阶段不宜废除死刑的国情,也可以在很大程度上避免死刑的弊端。可以说,采取限制死刑的政策是我国立法者的最佳选择①。

(二)我国的死刑

刑法典从死刑的适用范围、适用对象、适用程序、执行制度和执行方法等方面进行限制,体现了限制死刑的政策,但还存在不少问题。

1. 死刑的范围限制(含具体罪名的限制)

刑法典第四十八条规定:"死刑只适用于罪行极其严重的犯罪分子。"这一原则性规定是十分重要且十分必要的。

(1)它从立法上限制了死刑配置的范围。所谓"罪行极其严重",是指对国家和人民的利益危害特别严重、社会危害性极为巨大、情节特别恶劣等情形。这是一个客观的标准,与1979年刑法规定的"罪大恶极"有所不同。但是,与其他保留死刑的国家相比,无论在绝对数量还是在相对比例方面,刑法典中的死刑罪名的名次都是很靠前的。虽然官方宣称死刑不升不降,基本保持1979年刑法典及单行刑法规定的68个死刑罪名,但是1997年刑法典采用选择性罪名、共用法定刑、援引法定刑、转化犯相结合的立法技术,使实际可以判处死刑的罪名呈现出"明降暗升"之势。据精确统计,1997年刑法典共有死刑罪名73个。② 刑法修正案(八)表面废除13个罪名的死刑,但因表面上被废除死刑的走私文物罪,走私贵重金属罪,走私珍贵动物、珍贵动物制品罪,走私普通货物、物品罪与其他走私罪一样仍有因武装掩护而适用死刑

---

① 邱兴隆,许章润.刑罚学.北京:中国政法大学出版社,1999:172.

② 本书的数据之所以比官方统计的68个死刑罪名多出5个,是因为根据1997年刑法典第一百五十七条第一款规定,凡武装掩护走私的,均应援引第一百五十一条第一款、第四款法定刑,这就使得通常情况下不适用死刑的其他5个走私罪(含走私珍稀植物、珍稀植物制品罪,走私国家禁止进出口的货物、物品罪,走私淫秽物品罪,走私废物罪和走私制毒物品罪),在具备武装掩护走私的情节时,仍然可能适用死刑。

的可能,因此,实际废除 9 个罪名的死刑,死刑罪名尚有 64 个。刑法修正案(九)直接废除 9 个罪名的死刑的同时,也排除了其他所有走私罪适用死刑的可能,实际废除 18 个罪名的死刑,因此,我国目前实有死刑罪名为 46 个。

(2) 虽然刑法典分则对某些犯罪配置了死刑,但如果罪行并非"极其严重",是不得判处死刑的。根据学者赵廷光的研究成果,在刑法典分则将死刑作为相对确定法定刑或者选择刑规定的情况下,若无从重处罚情节,不得判处死刑。这样,又在一定程度上减少了死刑的司法适用。

2. 死刑的对象限制

刑法典第四十九条规定:"犯罪的时候不满十八周岁的人和审判的时候怀孕的妇女,不适用死刑。审判的时候已满七十五周岁的人,不适用死刑,但以特别残忍手段致人死亡的除外。"

(1) 所谓"不适用",包括不能判处死刑和不能执行死刑。既不能对犯罪的时候的未成年人暂缓判决或者暂缓执行死刑,等其成年后再判处死刑或者执行死刑,也不能对审判的时候怀孕的妇女暂缓判决或者暂缓执行死刑,等其分娩或者流产后再判处死刑或者执行死刑。

(2) 所谓"审判的时候",应当做扩大解释。这一点是我国刑法学界和司法界的共识。不过,究竟应当扩大到何种程度,应否作出适当限制,从现有司法解释①的规定来看,尚未达到科学和统一。缺陷之一是不分受孕时间和是否合法怀孕,反映立法者的指导思想不明。缺陷之二是将"犯罪的时候"解释为"羁押期间",不能涵盖以下五种情况:① 怀孕的妇女在诉讼过程中,被依法采用取保候审或者监视居住而未被羁押甚至未被采取任何强制措施的,可否判处死刑存在疑问;② 怀孕的妇女犯了"极其严重"的罪行后,不知其因身怀有孕可以免除死刑而逃避侦查、起诉和审判,未及时抓获或主动投案,而在其分娩或者流产后才归案的,或者接近七十五周岁的人犯罪后,故意拖延至七十五周岁后归案的,可否判处死刑?③ 未怀孕的妇女犯了"极其严重"的罪行后,在归案前怀孕,并于怀孕期间归案的,可否判处死刑?④ 在死刑缓期执行期间发现妇女怀孕,且该妇女又故意犯罪的,可否执行死刑?⑤ 在死刑判决确定后、死刑执行前发现妇女正在怀孕或曾经怀孕的,或者死刑判决作出时未满七十五周岁但执行时已满七十五周岁的,可否执行死刑?

本书认为,虽然对未成年人不适用死刑,有保护未成年人的初衷,对于怀孕的妇女不适用死刑,有保护胎儿的意图,对七十五周岁以上的人不适用死刑,有体恤人道的意义,但三者共同的目的都是为了限制和减少死刑的适用。

---

① 参见《最高人民法院关于对怀孕妇女在羁押期间自然流产审判时是否可以适用死刑问题的批复》(法释〔1998〕18 号)。

因此,对"审判的时候"宜做扩大解释,即从立案时起至刑罚执行完毕前止,不管何种事由导致上述程序期间的妇女有怀孕经历、老年人年龄达七十五周岁,均不适用死刑。

3. 死刑的程序限制

死刑的程序限制是刑事诉讼程序的问题,但从限制死刑适用的角度看,较高的级别管辖、指定辩护(强制辩护)及死刑复核程序等,也是限制死刑适用的保障措施。这里仅就死刑复核程序予以介绍。为了保证死刑适用的统一,死刑的复核权应由最高人民法院行使,这在法学界已达成共识。刑法典第四十八条规定:"死刑除依法由最高人民法院判决的以外,都应当报请最高人民法院核准。"《中华人民共和国刑事诉讼法》第二百三十五条规定:"死刑由最高人民法院核准。"这些规定体现了我国在死刑复核程序上的控制。2006 年以前的 20 多年里,最高人民法院曾多次授权高级人民法院核准一部分死刑,一度导致除了危害国家安全罪的死刑案件、破坏社会主义市场经济秩序罪的死刑案件、贪污贿赂罪的死刑案件、部分毒品罪的死刑案件(云南、广东、广西、四川、甘肃、贵州之外的各省、自治区、直辖市)、因抗诉而被判处死刑的案件、被告人是外国人的犯罪案件以外,绝大多数死刑案件的核准权都由省、自治区、直辖市的高级人民法院及解放军军事法院行使,使各高级人民法院往往既是死刑案件的二审法院又是该案件的核准法院,出现将二审程序与死刑核准程序合二为一,甚至将一审程序与死刑复核程序事实上合二为一的情形,并且造成死刑适用标准的不统一,导致死刑判决和执行数量的升级。

2006 年 12 月 28 日,《最高人民法院关于统一行使死刑案件核准权有关问题的决定》(法释〔2006〕12 号)宣布废除 1980 年以来授权各高级人民法院核准部分死刑的规范性文件,自 2007 年 1 月 1 日起,死刑除依法由最高人民法院判决的以外,由各高级人民法院和解放军军事法院依法判决和裁定的,应当报请最高人民法院核准。

4. 死刑的执行限制

死刑的执行程序就方式而言,有缓期执行和立即执行两种。

(1) 死刑缓期二年执行。这就是我国独创的死刑缓期执行制度,简称"死缓"。根据刑法典第四十八条、第五十条、第五十一条规定,明确以下要点:① 死缓的适用条件。一是罪该处死,二是不必立即执行。即虽然罪行极其严重,应当判处死刑,但是没有从重处罚情节;或者主观恶性及人身危险性较小;或者具有从宽处罚情节;等等。② 死缓的判决或者核准。除由最高人民法院判决的以外,均由高级人民法院判决或者核准。③ 死缓的执行与执行期满后的处理。对于死缓犯在死缓的二年期限内,与无期徒刑一样在监狱执行。在执行期间或者执行期满后,根据情况有四种处理:一是在死刑缓期执行期间,如果没有故意犯罪,二年期满以后,减为无期徒刑;二是在死刑缓期执行期间,如果确有重大立功表现,二年期满以后,减为二十五年有期徒刑;三是在死刑缓期执行期间,如果故意犯罪,情节恶劣的,报请最高人民法院核准后执行死刑;四是对于故意犯罪未执行死刑的,死刑缓期执行的期间重新计算,并报最高人民法院备案。④ 死刑缓期执行期间及减为有期徒刑期限的计算。刑法典第五十一条规定:"死刑缓期执行的期间,从判决确定之日起计算。死刑缓期执行减为有期徒刑的刑期,从死刑缓期执行期满之日起计算。"理解时应注意两点:一是"死刑缓期执行的期间,从判决确定之日起计算",是指死刑缓期执行的期间,从死刑缓期执行的判决或者裁定核准死刑缓期二年执行的法律文书宣告或送达之日起计算。① 死刑缓期执行的判决确定以前先行羁押的期间,不计算在死缓的考验期限之内。二是死缓减刑后有期徒刑的刑期是从死刑缓期执行期满之日起计算,而死缓减刑裁定于死缓期限届满后才能作出,故该死缓减刑裁定依法具有"溯及力"。

(2)死刑立即执行(简称"立决")。这是通常意义上所说的死刑,是指死刑裁判生效后,审判机关对死刑犯罪人依法处死的司法行为。这一问题主要由刑事诉讼法学研究,但从限制死刑的角度看,《中华人民共和国刑事诉讼法》第二百五十一条关于"停止执行"的规定、第二百五十二条关于"暂停执行"的规定都是限制和减少死刑适用的有效措施。

第三节　附加刑

本节主要讲述罚金、剥夺政治权利、没收财产、驱逐出境的概念、特征和基本内容。

一、罚金

(一)罚金的概念和特征

罚金是指强制犯罪人和犯罪单位向国家缴纳一定数量金钱的一种刑罚方法。

罚金是一种财产刑,是对犯罪人和犯罪单位一定数量的财产权益的剥夺。其主要特征在于财产性、强制性、无偿性。罚金与行政处罚中的罚款在法律性质、适用对象、适用机关上都有不同。

刑法典分则规定罚金的适用方式可概括为:① 独立适用,即规定对犯罪单

---

① 参见《最高人民法院关于死刑缓期执行的期间如何确定问题的批复》(法释〔2002〕34号)。

位单处罚金,如刑法典第一百五十条、第一百五十一条第四款规定;② 选择适用,即将罚金与自由刑一并规定(用"或者"连接),对犯罪人择一适用,如刑法典第二百七十七条规定;③ 附加适用,即将罚金作为主刑的附加刑予以规定,只能在判处主刑时附加适用,立法上区分"并处"与"可以并处",前者如刑法典第一百三十三条之一规定,后者如第二百九十三条第二款规定;④ 选择适用或者附加适用,即在规定主刑后接着规定"并处或者单处罚金",如刑法典第三百四十二条非法占用农用地罪。上述四种情况中的几种情况可能被规定在同一罪刑规范中。如非法经营罪、强迫交易罪同时涉及第①②④种情况。

《最高人民法院关于适用财产刑若干问题的规定》(法释〔2000〕45 号)、《最高人民法院关于刑事裁判涉财产部分执行的若干规定》(法释〔2014〕13 号)和《最高人民法院关于财产刑执行问题的若干规定》(法释〔2010〕4 号)是目前适用罚金和没收财产的主要规范依据。

(二) 罚金的基本内容

1. 罚金的对象

罚金主要适用于贪财图利以及与财产有关的犯罪。罚金对这些犯罪人和犯罪单位适用,目的是通过对犯罪人和犯罪单位判处罚金剥夺其借以犯罪的经济基础,同时,也是对犯罪人贪财图利思想的惩罚和教育。在刑法典分则罪刑条文中,规定有罚金的条文约占全部条文数量的五分之二。

2. 罚金的数额

刑法典第五十二条规定:"判处罚金,应当根据犯罪情节决定罚金数额。"在刑法典总则中,未规定罚金的数额。在刑法典分则罪刑条文中,采用了有限额罚金制和无限额罚金制。

(1) 有限额罚金制。即明确规定了罚金的幅度,既有上限亦有下限。对此,在规定的幅度内判处罚金就可以了。刑法典分则罪刑条文对罚金数额幅度的规定可归纳为两种方式:① 比例限制,包括百分比、倍份比及二者结合规定三种不同情况。分别如刑法典第一百五十八条(虚报注册资本金额百分之一以上百分之五以下)、第一百五十三条(偷逃应缴税额一倍以上五倍以下)、第一百四十条(销售金额百分之五十以上二倍以下)。② 定额限制,例如,第一百六十二条、第一百七十六条、第一百九十二条(二万元以上二十万元以下、五万元以上五十万元以下)等。

(2) 无限额罚金制。更多的刑法典分则条文没有规定具体的罚金幅度,即既无上限亦无下限,这时就应当根据犯罪人和犯罪单位的犯罪情节来确定罚金的数额。在确定罚金数额时,既要考虑犯罪情节的轻重,还要考虑犯罪人和犯罪单位的实际缴纳能力,只有这样才能使罚金刑起到应有的作用。值得注意的是,刑法修正案(八)将生产、销售假药罪,生产、销售不符合食品安全标准的食品罪,生产、销售有毒、有害食品罪,逃税罪等罪的有限额罚金制修正为无限额罚金制,并对敲诈勒索罪、寻衅滋事罪,组织、领导、参加黑社会性质组织罪增设了无限额罚金。刑法修正案(九)则将伪造货币罪等罪的有限额罚金制修正为无限额罚金制,而新修改或增加的罚金制均采用无限额罚金制。

此外,行政机关对犯罪人就同一事实已经处以罚款的,人民法院判处罚金时应当予以折抵。①

3. 罚金的缴纳与执行

罚金的判决生效后,由第一审人民法院执行;在必要的时候,可以会同公安机关执行。罚金的执行方法为一次缴纳、分期缴纳、强制缴纳、随时追缴、延期缴纳和减免缴纳六种。根据刑法典第五十三条规定,罚金在判决指定的期限内一次或者分期缴纳。期满不缴纳的,强制缴纳。对于不能全部缴纳罚金的,人民法院在任何时候发现被执行人有可以执行的财产,应当随时追缴。由于遭遇不能抗拒的灾祸等原因缴纳确实有困难的,经人民法院裁定,可以延期缴纳、酌情减少或者免除。

二、剥夺政治权利

(一)剥夺政治权利的概念和特征

剥夺政治权利是指剥夺犯罪人参加国家管理和政治活动的权利的一种刑罚方法。剥夺政治权利是一种资格刑,又称名誉刑,其特征是剥夺犯罪人参加国家管理和政治活动的资格。包括在一定期限内剥夺政治权利和终身剥夺政治权利两种情况。

(二)剥夺政治权利的基本内容

1. 剥夺政治权利的适用主体

剥夺政治权利的适用包括附加适用与独立适用两种情况,剥夺政治权利的附加适用由刑法典总则规定,剥夺政治权利的独立适用由刑法分则规定。

根据刑法典第五十六条、第五十七条规定,剥夺政治权利的附加适用对象包括三种:① 对于危害国家安全的犯罪人,应当附加剥夺政治权利;② 对于故意杀人、强奸、放火、爆炸、投毒、抢劫等严重破坏社会秩序的犯罪人,可以附加剥夺政治权利;③ 对于被判处死刑、无期徒刑的犯罪人,应当附加剥

---

① 《中华人民共和国行政处罚法》第二十八条第二款规定:"违法行为构成犯罪,人民法院判处罚金时,行政机关已经给予当事人罚款的,应当折抵相应罚金。"《最高人民法院关于适用〈中华人民共和国刑事诉讼法〉的解释》(法释〔2012〕21号)第四百三十九条第二款规定:"行政机关对被告人就同一事实已经处以罚款的,人民法院判处罚金时应当折抵,扣除行政处罚已执行的部分。"

夺政治权利终身。

在刑法典分则第一章(6条8罪)、第二章(2条2罪)、第四章(4条5罪)、第六章(10条14款14罪)和第七章(3条4款4罪)罪刑条文中,将剥夺政治权利与三年或者五年以下有期徒刑、拘役或者管制一并规定为选择适用的法定刑。可以独立适用剥夺政治权利的罪刑条文有25条32款33个罪名,不到分则条文数和罪名数的十分之一。

2. 剥夺政治权利的执行内容

根据刑法典第五十四条规定,剥夺政治权利的执行内容包括四个方面:① 选举权和被选举权;② 言论、出版、集会、结社、游行、示威自由的权利;③ 担任国家机关职务的权利;④ 担任国有公司、企业、事业单位和人民团体领导职务的权利。前两项也是我国现行宪法第三十四条、第三十五条规定的宪法性权利。①

3. 剥夺政治权利的执行期限及其计算

根据刑法典第五十五条、第五十七条规定,剥夺政治权利的执行期限包括以下四种情况:① 判处管制附加剥夺政治权利的,剥夺政治权利的期限与管制的期限相等;② 判处拘役、有期徒刑附加剥夺政治权利的,剥夺政治权利的期限为一年以上五年以下;③ 判处死刑、无期徒刑的,附加剥夺政治权利终身;④ 原判死缓减为有期徒刑或者原判无期徒刑减为有期徒刑的,应当把附加剥夺政治权利的期限改为三年以上十年以下。

剥夺政治权利的期限计算包括四种情况:① 判处管制附加剥夺政治权利的,剥夺政治权利的期限从管制判决执行之日起计算,剥夺政治权利的期限与管制的刑期相等,同时执行;② 判处拘役附加剥夺政治权利的,剥夺政治权利的期限从拘役执行完毕之日起计算;③ 判处有期徒刑附加剥夺政治权利的,剥夺政治权利的期限从有期徒刑执行完毕或者假释之日起计算;④ 单处剥夺政治权利的,剥夺政治权利的期限从判决执行之日起计算。

应当注意的是,判处拘役、有期徒刑附加剥夺政治权利的,剥夺政治权利的效力当然施用于主刑执行期间。但是,被判处拘役、有期徒刑的犯罪人,没有被附加剥夺政治权利的,在拘役、有期徒刑执行期间,仍然享有政治权利。

---

① 参见现行宪法第三十四条规定:"中华人民共和国年满十八周岁的公民,不分民族、种族、性别、职业、家庭出身、宗教信仰、教育程度、财产状况、居住期限,都有选举权和被选举权;但是依照法律被剥夺政治权利的人除外。"第三十五条规定:"中华人民共和国公民有言论、出版、集会、结社、游行、示威的自由。"

4. 剥夺政治权利的执行

剥夺政治权利由公安机关执行。① 被剥夺政治权利的犯罪人,在执行期间,应当遵守法律、行政法规和国务院公安部门有关监督管理的规定,服从监督;不得行使刑法典第五十四条规定的各项权利。剥夺政治权利期满,执行机关应当通知本人,并在相应的范围内宣布恢复其政治权利。但是,恢复政治权利后,曾被剥夺政治权利作为特殊的犯罪前科对犯罪人还有不利影响。例如,《中华人民共和国人民法院组织法》(2006 年 10 月 31 日第二次修正)第三十三条第一款规定:"有选举权和被选举权的年满二十三岁的公民,可以被选举为人民法院院长,或者被任命为副院长、庭长、副庭长、审判员和助理审判员,但是被剥夺过政治权利的人除外。"第三十七条第一款规定:"有选举权和被选举权的年满二十三岁的公民,可以被选举为人民陪审员,但是被剥夺过政治权利的人除外。"

三、没收财产

(一) 没收财产的概念和特征

没收财产是指将犯罪人个人所有的财产的部分或者全部强制无偿收归国有的一种刑罚方法。

没收财产也是一种财产刑,是剥夺犯罪人部分或者全部财产的刑罚方法。其主要特征在于财产性、强制性、无偿性。与罚金相比,没收财产相对较重,且只适用于自然人,不适用于犯罪单位(存在疑问);没收财产必须为犯罪人现在所有,其财产形态不限于金钱,不存在减免缴纳和分期缴纳等问题。人民法院判决没收财产前,应当调查犯罪人的财产状况。

刑法典分则规定没收财产的适用方式可概括为:

(1) 可以附加适用。即将没收财产与自由刑等其他刑罚方法一并规定,对犯罪人适用主刑之同时,可以附加适用没收财产,如第一百一十三条第二款、第二百七十一条、第三百四十七条第二款。

(2) 应当附加适用。即将没收财产与自由刑等其他刑罚方法一并规定,对犯罪人适用主刑之同时,必须附加适用没收财产,如第一百六十三条、第一百九十九条、第二百三十九条第二款、第三百五十八条第二款、第三百九十条。

(3) 并处罚金或者没收财产。即将罚金、没收财产与自由刑等主刑一并规定,对犯罪人适用主刑之同时,必须附加适用罚金或者没收财产,如第一百

---

① 我国剥夺政治权利由公安机关执行的制度设置存在缺陷。详见本书第十五章第一节的相关论述。

四十一条及第一百四十三条的第三档法定刑。

（二）没收财产的基本内容

1. 没收财产的适用对象

没收财产的适用对象有两类，一类是危害国家安全的犯罪人，另一类是经济犯罪人和贪财图利型犯罪人。对这些犯罪人适用没收财产是为了剥夺他们继续犯罪的物质基础。在刑法典分则罪刑条文中，规定有没收财产刑的罪刑条文有六十多条，约占全部分则条文数量的六分之一。

2. 没收财产的适用范围

根据刑法典第五十九条规定，没收财产的确定必须遵守两个原则：一是只能没收属于犯罪人个人所有的财产，属于犯罪人家属所有或者应有的财产不得没收；二是在确定没收财产的范围时，既可以没收犯罪人财产的一部分，也可以没收犯罪人财产的全部，究竟是没收犯罪人财产的部分还是全部，应当根据犯罪人犯罪的具体情况而定。需要注意的是，在没收犯罪人的全部财产时，应当为犯罪人本人及其扶养的家属保留必要的维持基本生活部分。

3. 没收财产的执行及犯罪人本人所负正当债务的偿还

没收财产的判决生效后，由第一审人民法院执行；在必要的时候，可以会同公安机关执行。

刑法典第六十条规定："没收财产以前犯罪分子所负的正当债务，需要以没收的财产偿还的，经债权人请求，应当偿还。"这一规定说明，以没收的财产偿还债务时，必须具备四个条件：① 必须是犯罪人在没收财产以前所负的债务而不是在没收财产以后所负的债务；② 必须是犯罪人所负的正当债务；③ 需要以没收的财产偿还；④ 必须由债权人提出偿还债务的请求。只有同时具备上述四个条件，人民法院才能决定以没收犯罪人的财产偿还债务。

四、驱逐出境

驱逐出境是指将犯罪的外国人强制驱逐出我国国境的一种刑罚方法。驱逐出境只适用于犯罪的外国人（包括无国籍人）。驱逐出境独立适用时，应当立即将犯罪的外国人驱逐出中国国境；驱逐出境附加适用时，应当在主刑执行完毕后再将犯罪的外国人驱逐出中国国境。

驱逐出境同时也是《中华人民共和国出境入境管理法》[①]第八十一条规定的行政处罚方法。该条规定："外国人从事与停留居留事由不相符的活动，或者有其他违反中国法律、法规规定，不适宜在中国境内继续停留居留情

---

① 2012年6月30日第十一届全国人大常委会第二十七次会议通过，自2013年7月1日起施行。

形的,可以处限期出境。外国人违反本法规定,情节严重,尚不构成犯罪的,公安部可以处驱逐出境。公安部的处罚决定为最终决定。被驱逐出境的外国人,自被驱逐出境之日起十年内不准入境。"

第四节　非刑罚处理方法

本节主要讲述各种非刑罚处理方法的概念、特征和基本内容。

一、非刑罚处理方法概述

非刑罚处理方法是指刑法规定在特定情况下,由人民法院或主管部门对犯罪人进行处理的刑罚方法以外的其他方法。非刑罚处理方法不是刑罚方法,因此,不具有刑罚处罚所产生的法律后果。但是,非刑罚处理方法的结果对于犯罪人和被害人来说,都具有重要的意义。非刑罚处理方法是我国惩办与宽大相结合政策精神的体现,对于扩大教育面,缩小打击面,安抚被害人,预防和减少犯罪,起着其他处理方法所不能替代的作用。

刑法典第三十六条、第三十七条、第三十七条之一、第六十四条,以及分则第二百一十二条、第三百九十五条第二款规定了多种非刑罚处理方法。

二、赔偿损失

赔偿损失是指人民法院根据犯罪人的犯罪行为给被害人造成的损失情况,判处犯罪人给予被害人一定的经济赔偿的方法。赔偿损失包括两种情况:一是按照刑法典第三十六条规定,赔偿损失是与刑事处罚并用的一种方法,其实质是判令犯罪人在承担刑事责任的同时还要承担民事责任,不使犯罪人因承担刑事责任而逃避应当承担的民事责任;二是按照刑法典第三十七条规定,在犯罪人的犯罪情节轻微不需要判处刑罚时,可以免予刑事处罚,但是不免除民事责任,仍然应当赔偿被害人的经济损失。

三、追缴违法所得

对于犯罪人违法所得的一切财物,比如,盗窃所得、非法经营收益、逃税款、贿赂等,应当予以追缴。其中,对被害人的合法财产,应当及时返还;对于违禁品和供犯罪所用的本人财物,应当予以没收,上缴国库,不得挪用和自行处理。需要注意,没收违法所得,不同于没收财产刑。二者主要区别在于,被没收的财产性质不同。

四、禁止从事相关职业

禁止从事相关职业是刑法修正案(九)新增加的。因利用职业便利实施犯罪,或者实施违背职业要求的特定义务的犯罪人被判处刑罚的,人民法院可以根据犯罪情况和预防再犯罪的需要,禁止其自刑罚执行完毕之日或者假释之日起从事相关职业,期限为三年至五年。被禁止从事相关职业的人违反人民法院依法作出的禁止从事特定职业的决定,由公安机关依法给予处罚;情节严重的,依照刑法典第三百一十三条拒不执行判决、裁定罪追究刑事责任。对于其他法律、行政法规对其从事相关职业另有禁止或者限制性规定的,从其规定。例如,《中华人民共和国食品安全法》第一百三十五条第二款规定:"因食品安全犯罪被判处有期徒刑以上刑罚的,终身不得从事食品生产经营管理工作,也不得担任食品生产经营企业食品安全管理人员。"

五、训诫、责令具结悔过、赔礼道歉

训诫是指司法机关对情节轻微的犯罪人当场(面)予以谴责和教育的一种方法。责令具结悔过是司法机关责令情节轻微的犯罪人以书面形式保证改过并不再重犯的一种方法。赔礼道歉是司法机关责令情节轻微的犯罪人向被害人承认错误并表示歉意的一种方法。这三种方法都是由于犯罪人的犯罪情节轻微而免予刑罚处罚,但免予处罚是以犯罪人的行为已经构成犯罪为前提的,即使不予处罚,也要使他们知道自己的行为已经触犯了刑法,要对自己的犯罪行为有所认识。归根结底,司法机关对这样的犯罪人必须进行教育,使他们深刻吸取教训,以后不再犯罪。

六、行政处罚或行政处分

行政处罚或行政处分即由犯罪人的主管部门予以行政处罚或行政处分,是指司法机关对情节轻微不需要判处刑罚的犯罪人,交其主管部门予以行政处罚或者行政处分。由主管部门予以行政处罚是指以案件移送的方式,交由主管部门以行政处罚的方式对免予刑罚处罚的犯罪人予以处理,如行政拘留、罚款等;由主管部门予以行政处分是指通过司法建议的方式,建议主管部门以行政处分的方式对免予刑罚处罚的犯罪人予以处理,如警告、记过、留用察看、开除等。这两种方式都是将情节轻微免予刑罚处罚的犯罪人交主管部门处理,司法机关对主管部门如何处理不再干预,但主管部门应当将处理结果通知司法机关备案。

本章小结

1. 刑罚是国家对犯罪人实行惩罚的一种强制制裁方法。刑罚具有不同于其他法律强制方法、制裁方法的特殊作用及社会影响,其功能表现在使刑罚个别化、惩罚、矫正、安抚、威慑、教育等各个方面。刑罚的目的在于预防犯罪,包括特殊预防和一般预防。

2. 刑罚在体系上分为主刑和附加刑两种,根据犯罪的具体情况分别适

用于不同的犯罪人。主刑包括管制、拘役、有期徒刑、无期徒刑和死刑;附加刑包括罚金、剥夺政治权利、没收财产以及只对犯罪的外国人适用的驱逐出境。

3. 除了刑罚方法之外,刑法典还规定了非刑罚的处理方法,包括赔偿损失,追缴违法所得,禁止从事相关职业,训诫、责令具结悔过,赔礼道歉,由主管部门予以行政处罚或行政处分等。

刑罚,刑罚权,刑罚功能,刑罚目的,主刑,附加刑,管制,拘役,有期徒刑,无期徒刑,死刑,"死缓",罚金,"两罚制",剥夺政治权利,没收财产,非刑罚处理方法。

问题思考

1. 如何理解刑罚的概念和特征?
2. 如何理解刑罚的功能?
3. 如何理解刑罚的目的?
4. 简述我国刑罚体系及其特点。
5. 论述我国刑法典规定的主刑。
6. 结合我国当前的刑事政策论述如何依法适用死刑。
7. 论述我国刑法典规定的附加刑。
8. 刑法典为什么规定非刑罚处理方法?

第十四章 刑罚裁量

> **目的要求**
>
> 1. 理解刑罚裁量的概念、内容、意义、原则,以及量刑情节的概念、分类及其适用。
> 2. 掌握累犯的概念、种类、构成条件和处罚原则。
> 3. 了解自首、立功和坦白的概念、意义,掌握自首、立功的构成条件和处罚原则。
> 4. 了解数罪并罚的概念,理解数罪并罚的原则和方法。
> 5. 了解缓刑的概念,掌握缓刑的适用条件和基本内容。
> 6. 能够综合运用主要量刑情节和制度研判案例。

第一节 刑罚裁量概述

本节主要讲述刑罚裁量的概念、内容、意义、原则,量刑情节的概念、分类及其适用。

一、刑罚裁量的概念、内容和意义

(一)刑罚裁量的概念

刑罚裁量简称量刑,是指人民法院根据行为人所犯罪行及刑事责任的轻重,在定罪基础上,依法确定对其是否判处刑罚、判处何种刑罚、刑度以及所判刑罚如何执行的刑事审判活动。[1] 人民法院的刑事审判活动可以概括为两个部分:一是定罪,即对被指控的行为是否成立犯罪,成立何种犯罪的认定;二是量刑,即在认定行为已经构成犯罪的基础上,确定对行为人是否需要判处刑罚,判处什么种类或者量度的刑罚,有时还要一并解决刑罚的执行时间或者方法问题。量刑主要是将法定刑转化为宣告刑。

---

[1] 高铭暄,马克昌.刑法学.7 版.北京:北京大学出版社,高等教育出版社,2016:251.

可见,量刑的性质是审判活动,量刑的基础是被告人被确定有罪,量刑的主体是有管辖权的人民法院,量刑的对象是被人民法院确定有罪的行为人。

(二) 刑罚裁量的内容

尽管量刑最终表现为人民法院的某种确定的结果,但事实上量刑是一个综合裁量的刑事审判活动,这一活动过程包括以下内容:

1. 确定对行为人是否适用刑罚

量刑既包括对行为人适用刑罚,也包括对犯罪行为显著轻微不需要判处刑罚的行为人免除刑罚。行为人是否具备免除处罚的情节以及是否对行为人免除处罚,这是人民法院在量刑时必须首先考虑的问题。一般而言,凡是行为人都应当受到刑罚惩罚,只有这样才能惩恶扬善,才能预防和减少犯罪。但是,在具备刑法典规定的某种免除处罚情节时,对行为人可以或者应当只定罪而不处罚。例如,对又聋又哑的人或者盲人犯罪,对防卫过当、避险过当,对犯罪预备、没有造成损害的犯罪中止,对共同犯罪中的胁从犯等,刑法典都规定可以或者应当免除处罚。

2. 决定对行为人适用何种刑罚和刑度

人民法院在确认行为人的行为已经构成犯罪后,除免除刑罚和适用绝对确定法定刑以外,对于其他行为人都应当根据其犯罪的具体情况选择刑种和刑度:一是刑种选择。即选择对行为人适用的刑罚种类。在刑法典分则的罪刑条文中,很多都规定了几种不同的刑罚供量刑时选择适用。但是,在选择适用不同的刑种时,应否注意具体分则条文对刑种的排列顺序? 通常情况下,分则条文对刑种的排列是较轻的刑罚在前,较重的刑罚在后,例如,从有期徒刑到无期徒刑再到死刑;有少数条文是较重的刑罚在前,较轻的刑罚在后,例如,从死刑到无期徒刑再到有期徒刑。有学者认为,这种排列并不是随意的,而是立法者要求司法者在具体适用刑罚时选择的先后顺序。不过,也有学者对此种"按照顺序,前者优先"的量刑理论提出质疑。本书认为,立法中将个别犯罪的重刑置于前面,有的是立法不严谨造成的,有的是受某种习惯的影响,一般并无特别意义。二是刑度选择。除了所适用的刑种是无期徒刑、死刑、剥夺政治权利终身、全部没收财产以外,其他刑罚方法都有一定的幅度供选择。当然,个别分则条文只规定一个刑种,只有刑度选择的问题。

3. 决定对行为人所判刑罚是否立即执行

行为人应当适用的刑种和刑度确定之后,对行为人应当以哪种方法或者制度执行刑罚也是人民法院必须考虑的问题。一般情况下,对行为人判处什么样的刑罚,按照该种刑罚的刑法规定执行刑罚就可以了。但是,行为人的情况千差万别,犯罪情节各有不同,在适用刑罚的方法与制度上也会表现出一定的差别。例如,在刑法典、刑事诉讼法典中,分别规定了死刑缓期二年执行、缓刑、暂予监外执行、禁止令等制度,如果行为人符合某种制度的适用条件,则应适用相应的方法和制度。

（三）刑罚裁量的意义

量刑是刑事审判活动不可或缺的重要组成部分,其意义主要表现在以下几个方面。

1. 量刑是实现刑事责任的重要环节

刑事责任是指行为人依据刑法对自己所犯之罪应予承担的法律责任。刑事责任的具体表现形式主要就是行为人依法被判处刑罚。而对于一个行为人来说,应当承担何种或多重的刑事责任,只有通过量刑活动才能确定。因此,从一定意义上讲,量刑的过程就是确定行为人刑事责任的过程。

2. 量刑是实现刑罚目的的重要手段

虽然刑罚的重要功能之一是惩罚行为人,但是刑罚的根本目的在于预防犯罪。对行为人适用刑罚是一种特殊预防措施,而这种特殊预防是以对行为人所适用的刑罚与其所犯之罪相适应为前提的。也就是说,只有做到罪刑相适应才能达到特殊预防的目的。"轻罪重判不足以服人,重罪轻判不足以诫人。"这句话充分反映了量刑对行为人的作用。不仅要使行为人"认罪",还要使行为人"服法"。只有既认罪又服法,才能使行为人痛改前非重新做人,使特殊预防成为现实。

3. 量刑是检验人民法院办案质量的重要指标

人民法院在刑事审判活动中的职责就是定性准确、量刑适当。衡量人民法院的办案质量,一要看定性是否准确,既不能把无罪错定为有罪,把有罪错定为无罪,也不能把此罪错定为彼罪,定性错了,整个案件就都错了;二要在定性准确的基础上,看对行为人的量刑是否适当,既不能轻罪重罚,也不能重罪轻罚,而应当罚当其罪,否则,就是量刑错误。可见,量刑是刑事审判活动中的重要一环,是关系到人民法院办案质量的大问题,在督促人民法院提高办案质量方面具有重要的意义。在现实中还普遍存在"重定罪,轻量刑"的偏向时,强调这一点十分重要。

二、刑罚裁量的原则

刑法典第六十一条规定:"对于犯罪分子决定刑罚的时候,应当根据犯罪的事实、犯罪的性质、情节和对于社会的危害程度,依照本法的有关规定判处。"这是对行为人进行量刑时必须遵循的一般原则,包含了对量刑活动的两个基本要求:一是必须以犯罪事实作为量刑的依据,二是必须以刑法规定作为量刑的准绳。

（一）以犯罪事实为依据的原则

犯罪事实是处理刑事案件最基本的客观依据，人民法院只有在查清并认定行为人的犯罪事实以后，才能确定行为人的犯罪性质、情节和对于社会的危害程度，才能对行为人作出准确的量刑。这一原则包含以下四个方面的内容：犯罪事实、犯罪性质、犯罪情节、犯罪的社会危害程度。这是人民法院在对行为人量刑时必须综合考虑的四个方面的因素。这四个方面的因素既有区别，又有联系，而且，它们之间的联系在量刑时显得尤为重要。在任何情况下，都不应当割裂地看待这四个因素，否则就可能产生量刑不当的结果。

1. 准确查清犯罪事实

犯罪事实这一概念可以涵盖关于犯罪的全部内容，既包括犯罪的基本事实，也包括犯罪的性质、犯罪的情节、犯罪对社会的危害程度以及与犯罪有关的其他事实，这是广义的犯罪事实概念。狭义的犯罪事实则仅指犯罪构成的基本事实，即危害行为是否具备刑法所规定的犯罪构成要件：是否侵害了刑法所保护的社会关系，是否实施了刑法所禁止的危害行为并造成了刑法所要求的危害结果，是否具备了刑法所规定的犯罪主体资格，是否具有主观上的故意或者过失。这里所说的"犯罪事实"，是指狭义的犯罪事实，即行为人的行为是否具备犯罪构成要件，只有把握了犯罪构成要件，才能为确定犯罪性质、分析犯罪情节、衡量对社会的危害程度提供必需的基础。

2. 正确认定犯罪性质

在查清犯罪事实的基础上，要对犯罪性质作出准确认定。所谓犯罪性质，是指犯罪行为究竟构成刑法典分则条文所规定的哪种犯罪，应当确定为哪种罪名。刑法典分则将犯罪划分为十类，其中的每一章就是一种类型的犯罪，在每一种类型的犯罪中又包含有数量不等的具体犯罪，这就是认定犯罪性质的依据。各种犯罪都有其不同于其他犯罪的质的规定性，必须严格区分此罪与彼罪的界限。

3. 全面分析犯罪情节

犯罪情节是指与行为人及犯罪行为有关的各种事实因素，可以分为定罪情节和量刑情节两种。前者是指与定罪直接相关，即作为犯罪构成要件的情节。后者是指与定罪无关但与量刑有直接关系的情节。为了与前述"犯罪事实"相区别，更为了避免将定罪情节重复评价为量刑情节，对这里的犯罪情节应当仅仅理解为量刑情节，不包括犯罪情节。例如，同为故意杀人，动机却各不相同，有的因报复而杀人，有的因灭口而杀人，有的因图财而杀人，有的因奸情而杀人，有的因激愤而杀人，等等。从故意杀人罪的构成要件来看，只要客观上实施了杀人行为，主观上具有杀人故意，故意杀人罪就成立了，动机并不影响定罪,却是量刑时必须考虑的情节。之所以会有相同的犯罪而判刑不同的案例,就是因为虽然罪名相同但量刑情节不同的缘故。可见,全面分析犯罪情节对于准确量刑具有非常重要的意义。然而,必须注意的是,将定罪情节重复评价为量刑情节,不但在司法实践中大量存在,也为部分学者所主张。

4. 综合评价社会危害程度

任何犯罪都会给社会造成某种损害,这种损害既包括有形的物质性损害,也包括无形的非物质性损害。犯罪最本质的特征就在于它的社会危害性,而社会危害性的大小则表明了对于社会的危害程度。犯罪对于社会的危害程度是通过犯罪事实、犯罪性质、犯罪情节表现出来的,不仅不同的犯罪对社会的危害程度会不同,即使同一种犯罪也会表现为对社会的危害程度不同。刑法典分则中有的条文分为几个不同的量刑幅度或者档次,就是根据社会危害程度的不同规定的。例如,有的条文根据"情节严重""情节特别严重"或者"后果严重""后果特别严重"的不同而设置不同的量刑幅度,有的条文根据"数额较大""数额巨大""数额特别巨大"的不同而设置不同的刑罚档次,等等。在对行为人量刑时,必须准确衡量犯罪行为对于社会的危害程度,只有这样才能做到量刑准确。

(二) 以刑法规定为准绳的原则

以犯罪事实为依据,只是说明量刑具备了基本的前提和基础,究竟量刑是否准确,还要看在量刑时是否严格依照刑法规定,是否做到罚当其罪,不枉不纵。这里的刑法是指广义的刑法,包括刑法典、其他刑法规范及刑法的立法与司法解释,既包括刑法总则性规范,也包括刑法分则性条文。

1. 必须在刑法分则性规范规定的刑种和刑度内量刑

凡刑法罪刑条文都是由两个基本部分构成的:一是对罪状的描述,这是认定犯罪的规范依据;二是对法定刑的规定,这是量刑的规范依据。刑法分则性规范所规定的绝大多数都是相对确定的法定刑,除了少数条文之外,都有两种以上的刑种供选择,所有的条文都有一定的量刑幅度,这就给人民法院量刑留下很大的余地。除了驱逐出境和附加剥夺政治权利之外,对行为人所适用的刑罚必须是刑法分则性规范所规定的刑种,并在法定的刑度内量刑。在刑法分则性规范规定的刑种和刑度之外量刑就是破坏刑事法制。

2. 必须依照刑法总则性规范规定的原则和制度量刑

刑法总则性规范既规定了关于犯罪与刑罚的一般原理、原则,也规定了在适用刑罚时的有关制度,而刑法分则性规范是将刑法总则性规范所规定的犯罪与刑罚的一般原理、原则适用到各种具体犯罪之中。在对行为人量刑时,不仅要严格依照刑法分则性条文所规定的法定刑,而且要严格依照刑法总则性条文所规定的原则和制度。刑法总则中关于刑事责任年龄、刑事责任能力、犯罪停止形态、共同犯罪、累犯、自首的规定,以及关于缓刑、死刑缓期二年执行的规定等,都是对行为人量刑时必须遵照的原则和制度。违背这些原则和制度量刑也是破坏刑事法制。

三、刑罚裁量的情节

(一) 量刑情节的概念

刑罚裁量的情节简称量刑情节,是指人民法院在对行为人决定免除刑罚、适用刑种、刑度及其执行方法、制度时需要考虑的各种事实因素或者情节。

为了避免将定罪情节重复评价为量刑情节,从而加重对行为人的刑罚,宜对量刑情节的内涵和外延作出明确的界定,使之与定罪情节有严格的区分:量刑情节的范围是犯罪事实中除犯罪构成要件事实以外的事实情况;量刑情节的性质是对犯罪的社会危害程度和行为人的人身危险性具有影响的事实情况;量刑情节的功能是人民法院决定免除刑罚、适用刑种、刑度及其执行方法与制度的事实情况。

(二) 量刑情节的分类

量刑情节根据不同的标准可以划分为不同的种类。

1. 根据是否为刑法明文规定,可分为法定情节和酌定情节①

将量刑情节分为法定情节和酌定情节是对所有量刑情节的总分类。法定量刑情节是指为刑法明文规定,法院或者法官在量刑时必须考虑的情节。但是,"必须考虑"不等于"必须适用"。其中,法律作出"应当"规定的,是法官必须考虑并且必须适用的;法律作出"可以"规定的,是法官必须考虑但可根据具体情况酌情决定是否适用的。酌定量刑情节是指刑法虽然没有明文规定,但是在司法实践中可以根据具体情况斟酌考虑的情节。"斟酌考虑"是说可以考虑,也可以不考虑,具体是否考虑由法官根据具体情况酌情决定。一般而言,法定情节应当优于酌定情节适用。

2. 根据对行为人是否有利,可分为从宽情节和从严情节

将量刑情节分为从宽情节和从严情节也是对所有量刑情节的总分类。从宽量刑情节是指对行为人处刑较轻的情节。根据刑法典规定,依据其具体影响量刑的幅度,从宽量刑情节可分为从轻、减轻和免除三个等级。刑法典

---

① 本书对于法定情节与酌定情节的区分,是以较广义刑法为标准的。即法定情节以刑法典、特别刑法或者单行刑法规范及刑法的立法解释规定为限。目前,虽然有许多刑事司法解释中也规定了量刑情节,但只能是酌定的量刑情节。

除了极个别条文规定的从宽量刑情节只有一个从宽等级外,大多数从宽量刑情节都包括了两个或者三个从宽幅度。例如,刑法典第二十七条规定,对于从犯,应当从轻、减轻处罚或者免除处罚。这里,从犯既是从轻处罚情节,又是减轻和免除处罚情节。从严量刑情节是指对行为人处刑较重的情节。现行刑法规范中,从严量刑情节只有从重处罚一种,共有 42 个具体情节,其中,总则性规定两个,分则性规定 40 个。区分二者的意义之一在于解决从严情节与从宽情节交汇于某一行为人时的具体量刑问题。

3. 根据发生的时间,可分为犯罪前情节、犯罪中情节和犯罪后情节

将量刑情节分为犯罪前情节、犯罪中情节和犯罪后情节也是对所有量刑情节的总分类。顾名思义,它们分别发生于犯罪行为着手实行前、犯罪实行过程中和犯罪行为终了后。一般而言,犯罪前情节和犯罪后情节不能说明犯罪的社会危害程度,只能反映行为人的主观恶性和人身危险性,而犯罪中情节既能说明犯罪的社会危害程度,也能反映行为人的主观恶性和人身危险性。另外,犯罪前情节和犯罪后情节不会与定罪情节相混淆,不会出现重复评价的问题。

4. 根据量刑情节的适用范围,可分为所有犯罪通用的情节和特定犯罪适用的情节

将量刑情节分为所有犯罪通用的情节和特定犯罪适用的情节也是对所有量刑情节的总分类。所有犯罪通用的情节是指刑法典总则规定的量刑情节。特定犯罪适用的情节是指刑法典分则规定的量刑情节。通过此种分类,我们发现,从重情节虽然绝对数量多,但由于其多由分则规定,适用范围却没有从宽情节大。

5. 根据法院或者法官在量刑时是否必须适用,可分为硬性量刑情节和弹性量刑情节

将量刑情节分为硬性量刑情节和弹性量刑情节是对法定量刑情节的进一步分类。硬性量刑情节又称应当型情节或者必然性情节,是指刑法明文规定在量刑时法院或者法官必须考虑并且必须适用的情节。这种"硬性"情节在刑法典总则条文中以"应当……"的表述方式为标志;在刑法典分则条文中,虽然没有用"应当"一词,但仍应当作"硬性"理解。弹性量刑情节又称可以型情节或者或然性情节,是指刑法明文规定在量刑时法院或者法官必须考虑但可根据具体情况酌情决定适用的情节。这种"弹性"情节表现在刑法典总则和分则条文中均以"可以……"的表述方式为标志。必须特别强调,有人认为,弹性量刑情节是完全由法官自由裁量的事项,"可以"意味着法官既可以考虑和适用,也可以不考虑和不适用。这种观点完全混淆了弹性量刑情节

是法定情节的种类之一,及其与酌定情节的界限,是完全错误的。正确的理解是:法官必须充分考虑弹性量刑情节;如果没有相反情况排除弹性量刑情节适用的,对于弹性量刑情节也要予以适用。

6. 根据量刑情节的功能,可分为单一性功能情节和选择性功能情节

将量刑情节分为单一性功能情节和选择性功能情节也是对法定量刑情节的进一步分类。单一性功能情节是指功能单一的量刑情节。刑法典中,所有从重处罚情节均为功能单一的量刑情节。例如,刑法典第六十六条规定,对于累犯,应当从重处罚。选择性功能情节是指功能复数化、法院或者法官应予选择适用的量刑情节。刑法典中,对于从轻、减轻和免除三种从宽处罚情节,往往结合在一起加以规定,供法院或者法官选择适用。

7. 根据与社会危害程度和人身危险性的关系,可分为体现犯罪社会危害程度的量刑情节和体现行为人人身危险性的量刑情节

体现犯罪社会危害程度的量刑情节如奸淫不满14周岁的幼女、国家机关工作人员利用职权实施非法拘禁他人或者以其他方法非法剥夺他人人身自由等,体现行为人人身危险性的量刑情节如累犯、自首和立功等。

根据这些不同的标准划分的不同的量刑情节的种类,虽然都有一定的道理,但是仔细分析一下可以看出,量刑情节最基本、最主要的分类应当是法定量刑情节和酌定量刑情节,其他分类方法的内容都可以概括到这种分类方法当中。

(三) 法定量刑情节

在刑法典中,法定量刑情节具体表现为硬性量刑情节和弹性量刑情节两种。

1. 硬性量刑情节

硬性量刑情节归纳起来,包括以下六类:

(1) 应当免除处罚的情节。如刑法典第二十四条第二款前段没有造成损害的中止犯。

(2) 应当减轻处罚的情节。如刑法典第二十四条第二款后段造成损害的中止犯。

(3) 应当减轻或者免除处罚的情节。如刑法典第十七条之一已满七十五周岁的人过失犯罪的,第二十条第二款防卫过当的,第二十一条第二款避险过当的,第二十八条胁从犯。此处应特别注意刑法修正案(八)删除了第六十八条第二款"犯罪后自首又有重大立功表现的,应当减轻或者免除处罚"。

(4) 应当从轻、减轻或者免除处罚的情节。如刑法典第二十七条第二款从犯。

(5)应当从轻或者减轻处罚的情节。如刑法典第十七条第三款已满十四周岁不满十八周岁的人犯罪。

(6)应当从重处罚的情节。这类情节,刑法典总则中有两个:刑法典第二十九条教唆不满十八周岁的人犯罪的,第六十五条、第六十六条累犯。刑法分则性规范中有40个:① 刑法典第一百零四条第二款策动、胁迫、勾引、收买国家机关工作人员、武装部队人员、人民警察、民兵进行武装叛乱或者武装暴乱的;② 第一百零六条与境外机构、组织、个人相勾结,实施第一百零三条(分裂国家罪、煽动分裂国家罪)、第一百零四条(武装叛乱、暴乱罪)、第一百零五条(颠覆国家政权罪、煽动颠覆国家政权罪)规定之罪的;③ 第一百零九条第二款掌握国家秘密的国家工作人员犯叛逃罪的;④ 第一百五十七条第一款武装掩护走私的;⑤ 第一百六十八条第三款国有公司、企业、事业单位的工作人员,徇私舞弊,造成国有公司、企业破产或者严重损失,致使国家利益遭受重大损失的;⑥ 第一百七十一条第三款伪造货币并出售或者运输伪造的货币的;⑦ 第一百七十七条之一第三款银行或者其他金融机构的工作人员利用职务上的便利窃取、收买或者非法提供他人信用卡信息资料的;⑧ 第一百八十六条第二款银行或者其他金融机构的工作人员违反国家规定,向关系人发放贷款的;⑨《全国人民代表大会常务委员会关于惩治骗购外汇、逃汇和非法买卖外汇犯罪的决定》第一条伪造、变造海关签发的报关单、进口证明、外汇管理部门核准件等凭证和单据,并用于骗购外汇的;⑩ 上述《决定》第五条海关、外汇管理部门以及金融机构、从事对外贸易经营活动的公司、企业或者其他单位的工作人员与骗购外汇或者逃汇的行为人通谋,为其提供购买外汇的有关凭证或者其他便利的,或者明知是伪造、变造的凭证和单据而售汇、付汇的;⑪ 第二百三十六条第二款奸淫不满十四周岁的幼女的;⑫ 第二百三十七条第三款猥亵儿童的;⑬ 第二百三十八条第一款后段非法剥夺他人人身自由具有殴打、侮辱情节的;⑭ 第二百三十八条第四款国家机关工作人员利用职权非法拘禁他人的;⑮ 第二百四十三条第二款国家机关工作人员犯诬告陷害罪的;⑯ 第二百四十五条第二款司法工作人员滥用职权犯非法搜查罪与非法侵入他人住宅罪的;⑰ 第二百四十七条刑讯逼供或使用暴力逼取证人证言致人伤残、死亡的;⑱ 第二百四十八条第一款虐待被监管人致人伤残、死亡的;⑲ 第二百五十三条第二款邮政工作人员私拆、隐藏、毁弃邮件、电报而窃取财物的;⑳ 第二百五十三条之一第二款将在履行职责或者提供服务过程中获得的公民个人信息,出售或者提供给他人的;㉑ 第二百七十七条第五款暴力袭击正在依法执行职务的人民警察的;㉒ 第二百七十九条第二款冒充人民警察招摇撞骗的;㉓ 第三百零一条第二款引诱未成年人参加聚众淫乱活动的;㉔第三百零七条第三款司法工作人员犯妨害作证罪与帮助毁灭、伪造证据罪的;㉕第三百零七条之一第三款非法占有他人财产或者逃避合法债务,又构成其他犯罪的;㉖第三百零七条之一第四款司法工作人员利用职权,与他人共同实施虚假诉讼行为的;㉗第三百四十五条第四款盗伐、滥伐国家级自然保护区内的森林或者其他林木的;㉘第三百四十七条第六款利用、教唆未成年人走私、贩卖、运输、制造毒品,或者向未成年人出售毒品的;㉙第三百四十九条第二款缉毒人员或者其他国家机关工作人员掩护、包庇走私、贩卖、运输、制造毒品的;㉚第三百五十三条第三款引诱、教唆、欺骗或者强迫未成年人吸食、注射毒品的;㉛第三百五十六条因走私、贩卖、运输、制造、非法持有毒品罪被判过刑,又实施毒品犯罪的;㉜第三百五十八条第二款组织、强迫未成年人卖淫的;㉝第三百六十一条第二款旅馆业、饮食服务业、文化娱乐业、出租汽车业等单位的主要负责人利用本单位的条件,组织、强迫、引诱、容留、介绍他人卖淫的;㉞第三百六十四条第三款制作、复制淫秽的电影、录像等音像制品组织播放的;㉟第三百六十四条第四款向不满十八周岁的未成年人传播淫秽物品的;㊱第三百六十九条第三款战时破坏或者过失损坏武器装备、军事设施、军事通信的;㊲第三百八十四条第二款挪用用于救灾、抢险、防汛、优抚、扶贫、移民、救济款物归个人使用的;㊳第三百八十六条后段索贿的;㊴第四百零八条之一第二款徇私舞弊犯食品监管渎职罪的;㊵第四百二十六条战时阻碍军人执行职务的。

在上述六类硬性量刑情节中,前五类情节都是从宽情节,且均由刑法典总则规定,法院在量刑时除引用刑法典分则的条文外,还要引用刑法典总则条文的有关规定。第六类情节除教唆犯和累犯之外,都分散规定在刑法典分则的罪刑条文中,都是针对应当从重处罚的个别情况规定的。

2. 弹性量刑情节

弹性量刑情节归纳起来,包括以下七类:

(1) 可以免除处罚的情节。共有两个:刑法典第六十七条后段犯罪较轻且自首的,第三百五十一条第三款非法种植毒品原植物在收获前自动铲除的。此外,有人认为,刑法典第三十七条规定"对于犯罪情节轻微不需要判处刑罚的,可以免予刑事处罚,但是可以根据案件的不同情况,予以训诫或者责令具结悔过、赔礼道歉、赔偿损失,或者由主管部门予以行政处罚或者行政处分"也是一个可以免除处罚的情节。对此本书持不同的看法,认为这不是一个可以免除处罚的情节,而是一个单纯的非刑罚处理方法的规定,其中,"犯罪情节轻微不需要判处刑罚的,可以免予刑事处罚"的规定,是对刑法典中所有可以免除处罚情节的总概括。

(2) 可以免除或者减轻处罚的情节。只有1个：刑法典第十条在国外犯罪已在国外受过刑罚处罚的。

(3) 可以减轻或者免除处罚的情节。共有5个：刑法典第六十八条第一款后段有重大立功表现的；第一百六十四条第四款行贿人在被追诉前主动交待行贿行为的；第二百七十六条之一拒不支付劳动报酬，尚未造成严重后果，在提起公诉前支付劳动报酬，并依法承担相应赔偿责任的；第三百九十条第二款行贿人在被追诉前主动交待行贿行为，且犯罪较轻，或者对侦破重大案件起关键作用，或者有重大立功表现的；第三百九十二条第二款在被追诉前主动交待介绍贿赂行为的。

(4) 可以从轻、减轻或者免除处罚的情节。共有3个：刑法典第十九条又聋又哑的人或者盲人犯罪的；第二十二条第二款预备犯；第三百八十三条第三款在提起公诉前如实供述自己罪行、真诚悔罪、积极退赃，避免、减少损害结果的发生，贪污、受贿数额较大或者有其他较重情节的。

(5) 可以从轻或者减轻处罚的情节。共有8个：刑法典第十七条之一已满七十五周岁的人故意犯罪的；第十八条第三款尚未完全丧失辨认或者控制自己行为能力的精神病人犯罪的；第二十三条第二款未遂犯；第二十九条第二款教唆未遂的教唆犯；第六十七条第一款中段自首犯；第六十八条前段有立功表现的；第二百四十一条第六款收买被拐卖的妇女、儿童，对被买儿童没有虐待行为，按照被买妇女的意愿，不阻碍其返回原居住地的；第三百九十条第二款行贿人在被追诉前主动交待行贿行为的。

(6) 可以从轻处罚的情节。共有3个：刑法典第六十七条第三款前段虽不具有自首情节，但如实供述自己罪行的；第二百四十一条第六款收买被拐卖的妇女、儿童，对被买儿童没有虐待行为，不阻碍对其进行解救的；第三百八十三条第三款在提起公诉前如实供述自己罪行、真诚悔罪、积极退赃，避免、减少损害结果的发生，贪污、受贿数额巨大或者有其他严重情节，或者数额特别巨大或者有其他特别严重情节的。

(7) 可以减轻处罚的情节。只有1个：刑法典第六十七条第三款后段因其如实供述自己罪行，避免特别严重后果发生的(坦白)。

3. 法定量刑情节的特征

通过上述分类分析，可以概括出刑法典中的法定量刑情节有如下特征：① 总则多从宽，分则多从严；② 从宽多可以，从严均应当；③ 从宽多共用，从严多特定；④ 从宽多选择，从严即从重。总体而言，尽管从重(从严)情节数量占绝对优势，但由于多为分则规定且功能单一，因而适用的机会并不如从宽情节多。

（四）酌定量刑情节

根据司法实践经验，酌定量刑情节主要包括以下几种：

1. 犯罪手段

犯罪手段是指实施犯罪的方式、方法、工具等。在犯罪手段不是犯罪构成要件的情况下，犯罪手段不同，直接体现着犯罪行为的不同社会危害程度。因此，它是影响量刑的因素之一。例如，同是故意杀人，使用残忍的手段就比使用一般手段具有更为严重的社会危害性，因此，在量刑时应有所区别。

2. 犯罪的时间、地点

犯罪的时间、地点是指行为人在实施犯罪时所处的时间和地点。犯罪的时间、地点不同，所表现出来的社会危害程度也有所不同，在对行为人量刑时需要考虑其实施犯罪的环境情节。例如，发生重大自然灾害时在灾区盗窃、抢劫财物的，与平时的盗窃、抢劫财物的环境情节就不相同。

3. 犯罪对象

行为人在犯罪时所针对的对象不同，反映了犯罪的社会危害程度的不同，在犯罪对象不作为犯罪构成要件时，也是量刑时的一个重要情节。例如，强奸怀孕的妇女与强奸其他妇女在对象情节上就不相同。

4. 犯罪结果

犯罪结果是指当犯罪结果不作为犯罪构成要件时在量刑中的作用。既包括犯罪的直接结果，也包括犯罪的间接结果。犯罪结果表明犯罪行为对社会关系造成的损害程度，是重要的酌定量刑情节。例如，因遗弃而造成被遗弃人伤残、死亡的与一般的遗弃就表现出结果情节的不同。

5. 犯罪的动机、目的

在犯罪动机、目的不是犯罪构成要件的情况下，犯罪动机、目的不同，表现出行为人主观恶性的不同，也是在对行为人量刑时需要考虑的一个情节。例如，出于追求享乐生活的动机的贪污，与确实因家庭困难的贪污，虽然在罪名上没有差别，但在量刑时是应当考虑的一个情节。

6. 犯罪前的表现

行为人在犯罪前的一贯表现怎样，是在对行为人量刑时需要考虑的一个情节。例如，一个一贯遵守法律、遵守道德规范的人因偶然因素而犯罪，与一个一贯不守法、不讲道德的人多次违法犯罪，在一贯表现情节上就不相同。

7. 犯罪后的态度

犯罪后的态度对于定罪来说一般没有意义，但是它反映了行为人的人身危险性大小和接受教育改造的难易程度，是在对行为人量刑时可予考虑的一个情节。例如,自愿认罪、主动退赃、认缴罚金、积极赔偿的,与犯罪后拒不认罪、拒不退赃、拒缴罚金、拒绝赔偿的,二者犯罪后的态度情节显然不同。

8. 特殊情况

刑法典第六十三条第二款规定:"犯罪分子虽然不具有本法规定的减轻处罚情节,但是根据案件的特殊情况,经最高人民法院核准,也可以在法定刑以下判处刑罚。"这里的"特殊情况"是指某些可能影响国家政治、外交、民族、宗教、国际事务,以及其他具有特殊意义的事实情况。这是立法机关考虑到为了有利于国家政治、外交、民族、宗教、国际事务等活动,而特许的酌情从宽量刑的情况。

此外,行为人的受文化教育程度、行为人的生活状况、行为人犯罪时所受的刺激、行为人与被害人的关系、被害人及其亲属的谅解、被害人过错或者责任、再犯或者前科等,对量刑也会有一定的影响。

(五) 量刑情节的适用

正确适用量刑情节,总体要求是:严格遵照从重、从轻、减轻和免除处罚的条件和规则;硬性量刑情节必须适用,弹性情节一般也应当予以适用;优先适用法定量刑情节,同时注意酌定量刑情节;根据法定顺序和具体案情选择适用多功能情节;在数情节并存时,区别顺向数情节与逆向数情节予以适用。摘要分述如下:

1. 从重处罚、从轻处罚的适用

刑法典第六十二条规定:"犯罪分子具有本法规定的从重处罚、从轻处罚情节的,应当在法定刑的限度以内判处刑罚。"本条规定为正确适用法定从重处罚、从轻处罚情节确定了基本规则。需要注意的是,这里所说的"在法定刑的限度以内判处刑罚"是指在与罪行相对应的法定刑档次的限度以内判处刑罚。

(1) 从重处罚。包含两种情况:① 在刑法典分则条文规定的法定刑只有一个量刑幅度(档次)的情况下,从重处罚就是在该法定刑的限度内选择较重的刑种或者较长的刑期;② 在刑法典分则条文规定的法定刑有几个量刑幅度(档次)的情况下,从重处罚就是在与行为人所犯罪行相对应的量刑幅度(档次)内选择较重的刑种或者较长的刑期。

(2) 从轻处罚。包含两种情况:① 在刑法典分则条文规定的法定刑只有一个量刑幅度(档次)的情况下,从轻处罚就是在该法定刑的限度内选择较轻的刑种或者较短的刑期;② 在刑法典分则条文规定的法定刑有几个量刑幅度(档次)的情况下,从轻处罚就是在与行为人所犯罪行相对应的量刑幅度(档次)内选择较轻的刑种或者较短的刑期。

2. 减轻处罚、免除处罚的适用

（1）减轻处罚。减轻处罚不是减刑。根据刑法典第六十三条规定，减轻处罚分一般减轻和特殊减轻。

① 一般减轻。刑法典第六十三条第一款规定"犯罪分子具有本法规定的减轻处罚情节的，应当在法定刑以下判处刑罚；本法规定有数个量刑幅度的，应当在法定量刑幅度的下一个量刑幅度内判处刑罚。"

这里所说的"在法定刑以下判处刑罚"是指对行为人判处低于所犯罪行的法定最低刑的刑罚。同样包含两种情况：一是在刑法典分则条文规定的法定刑只有一个量刑幅度（档次）的情况下，减轻处罚就是判处低于该法定刑档次的最低刑的刑罚；二是在刑法分则条文规定的法定刑有几个量刑幅度（档次）的情况下，减轻处罚就是在与行为人所犯罪行相对应的法定量刑幅度（档次）的下一个量刑幅度内判处刑罚。注意必须对"在法定刑以下判处刑罚"做限制解释：在上述两种情形中，当法定刑的下限是管制、拘役或者有期徒刑的下限时，都没有了再进一步减轻的余地，不能突破有期徒刑的六个月下限而减为拘役，也不能突破拘役的一个月下限而减为管制，更不能突破管制的三个月下限而免除处罚或代之以附加刑。

② 特殊减轻。刑法典第六十三条第二款规定："犯罪分子虽然不具有本法规定的减轻处罚情节，但是根据案件的特殊情况，经最高人民法院核准，也可以在法定刑以下判处刑罚。"这是与从重处罚和从轻处罚的不同之处，即在行为人不具有法定减轻处罚情节而只具有酌定减轻处罚情节的情况下，由于刑法典条文对于这种减轻处罚没有作出明确规定，因此，审理该案件的人民法院无权直接对行为人作出减轻处罚的量刑，必须将行为人具有特殊情况需要减轻处罚的意见报最高人民法院核准后，才能作出减轻处罚的量刑。

（2）免除处罚。是指对行为人作出有罪宣告但免除其应当判处的刑罚。免除处罚的前提是危害行为已经构成犯罪，只是犯罪情节轻微，具有免除处罚的法定情节时才不需要判处刑罚。按照刑法典第三十七条规定，对于免除处罚的行为人，可以根据案件的不同情况，分别予以训诫、责令具结悔过、赔礼道歉、赔偿损失或者由主管部门予以行政处罚或者行政处分。

3. 多功能情节的选择适用

刑法典中，从轻处罚、减轻处罚、免除处罚往往合并在一起规定，供法院或者法官选择适用。究竟如何选择？有学者认为，不是可以随便进行的，而要根据以下两个方面的情况作出选择。①

---

① 高铭暄.新编中国刑法学：上册.北京：中国人民大学出版社,1998：371.

(1) 根据不同功能的排列。例如,刑法典第二十二条第二款规定:"对于预备犯,可以比照既遂犯从轻、减轻处罚或者免除处罚。"由于立法者将从轻处罚放在首要位置,因此,对于预备犯量刑时,一般情况下首先考虑的是从轻处罚;若排除从轻处罚的,再考虑减轻处罚;若减轻处罚又不适宜的,再考虑免除处罚。

　　(2) 根据案件的具体情况。例如,对于犯罪较轻、犯罪动机善良的预备犯,可以选择免除处罚;对于犯罪较重、犯罪动机较为卑鄙的预备犯,可以选择减轻处罚;对于犯罪严重、犯罪动机卑鄙的预备犯,可以选择从轻处罚;对于犯罪极其严重、犯罪动机十分卑鄙的预备犯,不予从宽处罚。

　　4. 数个量刑情节的适用

　　有时一个行为人可能有多个从宽情节或者多个从严情节,或者既有从宽情节,也有从严情节,此时,应恰当运用多种情节予以量刑。

　　(1) 顺向数情节。应注意两点:① 严守幅度。即不能突破法定的从宽处罚或者从严处罚的幅度。例如,在具有数个从轻处罚情节的情况下,仍然只能在法定刑幅度内选择较轻的刑种和较短的刑期,而不能升格为减轻处罚。同理,在具有数减轻处罚情节的情况下,不能上升为免除处罚。在具有数个从重处罚情节的情况下,不能因此加重对行为人的处罚。② 法定优于酌定,应当优于可以。即应根据情节的法律效力运用量刑情节。在量刑时,如果行为人既有法定情节,也有酌定情节,那就应首先考虑法定情节。如果既有应当型情节,也有可以型情节,那当然是优先适用应当型情节。

　　(2) 逆向数情节。同时具有数个功能相反情节时,不能简单地两相抵销。例如,某个行为人既有法定从重情节,也有法定从轻情节,不能用法定从轻情节来抵销法定从重情节。有两种处置方法:① 拟判—从严(宽)修正—从宽(严)修正。即先根据犯罪性质和基本犯罪事实确定一个拟判刑罚,然后根据从重情节或者从轻情节对拟判刑罚进行修正,再根据从轻情节或者从重情节对第一次修正后的刑罚进行第二次修正,这样得出最后的量刑结果。①② 先从重后从轻。如有学者认为,应当依据先从重后从轻的顺序进行。②

　　5. 酌定量刑情节的适用

　　酌定情节虽然不是刑法明文规定的量刑情节,但也绝不是可以忽略不计的情节。法院或者法官应当对酌定情节给予足够的重视,根据案件的具体情况,在充分考虑酌定情节的基础上,作出实事求是、恰如其分的量刑。例如,行为人由于受到被害人的极大侮辱,在激愤状态下杀死了被害人。"激愤杀

---

① 高铭暄. 新编中国刑法学:上册. 北京:中国人民大学出版社,1998:372.
② 黄京平. 刑法总则案例分析. 北京:中国人民大学出版社,2000:214.

人"并不是刑法规定的量刑情节,但是法院在审理激愤杀人的案件时,一般都会把因激愤而杀人的因素予以充分考虑,在刑法规定的量刑幅度内对行为人酌情从轻处罚。如前所述,司法实践中考虑的酌定情节实际有多种,都需要对这些酌定情节予以足够的重视并在量刑的结果中反映出来。

第二节 累犯

本节主要讲述累犯制度,包括累犯的概念、意义、种类、构成条件和处罚原则。

一、累犯的概念

累犯是指因故意犯罪被判处一定的刑罚,刑罚执行完毕或者赦免以后,在一定条件范围内再故意犯一定条件之罪的行为人。具体而言,累犯是指因故意犯罪被判处有期徒刑以上刑罚,刑罚执行完毕或者赦免以后,五年以内再故意犯应当判处有期徒刑以上刑罚之罪,或者因危害国家安全犯罪、恐怖活动犯罪、黑社会性质的组织犯罪,在刑罚执行完毕或者赦免以后,再犯上述任一类犯罪,或者因走私、贩卖、运输、制造、非法持有毒品罪被判过刑,又实施毒品犯罪的行为人。

累犯虽然是"再犯罪",但它的构成必须具备主观、时间、刑度或者罪质等条件,这使得累犯与惯犯、再犯均不相同。

二、累犯的种类和构成条件

累犯分为一般累犯和特殊累犯两种。

(一) 一般累犯

一般累犯又称普通累犯。根据刑法典第六十五条规定,普通累犯是指因故意犯罪被判处有期徒刑以上刑罚的行为人,在刑罚执行完毕或者赦免以后,五年之内又故意犯应当判处有期徒刑以上刑罚之罪的行为人,但不满十八周岁的人犯罪的除外。从这一概念可以看出,构成一般累犯必须具备四个条件:

1. 主观条件

主观条件即前罪和后罪必须都是故意犯罪。如果前罪和后罪有一个是过失犯罪,或者前后两罪都是过失犯罪,不能构成累犯。刑法典特别规定累犯的构成"过失犯罪除外",就是强调累犯构成的主观条件。在立法上,其意图是严格控制累犯的范围,以便集中力量打击那些在主观上出于故意,因而犯罪行为的社会危害性特别是人身危险性很大的行为人。

2. 刑度条件

刑度条件即前罪所判处的刑罚和后罪应当判处的刑罚都是有期徒刑以上刑罚。如果前罪和后罪所判处的刑罚有一个是低于有期徒刑的刑罚,或者前后两罪所判处的刑罚都是低于有期徒刑的刑罚,不能构成累犯。在立法意图上,后罪的刑度规定与前罪的刑度规定一样是为了严格限制累犯的构成条件,防止无限制地扩大累犯的范围。

(1) 前罪的"有期徒刑以上刑罚",包括有期徒刑、无期徒刑和死刑缓期二年执行。从表面上看曾被判处无期徒刑和死刑缓期二年执行的罪犯没有于刑罚执行完毕后再故意犯罪的机会,但由于以下制度的适用,实际上仍然有构成累犯的可能:① 刑法典规定的减刑和假释制度对无期徒刑犯和死缓犯都是适用的,减刑会使无期徒刑或者死缓转化为有期徒刑,假释则是将无期徒刑犯附加一定的条件予以提前释放,在没有违反假释条件的情况下,经过一定的考验期限,就认为原判刑罚已经执行完毕,这就使得无期徒刑犯和死缓犯都有可能发生刑罚执行完毕。② 现行宪法规定了特赦,在法律上存在着无期徒刑犯或者死缓犯被特赦的可能。因此,被判处无期徒刑或者死刑缓期二年执行的行为人也有可能构成累犯,并在有生之年重返社会。

(2) 后罪的"应当判处有期徒刑以上刑罚"是未然的刑罚。但未然的刑罚并不是不可知的刑罚,根据行为人的犯罪事实、犯罪性质、犯罪情节和对社会的危害程度,法官完全可以对行为人应当判处的刑罚作出判断。但需要注意两点:① "应当判处有期徒刑以上刑罚"不是指后罪的法定刑中包含了有期徒刑以上刑罚,而是指后罪的社会危害性已经达到了应当判处有期徒刑以上刑罚的程度。② 禁止对"累犯"情节进行重复评价,即应当假定没有累犯情节,并且充分考虑其他量刑情节后,对后罪所应当判处的刑罚作出认定。由于刑法典分则对除危险驾驶罪之外的所有犯罪都规定了有期徒刑,因此,如果先假定"累犯"成立,那么根据累犯从重规则,所有的"后罪"就都应当判处有期徒刑以上刑罚了。这样,对后罪的刑度条件规定还有什么意义呢?

3. 时间条件

时间条件即后罪必须发生在前罪刑罚执行完毕或者赦免以后五年之内。这里所说的"刑罚执行完毕"是指行为人被判处的主刑执行完毕,被判处的附加刑即使在主刑执行完毕之后仍然在执行过程中,如果行为人又犯新罪,也并不影响累犯的构成。对被假释的行为人而言,在假释考验期满后的五年之内又犯新罪的,可以构成累犯,因为假释犯的假释考验期满时"就认为原判刑罚已经执行完毕"。对被判处有期徒刑宣告缓刑的行为人而言,在缓刑考验期满后的五年之内又犯罪的,不能构成累犯。因为通说认为,缓刑犯的缓刑考验期满时"原判的刑罚就不再执行",没有发生刑罚执行完毕的问题。当然,也有截然相反的观点。

4. 主体条件

一般累犯的主体必须是成年人,前罪和后罪的主体均必须成年。未成年时故意犯罪被判处有期徒刑以上的刑罚,前罪刑罚执行完毕或者赦免以后再故意犯应当判处有期徒刑以上刑罚之罪时已经成年,仍不构成累犯。

(二)特殊累犯

特殊累犯又称特别累犯或者同种累犯。根据刑法典第六十六条、第三百五十六条规定,特别累犯是指因危害国家安全犯罪、恐怖活动犯罪、黑社会性质的组织犯罪之一,在刑罚执行完毕或者赦免以后,再犯上述任一类犯罪,或者因走私、贩卖、运输、制造、非法持有毒品罪被判过刑,又实施毒品犯罪的行为人。对于刑法典第三百五十六条规定如何定性,尚有不同意见。除了主张特别累犯而外,另一种意见主张为特别再犯,认为是再犯从重制度的法律化。为教学上的方便,本书以特别累犯处之。因此,特别累犯包括两种情形:

1. 危害国家安全犯罪、恐怖活动犯罪、黑社会性质的组织犯罪累犯

这类特别累犯是指因危害国家安全犯罪、恐怖活动犯罪、黑社会性质的组织犯罪,在刑罚执行完毕或者赦免以后,再犯上述任一类犯罪的行为人。其构成条件由如下:

(1)罪质条件。即前罪和后罪必须都是危害国家安全犯罪、恐怖活动犯罪、黑社会性质的组织犯罪之一。前罪与后罪的关系不强调一一对应,可以相互交叉,二者关系如图14-1所示。

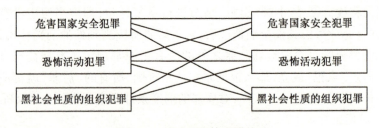

图14-1 特殊累犯的罪质关系

(2)刑罚条件。即前罪应当被判处并且执行过一定的刑罚,否则,就不存在所谓"在刑罚执行完毕或者赦免以后"的问题,这一点被许多教材忽略甚至否定,应当引起注意。例如,有学者认为,对特别累犯的刑度条件、时间条件和主观条件均不做要求。当然,从刑法典第六十六条规定分析,对于后罪是不需要什么刑罚条件的。此外,对于此类累犯,前罪与后罪都是故意犯罪,主观条件不必强调,但不存在时间条件。

2. 毒品犯罪累犯(再犯)

毒品犯罪累犯(再犯)是指因走私、贩卖、运输、制造、非法持有毒品罪被判过刑,又实施毒品犯罪的行为人。其构成条件是:

(1)罪质条件。前罪与后罪都是毒品犯罪,但应当注意,前罪与后罪有一定的差异:前罪必须是走私、贩卖、运输、制造、非法持有毒品罪,后罪是任意毒品犯罪。

(2)刑罚条件。前罪应当"被判过刑",后罪则不需要什么刑罚条件。而且,就前罪的刑罚条件来说,与危害国家安全犯罪累犯也有所不同:一是所判刑罚种类不限,二是所判之刑可以是缓刑。

此外,毒品犯罪累犯与危害国家安全犯罪、恐怖活动犯罪、黑社会性质的组织犯罪累犯一样,前罪与后罪都是故意犯罪,主观条件不必强调,但不存在时间条件。

三、累犯的处罚

1. 从重处罚

行为人在刑罚执行完毕或者赦免以后的特定时间或者条件内又再次犯罪的,说明行为人的主观恶性较深,人身危险性较大,对社会的危害性也比较严重,教育和改造他们具有一定的难度,因此,刑法典第六十五条第一款、第三百五十六条第二款规定:对于累犯,从重处罚。

2. 不适用缓刑

刑法典第七十四条规定:"对于累犯……不适用缓刑。"这一规定严格禁止了对累犯适用缓刑的可能性,即使作为累犯的行为人被判处的是拘役或者三年以下有期徒刑,也不能适用缓刑,因为对累犯来说,他们自己的所作所为已经证明,他们不可能"没有再犯罪的危险"。

3. 不得假释

刑法典第八十一条第二款规定:"对累犯……不得假释。"这一规定严格禁止了对累犯适用假释的可能性。因为对累犯来说,他们自己的所作所为已经证明,他们是不可能"确实不致再危害社会的"。

4. 累犯竞合

根据特别法优先的原则,在一般累犯与特殊累犯竞合时,适用特殊累犯的规定。此外,《全国法院审理毒品犯罪案件工作座谈会纪要》(法〔2000〕42号)规定,当刑法典第六十五条第一款与第三百五十六第二款竞合时,适用后者。但《全国法院毒品犯罪审判工作座谈会纪要》(法〔2015〕129号)规定:"对于因同一毒品犯罪前科同时构成累犯和毒品再犯的被告人,在裁判文书中应当同时引用刑法关于累犯和毒品再犯的条款,但在量刑时不得重复予以从重处罚。对于因不同犯罪前科同时构成累犯和毒品再犯的被告人,量刑时的从重处罚幅度一般应大于前述情形。"

第三节 自首和立功

本节主要讲述刑法典规定的自首、坦白和立功制度,主要包括自首和立功的概念、意义、种类、构成条件和处罚原则。

一、自首

(一)自首的概念

依据刑法典第六十七条规定,自首是指行为人在犯罪以后自动投案,如实供述自己罪行,或者被采取强制措施的犯罪嫌疑人、被告人和正在服刑的罪犯,如实供述司法机关还未掌握的本人其他罪行的行为。

从我国刑法史分析,自首的起源可追溯到西周时期。到了唐代,自首已经是一项完备的刑罚制度,当时,既承认自首,也承认代首。此后历代均沿用唐代的自首制度并有所发展。综观历史,特别是从新中国成立到1979年刑法典再到1997年刑法典,以至后来的多个司法解释,对于自首的范围、条件的规定,不断从宽,既有原则性规定,又有灵活性规定,鼓励自首的立法旨意越发明显。当然,总体上从宽的同时又略有限制。

目前,有关自首的司法解释主要有:《最高人民法院关于处理自首和立功具体应用法律若干问题的解释》(法释〔1998〕8号)、《最高人民法院关于被告人对行为性质的辩解是否影响自首成立问题的批复》(法释〔2004〕2号)、《最高人民法院、最高人民检察院关于办理职务犯罪案件认定自首、立功等量刑情节若干问题的意见》(法发〔2009〕13号)、《最高人民法院关于处理自首和立功若干具体问题的意见》(法发〔2010〕60号)。

(二)自首的种类和构成条件

自首包含两种情况:一般自首和特别自首。

1. 一般自首

一般自首是指行为人在犯罪以后自动投案,如实供述自己罪行的行为。行为人无论是出于自己的悔悟、亲友的劝说、法律的威慑或是出于其他原因,只要有自动投案和如实供述自己罪行的行为,就应当认定为自首。一般自首必须具备两个条件:

(1)前提条件:自动投案。这是指罪行或者行为人未被司法机关发觉,或者虽被发觉,但行为人尚未受到讯问、未被采取强制措施时,直接或者间接地主动归案,并自愿接受司法机关及其司法人员控制、审讯和裁判。

① 投案的时间。包括从作案（实施犯罪）后到被动归案（抓捕归案）前的任何时间。具体包括：犯罪事实和行为人都没有被发现时投案的；犯罪事实已经被发现但不知行为人是谁时投案的；犯罪事实和行为人都已经被发现，但在司法机关采取强制措施之前投案的；犯罪后逃跑，在被通缉、追捕过程中，主动投案的；经查实确已准备去投案，或者正在投案途中，被公安机关捕获的；犯罪后主动报案，虽未表明自己是作案人，但没有逃离现场，在司法机关询问时交代自己罪行的；明知他人报案而在现场等待，抓捕时无拒捕行为，供认犯罪事实的；在司法机关未确定犯罪嫌疑人，尚在一般性排查询问时主动交代自己罪行的；因特定违法行为被采取行政拘留、司法拘留、强制隔离戒毒等行政、司法强制措施期间，主动向执行机关交代尚未被掌握的犯罪行为的；其他符合立法本意，应当视为自动投案的情形。

罪行未被有关部门、司法机关发觉，仅因形迹可疑被盘问、教育后，主动交代自己的犯罪事实的，应当视为自动投案，但有关部门、司法机关在其身上、随身携带的物品、驾乘的交通工具等处发现与犯罪有关的物品的，不能认定为自动投案。

交通肇事后保护现场、抢救伤者，并向公安机关报告的，应认定为自动投案，构成自首的，因上述行为同时系犯罪嫌疑人的法定义务，对其是否从宽、从宽幅度要适当从严掌握。交通肇事逃逸后自动投案，如实供述自己罪行的，应认定为自首，但应依法以较重法定刑为基准，视情况决定对其是否从宽处罚以及从宽处罚的幅度。

没有自动投案，在办案机关（含纪检监察部门）调查谈话、讯问、采取调查措施（含纪监调查或行政调查）或者强制措施期间，行为人如实交代办案机关掌握的线索所针对的事实的，不能认定为自首。

② 投案的方式。行为人本人自动投案的（狭义自首简称亲首）；行为人因病、伤或者为了减轻犯罪后果，委托他人先代为投案的（代首）；并非出于行为人主动，而是经亲友规劝、陪同投案的（陪首）；先以信电投案然后再到司法机关的。

③ 投案的对象、场所。就投案的对象而言，下列情形均应当视为自动投案：行为人到有管辖权的司法机关向司法人员投案的；行为人到其他无管辖权的司法机关向司法人员投案的；行为人向其所在单位、城乡基层组织或者其他有关负责人员（不限于首长或者法定代表人或者负责人）投案的；公安机关通知行为人的亲友，或者亲友主动报案后，将行为人送去投案的。就投案的场所而言，既可以是司法机关、所在单位、城乡基层组织的办公地，也可以是有关司法人员或者其他有关负责人员的住所、宿舍。

④ 投案的自愿性、彻底性。行为人主动归案,必须始终自愿接受司法机关及其司法人员控制、审讯和裁判。若自动归案后又逃跑的,不能认定为自首。

(2) 根本条件:如实供述。

① 行为人必须是如实供述自己的主要犯罪事实,包括主要犯罪事实本身及自己的姓名、年龄、职业、住址、前科等情况,但所供述的自己的主要犯罪事实不是犯罪过程的全部细节,只要供述了自己的主要罪行即可。如果供述与自己无关的他人的罪行,不成立自首;符合立功条件的,成立立功。行为人供述的身份等情况与真实情况虽有差别,但不影响定罪量刑的,应认定为如实供述自己的罪行。行为人自动投案后隐瞒自己的真实身份等情况,影响对其定罪量刑的,不能认定为如实供述自己的罪行。

② 犯有异种数罪的行为人仅如实供述所犯数罪中部分犯罪的,只对如实供述部分犯罪的行为认定为自首。行为人多次实施同种罪行的,应当综合考虑已交代的犯罪事实与未交代的犯罪事实的危害程度,认定是否认定为如实供述主要犯罪事实。虽然投案后没有交代全部犯罪事实,但如实交代的罪情节重于未交代的犯罪情节,或者如实交代的犯罪数额多于未交代的犯罪数额,一般应认定为如实供述自己的主要犯罪事实。无法区分已交代的与未交代的犯罪情节的严重程度,或者已交代的犯罪数额与未交代的犯罪数额相当,一般不认定为如实供述自己的主要犯罪事实。

③ 行为人自动投案时虽然没有交代自己的主要犯罪事实,但在司法机关掌握其主要犯罪事实之前主动交代的,应认定为如实供述自己的罪行。

④ 共同犯罪案件中的行为人,除如实供述自己的罪行外,还应当供述所知的同案犯,主犯则应当供述所知的其他同案犯的共同犯罪事实,才能认定为自首。

⑤ 行为人自动投案并如实供述自己的罪行后又翻供的,不能认定为自首,但在一审判决前又能如实供述的,应当认定为自首。

⑥ 行为人供述自己罪行的方式可以是多种多样的。既可以是口头的,也可以是书面的,还可以是录音等其他方式,只要符合如实供述罪行的要求,就是自首。

⑦ 被告人对行为性质的辩解不影响自首的成立。

2. 特别自首

特别自首又称余罪自首,简称余首,是指被采取强制措施的犯罪嫌疑人、被告人和正在服刑的罪犯,如实供述司法机关还未掌握的本人其他罪行的行为。特别自首必须具备以下条件:

(1) 主体条件。特别自首的主体只能是已经被采取强制措施的犯罪嫌疑人、被告人和正在服刑的罪犯。既包括被采取了强制措施的未决行为人，也包括正在服刑的已决行为人。正因为特别自首主体的这种特殊性，他们已经不存在自动投案的条件，刑法典才对此作出与一般自首不同的特别规定，从这一规定也可以看出在立法上对自首的鼓励。

(2) 根本条件。即如实供述司法机关还未掌握的本人的其他罪行。这一条件包括三层含义：

① 行为人供述的必须是自己的罪行，而不能是他人的罪行。

② 行为人供述的必须是司法机关尚未掌握的罪行，即司法机关正在审查的罪行或者正在服刑之罪之外的其他罪行，而不只是补充自己已为司法机关所知之罪的犯罪细节。犯罪嫌疑人、被告人在被采取强制措施期间，向司法机关主动如实供述本人的其他罪行，该罪行能否认定为司法机关已掌握，应根据不同情形区别对待：如果该罪行已被通缉，一般应以该司法机关是否在通缉令发布范围内作出判断，不在通缉令发布范围内的应认定为还未掌握，在通缉令发布范围内的应视为已掌握；如果该罪行已录入全国公安信息网络在逃人员信息数据库，应视为已掌握。如果该罪行未被通缉，也未录入全国公安信息网络在逃人员信息数据库，应以该司法机关是否已实际掌握该罪行为标准。

③ 行为人供述的必须与司法机关已掌握的或者判决确定的罪行属不同种罪行。犯罪嫌疑人、被告人在被采取强制措施期间如实供述本人的其他罪行，该罪行与司法机关已掌握的罪行属同种罪行还是不同种罪行，一般应以罪名区分。虽然如实供述的其他罪行的罪名与司法机关已掌握犯罪的罪名不同，但如实供述的其他犯罪与司法机关已掌握的犯罪属选择性罪名或者在法律、事实上密切关联，如因受贿被采取强制措施后，又交代因受贿为他人谋取利益行为，构成滥用职权罪的，应认定为同种罪行。

(三) 自首的处罚

自首表明行为人有一定的认罪或者悔罪表现，因此，刑法典对自首规定了从宽处罚的原则。刑法典第六十七条第一款规定："对于自首的犯罪分子，可以从轻或者减轻处罚。其中，犯罪较轻的，可以免除处罚。"可见，对自首的处罚包括两种情况：一是可以从轻或者减轻处罚，这是处罚自首犯的总原则；二是可以免除处罚，这适用于自首犯中犯罪较轻的情形。

决定是否从宽处罚、从宽处罚的幅度，应当考虑犯罪事实、犯罪性质、犯罪情节、危害后果、社会影响、行为人的主观恶性和人身危险性等，还应考虑投案的主动性、供述的及时性和稳定性等。

具有自首情节，一般应依法从轻、减轻处罚；犯罪情节较轻的，可以免除处罚。类似情况下，对具有自首情节的行为人的从宽幅度要适当宽于具有立功情节的行为人。

虽然具有自首情节，但犯罪情节特别恶劣、犯罪后果特别严重、主观恶性深、人身危险性大，或者在犯罪前即为规避法律、逃避处罚而准备自首的，可以不从宽处罚。

对于具有自首情节，同时又有累犯、毒品再犯等法定从重处罚情节的，既要考虑自首的具体情节，又要考虑行为人的主观恶性、人身危险性等因素，综合分析判断，确定从宽或者从严处罚。累犯的前罪为非暴力犯罪的，一般可以从宽处罚，前罪为暴力犯罪或者前、后罪为同类犯罪的，可以不从宽处罚。

在共同犯罪案件中，对具有自首情节的行为人的处罚，应注意共同行为人以及首要分子、主犯、从犯之间的量刑平衡。

（四）坦白

刑法典第六十七条第三款规定："犯罪嫌疑人虽不具有前两款规定的自首情节，但是如实供述自己罪行的，可以从轻处罚；因其如实供述自己罪行，避免特别严重后果发生的，可以减轻处罚。"

此外，法释〔1998〕8号司法解释第四条规定："被采取强制措施的犯罪嫌疑人、被告人和已宣判的行为人，如实供述司法机关尚未掌握的罪行，与司法机关已掌握的或者判决确定的罪行属同种罪行的，可以酌情从轻处罚；如实供述的同种罪行较重的，一般应当从轻处罚。"法发〔2010〕60号司法意见规定："犯罪嫌疑人被亲友采用捆绑等手段送到司法机关，或者在亲友带领侦查人员前来抓捕时无拒捕行为，并如实供认犯罪事实的，虽然不能认定为自动投案，但可以参照法律对自首的有关规定酌情从轻处罚。"这在一定程度上弥补了对余罪自首范围限制解释的不足。

二、立功

（一）立功的概念

按照刑法典第六十八条规定，立功是指行为人有揭发他人的犯罪行为，经查证属实，或者提供重要线索，从而得以侦破其他案件，或者阻止他人犯罪活动，或者协助司法机关抓捕包括同案犯在内的其他行为人，或者对国家和社会有其他重大贡献等行为表现。

必须注意的是，共同犯罪案件中的行为人，揭发同案犯共同犯罪以外的其他犯罪，经查证属实，以及协助司法机关抓捕同案犯的行为，虽可构成立功，但共同犯罪案件中的行为人，揭发同案犯共同犯罪行为本身，即使经查证属实，也不构成立功（有可能构成自首或者坦白）。

近年来，司法实践中出现为使行为人从轻、减轻或者免除处罚，由其亲友、律师、办案人员着意向其提供（甚至有偿提供）他人犯罪线索等立功机会，再由行为人向司法机关"揭发"他人犯罪，经查证属实，或者得以侦破其他案件，或者协助司法机关抓捕其他行为人等行为。实践中称之为"帮助立功"。这种钻法律空子但对打击其他犯罪有时可能有益的行为，司法实践中也有认为是立功的。但是，法发〔2010〕60号司法意见对此已作出否定规定：犯罪人通过贿买、暴力、胁迫等非法手段，或者被羁押后与律师、亲友会见过程中违反监管规定，获取他人犯罪线索并"检举揭发"的，不能认定为有立功表现。犯罪人将本人以往查办犯罪职务活动中掌握的，或者从负有查办犯罪、监管职责的国家工作人员处获取的他人犯罪线索予以检举揭发的，不能认定为有立功表现。犯罪人亲友为使其"立功"，向司法机关提供他人犯罪线索、协助抓捕犯罪嫌疑人的，不能认定为有立功表现。

（二）立功的种类和表现

根据贡献大小或者程度不同，立功可分为一般立功和重大立功两种。

1. 一般立功

一般立功是指行为人揭发他人的犯罪行为经查证属实是较轻的犯罪，或者司法机关根据行为人提供的线索侦破的案件是一般犯罪的案件等情形。

行为人有以下表现之一的，应当认定为有立功表现。① 到案后有检举、揭发他人犯罪的行为，包括共同犯罪案件中的行为人揭发同案犯共同犯罪以外的其他犯罪，经查证属实。② 提供侦破其他案件的重要线索，经查证属实。③ 阻止他人犯罪活动（包括监内、监外）。④ 协助司法机关抓捕其他行为人（包括同案犯），例如：按照司法机关的安排，以打电话、发信息等方式将其他犯罪嫌疑人（包括同案犯）约至指定地点的；按照司法机关的安排，当场指认、辨认其他犯罪嫌疑人（包括同案犯）的；带领侦查人员抓获其他犯罪嫌疑人（包括同案犯）的；提供司法机关尚未掌握的其他案件犯罪嫌疑人的联络方式、藏匿地址的；等等。犯罪人提供同案犯姓名、住址、体貌特征等基本情况，或者提供犯罪前、犯罪中掌握、使用的同案犯联络方式、藏匿地址，司法机关据此抓捕同案犯的，不能认定为协助司法机关抓捕同案犯。⑤ 具有其他有利于国家和社会的突出表现的。

2. 重大立功

重大立功是指行为人揭发他人的犯罪行为经查证属实是严重的犯罪，或者司法机关根据行为人提供的线索侦破的案件是重大犯罪的案件等情形。

行为人有以下表现之一的，应当认定为有重大立功表现。① 到案后有检举、揭发他人重大犯罪行为，包括共同犯罪案件中的行为人揭发同案犯共同犯罪以外的其他重大犯罪,经查证属实;② 提供侦破其他重大案件的重要线索,经查证属实;③ 阻止他人重大犯罪活动(包括监内、监外);④ 协助司法机关抓捕其他重大犯罪人(包括同案犯),具体理解同一般立功表现第④点;⑤ 对国家和社会有其他重大贡献等表现。其中所称"重大犯罪""重大案件""重大犯罪人"的标准,一般是指犯罪人可能被判处无期徒刑以上刑罚或者案件在本省、自治区、直辖市或者全国范围内有较大影响等情形。

(三) 立功的处罚

(1) 可以从轻或者减轻处罚。这适用于有一般立功表现的行为人。

(2) 可以减轻或者免除处罚。这适用于有重大立功表现的行为人。

刑法修正案(八)删除了"自首又有重大立功表现"的规定。从此以后,对于此种情形以及自首后又有一般立功表现的,只能作为酌情量刑情节考虑。

此外,法释〔1998〕8号司法解释第六条规定:"共同犯罪案件的犯罪分子到案后,揭发同案犯共同犯罪事实的,可以酌情予以从轻处罚。"这在一定程度上弥补了揭发同案犯共同犯罪行为不构成立功的不足。

第四节 数罪并罚

本节主要讲述刑法典规定的数罪并罚制度,包括数罪并罚的概念和条件,数罪并罚的一般原则及我国的数罪并罚原则和方法。

一、数罪并罚的概念和条件

数罪并罚是指一个行为人在判决宣告前犯有数罪需要一并判决,或者一个行为人在判决宣告后、刑罚执行完毕前,发现还有"漏罪"没有判决,或者一个行为人在刑罚执行完毕前,又犯新罪,法院依照法定的数罪并罚原则和方法,对行为人所犯的数罪合并处罚的量刑制度。简而言之,数罪并罚是法院对一人犯数罪合并处罚。

数罪并罚应当满足两个条件:

(1) 数罪并罚的前提条件。即一个行为人必须犯有数罪。但是,并非所有数罪都并罚。数罪既有想象数罪,也有实质数罪;在实质数罪中,既有同种数罪,也有异种数罪。凡想象数罪均不并罚;如果一个行为人犯有异种数罪(实质数罪),除了牵连犯和吸收犯而外,一般应该实行数罪并罚。如果一个行为人犯有同种数罪(实质数罪)是否应当实行并罚,不能一概而论,需要根据案件的具体情况分别处理。一般情况下,一个人犯有同种数罪不需要实行数罪并罚,只要按照一罪从重或者数额累计处罚就可以了。但以下两种情况必须实行数罪并罚：一是判决宣告后，刑罚执行完毕前，发现行为人还有"漏罪"没有判决的，即使没有判决的"漏罪"和已经判决的犯罪属于同种数罪，也应当实行数罪并罚；二是判决宣告后，刑罚执行完毕前，行为人又犯新罪，即使所犯的新罪和已经判决的犯罪属于同种数罪，也应当实行数罪并罚。

（2）数罪并罚的时间条件。数罪必须发生在一定的时间限度内。刑法典第六十九条、第七十条、第七十一条、第七十七条、第八十六条规定了适用数罪并罚的五种时间条件。

二、数罪并罚的原则和方法

（一）数罪并罚的原则

数罪并罚的原则是指对一人所犯数罪合并处罚所依据的基本准则。从世界各国的立法例来看，数罪并罚的原则有并科原则、吸收原则、限制加重原则三种，且一般综合运用这三个原则，我国刑法典第六十九条规定也不例外。

1. 并科原则

并科原则又称相加原则、累加原则、合并原则，是指对数罪分别宣告刑罚后，将数刑绝对相加或者合并执行。因其适用范围不同，有相对并科与绝对并科之分。一些英美法系国家刑法中规定的数罪之刑"连续计算"的并罚方法大体上相当于绝对并科原则。按照这一原则，有的行为人可能被判处几十年、上百年甚至成千上万年的自由刑，比人的最高寿命还要长若干倍。刑期过长不仅过于严酷，而且会因刑期超过人的正常寿限而没有实际意义。特别是对死刑、无期徒刑等无期限、无数量限制的刑罚根本无法适用。

在我国，该原则主要用于部分内容相异的主刑、主刑与附加刑以及不同附加刑的合并执行。① 数罪中有判处有期徒刑和管制，或者拘役和管制的，有期徒刑、拘役执行完毕后，管制仍须执行。这是刑法修正案（九）的新规定。② 附加刑与主刑的执行。一律采用并科原则，不论行为人被判处的主刑是什么，都不影响附加刑的执行；也不管主刑和附加刑是否有期限或者数量限制。③ 有期限或数量限制的同类附加刑合并执行，不同类附加刑分别执行。例如，《最高人民法院关于适用财产刑若干问题的规定》第三条规定："依法对犯罪分子所犯数罪分别判处罚金的，应当实行并罚，将所判处的罚金数额相加，执行总和数额。一人犯数罪依法同时并处罚金和没收财产的，应当合并执行；但并处没收全部财产的，只执行没收财产刑。"注意，其中"但书"部分适用的是吸收原则。

2. 吸收原则

吸收原则是指对数罪分别宣告刑罚后，以重刑吸收轻刑作为执行的刑期，或者在重刑吸收轻刑后，对决定执行的刑罚酌情加码。前者为单纯吸收原则,即对一人所犯数罪分别定罪量刑,然后选择其中最重的刑罚作为决定执行的刑罚,其他较轻的刑罚被吸收不予执行。后者为加码吸收原则,即为了弥补单纯吸收原则的不足,在对数罪分别定罪量刑,以重刑吸收轻刑之后,对决定执行的刑罚酌情加码。至于酌情加码的内容则不尽相同,如另加保安处分、加重服刑期间的处遇条件等。吸收原则对于无期自由刑、死刑等无期限或者数量限制的刑罚是较为适宜的,但适用于有期自由刑则有明显缺陷:一是可能发生犯数罪与犯一罪的处罚结果相同,从而有违罪刑相适应原则,显失公平;二是客观上有轻纵甚至鼓励已犯重罪之人多犯轻罪之嫌,不利于有效地惩罚和预防犯罪。

在我国,该原则主要用于数个主刑中含有死刑、无期徒刑的合并执行,以及有期徒刑与拘役的合并执行。包括三种情形:一是死刑吸收死刑或其他主刑;二是无期徒刑吸收死刑之外的其他主刑,包括一个无期徒刑吸收另一个无期徒刑;三是有期徒刑吸收拘役。这是刑法修正案(九)的新规定。在被判处的数个主刑中,只要有一个是死刑或者无期徒刑的,就应当执行死刑或者无期徒刑;数个死刑或者死刑与无期徒刑同时出现时,只执行一个死刑;数个无期徒刑同时出现时,只执行一个无期徒刑。因为,对同一行为人不可能既执行死刑或者无期徒刑,又执行有期徒刑、拘役或者管制,更不可能执行数个死刑或者无期徒刑。数罪被判处有期徒刑和拘役的,执行有期徒刑。需要注意的是,即使数罪中有一罪是判处死刑或者无期徒刑,对除死刑之罪或者无期徒刑之罪以外的其他罪仍然应当分别裁量刑罚,不能因采用吸收原则而只判处一个死刑、无期徒刑或者有期徒刑。

此外,就附加刑而言,当没收财产与罚金一并适用,或者两个以上没收财产一并适用时,若其中至少有一个是没收全部财产时,也要适用吸收原则,仅执行没收全部财产。同理,当两个以上剥夺政治权利一并适用时,若其中至少有一个是剥夺政治权利终身的,也应适用吸收原则,仅执行剥夺政治权利终身。

3. 限制加重原则

限制加重原则又称限制并科原则,是指对一人所犯数罪分别定罪量刑,然后在一定的限制内予以加重或并科,以此作为最终执行的刑罚。具体适用有两种类型:① 单一限制加重。即在对数罪分别定罪量刑的基础上,以其中最重犯罪的最高法定刑为下限,以刑期的总和为上限,决定执行的刑罚。② 双重限制加重。即在对数罪分别定罪量刑的基础上,以数刑中最高刑期为下限,以法律规定的数罪并罚的特定刑期为上限,在此限度内决定执行的刑期。限制加重原则克服了并科原则过于严酷且有时没有实际意义的弊端,也避免了吸收原则过于宽纵、易于造成重罪轻罚的缺陷,使得数罪并罚制度既贯彻了有罪必罚的原则,又采取了较为灵活、合理的并罚方式,因而多数国家采用这一原则。当然,限制加重原则也有一定的局限性,即只适用于有期自由刑等有期限或者数量限制的刑罚,不适用于死刑、无期徒刑等无期限或者数量限制的刑罚,也不能成为普遍适用于各种刑罚的并罚原则。

我国对于同种有期自由刑的合并执行采用双重限制加重。主刑为两个以上管制、两个以上拘役或者两个以上有期徒刑的,应当在总和刑期以下、数刑中最高刑期以上,酌情决定应当执行的刑期。但是,管制最高不能超过三年,拘役最高不能超过一年。有期徒刑总和刑期不满三十五年的,最高不能超过二十年;总和刑期在三十五年以上的,最高不能超过二十五年。附加刑不适用限制加重原则。《最高人民法院关于适用财产刑若干问题的规定》第三条对于财产刑规定了并科原则和吸收原则,在此基础上刑法修正案(八)明确了并科原则。

4. 折中原则

折中原则亦称综合原则或者混合原则,是指对数罪不是单纯地采取并科原则、吸收原则或者限制加重原则,而是根据不同的情况兼采上述原则。由于折中原则注意对不同的合并处罚原则合理取舍、扬长避短、互相补充,因而成为当代各国刑事立法普遍采用的一种原则。刑法典第六十九条规定:"判决宣告以前一人犯数罪的,除判处死刑和无期徒刑的以外,应当在总和刑期以下、数刑中最高刑期以上,酌情决定执行的刑期,但是管制最高不能超过三年,拘役最高不能超过一年,有期徒刑总和刑期不满三十五年的,最高不能超过二十年,总和刑期在三十五年以上的,最高不能超过二十五年。数罪中有判处有期徒刑和拘役的,执行有期徒刑。数罪中有判处有期徒刑和管制,或者拘役和管制的,有期徒刑、拘役执行完毕后,管制仍须执行。数罪中有判处附加刑的,附加刑仍须执行,其中附加刑种类相同的,合并执行,种类不同的,分别执行。"可见,我国也采用折中原则。

(二) 数罪并罚的方法

刑法典第六十九条、第七十条、第七十一条分别规定了数罪并罚的三种不同情况。至于第七十七条、第八十六条规定,前者与第六十九条是完全一致的,后者经分解后可以分别归入第七十条和第七十一条之中。

1. 对同案数罪的并罚

判决宣告前,一个人犯有数罪的,按照刑法典第六十九条规定,应当对所犯各罪分别量刑,然后根据折中原则,即有针对性地分别适用吸收原则、限制加重原则或者并科原则,决定应当执行的刑罚。

2. 对"漏罪"的并罚

判决宣告后、刑罚执行完毕前,包括缓刑和假释考验期限内,发现被判刑的行为人在判决宣告前还有其他罪没有判决的,按照刑法典第七十条规定,应当对"漏罪"作出判决,把前罪所判处的刑罚与"漏罪"所判处的刑罚,根据刑法典第六十九条规定的折中原则,决定应当执行的刑罚,已经执行的刑期应当计算在新判决所决定的刑期之内,但经过的缓刑考验期和假释考验期限不予考虑。此种情况下,是用原判决确定的刑罚与"漏罪"所判处的刑罚进行并罚,然后,从新判决所决定的刑期中将已经执行的刑期减去。通常把这种数罪并罚计算刑期的方法称为"先并后减"。

3. 对"新罪"的并罚

判决宣告后、刑罚执行完毕前,包括缓刑和假释考验期限内,被判刑的行为人又犯新罪的,按照刑法典第七十一条规定,应当对"新罪"作出判决,把前罪没有执行的刑罚与"新罪"所判处的刑罚,根据刑法典第六十九条规定的折中原则,决定应当执行的刑罚。此种情况下,是用前罪没有执行的刑罚与"新罪"所判处的刑罚进行并罚,行为人已经执行的刑期,不计算在新判决确定的刑期内,经过的缓刑考验期和假释考验期限亦不予考虑。通常把这种数罪并罚计算刑期的方法称为"先减后并"。

4. 对"漏罪""新罪"并罚的补充说明

(1)"先并后减"和"先减后并"的区别。这两种数罪并罚计算刑期的方法是有很大区别的。"先并后减"是以前罪原判的刑罚为基础,而"先减后并"是以前罪没有执行的刑罚为基础。因此,行为人在"先减后并"的情况下,实际执行的刑期可能高于"先并后减",甚至可能超过二十年或者二十五年的上限;而且,前罪所判刑期越长,同时实际执行的刑期也越长,对于犯新罪的行为人越不利。下面是对比鲜明的两个例证:

某甲因抢劫罪被判处有期徒刑十五年,执行十二年后发现"漏罪"——强奸罪,又被判处有期徒刑十五年,按照"先并后减"的方法,应当在十五年以上二十年以下量刑,最终被判处有期徒刑十八年,减去已执行的十二年,某甲尚须执行有期徒刑六年。

某乙因抢劫罪被判处有期徒刑十五年,执行十二年后又犯"新罪"——强奸罪,又被判处有期徒刑十五年,按照"先减后并"的方法,应当在十五年以上十八年以下量刑,最终被判处有期徒刑十六年,即某乙尚须执行有期徒刑十六年,加上已执行的十二年,某乙实际执行的刑罚为有期徒刑二十八年。

刑法典之所以作出两种不同的规定,是因为行为人在服刑期间又犯新罪,说明其社会危害性和人身危险大,主观恶性深,当然要给予严厉的惩罚,这对于教育和改造行为人,维护监狱的正常秩序,维护社会治安,是十分必要的。

(2) 原判为数罪或"漏罪""新罪"为数罪时的并罚。对此存在争议。执行刑说主张对"漏罪"或"新罪"先合并处罚,然后再与原判决决定的执行刑未执行部分并罚。宣告刑说主张将"漏罪"或"新罪"同时与原判数罪的宣告刑实行并罚。区别说认为应当区分不同情形做不同处理,而不应简单地采取宣告刑说或执行刑说。假定原判为数罪,"漏罪"亦为数罪,则应对数个"漏罪"宣告刑与原判决决定的数罪宣告刑并罚。假定原判为数罪,再犯"新罪"为数罪,则应对数个"新罪"分别量刑,再将其与原判决决定的执行刑之未执行部分并罚。假定原判为数罪,存在数个"漏罪"与数个"新罪"情形,则应先对"漏罪"和原判数罪进行并罚,然后对数个"新罪"分别量刑,与前者的未执行刑并罚。

(3)"漏罪""新罪"与原判为同种数罪时的并罚。此时,如果不加节制,无论是采用"先并后减"还是"先减后并"的方法,都有可能导致并罚的结果重于依刑法典第六十九条一次性处理的结果。因此,为贯彻罪刑相适应的基本原则,本书认为,对这两种情况特别是前一种情况下的并罚应当考虑适当地节制,这是司法者的使命。

(4)《最高人民法院关于在执行附加刑剥夺政治权利期间犯新罪应如何处理的批复》(法释〔2009〕10号)规定:对判处有期徒刑并处剥夺政治权利的罪犯,主刑已执行完毕,在执行附加刑剥夺政治权利期间又犯新罪,如果所犯新罪无须附加剥夺政治权利的,依照刑法典第七十一条的规定数罪并罚。前罪尚未执行完毕的附加刑剥夺政治权利的刑期从新罪的主刑有期徒刑执行之日起停止计算,并依照刑法典第五十八条规定从新罪的主刑有期徒刑执行完毕之日或者假释之日起继续计算;附加刑剥夺政治权利的效力施用于新罪的主刑执行期间。对判处有期徒刑的罪犯,主刑已执行完毕,在执行附加刑剥夺政治权利期间又犯新罪,如果所犯新罪也剥夺政治权利的,依照刑法典第五十五条、第五十七条、第七十一条的规定并罚。

第五节 缓刑

本节主要讲述刑法典规定的缓刑制度,包括缓刑的概念、特征、种类、构成条件和基本内容。

一、缓刑概述

(一)缓刑的概念和特征

各国的缓刑制度并不相同,主要有暂缓起诉、暂缓判决宣告、暂缓刑罚执行三种。我国的缓刑是暂缓刑罚执行①,是指对于被判处拘役或者三年以下有期徒刑的行为人,综合考虑其犯罪情节较轻、有悔罪表现、没有再犯罪的危险、宣告缓刑对所居住社区没有重大不良影响,在判刑时规定在一定的考验期限,依法实行社区矫正,或者对于在战时被判处三年以下有期徒刑没有现实危险的军人行为人,宣告暂缓执行刑罚,允许其戴罪立功,确有立功表现时,可以撤销原判刑罚,不以犯罪论处的制度。

缓刑不是独立的刑种,而是附属于拘役和三年以下有期徒刑的一种刑罚制度。一般认为,它既是刑罚裁量制度,又是刑罚执行制度。对行为人判处拘役或者三年以下有期徒刑,这是适用缓刑的前提。在任何情况下,都绝不能没有宣判主刑而单独宣告缓刑。

缓刑的特点在于,行为人被判处了一定的刑罚,同时宣告暂不予执行,但又在一定的时间内保留着执行的可能性。缓刑的实质在于附条件地不执行原判刑罚,即被宣告缓刑的行为人如果遵守在缓刑考验期限内必须遵守的条件,考验期满,原判刑罚就不再执行;但是如果违反了必须遵守的条件,则要执行原判刑罚。

(二)缓刑与相关概念的区别

1. 缓刑不是免除刑事责任

由于刑事责任与犯罪相互伴生,免除刑事责任即意味着不以犯罪论处。而适用缓刑是以犯罪为前提的,并且,缓刑也是承担刑事责任的一种方式。

2. 缓刑不是免除处罚

免除处罚,或称免予处罚、免予刑事处分,是以行为已经构成犯罪作为前提。法院根据案件的具体情况,判决行为人有罪,同时宣告免除处罚。既然已经宣告免除处罚,也就不存在再执行刑罚的问题。缓刑则是法院判决行为人有罪并处以刑罚,同时宣告缓刑。原判刑罚虽然暂不执行,但在一定的期限内保留着执行的可能性,原判刑罚的不执行是以行为人在缓刑考验期限内遵守缓刑条件为前提的。

3. 缓刑不是暂予监外执行

暂予监外执行是刑事诉讼法和监狱法规定的一种单纯的刑罚执行制度,是指对被判处有期徒刑或者拘役的行为人,确实具有某种特别情况,例如,患有严重疾病需要保外就医,或者怀孕或正在哺乳自己婴儿的妇女,不宜在监

---

① 2003年3月,安徽省合肥市庐阳区人民法院决定对五名犯抢劫罪的未成年学生"暂缓判决",向他们送达了《暂缓判决决定书》,指定两个月考察期,考察期间适用取保候审,让学生继续上学;同时,下达一道监督令,由社区、学校、家庭对他们实施监督和管教,视考察情况再进行判决。2003年6月1日,该法院最后对五名未成年学生作出了缓刑判决。参见《法制日报》2003年6月12日第7版。

内执行刑罚,可以准予暂予监外执行。监外执行的条件消失,应当收监执行。行为人的刑期不因监外执行而中断,而视为刑罚的继续执行。因此,监外执行和监内执行只有执行场所的差异。缓刑的宣告并不以行为人是否有什么特殊情况为条件,而只是综合案件的具体情况附条件地不执行原判刑罚,只要行为人在缓刑考验期限内遵守缓刑的有关规定,就不再发生执行原判刑罚的问题。

4. 缓刑与死刑缓期二年执行不同

缓刑与死刑缓期二年执行是截然不同的两种刑罚制度。虽然"死缓"也有暂缓执行原判刑罚的含义,但是死缓是从属于死刑的一种刑罚制度,它所适用的主体、考验期限和考验方法都与缓刑不同。"死缓"收监执行,缓刑监外执行。缓刑是惩办与宽大相结合政策的具体体现。我国多年的刑事司法实践已经证明,正确运用缓刑制度,对于减少行为人的关押数量,在保证社会治安的前提下将行为人放在社会上进行改造,争取行为人家属和社会的支持,调动一切积极因素共同把行为人改造成守法公民,具有非常重要的意义。

从立法上说,我国的缓刑包括一般缓刑和特殊缓刑两种,下面分别予以介绍。

二、一般缓刑

(一) 一般缓刑的条件

根据刑法典第七十二条第一款、第七十四条规定,适用一般缓刑必须符合以下三个条件:

1. 前提条件

一般缓刑的前提条件或者称主体条件即缓刑适用于被判处拘役或者三年以下有期徒刑的行为人。由于缓刑是把行为人置于社区实行矫正,因此,从保证社会治安的角度考虑,只能适用于罪行较轻的行为人。但是,管制犯本来就是放在社会上在社区矫正机构、社区自治组织和志愿者、居民的监督下进行改造,不产生缓刑问题。被判处超过三年有期徒刑的行为人,由于他们的罪刑较重,社会危害性较大,不适宜放在社会上,所以不能适用缓刑。

2. 实质条件

一般缓刑的实质条件即适用缓刑的行为人必须是犯罪情节较轻、有悔罪表现、没有再犯罪的危险、宣告缓刑对所居住社区没有重大不良影响的行为人。如果行为人虽然被判处的是拘役或者三年以下有期徒刑,但是没有悔罪表现,放在社会上有可能再次对社会造成危害,就不能适用缓刑。这是法官自由裁量的事项,应当由法院根据行为人的具体情况进行综合分析和判断。

3. 禁止条件

刑法典第七十四条规定:"对于累犯和犯罪集团的首要分子,不适用缓刑。"如果行为人是累犯,表明其并没有通过刑罚的执行成为守法公民,仍然具有较大的人身危险性,如果对这样的行为人适用缓刑,把他们放在社会上,那么他们再次犯罪、危害社会的可能性仍然较大。

(二) 一般缓刑的基本内容

1. 缓刑的考验期限

刑法典第七十三条前两款规定:"拘役的缓刑考验期限为原判刑期以上一年以下,但是不能少于二个月。有期徒刑的缓刑考验期限为原判刑期以上五年以下,但是不能少于一年。"在刑法所规定的考验期限内,对行为人的表现进行考察,根据行为人的表现决定是否需要执行原判刑罚。刑法典所规定的缓刑考验期限,是从我国的实际情况出发,既有原则性,又有灵活性。人民法院在对行为人适用缓刑时,要根据刑法的规定以及案件的具体情况,确定一个适当的考验期限。考验期限过长或过短,都是不恰当的,都不能充分发挥缓刑制度应有的作用。

刑法典第七十三条第三款规定:"缓刑考验期限,从判决确定之日起计算。"所谓判决确定之日就是判决发生法律效力之日。判决以前先行羁押的时间,不能折抵缓刑的考验期限,这是因为,宣告缓刑已经是对行为人的宽大处理,先行羁押的期间是对行为人审查的期间,考验期限则是对行为人的考察时间,二者不发生折抵问题。

2. 缓刑的执行内容

刑法典第七十五条规定:"被宣告缓刑的行为人,应当遵守下列规定:(一)遵守法律、行政法规,服从监督;(二)按照考察机关的规定报告自己的活动情况;(三)遵守考察机关关于会客的规定;(四)离开所居住的市、县或者迁居,应当报经考察机关批准。"同时,刑法典第七十二条第二款规定:"宣告缓刑,可以根据犯罪情况,同时禁止犯罪分子在缓刑考验期限内从事特定活动,进入特定区域、场所,接触特定的人。"即对缓刑犯的禁止令。其内容与管制犯的禁止令一致。

3. 缓刑的执行机关

刑法典第七十六条规定:"对宣告缓刑的犯罪分子,在缓刑考验期限内,依法实行社区矫正,如果没有本法第七十七条规定的情形,缓刑考验期满,原判的刑罚就不再执行,并公开予以宣告。"这一规定表明,缓刑犯在缓刑考验期限内的考察工作是由司法行政机关指导管理的社区矫正机构负责实施的,同时,缓刑犯所在社区或者基层组织应当予以配合。

4. 缓刑的法律后果

缓刑犯在缓刑考验期限内的不同表现,决定着对他们不同的处理结果。

(1) 缓刑的积极效果:不再执行原判刑罚。刑法典第七十六条后段规定:"如果没有本法第七十七条规定的情形,缓刑考验期满,原判的刑罚就不再执行,并公开予以宣告。"正是因为"不再执行"刑罚,所以,通说认为,缓刑考验期满后,不会构成一般累犯。此外,刑法典第七十二条第三款规定:"被宣告缓刑的犯罪分子,如果被判处附加刑,附加刑仍须执行。"即缓刑的效力只及于主刑,不及于附加刑。被宣告缓刑的行为人原判的刑罚不再执行是指原判的主刑不再执行,如果行为人在主刑之外还判处有附加刑,附加刑仍然应当执行而不受主刑缓刑的影响。

(2) 缓刑的消极后果:撤销缓刑。根据刑法典第七十七条规定,有三种事由两种情况:

① 再犯"新罪"或者发现"漏罪"的,撤销缓刑,数罪并罚。即在缓刑考验期限内缓刑犯又犯罪的,或者发现缓刑犯在判决宣告前还有其他犯罪没有判决的,应当撤销缓刑,对"新罪"或者"漏罪"作出判决,把前罪(缓刑之罪)和"新罪"或者"漏罪"所判刑罚,按照刑法典第六十九条规定,实行数罪并罚。刑法典对于"新罪"和"漏罪"没有特别规定,应该理解为无论是什么性质的犯罪,也无论是故意犯罪还是过失犯罪,轻罪还是重罪,都应当撤销缓刑,按照数罪并罚的原则处理。由于前罪是缓刑——所判拘役、有期徒刑未实际执行,因而不存在"先并后减"或"先减后并"的问题;若数罪并罚后不再宣告缓刑的,因前罪而先行羁押的时间,应当依法折算刑期。

② 违反规定,情节严重的,撤销缓刑,收监执行。即缓刑犯在缓刑考验期限内违反法律、行政法规或者国务院有关部门关于缓刑的监督管理规定,或者违反人民法院判决中的禁止令,情节严重的,应当撤销缓刑,执行原判刑罚。

缓刑犯被附加剥夺政治权利时,剥夺政治权利的期限应如何计算和执行?撤销缓刑时又如何处理?对此,由于刑法和司法解释没有规定,刑法理论上有多种主张,司法实践中往往予以回避。本书认为,在现行刑法背景之下,对缓刑犯附加剥夺政治权利是完全有可能的,因此,必须正面回答这一问题。本书目前建议参照假释犯附加剥夺政治权利的执行办法,从缓刑考验期开始执行剥夺政治权利:剥夺政治权利的期限短于缓刑考验期的,剥夺政治权利期限结束后,缓刑犯即享有政治权利;剥夺政治权利的期限长于缓刑考验期的,缓刑考验结束后须继续执行剥夺政治权利的剩余期限;被撤销缓刑的罪犯原有附加刑剥夺政治权利的,在缓刑考验期所执行的剥夺政治权利期限归于无效,仍必须从主刑执行完毕之日后重新执行剥夺政治权利。

三、特殊缓刑

(一) 特殊缓刑的概念

特殊缓刑即战时缓刑,根据刑法典第四百四十九条规定,是指对于在战时被判处三年以下有期徒刑没有现实危险的军人,宣告暂缓执行刑罚,允许其戴罪立功,确有立功表现时,可以撤销原判刑罚,不以犯罪论处的制度。

(二) 特殊缓刑与一般缓刑的区别

1. 适用主体不同

一般缓刑适用于一般行为人,没有特殊主体身份限制。特殊缓刑有特殊主体身份限制,只适用于特定的主体——犯罪的军人。

2. 适用条件不同

具体有三点区别:① 刑度条件。一般缓刑是被判处拘役或者三年以下有期徒刑,特殊缓刑是被判处三年以下有期徒刑;② 根本条件。一般缓刑是"犯罪情节较轻,有悔罪表现,没有再犯罪的危险,宣告缓刑对所居住社区没有重大不良影响",特殊缓刑是"没有现实危险"(当然,二者的基本含义相同);③ 限制条件。一般缓刑不适用于累犯和犯罪集团的首要分子,特殊缓刑只适用于战时。

3. 执行内容不同

一般缓刑是考验行为人是否遵守缓刑的条件,特殊缓刑则是考验被允许戴罪立功的军人是否有立功表现。

4. 法律效果不同

一般缓刑是免其刑而不免其罪,简称"执行说"。即在对行为人的考验期满后,行为人没有违反缓刑条件的情况,原判的刑罚不再执行,但是,原判刑罚的不执行并不否定行为人曾经犯过罪。特别缓刑是既免其刑又免其罪,简称"无效说"。即当允许戴罪立功的犯罪军人确有立功表现时,可以撤销原判刑罚,且不以犯罪论处,这显然比原判刑罚的不执行更要宽大。

本章小结

1. 量刑是刑事审判活动,是在认定行为已经构成犯罪的基础上,确定对行为人是否需要判处刑罚,判处什么种类或者量度的刑罚,有时,还要一并解决刑罚的执行时间或者方法问题。量刑对实现刑事责任、实现刑罚目的、检验法院办案质量都有重要意义。量刑必须坚持以犯罪事实为依据,以刑法规范为准绳的原则。

2. 量刑要综合考虑各种情节。总的要求是:严格遵守从重、从轻、减轻和免除处罚的条件和规则;硬性量刑情节必须适用,弹性情节一般也应当予以适用;优先适用法定量刑情节,同时注意酌定量刑情节;根据法定顺序和具体案情选择适用多功能情节;在数情节并存时,区别顺向数情节与逆向数情节予以适用。

3. 一般累犯是受过一定的刑罚处罚,刑罚执行完毕或者赦免以后,在一定时间内又犯被判处一定刑罚之罪的行为人。对于累犯,应当从重处罚,且不得缓刑、不得假释。特殊累犯即同种累犯,其特殊性在于罪质条件为危害国家安全犯罪、恐怖活动犯罪、黑社会性质的组织犯罪。

4. 自首和立功是对行为人可以从宽处罚的法定情节,也是对行为人适用的两项量刑制度。我国刑事立法和司法解释体现最大限度地鼓励自首和立功的旨意,但也有一些不足。

5. 数罪并罚是对一人犯数罪合并处罚,在具体适用时必须遵循一定的原则,根据不同情况分别适用不同的并罚方法。

6. 一般缓刑的适用主体是被判处拘役或者三年以下有期徒刑的行为人,缓刑的实质是附条件地不执行原判刑罚。缓刑不是独立的刑种,不同于免除处罚,不是暂予监外执行,更不同于死刑缓期二年执行。对战时犯罪的军人,刑法典规定了不同于一般缓刑的特殊缓刑。

关键词语

刑罚裁量(量刑),量刑原则,量刑情节,法定情节,酌定情节,累犯,自首,立功,数罪并罚,缓刑。

问题思考

1. 阐述量刑的内容和意义。
2. 如何理解和适用量刑的原则?
3. 综述量刑情节及其种类。
4. 举例说明如何正确运用量刑情节?
5. 如何理解一般累犯的构成要件?
6. 如何理解一般自首的成立条件?
7. 综述我国刑法典规定的数罪并罚原则和方法。
8. 如何理解一般缓刑的构成条件?

第十五章
刑罚执行和刑罚消灭

目的要求

1. 了解刑罚执行的概念及各种刑罚执行的概况，了解刑罚消灭的概念和途径，了解时效的概念和意义，了解赦免的概念和意义。
2. 掌握减刑的概念、适用条件、减刑后的刑期计算，掌握假释的概念、适用条件、考验期限、对假释犯的监督及不同处理。
3. 掌握刑法典规定的追诉时效的期限、延长、中断、计算等基本内容。
4. 结合我国特赦实践，掌握我国特赦制度的内容、特点及其与减刑的区别。

第一节 刑罚执行

本节主要讲述刑罚执行的概念、各种刑罚执行概况，减刑的概念、主体、条件，减刑后的刑期计算，假释的概念、主体、条件，假释的考验期限，对假释犯的监督及不同处理等。

一、刑罚执行概述

（一）刑罚执行的概念

刑罚执行简称行刑，是指刑罚执行机关①根据人民法院已经发生法律效力的刑事裁判所确定的刑罚，将刑罚内容付诸实施的司法活动。刑罚执行是国家刑事司法活动的重要组成部分，其主体只能是国家赋予刑罚执行权（行刑权）的机关，其内容只能是依照人民法院已经发生法律效力的刑事裁判所

---

① 在我国，刑罚执行机关属于广义司法机关的一部分，包括狭义的司法机关——人民法院和作为行政机关的公安机关及司法行政机关主管的监狱。人民检察院虽然也参与刑罚的执行，但它是以法律监督机关的身份出现的，因而它不属于刑罚的执行机关。

确定的刑罚,其对象只能是人民法院生效裁判所确定的自然人罪犯和犯罪单位。行刑主要是就自然人罪犯而言的,将其宣告刑转化为执行刑。

为了保证刑罚执行的顺利进行,鼓励正在服刑的罪犯积极改造,早日成为守法者,刑法典既规定了不同的刑罚由不同的机关执行,又规定了根据罪犯的不同表现而有区别的刑罚执行制度。减刑和假释就是刑法典所规定的对正在服刑的罪犯适用的两种刑罚执行制度。

(二) 各种刑罚执行概况

1. 社区矫正

社区矫正是相对于监禁行刑而言的社区化行刑,是将罪犯置于社区内,由司法行政机关所属专门的社区矫正机构在相关人民团体、社会组织和社会志愿者的协助下,在判决、裁定或决定确定的期限内,矫正其犯罪心理和行为恶习,促进其顺利融入社会的刑罚执行活动。

目前,社区矫正适用于下列四种罪犯:被判处管制、宣告缓刑、假释和暂予监外执行的罪犯。社区矫正范围未来可有进一步扩大的趋势。

我国还没有正式出台"社区矫正法"。目前主要依据是最高人民法院、最高人民检察院、公安部和司法部联合发布的《社区矫正实施办法》(司发通〔2012〕12号)。根据该办法,司法行政机关负责指导管理、组织实施社区矫正工作。人民法院对符合社区矫正适用条件的被告人、罪犯依法作出判决、裁定或者决定。人民检察院对社区矫正各执法环节依法实行法律监督。公安机关对违反治安管理规定和重新犯罪的社区矫正罪犯及时依法处理。县级司法行政机关社区矫正机构对社区矫正的罪犯进行监督管理和教育帮助。司法所承担社区矫正日常工作。社会工作者和志愿者在社区矫正机构的组织指导下参与社区矫正工作。有关部门、村(居)民委员会与社区矫正的罪犯所在单位、就读学校,家庭成员或者监护人、保证人等协助社区矫正机构进行社区矫正。人民法院、人民检察院、公安机关、监狱对拟适用社区矫正的被告人、罪犯,需要调查其对所居住社区影响的,可以委托县级司法行政机关进行调查评估。受委托的司法行政机关应当根据委托机关的要求,对被告人或者罪犯的居所情况、家庭和社会关系、一贯表现、犯罪行为的后果和影响、居住地村(居)民委员会的意见以及被害人的意见、拟禁止的事项等进行调查了解,形成评估意见,及时提交委托机关。

对于适用社区矫正的罪犯,人民法院、公安机关、监狱应当核实其居住地,在向其宣判时或者在其离开监所之前,书面告知其到居住地县级司法行政机关报到的期限以及逾期报到的后果,并通知居住地县级司法行政机关;在判决、裁定生效起三个工作日内,送达判决书、裁定书、决定书、执行通知书、假释证明书副本等法律文书，同时抄送其居住地县级人民检察院和公安机关。县级司法行政机关收到法律文书后，应当在三个工作日内送达回执。社区矫正的罪犯应当自人民法院判决、裁定生效之日或者离开监所之日起十日内到居住地县级司法行政机关报到。县级司法行政机关应当及时为其办理登记接收手续，并告知其三日内到指定的司法所接受社区矫正。发现其未按规定时间报到的，县级司法行政机关应当及时组织查找，并通报决定机关。

暂予监外执行的罪犯，由交付执行的监狱、看守所将其押送至居住地，与县级司法行政机关办理交接手续。罪犯服刑地与居住地不在同一省、自治区、直辖市，需要回居住地暂予监外执行的，服刑地的省级监狱管理机关、公安机关监所管理部门应当书面通知罪犯居住地的同级监狱管理机关、公安机关监所管理部门，指定一所监狱、看守所接收罪犯档案，负责办理罪犯收监、释放等手续。人民法院决定暂予监外执行的，应当通知其居住地县级司法行政机关派员到庭办理交接手续。司法所接收社区矫正的罪犯后，应当及时向其宣告判决书、裁定书、决定书、执行通知书等有关法律文书的主要内容，社区矫正期限，罪犯应当遵守的规定、被禁止的事项以及违反规定的法律后果，依法享有的权利和被限制行使的权利，矫正小组人员组成及职责等有关事项。宣告由司法所工作人员主持，矫正小组成员及其他相关人员到场，按照规定程序进行。

司法所应当为社区矫正的罪犯确定由社会工作者和志愿者，有关部门、村（居）民委员会，罪犯所在单位、就读学校，家庭成员或者监护人、保证人等组成的专门的矫正小组。社区矫正的罪犯为女性的，矫正小组应当有女性成员。司法所应当与矫正小组签订矫正责任书，根据小组成员所在单位和身份，明确各自的责任和义务，确保各项矫正措施落实。

司法所应当为社区矫正的罪犯制订矫正方案，在对其被判处的刑罚种类、犯罪情况、悔罪表现、个性特征和生活环境等情况进行综合评估的基础上，制定有针对性的监管、教育和帮助措施并根据矫正方案的实施效果适时予以调整。县级司法行政机关应当为其建立社区矫正执行档案，包括适用社区矫正的法律文书，以及接收、监管审批、处罚、收监执行、解除矫正等有关社区矫正执行活动的法律文书。社区矫正的罪犯应当定期向司法所报告遵纪守法、接受监督管理和参加教育学习、社区服务和社会活动的情况。发生居所变化、工作变动、家庭重大变故以及接触对其矫正产生不利影响人员的，社区矫正的罪犯应当及时报告。对于人民法院禁止令确定需经批准才能进入的特定区域或者场所，社区矫正的罪犯确需进入的，应当经县级司法行政机关批准，并告知人民检察院。

社区矫正的罪犯未经批准不得离开所居住的市、县,因就医、家庭重大变故等原因,确需离开所居住的市、县,在七日以内的,应当报经司法所批准;超过七日的,应当由司法所签署意见后报经县级司法行政机关批准。返回居住地时,应当立即向司法所报告。社区矫正的罪犯离开所居住市、县不得超过一个月。社区矫正的罪犯未经批准不得变更居住的县(市、区),因居所变化确需变更居住地的,应当提前一个月提出书面申请,由司法所签署意见后报经县级司法行政机关审批。县级司法行政机关在征求社区矫正的罪犯新居住地县级司法行政机关的意见后作出决定。经批准变更居住地的,县级司法行政机关应当自作出决定之日起三个工作日内,将有关法律文书和矫正档案移交新居住地县级司法行政机关。有关法律文书应当抄送现居住地及新居住地县级人民检察院和公安机关。社区矫正的罪犯应当自收到决定之日起七日内到新居住地县级司法行政机关报到。

社区矫正的罪犯应当参加公共道德、法律常识、时事政策等教育学习活动,增强法治观念、道德素质和悔罪自新意识,每月参加教育学习的时间不少于八小时。有劳动能力的应当参加社区服务,修复社会关系,培养社会责任感、集体观念和纪律意识。社区矫正的罪犯每月参加社区服务的时间不少于八小时。根据其心理状态、行为特点等具体情况,应当对其采取有针对性的措施进行个别教育和心理辅导,矫正其违法犯罪心理,提高其社会适应能力。

司法行政机关应当根据社区矫正罪犯的需要,协调有关部门和单位开展职业培训和就业指导,帮助落实社会保障措施。司法所应当根据其个人生活、工作及所处社区的实际情况,有针对性地采取实地检查、通信联络、信息化核查等措施及时掌握其活动情况。重点时段、重大活动期间或者遇有特殊情况,司法所应当及时了解掌握社区矫正罪犯的有关情况,可以根据需要要求其到办公场所报告、说明情况。社区矫正的罪犯脱离监管的,司法所应当及时报告县级司法行政机关组织追查。司法所应当定期到其家庭、所在单位、就读学校和居住的社区了解、核实其思想动态和现实表现等的情况。对保外就医的罪犯,司法所应当定期与其治疗医院沟通联系,及时掌握其身体状况及疾病治疗、复查结果等情况,并根据需要向批准、决定机关或者有关监狱、看守所反馈情况。司法所应当及时记录社区矫正的罪犯接受监督管理、参加教育学习和社区服务等的情况,定期对其接受矫正的表现进行考核,并根据考核结果对其实施分类管理。发现其有违反监督管理规定或者人民法院禁止令情形的,司法行政机关应当及时派员调查核实情况,收集有关证明材料,提出处理意见。

社区矫正的罪犯有下列情形之一的,县级司法行政机关应当给予警告,并出具书面决定：① 未按规定时间报到的；② 违反关于报告、会客、外出、居住地变更规定的；③ 不按规定参加教育学习、社区服务等活动，经教育仍不改正的；④ 保外就医的罪犯无正当理由不按时提交病情复查情况，或者未经批准进行就医以外的社会活动且经教育仍不改正的；⑤ 违反人民法院禁止令，情节轻微的；⑥ 其他违反监督管理规定的。

社区矫正的罪犯违反监督管理规定或者人民法院禁止令，依法应予治安管理处罚的，县级司法行政机关应当及时提请同级公安机关依法给予处罚。公安机关应当将处理结果通知县级司法行政机关。

缓刑、假释的罪犯有下列情形之一的，由居住地同级司法行政机关向原裁判人民法院提出撤销缓刑、假释建议书并附相关证明材料，人民法院应当自收到之日起一个月内依法作出裁定：① 违反人民法院禁止令，情节严重的；② 未按规定时间报到或者接受社区矫正期间脱离监管，超过一个月的；③ 因违反监督管理规定受到治安管理处罚，仍不改正的；④ 受到司法行政机关三次警告，仍不改正的；⑤ 其他违反有关法律、行政法规和监督管理规定，情节严重的。司法行政机关撤销缓刑、假释的建议书和人民法院的裁定书应当同时抄送其居住地同级人民检察院和公安机关。

暂予监外执行的罪犯有下列情形之一的，由居住地县级司法行政机关向批准、决定机关提出收监执行的建议书并附相关证明材料，批准、决定机关应当自收到之日起十五日内依法作出决定：① 发现不符合暂予监外执行条件的；② 未经司法行政机关批准擅自离开居住的市、县，经警告拒不改正，或者拒不报告行踪，脱离监管的；③ 因违反监督管理规定受到治安管理处罚，仍不改正的；④ 受到司法行政机关两次警告，仍不改正的；⑤ 保外就医期间不按规定提交病情复查情况，经警告拒不改正的；⑥ 暂予监外执行的情形消失后，刑期未满的；⑦ 保证人丧失保证条件或者因不履行义务被取消保证人资格，又不能在规定期限内提出新的保证人的；⑧ 其他违反有关法律、行政法规和监督管理规定，情节严重的。司法行政机关的收监执行建议书和决定机关的决定书应当同时抄送其居住地同级人民检察院和公安机关。

人民法院裁定撤销缓刑、假释或者对暂予监外执行的罪犯决定收监执行的，居住地县级司法行政机关应当及时将罪犯送交监狱或者看守所，公安机关应予以协助。监狱管理机关对暂予监外执行的罪犯决定收监执行的，监狱应当立即赴羁押地将罪犯收监执行。公安机关对暂予监外执行的罪犯决定收监执行的，由罪犯居住地看守所将罪犯收监执行。

社区矫正的罪犯符合法定减刑条件的，由居住地县级司法行政机关提出减刑建议书并附相关证明材料，经地（市）级司法行政机关审核同意后提请其居住地的中级人民法院裁定。人民法院应当自收到之日起一个月内依法裁定;暂予监外执行罪犯的减刑,案情复杂或者情况特殊的,可以延长一个月。司法行政机关减刑建议书和人民法院减刑裁定书的副本应当同时抄送其居住地同级人民检察院和公安机关。

社区矫正期满前,社区矫正的罪犯应当作出个人总结,司法所应当根据其在接受社区矫正期间的表现、考核结果、社区意见等情况作出书面鉴定,并对其安置帮教提出建议。

社区矫正的罪犯矫正期满,司法所应当组织解除社区矫正宣告。宣告由司法所工作人员主持,按照规定程序公开进行。司法所应当针对罪犯的不同情况,通知有关部门、村(居)民委员会、群众代表及其所在单位、家庭成员或者监护人、保证人参加宣告。宣告事项应当包括:宣读对社区矫正罪犯的鉴定意见;宣布社区矫正期限届满,依法解除社区矫正;对判处管制的,宣布执行期满,解除管制;对宣告缓刑的,宣布缓刑考验期满,原判刑罚不再执行;对裁定假释的,宣布考验期满,原判刑罚执行完毕。县级司法行政机关应当向其发放解除社区矫正证明书,并书面通知决定机关,同时抄送县级人民检察院和公安机关。暂予监外执行的罪犯刑期届满的,由监狱、看守所依法为其办理刑满释放手续。

2. 看守所执行

根据《中华人民共和国刑事诉讼法》第二百五十三条第二款规定,被判处拘役的成年和未成年罪犯,以及被判处有期徒刑的成年和未成年罪犯,在被交付执行前,剩余刑期在三个月以下的,由看守所代为执行刑罚。刑法典第四十三条规定:"被判处拘役的犯罪分子,由公安机关就近执行。在执行期间,被判处拘役的犯罪分子每月可以回家一天至两天;参加劳动的,可以酌量发给报酬。"看守所如何对上列两种罪犯执行刑罚,刑法和刑事诉讼法均无具体规定。目前主要适用公安部制定的《看守所留所执行刑罚罪犯管理办法》(公安部令第 128 号)。根据该办法,执行要点如下:

(1) 总体要求。看守所应当设置专门的监区或者监室监管罪犯。监区和监室应当设在看守所警戒围墙内。看守所管理罪犯应当坚持惩罚与改造相结合、教育和劳动相结合的原则,将罪犯改造成守法公民。罪犯的人格不受侮辱,人身安全和合法财产不受侵犯,罪犯享有辩护、申诉、控告、检举以及其他未被依法剥夺或者限制的权利。罪犯应当遵守法律、法规和看守所管理规定,服从管理,接受教育,按照规定参加劳动。看守所应当保障罪犯的合法权益,为罪犯行使权利提供必要的条件。看守所对提请罪犯减刑、假释,或者办理罪犯暂予监外执行,可能存在利用权力、钱财影响公正执法因素的,要依法从严审核、审批。看守所对罪犯执行刑罚的活动依法接受人民检察院的法律监督。

(2) 收押程序。看守所在收到交付执行的人民法院送达的起诉书副本和刑事判决书、裁定书、执行通知书、结案登记表的当日，应当办理罪犯收押手续，填写收押登记表，载明罪犯基本情况、收押日期等，并由民警签字后，将罪犯转入罪犯监区或者监室。对于判决前未被羁押，判决后需要羁押执行刑罚的罪犯，看守所应当凭上列文书收押，并采集罪犯十指指纹信息。收押罪犯时，看守所应当进行健康和人身、物品安全检查。对罪犯的非生活必需品，应当登记，通知其家属领回或者由看守所代为保管；对违禁品，应当予以没收。对女性罪犯的人身检查，由女性人民警察进行。办理罪犯收押手续时应当建立罪犯档案。羁押服刑过程中的法律文书和管理材料应存入档案。罪犯档案一人一档，分为正档和副档。正档包括收押凭证，暂予监外执行决定书，减刑、假释裁定书，释放证明书等法律文书；副档包括收押登记、谈话教育、罪犯考核、奖惩、疾病治疗、财物保管登记等管理记录。收押罪犯后，看守所应当在五日内向罪犯家属或者监护人发出罪犯执行刑罚地点通知书。对收押的外国籍罪犯，应当在24小时内报告所属公安机关。

(3) 分押分管。看守所应当将男性和女性罪犯、成年和未成年罪犯分别关押和管理。有条件的看守所，可以根据罪犯的犯罪类型、刑罚种类、性格特征、心理状况、健康状况、改造表现等，对罪犯实行分别关押和管理。看守所应当根据罪犯的改造表现，对罪犯实行宽严有别的分级处遇。对罪犯适用分级处遇，按照有关规定，依据罪犯改造表现的考核结果确定，并应当根据情况变化适时调整。对不同处遇等级的罪犯，看守所应当在其活动范围、会见通信、接收物品、文体活动、奖励等方面分别实施相应的处遇。

(4) 对罪犯申诉、控告、检举的处理。罪犯对已经发生法律效力的判决、裁定不服，提出申诉的，看守所应当及时将申诉材料转递给人民检察院和作出生效判决的人民法院。罪犯也可以委托其法定代理人、近亲属提出申诉。罪犯有权控告、检举违法犯罪行为。看守所应当设置控告、检举信箱，接受罪犯的控告、检举材料。罪犯也可以直接向民警控告、检举。对罪犯向看守所提交的控告、检举材料，看守所应当自收到材料之日起15日内作出处理；对罪犯向人民法院、人民检察院提交的控告、检举材料，看守所应当自收到材料之日起5日内予以转送。看守所对控告、检举作出处理或者转送有关部门处理的，应当及时将有关情况或者处理结果通知实名控告、检举的罪犯。看守所在执行刑罚过程中，发现判决可能有错误的，应当提请人民检察院或者人民法院处理。

(5)暂予监外执行。罪犯符合暂予监外执行条件的,本人及其法定代理人、近亲属可以向看守所提出书面申请,管教民警或者看守所医生也可以提出书面意见。看守所接到暂予监外执行的申请或者意见后,应当召开所务会研究,初审同意后根据不同情形对罪犯进行病情鉴定、生活不能自理鉴定或者妊娠检查;未通过初审的,应当向提出书面申请或者书面意见的人员告知原因。所务会应当有书面记录,并由与会人员签名。对暂予监外执行罪犯的病情鉴定,应当到省级人民政府指定的医院进行;妊娠检查,应当到医院进行;生活不能自理鉴定,由看守所分管所领导、管教民警、看守所医生、驻所检察人员等组成鉴定小组进行;对正在哺乳自己婴儿的妇女,看守所应当通知罪犯户籍所在地或者居住地的公安机关出具相关证明。生活不能自理是指因病、伤残或者年老体弱致使日常生活中起床、用餐、行走、如厕等不能自行进行,必须在他人协助下才能完成。对适用保外就医可能有社会危险性的罪犯,或者自伤自残的罪犯,不得保外就医。罪犯需要保外就医的,应当由罪犯或者罪犯家属提出保证人。保证人由看守所审查确定。保证人应当具备下列条件:① 愿意承担保证人义务,具有完全民事行为能力;② 人身自由未受到限制,享有政治权利;③ 有固定的住所和收入,有条件履行保证人义务;④ 与被保证人共同居住或者居住在同一县级公安机关辖区。保证人应当签署保外就医保证书。罪犯保外就医期间,保证人应当履行下列义务:① 协助社区矫正机构监督被保证人遵守法律和有关规定;② 发现被保证人擅自离开居住的市、县,变更居住地,有违法犯罪行为,保外就医情形消失,或者被保证人死亡的,立即向社区矫正机构报告;③ 为被保证人的治疗、护理、复查以及正常生活提供帮助;④ 督促和协助被保证人按照规定定期复查病情和向执行机关报告。对需要暂予监外执行的罪犯,看守所应当填写暂予监外执行审批表,并附病情鉴定、妊娠检查证明、生活不能自理鉴定,或者哺乳自己婴儿证明;需要保外就医的,应当同时附保外就医保证书。县级看守所应当将有关材料报所属公安机关审核同意后,报设区的市一级以上公安机关批准;设区的市一级以上看守所应当将有关材料报所属公安机关审批。看守所在报送审批材料的同时,应当将暂予监外执行审批表副本、病情鉴定或者妊娠检查诊断证明、生活不能自理鉴定、哺乳自己婴儿证明、保外就医保证书等有关材料的复印件抄送人民检察院驻所检察室。批准暂予监外执行的公安机关接到人民检察院认为暂予监外执行不当的意见后,应当对暂予监外执行的决定进行重新核查。看守所收到批准、决定机关暂予监外执行决定书后,应当办理罪犯出所手续,发给暂予监外执行决定书,并告知罪犯应当遵守的规定。暂予监外执行罪犯服刑地和居住地不在同一省级或者设区的市一级以上公安机关辖区,需要回居住地暂予监外执行的,服刑地的省级公安机关监管部门或者设区的市一级以上公安机关监管部门应当书面通知居住地的同级公安机关监管部门,由居住地的公安机关监管部门指定看守所接收罪犯档案、负责办理收监或者刑满释放等手续。看守所应当将暂予监外执行罪犯送交罪犯居住地,与县级司法行政机关办理交接手续。公安机关决定对暂予监外执行的罪犯收监执行的,由罪犯居住地看守所将罪犯收监执行。看守所对人民法院决定暂予监外执行的罪犯收监执行的,应当是交付执行刑罚前剩余刑期在三个月以下的罪犯。罪犯在暂予监外执行期间刑期届满的,看守所应当为其办理刑满释放手续。罪犯暂予监外执行期间死亡的,看守所应当将执行机关的书面通知归入罪犯档案,并在登记表中注明。

(6) 减刑、假释的提请。罪犯符合减刑、假释条件的,由管教民警提出建议,报看守所所务会研究决定。所务会应当有书面记录,并由与会人员签名。看守所所务会研究同意后,应当将拟提请减刑、假释的罪犯名单以及减刑、假释意见在看守所内公示。公示期限为三个工作日。公示期内,如有民警或者罪犯对公示内容提出异议,看守所应当重新召开所务会复核,并告知复核结果。公示完毕,看守所所长应当在罪犯减刑、假释审批表上签署意见,加盖看守所公章,制作提请减刑、假释建议书,经设区的市一级以上公安机关审查同意后,连同有关材料一起提请所在地中级以上人民法院裁定,并将建议书副本和相关材料抄送人民检察院。看守所提请人民法院审理减刑、假释案件时,应当送交下列材料:① 提请减刑、假释建议书;② 终审人民法院的裁判文书、执行通知书、历次减刑裁定书的复制件;③ 证明罪犯确有悔改、立功或者重大立功表现等具体事实的书面材料;④ 罪犯评审鉴定表、奖惩审批表等有关材料;⑤ 根据案件情况需要移送的其他材料。在人民法院作出减刑、假释裁定前,看守所发现罪犯不符合减刑、假释条件的,应当书面撤回提请减刑、假释建议书;在减刑、假释裁定生效后,看守所发现罪犯不符合减刑、假释条件的,应当书面向作出裁定的人民法院提出撤销裁定建议。看守所收到人民法院假释裁定书后,应当办理罪犯出所手续,发给假释证明书,并于三日内将罪犯的有关材料寄送罪犯居住地的县级司法行政机关。被假释的罪犯被人民法院裁定撤销假释的,看守所应当在收到撤销假释裁定后将罪犯收监。罪犯在假释期间死亡的,看守所应当将执行机关的书面通知归入罪犯档案,并在登记表中注明。

(7) 会见、通讯、临时出所。罪犯可以与其亲属或者监护人每月会见一至二次,每次不超过一小时。每次前来会见罪犯的人员不超过三人。因特殊情况需要延长会见时间,增加会见人数,或者其亲属、监护人以外的人要求会见的,应当经看守所领导批准。罪犯与受委托的律师会见,由律师向看守所提出申请,看守所应当查验授权委托书、律师事务所介绍信和律师执业证,并在四十八小时内予以安排。依据我国参加的国际公约和缔结的领事条约的有关规定,外国驻华使(领)馆官员要求探视其本国籍罪犯,或者外国籍罪犯亲属、监护人首次要求会见的,应当向省级公安机关提出书面申请。看守所根据省级公安机关的书面通知予以安排。外国籍罪犯亲属或者监护人再次要求会见的,可以直接向看守所提出申请。外国籍罪犯拒绝其所属国驻华使(领)馆官员或者其亲属、监护人探视的,看守所不予安排,但罪犯应当出具本人签名的书面声明。经看守所领导批准,罪犯可以用指定的固定电话与其亲友、监护人通话;外国籍罪犯还可以与其所属国驻华使(领)馆通话。通话费用由罪犯本人承担。少数民族罪犯可以使用其本民族语言文字会见、通信;外国籍罪犯可以使用其本国语言文字会见、通信。会见应当在看守所会见室进行。罪犯近亲属、监护人不便到看守所会见,经其申请,看守所可以安排视频会见。会见、通信应当遵守看守所的有关规定。对违反规定的,看守所可以中止本次会见、通信。罪犯可以与其亲友或者监护人通信。看守所应当对罪犯的来往信件进行检查,发现有碍罪犯改造内容的信件可以扣留。罪犯写给看守所上级机关和司法机关的信件,不受检查。办案机关因办案需要向罪犯了解有关情况的,应当出具办案机关证明和办案人员工作证,并经看守所领导批准后在看守所内进行。因起赃、辨认、出庭作证、接受审判等需要将罪犯提出看守所的,办案机关应当出具公函,经看守所领导批准后提出,并当日送回。侦查机关因办理其他案件需要将罪犯临时寄押到异地看守所取证,并持有侦查机关所在的设区的市一级以上公安机关公函的,看守所应当允许提出,并办理相关手续。人民法院因再审开庭需要将罪犯提出看守所,并持有人民法院刑事再审决定书或者刑事裁定书,或者人民检察院抗诉书的,看守所应当允许提出,并办理相关手续。被判处拘役的罪犯每月可以回家一至二日,由罪犯本人提出申请,管教民警签署意见,经看守所所长审核后,报所属公安机关批准。被判处拘役的外国籍罪犯提出探亲申请的,看守所应当报设区的市一级以上公安机关审批。设区的市一级以上公安机关作出批准决定的,应当报上一级公安机关备案。被判处拘役的外国籍罪犯探亲时,不得出境。对于准许回家的拘役罪犯,看守所应当发给回家证明,并告知其应当遵守的相关规定。罪犯回家时间不能集中使用,不得将刑期末期作为回家时间,变相提前释放。罪犯需要办理婚姻登记等必须由本人实施的民事法律行为的,应当向看守所提出书面申请,经看守所领导批准后出所办理,由二名以上民警押解,并于当日返回。罪犯进行民事诉讼需要出庭时,应当委托诉讼代理人代为出庭。对于涉及人身关系等必须由罪犯本人出庭的诉讼,凭人民法院出庭通知书办理临时离所手续,由人民法院司法警察负责押解看管,并于当日返回。罪犯因特殊情况不宜离所出庭的,看守所可以与人民法院协商,根据《中华人民共和国民事诉讼法》第一百二十一条的规定,由人民法院到看守所开庭审理。罪犯遇有配偶、父母、子女病危或者死亡,确需本人回家处理的,由当地公安派出所出具证明,经看守所所属公安机关领导批准,可以暂时离所,由二名以上民警押解,并于当日返回。

(8) 生活、卫生。罪犯伙食按照国务院财政部门、公安部门制定的标准执行。罪犯应当穿囚服。对少数民族罪犯,应当尊重其生活、饮食习惯。罪犯患病治疗期间,看守所应当适当提高伙食标准。看守所对罪犯收受的物品应当进行检查,非日常生活用品由看守所登记保管。罪犯收受的钱款,由看守所代为保管,并开具记账卡交与罪犯。看守所检查、接收送给罪犯的物品、钱款后,应当开具回执交与送物人、送款人。罪犯可以依照有关规定使用物品和支出钱款。罪犯刑满释放时,钱款余额和本人物品由其本人领回。对患病的罪犯,看守所应当及时治疗;对患有传染病需要隔离治疗的,应当及时隔离治疗。罪犯在服刑期间死亡的,看守所应当立即报告所属公安机关,并通知罪犯家属和人民检察院、原判人民法院。外国籍罪犯死亡的,应当立即层报至省级公安机关。罪犯死亡的,由看守所所属公安机关或者医院对死亡原因作出鉴定。罪犯家属有异议的,可以向人民检察院提出。

(9) 教育改造。看守所应当建立对罪犯的教育改造制度,对罪犯进行法制、道德、文化、技能等教育。对罪犯的教育应当根据罪犯的犯罪类型、犯罪原因、恶性程度及其思想、行为、心理特征,坚持因人施教、以理服人、注重实效的原则,采取集体教育与个别教育相结合,所内教育与所外教育相结合的方法。有条件的看守所应当设立教室、谈话室、文体活动室、图书室、阅览室、电化教育室、心理咨询室等教育改造场所,并配备必要的设施。看守所应当结合时事、政治、重大事件等,适时对罪犯进行集体教育。看守所应当根据每一名罪犯的具体情况,适时进行有针对性的教育。看守所应当积极争取社会支持,配合看守所开展社会帮教活动。看守所可以组织罪犯到社会上参观学习,接受教育。看守所应当根据不同情况,对罪犯进行文化教育,鼓励罪犯自学。罪犯可以参加国家举办的高等教育自学考试,看守所应当为罪犯学习和考试提供方便。看守所应当加强监区文化建设,组织罪犯开展适当的文体活动,创造有益于罪犯身心健康和发展的改造环境。看守所应当组织罪犯参加劳动,培养劳动技能,积极创造条件,组织罪犯参加各类职业技术教育培训。看守所对罪犯的劳动时间,参照国家有关劳动工时的规定安排。罪犯有在法定节日和休息日休息的权利。看守所对于参加劳动的罪犯,可以酌量发给报酬并执行国家有关劳动保护的规定。罪犯在劳动中致伤、致残或者死亡的,由看守所参照国家劳动保险的有关规定处理。

(10) 考核、奖惩。看守所应当依照公开、公平、公正的原则,对罪犯的改造表现实行量化考核。考核情况由管教民警填写。考核以罪犯认罪服法、遵守监规、接受教育、参加劳动等情况为主要内容。考核结果作为对罪犯分级处遇、奖惩和提请减刑、假释的依据。罪犯有下列情形之一的,看守所可以给予表扬、物质奖励或者记功:① 遵守管理规定,努力学习,积极劳动,有认罪服法表现的;② 阻止违法犯罪活动的;③ 爱护公物或者在劳动中节约原材料,有成绩的;④ 进行技术革新或者传授生产技术,有一定成效的;⑤ 在防止或者消除灾害事故中作出一定贡献的;⑥ 对国家和社会有其他贡献的。对罪犯的物质奖励或者记功意见由管教民警提出,物质奖励由看守所领导批准,记功由看守所所务会研究决定。被判处有期徒刑的罪犯有上述所列情形之一,在服刑期间一贯表现好,离开看守所不致再危害社会的,看守所可以根据情况准其离所探亲。罪犯申请离所探亲的,应当由其家属担保,经看守所所务会研究同意后,报所属公安机关领导批准。探亲时间不含路途时间,为三至七日。罪犯在探亲期间不得离开其亲属居住地,不得出境。看守所所务会应当有书面记录,并由与会人员签名。不得将罪犯离所探亲时间安排在罪犯刑期末期,变相提前释放罪犯。对离所探亲的罪犯,看守所应当发给离所探亲证明书。罪犯应当在抵家的当日携带离所探亲证明书到当地公安派出所报到。返回看守所时,由该公安派出所将其离所探亲期间的表现在离所探亲证明书上注明。罪犯有下列破坏监管秩序情形之一,情节较轻的,予以警告;情节较重的,予以记过;情节严重的,予以禁闭;构成犯罪的,依法追究刑事责任:① 聚众哄闹,扰乱正常监管秩序的;② 辱骂或者殴打民警的;③ 欺压其他罪犯的;④ 盗窃、赌博、打架斗殴、寻衅滋事的;⑤ 有劳动能力拒不参加劳动或者消极怠工,经教育不改的;⑥ 以自伤、自残手段逃避劳动的;⑦ 在生产劳动中故意违反操作规程,或者有意损坏生产工具的;⑧ 有违反看守所管理规定的其他行为的。对罪犯的记过、禁闭由管教民警提出意见,报看守所领导批准。禁闭时间为五至十日,禁闭期间暂停会见、通信。看守所对被禁闭的罪犯,应当指定专人进行教育帮助。对确已悔悟的,可以提前解除禁闭,由管教民警提出书面意见,报看守所领导批准;禁闭期满的,应当立即解除禁闭。

(11) 释放。看守所应当在罪犯服刑期满前一个月内,将其在所内表现、综合评估意见、帮教建议等送至其户籍所在地县级公安机关和司法行政机关

（安置帮教工作协调小组办公室）。罪犯服刑期满，看守所应当按期释放，发给刑满释放证明书，并告知其在规定期限内，持刑满释放证明书到原户籍所在地的公安派出所办理户籍登记手续；有代管钱物的，看守所应当如数发还。刑满释放人员患有重病的，看守所应当通知其家属接回。外国籍罪犯被判处附加驱逐出境的，看守所应当在罪犯服刑期满前十日通知所属公安机关出入境管理部门。

3. 监狱执行

《中华人民共和国监狱法》第二条第二款规定："依照刑法和刑事诉讼法的规定，被判处死刑缓期二年执行、无期徒刑、有期徒刑的罪犯，在监狱内执行刑罚。"《中华人民共和国刑事诉讼法》第二百五十三条第一至三款规定："罪犯被交付执行刑罚的时候，应当由交付执行的人民法院在判决生效后十日以内将有关的法律文书送达公安机关、监狱或者其他执行机关。对被判处死刑缓期二年执行、无期徒刑、有期徒刑的罪犯，由公安机关依法将该罪犯送交监狱执行刑罚。……对未成年犯应当在未成年犯管教所执行刑罚。"

对上述三种罪犯交付执行时，交付执行的人民法院应当将案件的起诉书副本、执行通知书、判决书、结案登记表等一并送达监狱。监狱应当对人民法院送达的上述法律文书进行认真核对。如果发现上述法律文书不齐或者记载有误的，应通知作出生效判决的人民法院及时补充或者作出更正后，方予收监，否则，监狱有权拒绝收监。

《中华人民共和国刑事诉讼法》第二百五十三条第四款、第五款规定："执行机关应当将罪犯及时收押，并且通知罪犯家属。""判处有期徒刑、拘役的罪犯，执行期满，应当由执行机关发给释放证明书。"

刑法典第四十六条规定："被判处有期徒刑、无期徒刑的犯罪分子，在监狱或者其他执行场所执行；凡有劳动能力的，都应当参加劳动，接受教育和改造。"

刑法典第五十条规定："判处死刑缓期执行的，在死刑缓期执行期间，如果没有故意犯罪，二年期满以后，减为无期徒刑；如果确有重大立功表现，二年期满以后，减为二十五年有期徒刑；如果故意犯罪，情节恶劣的，报请最高人民法院核准后执行死刑；对于故意犯罪未执行死刑的，死刑缓期执行的期间重新计算，并报最高人民法院备案。"

4. 死刑立即执行

根据《中华人民共和国刑事诉讼法》第二百五十一条和第二百五十二条规定，死刑立即执行应当依照如下程序进行：

最高人民法院判处和核准的死刑立即执行的判决，应当由最高人民法院院长签发执行死刑的命令。

下级人民法院接到最高人民法院执行死刑的命令后,应当在七日内交付执行。但是发现有下列情形之一的,应当停止执行,并且立即报告最高人民法院,由最高人民法院作出裁定:

(1) 在执行前发现判决可能有错误的;

(2) 在执行前罪犯揭发重大犯罪事实或者有其他重大立功表现,可能需要改判的;

(3) 罪犯正在怀孕。

上述第(1)项、第(2)项停止执行的原因消失后,必须报请最高人民法院院长再签发执行死刑的命令才能执行;由于第(3)项原因停止执行的,应当报请最高人民法院依法改判。

人民法院在交付执行死刑前,应当通知同级人民检察院派员临场监督。

死刑采用枪决或者注射等方法执行。死刑可以在刑场或者指定的羁押场所内执行。指挥执行的审判人员,对罪犯应当验明正身,讯问有无遗言、信札,然后交付执行人员执行死刑。在执行前,如果发现可能有错误,应当暂停执行,报请最高人民法院裁定。执行死刑应当公布,不应示众。执行死刑后,在场书记员应当写成笔录。交付执行的人民法院应当将执行死刑情况报告最高人民法院。执行死刑后,交付执行的人民法院应当通知罪犯家属。

5. 罚金的执行

罚金的执行机关为人民法院。罚金在判决指定的期限内一次或者分期缴纳。期满不缴纳的,强制缴纳。对于不能缴纳全部罚金的,人民法院在任何时候发现被执行人有可以执行的财产,应当随时追缴。由于遭遇不能抗拒的灾祸等原因缴纳确实有困难的,经人民法院裁定,可以延期缴纳、酌情减少或者免除。对如何适用罚金、如何延期或免除,法律没有具体规定。在司法实践中,一般可以根据具体情况,由罪犯提出申请,说明正当理由,由人民法院审查决定。关于罪犯在规定期限内拒不缴纳罚金,能否易服劳役或者自由刑问题,外国刑法中有的国家是允许的,但刑法典禁止易科其他刑罚。

6. 剥夺政治权利的执行

对于剥夺政治权利刑期的计算与执行,具体可分为以下几种情况:① 单独判处剥夺政治权利的,刑期应从判决确定之日起计算并执行;② 判处管制附加剥夺政治权利的,其刑期与管制刑期相等,同时起算并执行;③ 判处拘役、有期徒刑附加剥夺政治权利的,剥夺的刑期从拘役、有期徒刑执行完毕之日或者从假释之日起计算并执行。剥夺政治权利的效力当然施用于主刑执行期间,在拘役、有期徒刑执行期间,虽然不计入剥夺政治权利的刑期,但罪犯在这个期间内,当然不享有政治权利。

《中华人民共和国刑事诉讼法》第二百五十九条规定:"对被判处剥夺政治权利的罪犯,由公安机关执行。执行期满,应当由执行机关书面通知本人及其所在单位、居住地基层组织。"但是,在实际执行中,难免成虚脱状态:

(1)公安机关无关选举权与被选举权。就选举权和被选举权而言,主要涉及罪犯的选举资格。根据《全国人民代表大会和地方各级人民代表大会选举法》①第二十六条、第二十八条的规定,"选民登记按选区进行",选民名单经选举委员会确认后公布,"对于公布的选民名单有不同意见的,可以在选民名单公布之日起五日内向选举委员会提出申诉。选举委员会对申诉意见,应在三日内作出处理决定。申诉人如果对处理决定不服,可以在选举日的五日以前向人民法院起诉,人民法院应在选举日以前作出判决。人民法院的判决为最后决定。"第二十九条规定,代表候选人"按选区或者选举单位提名产生"。

(2)"六项自由"不完全在公安职责范围。其中仅集会、游行、示威在公安管辖之中,但是,言论、出版属于政府新闻出版主管部门管理,结社则属于政府民政部门管理。

(3)担任机关等职务不是公安分内之事。其中,担任国家机关职务,或属于各级人民代表大会及其常务委员会的选举事项,或属于党委、政府及组织人事部门的决定事项;担任国有公司、企业、事业单位和人民团体领导职务,则均属于党委、政府及组织人事部门的决定事项,或者由各单位根据其章程选举、聘任。

7. 没收财产的执行

没收财产的执行比较复杂。在执行中,首先必须解决好几个问题:划清罪犯个人财产和家庭财产,正确处理罪犯所负正当债务的偿还②,留足罪犯及受其实际扶养的人的生活费。

《中华人民共和国刑事诉讼法》第二百六十一条规定:"没收财产的判决,无论附加适用或者独立适用,都由人民法院执行;在必要的时候,可以会同公安机关执行。"即没收财产刑的执行机关一般都由人民法院执行机构执行,只是在必要的时候才请求公安机关协助执行。

---

① 1979年7月1日第五届全国人民代表大会第二次会议通过,2015年8月29日第十二届全国人大常委会第十六次会议第六次修正。

② 刑法典第六十条规定:"没收财产以前犯罪分子所负的正当债务,需要以没收的财产偿还的,经债权人请求,应当偿还。"

8. 驱逐出境的执行

对于驱逐出境,应当注意区别单独适用和附加适用两种情况:单独适用时,应当由担负外国人出入境管理职责的公安机关执行,执行时责令外国人罪犯在规定的期限内离开中国的国(边)境,到期不离境的,可以采取适当的强制措施,强制其离境;对附加适用者,应当在主刑执行完毕以后执行,具体执行方法与单独适用时相同。

总体而言,不同种刑罚以及同种刑罚的不同执行方法有不同的执行机关。其对应关系为:① 人民法院负责死刑裁判、无罪裁判、免刑裁判、罚金和没收财产裁判的执行;② 公安机关负责拘役的裁判、交付执行前剩余刑期在三个月以下的有期徒刑的裁判、剥夺政治权利和驱逐出境的裁判的执行;③ 社区矫正机构负责管制的裁判、缓刑的裁判、假释的裁定和暂予监外执行的裁判或决定的执行;④ 监狱负责有期徒刑的裁判、无期徒刑的裁判和"死缓"的裁判的执行。

二、减刑

(一)减刑的概念

按照刑法典第七十八条规定,减刑是指对被判处管制、拘役、有期徒刑、无期徒刑的罪犯,在刑罚执行期间,如果认真遵守监规,接受教育改造,确有悔改表现或者立功表现,将其原判刑罚予以适当减轻的一种刑罚执行制度。减刑是我国刑事立法的创举,目前已为世界各国广泛采用。

(1)减刑与减轻处罚不同。减轻处罚发生在对罪犯量刑的过程中,是对具有减轻处罚情节的罪犯在法定刑以下判处刑罚。减刑则发生在对罪犯执行刑罚的过程中,是将罪犯的原判刑罚予以适当减轻。

(2)减刑不是改判。改判是当发现原判决在认定事实或者适用法律上确有错误时,依照诉讼程序将原判决予以撤销,重新作出新的判决。也就是说,改判是以原判决确有错误为前提的。而减刑不存在原判决错误的问题,减刑只是把原来已经判决的刑罚,根据罪犯认真遵守监规、接受教育改造、确有悔改或者立功表现的情况予以适当减轻。减刑制度体现了对罪犯实行的"惩办与宽大相结合""惩罚与教育相结合"和"给出路"的政策,对于督促罪犯认罪服法,自觉改造成为守法公民,具有重要意义。

人民法院办理减刑、假释案件,除了适用刑法典外,还应当遵守以下两个司法解释的规定:《最高人民法院关于办理减刑、假释案件具体应用法律的规定》(法释〔2016〕23号),《最高人民法院关于减刑、假释案件审理程序的规定》(法释〔2014〕5号)。

（二）减刑的条件

减刑是将罪犯的原判刑罚予以适当减轻，这里所说的"减轻"包括两种情况：一是把原判较重的刑种减轻为较轻的刑种，即刑种的减轻。例如，将原判无期徒刑减为有期徒刑。二是把原判较长/较重的刑期减轻为较短/较轻的刑期，即刑期的缩短或减轻。例如，将原判有期徒刑十年减轻为有期徒刑八年，将原判管制二年减轻为一年六个月，等等。在具体减刑时，应当把握以下条件：

1. 减刑的主体条件

减刑适用于被判处管制、拘役、有期徒刑、无期徒刑的罪犯。这就是说，在刑法典所规定的五种主刑中，除了死刑以外的其他四种主刑都可以适用减刑。必须注意两点：一是"死缓"减为无期徒刑、有期徒刑的，是死刑制度的内容，不属于这里的减刑，但是，"死缓"减为无期徒刑、有期徒刑后再减刑的，属于这里的减刑；二是缓刑犯在特定情况下也可以适用减刑，包括适当减轻原判刑期和/或缓刑考验期。

2. 减刑的实质条件

刑法典第七十八条规定了可以/弹性减刑和应当/硬性减刑两种，二者适用条件有所不同。

（1）可以/弹性减刑。其一般条件为罪犯在刑罚执行期间，认真遵守监规，接受教育改造，确有悔改或者立功表现。在认定"可以减刑"条件时，应当综合考察罪犯犯罪的性质和具体情节、社会危害程度、原判刑罚及生效裁判中财产性判项的履行情况、交付执行后的一贯表现等因素。

"确有悔改表现"是指同时具备以下四个方面情形：① 认罪悔罪；② 遵守法律法规及监规，接受教育改造；③ 积极参加思想、文化、职业技术教育；④ 积极参加劳动，努力完成劳动任务。对职务犯罪、破坏金融管理秩序和金融诈骗犯罪、涉及黑社会性质组织犯罪等的罪犯，不积极退赃、协助追缴赃款赃物、赔偿损失，或者服刑期间利用个人影响力和社会关系等不正当手段意图获得减刑、假释的，不认定其"确有悔改表现"。罪犯在刑罚执行期间的申诉权利应当依法保护，对其正当申诉不能不加分析地认为是不认罪悔罪。罪犯积极执行财产刑和履行附带民事赔偿义务的，可视为有认罪悔罪表现，在减刑时可以从宽掌握；确有执行、履行能力而不执行、不履行的，在减刑时应当从严掌握。

"立功表现"是指具有下列情形之一：① 阻止他人实施犯罪活动的；② 检举、揭发监狱内外犯罪活动，或者提供重要的破案线索，经查证属实的；③ 协助司法机关抓捕其他犯罪嫌疑人（包括同案犯）的；④ 在生产、科研中进行技术革新,成绩突出的;⑤ 在抗御自然灾害或者排除重大事故中,表现突出;⑥ 对国家和社会有其他较大贡献的。第④项、第⑥项中的技术革新或者其他较大贡献应当由罪犯在刑罚执行期间独立或者为主完成,并经省级主管部门确认。

(2) 应当/硬性减刑。罪犯在刑罚执行期间,具有下列重大立功表现之一,应当减刑:① 阻止他人实施重大犯罪活动的;② 检举监狱内外重大犯罪活动,经查证属实的;③ 协助司法机关抓捕其他重大犯罪嫌疑人(包括同案犯)的;④ 有发明创造或者重大技术革新的;⑤ 在日常生产、生活中舍己救人的;⑥ 在抗御自然灾害或者排除重大事故中,表现突出的;⑦ 对国家和社会有其他重大贡献的。其中第③项是司法解释增加的。第④项中的发明创造或者重大技术革新应当是罪犯在刑罚执行期间独立或者为主完成并经国家主管部门确认的发明专利,且不包括实用新型专利和外观设计专利。第⑦项中的其他重大贡献应当由罪犯在刑罚执行期间独立或者为主完成,并经国家主管部门确认。

3. 减刑的限度条件

对罪犯适用减刑的时候,必须遵守刑法典对减刑规定的限度条件,即减刑的幅度必须适当。减刑幅度过大,会使罪犯觉得获得减刑太容易,不利于罪犯的改造;反之,减刑幅度过小,又会使罪犯觉得获得减刑太难,同样不利于罪犯的改造。罪犯在刑罚执行期间的减刑,既可以是一次减刑,也可以是多次减刑,但无论是一次减刑还是多次减刑,都不能超过必要的限度。按照刑法典第七十八条第二款的规定,减刑以后实际执行的刑期,判处管制、拘役、有期徒刑的,不能少于原判刑期的二分之一;判处无期徒刑的,不能少于十三年;人民法院依照刑法典第五十条第二款(死缓犯减刑之限制)规定限制减刑的死刑缓期执行的犯罪人,缓期执行期满后依法减为无期徒刑的,不能少于二十五年,缓期执行期满后依法减为二十五年有期徒刑的,不能少于二十年。需要说明的是,"减刑以后实际执行的刑期"是指罪犯实际执行刑罚的时间,既包括判决宣告后罪犯已服刑期,也包括判决宣告以前罪犯先行羁押而折抵的时间。

4. 减刑的幅度、起始时间和间隔时间

法释〔2016〕23 号司法解释细化了被判处不同刑罚的罪犯减刑的起始时间、幅度和间隔时间。减刑间隔时间,是指前一次减刑裁定送达之日起至本次减刑报请之日止的期间。

(1) 有期徒刑罪犯的减刑。① 起始时间:不满五年有期徒刑的,应当执行一年以上方可减刑;五年以上不满十年有期徒刑的,应当执行一年六个月以上方可减刑；十年以上有期徒刑的,应当执行二年以上方可减刑。有期徒刑减刑的起始时间自判决执行之日起计算。② 减刑幅度:确有悔改表现或者有立功表现的,一次减刑不超过九个月有期徒刑;确有悔改表现并有立功表现的,一次减刑不超过一年有期徒刑;有重大立功表现的,一次减刑不超过一年六个月有期徒刑;确有悔改表现并有重大立功表现的,一次减刑不超过二年有期徒刑。③ 间隔时间:被判处不满十年有期徒刑的罪犯,两次减刑间隔时间不得少于一年;被判处十年以上有期徒刑的罪犯,两次减刑间隔时间不得少于一年六个月。减刑间隔时间不得低于上次减刑减去的刑期。④ 对符合减刑条件的职务犯罪罪犯,破坏金融管理秩序和金融诈骗犯罪罪犯,涉及黑社会性质组织犯罪罪犯,危害国家安全犯罪罪犯,恐怖活动犯罪罪犯,毒品犯罪集团的首要分子及毒品再犯、累犯,确有履行能力而不履行或者不全部履行生效裁判中财产性判项的罪犯,被判处十年以下有期徒刑的,执行二年以上方可减刑,减刑幅度应当比照法释〔2016〕23号司法解释第六条从严掌握,一次减刑不超过一年有期徒刑,两次减刑之间应当间隔一年以上。⑤ 前述罪犯被判处十年以上有期徒刑的,以及因故意杀人、强奸、抢劫、绑架、放火、爆炸、投放危险物质或者有组织的暴力性犯罪被判处十年以上有期徒刑的罪犯,数罪并罚且其中两罪以上被判处十年以上有期徒刑的罪犯,执行二年以上方可减刑,减刑幅度应当比照上述规定从严掌握,一次减刑不超过一年有期徒刑,两次减刑之间应当间隔一年六个月以上。⑥ 罪犯有重大立功表现的,可以不受上述减刑起始时间和间隔时间的限制。有期徒刑的减刑起始时间自判决执行之日起计算。

(2) 无期徒刑罪犯的减刑。① 被判处无期徒刑的罪犯在刑罚执行期间,符合减刑条件的,执行二年以上可以减刑。减刑幅度为:确有悔改表现或者有立功表现的,可以减为二十二年有期徒刑;确有悔改表现并有立功表现的,可以减为二十一年以上二十二年以下有期徒刑;有重大立功表现的,可以减为二十年以上二十一年以下有期徒刑;确有悔改表现并有重大立功表现的,可以减为十九年以上二十年以下有期徒刑。无期徒刑罪犯减为有期徒刑后再减刑时,减刑幅度依照有期徒刑罪犯的规定执行。两次减刑间隔时间不得少于二年。② 对被判处无期徒刑的职务犯罪罪犯,破坏金融管理秩序和金融诈骗犯罪罪犯,涉及黑社会性质组织犯罪罪犯,危害国家安全犯罪罪犯,恐怖活动犯罪罪犯,毒品犯罪集团的首要分子及毒品再犯、累犯,以及因故意杀人、强奸、抢劫、绑架、放火、爆炸、投放危险物质或者有组织的暴力性犯罪被判处无期徒刑的罪犯,确有履行能力而不履行或者不全部履行生效裁判中财产性判项被判处无期徒刑的罪犯,数罪并罚被判处无期徒刑的罪犯,符合减刑条件的,执行三年以上方可减刑,减刑幅度应当比照上述规定从严掌握,减刑后的刑期最低不得少于二十年有期徒刑;减为有期徒刑后再减刑时,减刑幅度比照有期徒刑罪犯的规定从严掌握,一次不超过一年有期徒刑,两次减刑之间应当间隔二年以上。③ 罪犯有重大立功表现的,可以不受上述减刑起始时间和间隔时间的限制。

(3)"死缓"减为无期徒刑罪犯的减刑。① 被判处死刑缓期执行的罪犯减为无期徒刑后,符合减刑条件的,执行三年以上方可减刑。减刑幅度为:确有悔改表现或者有立功表现的,可以减为二十五年有期徒刑;确有悔改表现并有立功表现的,可以减为二十四年以上二十五年以下有期徒刑;有重大立功表现的,可以减为二十三年以上二十四年以下有期徒刑;确有悔改表现并有重大立功表现的,可以减为二十二年以上二十三年以下有期徒刑。被判处死刑缓期执行的罪犯减为有期徒刑后再减刑时,比照无期徒刑罪犯的规定办理。② 对被判处死刑缓期执行的职务犯罪罪犯,破坏金融管理秩序和金融诈骗犯罪罪犯,涉及黑社会性质组织犯罪罪犯,危害国家安全犯罪罪犯,恐怖活动犯罪罪犯,毒品犯罪集团的首要分子及毒品再犯、累犯,以及因故意杀人、强奸、抢劫、绑架、放火、爆炸、投放危险物质或者有组织的暴力性犯罪被判处死刑缓期执行的罪犯,确有履行能力而不履行或者不全部履行生效裁判中财产性判项被判处死刑缓期执行的罪犯,数罪并罚被判处死刑缓期执行的罪犯,减为无期徒刑后,符合减刑条件的,执行三年以上方可减刑,一般减为二十五年有期徒刑,有立功表现或者重大立功表现的,可以比照法释〔2016〕23号司法解释第十条减为二十三年以上二十五年以下有期徒刑;减为有期徒刑后再减刑时,减刑幅度比照法释〔2016〕23号司法解释第六条从严掌握,一次减刑不超过一年有期徒刑,两次减刑之间应当间隔二年以上。③ 被判处死刑缓期执行的罪犯经过一次或者几次减刑后,其实际执行的刑期不得少于十五年,死刑缓期执行期间不包括在内。死刑缓期执行罪犯在缓期执行期间不服从监管、抗拒改造,尚未构成犯罪的,在减为无期徒刑后再减刑时应当适当从严。④ 被限制减刑的死刑缓期执行罪犯,减为无期徒刑后,符合减刑条件的,执行五年以上方可减刑。减刑间隔时间和减刑幅度依照法释〔2016〕23号司法解释第十一条的规定执行。⑤ 被限制减刑的死刑缓期执行罪犯,减为有期徒刑后再减刑时,一次减刑不超过六个月有期徒刑,两次减刑间隔时间不得少于二年。有重大立功表现的,间隔时间可以适当缩短,但一次减刑不超过一年有期徒刑。⑥ 对被判处终身监禁的罪犯,在死刑缓期执行期满依法减为无期徒刑的裁定中,应当明确终身监禁,不得再减刑或者假释。

(4)其他相关说明。① 被判处管制、拘役的罪犯,以及判决生效后剩余刑期不满二年有期徒刑的罪犯,符合减刑条件的,可以酌情减刑,减刑起始时间可以适当缩短,但实际执行的刑期不得少于原判刑期的二分之一。② 被判处有期徒刑罪犯减刑时,对附加剥夺政治权利的期限可以酌减。酌减后剥夺政治权利的期限不得少于一年。被判处死刑缓期执行、无期徒刑的罪犯减为有期徒刑时,应当将附加剥夺政治权利的期限减为七年以上十年以下,经过一次或者几次减刑后,最终剥夺政治权利的期限不得少于三年。③ 被判处拘役或者三年以下有期徒刑,并宣告缓刑的罪犯,一般不适用减刑。但作为例外,在缓刑考验期内有重大立功表现的,可以参照刑法典第七十八条的规定予以减刑,同时应当依法缩减其缓刑考验期。缩减后,拘役的缓刑考验期限不得少于二个月,有期徒刑的缓刑考验期限不得少于一年。④ 对在报请减刑前的服刑期间不满十八周岁,且所犯罪行不属于刑法典第八十一条第二款规定情形的罪犯,认罪悔罪,遵守法律法规及监规,积极参加学习、劳动,应当视为确有悔改表现。对上述罪犯减刑时,减刑幅度可以适当放宽,或者减刑起始时间、间隔时间可以适当缩短,但放宽的幅度和缩短的时间不得超过法释〔2016〕23 号司法解释中相应幅度、时间的三分之一。⑤ 老年罪犯、患严重疾病罪犯或者身体残疾罪犯①减刑时,应当主要考察其认罪悔罪的实际表现。对基本丧失劳动能力,生活难以自理的上述罪犯减刑时,减刑幅度可以适当放宽,或者减刑起始时间、间隔时间可以适当缩短,但放宽的幅度和缩短的时间不得超过法释〔2016〕23 号司法解释中相应幅度、时间的三分之一。⑥ 被判处有期徒刑、无期徒刑的罪犯在刑罚执行期间又故意犯罪,新罪被判处有期徒刑的,自新罪判决确定之日起三年内不予减刑;新罪被判处无期徒刑的,自新罪判决确定之日起四年内不予减刑。被判处死刑缓期执行的罪犯减刑后,在刑罚执行期间又故意犯罪的罪犯的减刑,依照上述规定处理。罪犯在死刑缓期执行期间又故意犯罪,未被执行死刑的,死刑缓期执行的期间重新计算,减为无期徒刑后,五年内不予减刑。⑦ 被撤销假释的罪犯,收监后符合减刑条件的,可以减刑,减刑起始时间自收监之日起计算。

5. 减刑的程序条件

对于罪犯的减刑,由同级监狱管理机关审核同意后向中级以上人民法院提出减刑建议书。人民法院应当组成合议庭进行审理,对确有悔改或者立功

---

① 在本章中,老年罪犯是指报请减刑、假释时年满六十五周岁的罪犯。患严重疾病罪犯是指因患有重病,久治不愈,而不能正常生活、学习、劳动的罪犯。身体残疾罪犯是指因身体有肢体或者器官残缺、功能不全或者丧失功能,而基本丧失生活、学习、劳动能力的罪犯,但是罪犯犯罪后自伤致残的除外。对刑罚执行机关提供的证明罪犯患有严重疾病或者有身体残疾的证明文件,人民法院应当审查,必要时可以委托有关单位重新诊断、鉴定。

事实的,裁定予以减刑。非经法定程序不得减刑。其中,被判处无期徒刑的罪犯的减刑,由罪犯服刑地高级人民法院收到减刑建议书后一个月内作出裁定,案情复杂或者情况特殊的,可以延长一个月;被判处有期徒刑的罪犯的减刑,由罪犯服刑地中级人民法院收到减刑建议书后一个月内作出裁定,案情复杂或者情况特殊的,可以延长一个月;被判处管制、拘役、有期徒刑的罪犯的减刑,由罪犯服刑地中级人民法院收到减刑建议书后一个月内作出裁定。人民法院审理减刑案件,应当在立案后五日内将执行机关报请减刑的建议书等材料依法向社会公示。公示内容应当包括罪犯的个人情况、原判认定的罪名和刑期、罪犯历次减刑情况、执行机关的建议及依据。公示应当写明公示期限和提出意见的方式。公示期限为五日。减刑裁定书应当通过互联网依法向社会公布。

适用减刑程序时还要注意七点:① 人民法院按照审判监督程序重新审理的案件,裁定维持原判决、裁定的,原减刑裁定继续有效。再审裁判改变原判决、裁定的,原减刑裁定自动失效,执行机关应当及时报请有管辖权的人民法院重新作出是否减刑的裁定。重新作出减刑裁定时,不受法释〔2016〕23号法司解释有关减刑起始时间、间隔时间和减刑幅度的限制。重新裁定时应综合考虑各方面因素,减刑幅度不得超过原裁定减去的刑期总和。再审改判为死刑缓期执行或者无期徒刑的,在新判决减为有期徒刑之时,原判决已经实际执行的刑期一并扣减。再审裁判宣告无罪的,原减刑裁定自动失效。② 罪犯被裁定减刑后,刑罚执行期间因故意犯罪而数罪并罚时,经减刑裁定减去的刑期不计入已经执行的刑期。原判死刑缓期执行减为无期徒刑、有期徒刑,或者无期徒刑减为有期徒刑的裁定继续有效。③ 罪犯被裁定减刑后,刑罚执行期间因发现漏罪而数罪并罚的,原减刑裁定自动失效。如漏罪系罪犯主动交代的,对其原减去的刑期,由执行机关报请有管辖权的人民法院重新作出减刑裁定,予以确认;如漏罪系有关机关发现或者他人检举揭发的,由执行机关报请有管辖权的人民法院,在原减刑裁定减去的刑期总和之内,酌情重新裁定。④ 被判处死刑缓期执行的罪犯,在死刑缓期执行期内被发现漏罪,依据刑法典第七十条规定数罪并罚,决定执行死刑缓期执行的,死刑缓期执行期间自新判决确定之日起计算,已经执行的死刑缓期执行期间计入新判决的死刑缓期执行期间内,但漏罪被判处死刑缓期执行的除外。⑤ 被判处死刑缓期执行的罪犯,在死刑缓期执行期满后被发现漏罪,依据刑法典第七十条规定数罪并罚,决定执行死刑缓期执行的,交付执行时对罪犯实际执行无期徒刑,死缓考验期不再执行,但漏罪被判处死刑缓期执行的除外。在无期徒刑减为有期徒刑时,前罪死刑缓期执行减为无期徒刑之日起至新判决生效之日止已经实际执行的刑期,应当计算在减刑裁定决定执行的刑期以内。原减刑裁定减去的刑期依照上述第③点处理。⑥ 被判处无期徒刑的罪犯在减为有期徒刑后因发现漏罪,依据刑法典第七十条规定数罪并罚,决定执行无期徒刑的,前罪无期徒刑生效之日起至新判决生效之日止已经实际执行的刑期,应当在新判决的无期徒刑减为有期徒刑时,在减刑裁定决定执行的刑期内扣减。无期徒刑罪犯减为有期徒刑后因发现漏罪判处三年有期徒刑以下刑罚,数罪并罚决定执行无期徒刑的,在新判决生效后执行一年以上,符合减刑条件的,可以减为有期徒刑,减刑幅度依照无期徒刑罪犯减刑的规定执行。原减刑裁定减去的刑期依照上述第③点处理。⑦ 人民法院作出的刑事判决、裁定发生法律效力后,在依照《中华人民共和国刑事诉讼法》第二百五十三条、第二百五十四条的规定将罪犯交付执行刑罚时,如果生效裁判中有财产性判项,人民法院应当将反映财产性判项执行、履行情况的有关材料一并随案移送刑罚执行机关。罪犯在服刑期间本人履行或者其亲属代为履行生效裁判中财产性判项的,应当及时向刑罚执行机关报告。刑罚执行机关报请减刑时应随案移送以上材料。人民法院办理减刑、假释案件时,可以向原一审人民法院核实罪犯履行财产性判项的情况。原一审人民法院应当出具相关证明。刑罚执行期间,负责办理减刑、假释案件的人民法院可以协助原一审人民法院执行生效裁判中的财产性判项。

(三)减刑后的刑期计算

减刑以后的刑期计算方法,因原刑罚的不同而有所不同。

(1)原判刑罚为管制、拘役、有期徒刑的,减刑以后的刑期应自判决执行之日起计算,已经执行过的刑期(包括判决宣告前先行羁押的时间在内),应当计算在减刑后的刑期之内。

(2)原判刑罚为无期徒刑减为有期徒刑的,减刑后的刑期从裁定减刑之日起计算,减刑以前已经执行过的刑期不计算在减刑后的刑期之内(对"死缓"犯减刑亦同)。从该方法可以看出,对无期徒刑罪犯(含"死缓"犯)的减刑比对管制、拘役和有期徒刑罪犯的减刑在适用上要严厉得多。这是因为罪犯原判刑罚为无期徒刑,说明其罪行是严重的,从无期徒刑减为有期徒刑本身已属宽大,为使无期徒刑犯真正得到有效改造,对他们适当从严是完全必要的。同时,无期徒刑减为有期徒刑而已经服刑的时间不计算在减刑后的刑期之内的做法,可以鼓励被判处无期徒刑的罪犯认罪服法,认真改造,争取早日减刑。

三、假释

(一)假释的概念和意义

根据刑法典第八十一条规定,假释是指被判处有期徒刑或者无期徒刑的罪犯,在执行一定时间的刑罚之后,如果认真遵守监规,接受教育改造,确有悔改表现,没有再犯罪的危险的,人民法院将其附条件地予以提前释放的一种刑罚执行制度。

1. 假释与刑满释放不同

刑满释放是指被监禁执行的罪犯所判的刑罚已经执行完毕而回到社会上。刑满释放是不附加任何条件的。假释虽然在形式上也是解除监禁回到社会上,但是还保留着执行原判刑罚剩余刑期的可能性,而且,假释是附加严格的条件的,不遵守假释的条件,假释将被撤销。

2. 假释与暂予监外执行不同

暂予监外执行是由于罪犯确实存在着法律所规定的特殊情况而暂不在监内执行刑罚,一旦监外执行的条件消失而刑期又未满,罪犯仍然需被收监执行。假释是根据罪犯在刑罚执行过程中的悔罪表现而附条件地予以提前释放,只要罪犯在假释考验期限内遵守假释的规定,考验期满,就认为原判刑罚已经执行完毕,当然也就不发生再收监执行的问题。

3. 假释与缓刑不同

第一,假释是在罪犯服刑的过程中根据罪犯的表现由人民法院裁定的,缓刑是在对罪犯作出判决的同时宣告的;第二,假释是附条件地不执行原判刑罚的剩余刑期,缓刑是附条件地不执行所判全部刑期;第三,超过三年有期徒刑的罪犯不能适用缓刑,但是可以适用假释;第四,被判处拘役的罪犯不能适用假释,但是可以适用缓刑。

4. 假释与减刑不同

罪犯经过减刑以后,虽然最终的结果也是提前释放,但减刑后的释放属于刑满释放,是不附加任何条件的,而假释的提前释放则是附条件的。减刑减掉的刑期不存在再执行的问题,而假释则还在一定期限内保留着执行原判刑罚剩余刑期的可能性。

假释与减刑一样,也是惩办与宽大相结合的刑事政策在刑罚执行制度上的具体体现。假释为不具有减刑条件的特定罪犯提供提前重返社会的机会。假释与减刑表面上是并列关系,实质上是补充关系,即相对于减刑而言,假释是"特别法"。因此,法释〔2016〕23号司法解释规定,罪犯既符合法定减刑条件,又符合法定假释条件的,可以优先适用假释。年满八十周岁、身患疾病或者生活难以自理、没有再犯罪危险的罪犯,既符合减刑条件,又符合假释条件的,优先适用假释。正确地执行假释制度,对于促进罪犯改造的积极性,树立改造的决心和信心,预防他们重新犯罪,具有十分重要的意义。

(二) 假释的条件

假释是使罪犯提前回到社会上,虽然附加了一定的条件,但是毕竟不在改造场所中服刑了,从维护社会秩序的角度考虑,刑法典要求在适用假释时必须符合一定的条件。

1. 假释的主体条件

适用假释的主体只能是被判处有期徒刑和无期徒刑的罪犯。被判处管制的罪犯因本身就是不予关押,不会发生假释问题;被判处拘役的罪犯因刑期较短,也不必要假释;至于被判处死刑缓期二年执行的罪犯,因其最后的刑罚尚未确定,同样不会发生假释问题。但是,如果死缓犯在考验期满后减为无期徒刑或者有期徒刑,则可能发生假释问题。

2. 假释的刑期条件

被判处有期徒刑、无期徒刑的罪犯只有执行了一定的刑期之后才能适用假释,因为只有通过一定时间的刑罚执行,才能确切地掌握罪犯是否有悔改表现,是否会再危害社会。按照刑法典第八十一条的规定,被判处有期徒刑的罪犯,执行原判刑期二分之一以上,被判处无期徒刑的罪犯,实际执行十三年以上,才可以适用假释。这是对罪犯执行原判刑罚的最低要求。在通常情况下,只有罪犯经过相当一段时间的考察,才能对他们的改造表现作出比较准确的评价,才能保证假释的适用不出差错。有期徒刑罪犯的假释,执行原判刑期二分之一以上的起始时间,应当从判决执行之日起计算,判决执行以前先行羁押的,羁押一日折抵刑期一日。被判处无期徒刑的罪犯假释时,刑法典中关于实际执行刑期不得少于十三年的时间,应当从判决确定之日起计算。判决确定以前先行羁押的时间不予折抵。被判处死刑缓期执行的罪犯减为无期徒刑或者有期徒刑后,实际执行十五年以上方可假释,该实际执行时间应当从死刑缓期执行期满之日起计算。死刑缓期执行期间不包括在内,判决确定以前先行羁押的时间不予折抵。

在适用假释的刑期条件中还有一个特别情况,即刑法典第八十一条规定的如果有特殊情况,"经最高人民法院核准,可以不受上述执行刑期的限制"。这是对适用假释执行刑期条件的例外规定,充分说明刑法典在坚持原则性的基础上所表现出来的灵活性。根据法释〔2016〕23号司法解释,"特殊情况"是指有国家政治、国防、外交等方面特殊需要的情况。

罪犯减刑后又假释的间隔时间不能少于一年;对一次减去一年以上有期徒刑后,决定假释的,间隔时间不能少于一年六个月。罪犯减刑后余刑不足二年,决定假释的,可以适当缩短间隔时间。

3. 假释的实质条件

被判处有期徒刑、无期徒刑的罪犯在刑罚执行期间，必须"认真遵守监规，接受教育改造，确有悔改表现，没有再犯罪的危险"。其中，判断"没有再犯罪的危险"，除符合刑法典第八十一条规定的情形外，还应根据犯罪的具体情节，原判刑罚情况，在刑罚执行中的一贯表现，罪犯的年龄、身体状况、性格特征，假释后生活来源以及监管条件等因素综合考虑。只有符合这样的条件，才能适用假释，不具备这个实质条件，即使罪犯服刑的时间已经达到适用假释的刑期条件要求，也不能适用假释。罪犯在监狱中是否认真遵守监规、接受教育改造，这是可以通过罪犯的表现考察出来的；而是否确有悔改表现，不致再危害社会，则是刑罚执行机关和审判机关对罪犯预后表现的评价。

对于下列罪犯适用假释时可以依法从宽掌握：① 过失犯罪的罪犯、中止犯罪的罪犯、被胁迫参加犯罪的罪犯；② 因防卫过当或者紧急避险过当而被判处有期徒刑以上刑罚的罪犯；③ 犯罪时未满十八周岁的罪犯；④ 基本丧失劳动能力、生活难以自理，假释后生活确有着落的老年罪犯，患严重疾病罪犯或者身体残疾罪犯；⑤ 服刑期间改造表现特别突出的罪犯；⑥ 具有其他可以从宽假释情形的罪犯。

4. 假释的禁止条件

刑法典第八十一条规定："对累犯以及因故意杀人、强奸、抢劫、绑架、放火、爆炸、投放危险物质或者有组织的暴力性犯罪被判处十年以上有期徒刑、无期徒刑的犯罪分子，不得假释。对犯罪分子决定假释时，应当考虑其假释后对所居住社区的影响。"因前述情形和犯罪被判处死刑缓期执行的罪犯，被减为无期徒刑、有期徒刑后，也不得假释。但对于因其他犯罪被判处"死缓"的罪犯，减为无期徒刑或有期徒刑后，符合刑法假释条件的，可以假释。法律之所以规定此禁例，是因为：① 累犯主观恶性大，人身危险性大，改造的难度也大，正常必须在监狱中服刑改造，不能放到社会上去，以免再危害社会；② 因故意杀人等严重犯罪或者有组织的暴力性犯罪而被判处十年以上有期徒刑、无期徒刑的罪犯，他们犯罪的社会危害性是很大的，对这样的罪犯当然要给予严厉的惩罚，不得适用假释正是这种严厉惩罚的一种体现；③ 对假释犯实行社区矫正，必须考虑社区的可接受性、相容性。

此外，根据法释〔2016〕23号司法解释，对于生效裁判中有判决罪犯承担附带民事赔偿义务以及追缴、责令退赔、罚金、没收财产等财产性判项，罪犯确有履行能力而不履行或者不全部履行的，不予假释。

5. 假释的程序条件

根据刑法典第八十二条规定，对于罪犯的假释，依照刑法典第七十九条规定的程序进行,非经法定程序不得假释。假释程序与减刑程序基本相同。被判处无期徒刑的罪犯的假释,由执行机关通过主管部门审核后,报请罪犯服刑地高级人民法院裁定。被判处有期徒刑的罪犯的假释,由执行机关通过主管部门审核后,报请罪犯服刑地中级人民法院裁定。

(三)假释的考验期限

在决定对某一个罪犯可以适用假释的时候,应当同时宣布假释的考验期限。被假释的罪犯是附条件地提前予以释放,使他们重新回到社会上,罪犯是否确实不致再危害社会,需要对他们的表现进行考察,根据他们的表现才能得出最后的结论。因此,对假释犯规定适当的考验期限是完全必要的。刑法典第八十三条规定:"有期徒刑的假释考验期限,为没有执行完毕的刑期;无期徒刑的假释考验期限为十年。"有期徒刑的假释考验期限是原判刑期减去已经执行刑期后的剩余刑期,无论无期徒刑犯在假释之前实际执行了多长的刑期,在决定适用假释时,其假释考验期限都是十年。这样规定有利于鞭策罪犯积极改造,争取尽早得到宽大处理。

假释的考验期限,无论是有期徒刑犯还是无期徒刑犯,都一律从假释之日起计算。凡被附加夺政治权利的,自假释之日起执行。

(四)假释的执行

刑法典第八十四条规定,假释犯在假释考验期限内应当遵守下列规定:① 遵守法律、行政法规,服从监督;② 按照监督机关的规定报告自己的活动情况;③ 遵守监督机关关于会客的规定;④ 离开所居住的市、县或者迁居,应当报经监督机关批准。

刑法典第八十五条规定:"对假释的犯罪分子,在假释考验期限内,依法实行社区矫正……。"对假释犯的社区矫正,参考本章第一节内容。

(五)假释的效果——考验期间或期满后的不同处理

根据刑法典第八十五条、第八十六条规定,假释的结果分两类共四种情况:

1. 积极效果:遵守规定,视同执行

在假释考验期限内,假释犯遵守关于假释的各项规定,没有发生撤销假释的法定事由的,假释考验期届满,就认为原判刑罚已经执行完毕,并应当公开予以宣告。

2. 消极后果:撤销假释,依法处理

消极后果有以下三种情况:

(1)又犯新罪,撤销假释,以"先减后并"法数罪并罚。如果假释犯在假释考验期限内又犯新罪,无论所犯的新罪是故意犯罪还是过失犯罪,是重罪还是轻罪,都要撤销假释,对新罪作出判决,将新罪所判处的刑罚与前罪没有执行完的刑罚,按照刑法典第七十一条规定的数罪并罚原则,决定应当执行的刑罚。

(2)发现漏罪,撤销假释,以"先并后减"法数罪并罚。在假释考验期限内,如果发现假释犯在原判决前还有没被判决的罪,而且没被判决的罪没有超过追诉时效,也应当撤销假释,对没有判决的罪作出判决,将未判之罪所判处的刑罚与前罪判处的刑罚,按照刑法典第七十条规定的数罪并罚原则,决定应当执行的刑罚。

(3)违反规定,撤销假释,收监执行。在假释考验期限内,有违反法律、行政法规或者国务院有关部门关于假释的监督管理规定的行为,尚未构成新的犯罪的,应当依照法定程序撤销假释,收监执行未执行完毕的刑罚(经历的假释考验时间不扣除)。

罪犯在假释考验期内违反法律、行政法规或者国务院有关部门关于假释的监督管理规定的,作出假释裁定的人民法院应当在收到报请机关或者检察机关撤销假释建议书后及时审查,作出是否撤销假释的裁定,并送达报请机关,同时抄送人民检察院、公安机关和原刑罚执行机关。罪犯在逃的,撤销假释裁定书可以作为对罪犯进行追捕的依据。

依照刑法典第八十六条规定被撤销假释的罪犯,一般不得再次假释。但依照该条第二款被撤销假释的罪犯,如果罪犯对漏罪曾作如实供述但原判未予认定,或者漏罪系其自首,符合假释条件的,可以再次假释。

根据刑法典第五十八条规定,被撤销假释的罪犯原有附加刑剥夺政治权利的,在假释考验期所执行的剥夺政治权利期限应当归于无效,仍必须从主刑执行完毕之日后重新执行剥夺政治权利。

第二节 刑罚消灭

本节主要讲述刑罚消灭的概念、途径,时效的概念、意义及刑法典规定的追诉时效制度的内容,赦免的概念、意义,我国特赦制度的内容、特征及其与减刑的主要区别。

一、刑罚消灭的概念及途径

刑罚消灭是指国家赋予司法机关的刑罚权(不含制刑权)由于某种法定事由而停止行使的一种制度。刑罚消灭制度是刑法中的一项重要制度。一般情况下,刑罚因宣告刑的实际执行而消灭。除此之外,免刑判决、缓刑考验期届满、假释考验期届满、超过追诉时效、赦免、犯罪人死亡、自诉人处分等均可以导致刑罚的消灭。其中,刑法典对追诉时效和赦免这两种刑罚消灭制度作出了规定。

二、时效

(一) 时效的概念和意义

1. 时效的概念

时效是指一定的法律事实经过一定期限就发生一定法律效果的法律制度。刑法中的时效是指法律规定国家对犯罪人的刑事追诉权(求刑权)和刑罚执行权(行刑权)在一定期限内有效的制度,分为追诉时效和行刑时效。

(1) 追诉时效,是指按照刑法的规定追究犯罪人刑事责任的有效期限。犯罪人的犯罪行为已经超过刑法规定的追诉时效期限的,不再追究其刑事责任;如果已经被追究了刑事责任,该案件应当予以撤销。

(2) 行刑时效,是指按照法律的规定对已决罪犯执行刑罚的有效期限。罪犯被判处的刑罚如果已经超过法律所规定的执行期限,则所判决的刑罚不再执行。

刑法典只规定了追诉时效制度,而对行刑时效未作规定。

2. 追诉时效的意义

规定追诉时效具有重要的意义:

(1) 追诉时效有利于刑罚目的的实现。对犯罪人判处刑罚并不是为了惩办而惩办,更不是实行报复主义,而是为了通过刑罚的惩罚使犯罪人得到教育改造,使消极的因素变为积极的因素,化有害为无害,从而达到预防犯罪的目的。如果犯罪人在犯罪以后,经过相当长的时间没有受到追诉,也没有再犯罪,那么至少可以说,这个犯罪人已经得到了一定程度的改造,对社会已经无害了,他过着与其他人一样的正常生活。在这种情况下,如果再对他进行追诉并判处刑罚,不仅对他本人来说是不必要的,起不到刑罚特殊预防的作用,而且会丧失社会的同情和支持,收不到教育群众的效果,当然也达不到刑罚一般预防的目的。

(2) 追诉时效有利于防治现行犯罪活动。现行的各种犯罪活动直接危害着社会的治安和国家各项建设事业的顺利进行,对社会的安定影响最大。因此,对司法机关来说,防治现行的犯罪活动是司法机关头等重要的任务。那些多年以前发生的刑事案件,经过的时间越长,各种证据的收集就越加困难,甚至有的证据可能因为证人死亡或者物证散失等原因,根本无法再收集到。有了追诉时效的规定,就使司法机关有可能摆脱一部分既难以彻底查清而又现实意义不大的陈年旧案的拖累,集中主要精力防治现行的犯罪活动。同时,为了使犯罪人能在法律规定的追诉时效期限内受到应有的追诉和审判,也会促使司法机关加强工作,提高办案效率,争取在尽可能短的时间里迅速破案。这对于司法机关的工作是一个有力的鞭策和推动。

(3) 追诉时效有利于社会的安定团结。在人民群众当中,有些个人之间发生的刑事案件,本来情节就不很严重,而且过了相当长的时间并没有提起诉讼,这时候,被害人和犯罪人之间可能已经不记旧恨,相处也很和睦。有了追诉时效制度,就可以稳定这种已经和睦的关系。否则的话,不管过了多长时间都要算旧账追诉以前的行为,就会使这种关系重新紧张起来,而且会使那些曾经犯过罪的人终日背着沉重的思想包袱,生产、工作都不安心,这对于社会的安定团结是有弊无利的。

由此可见,追诉时效的规定并不影响法律的严肃性,而是从另一个角度体现了法律的严肃性。追诉时效的规定绝不是有利于犯罪人的"护身符",而是为了更有效地预防和惩治犯罪,实现刑法的任务。担心某些犯罪人会因此钻法律的空子,逃避法律的制裁,这是不必要的。从刑法典的各项规定来看,追诉时效的规定对于维护国家的法制原则,维护人民群众的根本利益,防止犯罪人特别是罪恶重大的犯罪人逃避法律的制裁,发挥着积极、有效的作用。

(二) 追诉时效的期限

追诉时效期限的长短,与某种具体犯罪社会危害性的大小有着重要的直接关系。社会危害性相对较大的犯罪,追诉时效的期限就长,反之,社会危害性相对较小的犯罪,追诉时效的期限就短。较重的犯罪规定过短的追诉时效,或者较轻的犯罪规定过长的追诉时效,都不利于防治犯罪,也不利于社会的安定。犯罪的轻重直接表现在刑罚的轻重上,因此,追诉时效期限的长短,应当以犯罪的法定刑轻重为标准确定。

1. 追诉时效期限的一般规定

刑法典第八十七条根据各种犯罪法定刑的轻重,分别规定了或者长或者短的追诉时效期限:

(1) 法定最高刑为不满五年有期徒刑的,追诉时效期限为五年。

(2) 法定最高刑为五年以上不满十年有期徒刑的,追诉时效期限为十年。

(3) 法定最高刑为十年以上有期徒刑的,追诉时效期限为十五年。

(4) 法定最高刑为无期徒刑、死刑的,追诉时效期限为二十年。

从刑法典对追诉时效期限的一般规定可以看出,各种犯罪的追诉期限都比较适当,犯罪人企图利用追诉时效的规定达到逃避刑罚惩罚目的的可能性是微乎其微的。

2. 追诉时效的计算

（1）追诉时效的起算。按照刑法典第八十九条的规定，在一般情况下，追诉时效的期限从犯罪之日起计算。但是，如果犯罪行为有连续或者继续状态的，追诉时效的期限从犯罪行为终了之日起计算。这是指连续犯或者继续犯，由于犯罪在一段时间之内是延续的，犯罪行为的终了之日才是追诉时效期限开始的起算之日。

（2）多档法定刑之罪追诉时效的起算。刑法典分则条文中对法定刑的规定包括几种不同的情况，有的一种犯罪只有一个量刑幅度，有的一种犯罪有两个量刑幅度，还有的一种犯罪有三四个量刑幅度。在犯罪只有一个量刑幅度的情况下，确定追诉时效当然不会发生什么问题，但在一种犯罪有两个以上量刑幅度的情况下，追诉时效应当以哪一个量刑幅度为准来确定？根据罪刑相适应的原则，在一种犯罪有几个量刑幅度的情况下，应当按照犯罪的实际情况确定追诉时效期限的长短，即犯罪符合哪一个量刑幅度，就应当以哪个量刑幅度的法定最高刑确定追诉时效期限。①

3. 追诉时效的中断

刑法典第八十九条规定："在追诉期限以内又犯罪的，前罪追诉的期限从犯后罪之日起计算。"这就是说，在追诉期限内又犯罪的情况下，前罪的追诉时效从后罪之日起重新起算，已经过去的时间不计算在新的追诉时效之内。这样的规定，目的是为了从严惩处那些一再犯罪的人。

4. 追诉时效的延长

追诉时效的延长是指因法定的事由，不受追诉时效限制。刑法典第八十七条第（四）项后段和第八十八条规定了三种追诉时效延长事由：

（1）经批准而延长。即法定最高刑为无期徒刑、死刑的，追诉时效为二十年。如果二十年以后认为必须追诉的，须报请最高人民检察院核准。②

（2）经追诉而延长。在人民检察院、公安机关、国家安全机关立案侦查或者在人民法院受理案件以后，逃避侦查或者审判的，不受追诉期限的限制。这就是说，对这样的犯罪人，不论到什么时候，司法机关都有权将其抓获归案，依法对其进行审判。这样的规定有助于追诉那些想方设法逃避侦查或者

---

① 由于刑法典分则对法定刑档次存在"五年以下有期徒刑"与"五年以上有期徒刑"、"十年以下有期徒刑"与"十年以上有期徒刑"的交叉规定（不周延性），因而在司法实务中难免出现不便确定追诉时效期限的问题。例如，根据刑法典第一百二十条之一的规定，犯帮助恐怖活动罪，一般情况下，最高法定刑为五年以下有期徒刑，情节严重时的最低法定刑为五年以上有期徒刑。

② 从法理上说，该规定与检察机关的控诉职能不相符合；从实践上说，该规定的实际意义也不大，因为实践中基本上不适用该延长规定。本书认为，如果经批准而延长追诉时效是必要的，批准延长追诉时效也应当是全国人大常委会的职权，因为这涉及罪与非罪的问题，只有立法机关才有权决定。

审判的犯罪人。

（3）经控告而延长。被害人在追诉期限内提出控告,人民法院、人民检察院、公安机关应当立案而不予立案的,不受追诉期限的限制。这是指被害人已经对自己遭受犯罪行为侵害的事实提出了控告,但未被公检法机关立案,在这种情况下,追诉时效是无限延长的,其目的是为了保护被害人,特别是对被害人进行精神上的抚慰。

三、赦免

（一）赦免概述

1. 赦免的概念

赦免包括大赦和特赦两种。大赦是范围比较广泛的赦免,通常称之为普遍的赦免,或者称一般的赦免。大赦一般是规定某些种类的犯罪在一定期限内不再追诉,已经追诉的要终止;已经判处刑罚的,可以部分或者全部免除,或者将较重的刑种易科为较轻的刑种;或者规定已经刑满释放的某些人在大赦以后撤销其前科;等等。大赦的特点在于,它既赦免犯罪人的罪,也赦免犯罪人的刑,涉及的面比较宽。大赦通常在国家举行重大庆典时实施或者根据政治需要实施。特赦是指对某类或者某个特定的犯罪人免除其刑罚的部分或者全部。特赦的特点在于,只赦免犯罪人的刑,而不赦免犯罪人的罪。

大赦和特赦都由国家元首根据最高权力机关的决定,以命令的形式颁布施行。这种命令称之为大赦令或者特赦令。大赦令、特赦令只在大赦、特赦期间内有效(限时法),大赦、特赦执行完毕,命令也随之失效。

2. 赦免的实践

我国在 1954 年宪法中曾经有大赦和特赦的规定,但在以后的实践中并没有实行过大赦,而只实行过特赦。现行宪法只规定了特赦而没有规定大赦。所以,刑法典第六十五条、第六十六条提及的赦免,仅指特赦。

依照现行宪法第六十七条第(十七)项和第八十条规定,实施特赦,由全国人民代表大会常务委员会决定,由国家主席发布特赦令。自 1959 年我国第一次实行特赦以来,到目前为止,共实行过八次特赦。

我国最近一次特赦发生在 2015 年 8 月 29 日。全国人大常委会作出决定,国家主席习近平发布特赦令,为纪念中国人民抗日战争暨世界反法西斯战争胜利 70 周年,体现依法治国理念和人道主义精神,根据现行宪法,对依据 2015 年 1 月 1 日前人民法院作出的生效判决中正在服刑、释放后不具有现实社会危险性的下列罪犯实行特赦:① 参加过中国人民抗日战争、中国人民解放战争的;② 中华人民共和国成立以后,参加过保卫国家主权、安全和领土完整对外作战的,但犯贪污受贿犯罪,故意杀人、强奸、抢劫、绑架、放火、爆炸、投放危险物质或者有组织的暴力性犯罪,黑社会性质的组织犯罪,危害国家安全犯罪,恐怖活动犯罪的,有组织犯罪的主犯以及累犯除外;③ 年满七十五周岁、身体严重残疾且生活不能自理的;④ 犯罪的时候不满十八周岁,被判处三年以下有期徒刑或者剩余刑期在一年以下的,但犯故意杀人、强奸等严重暴力性犯罪,恐怖活动犯罪,贩卖毒品犯罪的除外。对在 2015 年 8 月 29 日符合上述条件的服刑罪犯,经人民法院依法作出裁定后,予以释放。

(二) 我国特赦的特征

我国的特赦实践具有鲜明的特征,可以概括为以下四个方面:

1. 主体:以某一类或某几类罪犯为特赦主体,而不是对个别罪犯为特赦主体

除了 1959 年的第一次特赦是既对战争罪犯,又对反革命罪犯和普通刑事罪犯实行以外,第二至第七次特赦都是只对战争罪犯实行,而第八次特赦则包括了四类罪犯。之所以如此,是由于我国在实行特赦时,首先是从国家政治形势发展的需要考虑的。这样做,有利于对顽固政治势力的分化瓦解,有利于团结一切可以团结的力量组织起广泛的统一战线,有利于国家的团结统一,也有利于在国际上不断提高我国的威望。

2. 条件:对被关押改造了一定期限、确实改恶从善的罪犯适用特赦,而不是对刑罚尚未开始执行的罪犯适用特赦

特赦释放的罪犯必须符合两个条件:一是关押改造了一定的期限;二是确实有改恶从善的表现。不具备上述两个条件的罪犯,不在特赦之列。这两个条件必须同时具备,缺一不可。这样做体现了我国一贯坚持的惩办与宽大相结合、惩罚与改造相结合的政策精神,也体现了我国刑罚不搞惩办主义、不搞报复主义,体现了预防犯罪的刑罚目的。

3. 效果:只免除刑罚执行过程中的未执行部分,或者酌情减轻原来判处的刑罚,而不是免除罪犯的全部刑罚

我国特赦的效果,换句话说,是对特赦的罪犯,或者免除刑罚的未执行部分予以提前释放,或者将原判刑罚予以适当的减轻。这样做,既让罪犯看到努力改造后的出路,提高改造的积极性,又保持了法律的严肃性和权威性。

4. 程序:全国人大常委会决定,国家主席发布特赦令,人民法院审核裁定

以往我国的特赦都是由中国共产党中央或者国务院提出特赦建议,由全国人大常委会作出决定,由国家主席发布特赦令,再由最高人民法院和高级人民法院裁定的。这种特赦的程序表明,我国对特赦的实行是有严格控制的,既严肃又慎重,有利于保证特赦内容的准确执行。

(三) 特赦与减刑

广而言之,我国的特赦制度同其他各种刑罚制度一样,都是为实现刑罚的目的服务的,是改造罪犯的一种积极的、有效的手段。它与减刑最为相近。二者都在刑罚执行中变更了宣告刑,缩短了罪犯实际执行的刑期,免除剩余的刑罚。但两者的法律性质、法律依据、适用主体与条件、决定机关与程序等方面都有很大的不同。

(1) 适用依据与性质不同。特赦的依据是宪法,特赦是宪法制度,具有宪法性;减刑的依据是刑法和刑事诉讼法,减刑只是刑罚执行变更制度,具有司法性。

(2) 适用主体与条件不同。特赦的适用主体及其适用条件由特别法予以规定,减刑的主体及其适用条件由刑法作为普通法予以规定。

(3) 决定与释放机关不同。特赦由全国人大常委会依据宪法决定,国家主席发布特赦令,再由人民法院裁定实施;减刑由刑罚执行机关根据刑法和刑事诉讼法提出建议并报主管机关审核后,由服刑地中级以上人民法院裁定。

本章小结

1. 刑罚执行,简称行刑,主要是将宣告刑转化为执行刑,是指刑罚执行机关根据人民法院已经发生法律效力的刑事裁判所确定的刑罚,将刑罚内容付诸实施的专门活动。不同种刑罚以及同种刑罚的不同执行方法有不同的执行机关。社区矫正机构、人民法院、公安机关和监狱分别负责执行一定的刑罚。

2. 减刑是将正在服刑的罪犯的原判刑罚予以适当减轻的一种刑罚执行制度。减刑不同于减轻处罚,也不是改判。减刑的目的在于鼓励罪犯积极接受教育改造,早日成为守法者。

3. 假释是将正在服刑的罪犯附条件地予以提前释放的一种刑罚执行制度。假释不同于刑满释放,不同于暂予监外执行,不同于缓刑,更不同于减刑。相对于减刑而言,假释是"特别法"。罪犯既符合法定减刑条件,又符合法定假释条件的,可以优先适用假释。被假释的罪犯必须遵守假释的有关规定。

4. 刑罚消灭是指国家赋予司法机关的刑罚权由于某种法定事由而停止行使的一种制度。刑罚消灭制度是刑法中的一项重要制度。刑罚可因宣告刑的实际执行、免刑判决、缓刑考验期届满、假释考验期届满、超过追诉时效、赦免、犯罪人死亡、自诉人处分等事由而消灭。刑法典规定了追诉时效和赦免这两种刑罚消灭制度。根据犯罪的不同情况规定了不同的追诉时效期限以及时效中断和延长等不同的时效计算方法。赦免分为大赦和特赦两种。我国现行宪法只规定了特赦。我国的特赦实践有自己的特色。

刑罚执行,刑罚消灭,社区矫正,减刑,假释,时效,追诉时效,赦免,特赦。

问题思考

1. 如何理解我国的减刑制度?
2. 如何理解我国的假释制度?
3. 论述减刑与假释的关系。
4. 怎样理解刑法典规定的追诉时效制度?
5. 结合我国最近一次特赦实践,分析我国特赦制度的特色。
6. 论述特赦与减刑的主要区别。